U1070023

权威・前沿・原创

皮书系列为

“十二五”“十三五”国家重点图书出版规划项目

BLUE BOOK

智库成果出版与传播平台

汽车工业蓝皮书
BLUE BOOK OF AUTOMOTIVE INDUSTRY

中国商用汽车产业发展报告（2021）

ANNUAL REPORT ON THE DEVELOPMENT OF CHINA'S COMMERCIAL VEHICLE INDUSTRY (2021)

主编
中国汽车工业协会
中国汽车工程研究院股份有限公司
一汽解放汽车有限公司

社会科学文献出版社
SOCIAL SCIENCES ACADEMIC PRESS (CHINA)

图书在版编目(CIP)数据

中国商用汽车产业发展报告.2021 / 中国汽车工业协会，中国汽车工程研究院股份有限公司，一汽解放汽车有限公司主编. -- 北京：社会科学文献出版社，2021.8
（汽车工业蓝皮书）
ISBN 978 -7 -5201 -8641 -4

Ⅰ.①中… Ⅱ.①中… ②中… ③一… Ⅲ.①商用车辆 - 汽车工业 - 产业发展 - 研究报告 - 中国 - 2021 Ⅳ.①F426.471

中国版本图书馆 CIP 数据核字（2021）第 138150 号

汽车工业蓝皮书
中国商用汽车产业发展报告（2021）

主　　编 / 中国汽车工业协会
中国汽车工程研究院股份有限公司
一汽解放汽车有限公司

出 版 人 / 王利民
责任编辑 / 吴　敏

出　　版 / 社会科学文献出版社 · 皮书出版分社（010）59367127
地址：北京市北三环中路甲 29 号院华龙大厦　邮编：100029
网址：www.ssap.com.cn
发　　行 / 市场营销中心（010）59367081　59367083
印　　装 / 三河市东方印刷有限公司

规　　格 / 开 本：787mm × 1092mm　1/16
印 张：23.75　字 数：358 千字
版　　次 / 2021 年 8 月第 1 版　2021 年 8 月第 1 次印刷
书　　号 / ISBN 978 -7 -5201 -8641 -4
定　　价 / 128.00 元

《中国商用汽车产业发展报告（2021）》
编 委 会

支 持 单 位　中国重型汽车集团有限公司
陕西汽车集团有限责任公司
北汽福田汽车股份有限公司
安徽江淮汽车集团股份有限公司
上汽依维柯红岩商用车有限公司
东风汽车股份有限公司
郑州宇通客车股份有限公司
厦门金龙汽车集团股份有限公司
中通客车控股股份有限公司
比亚迪汽车股份有限公司
江铃汽车股份有限公司
浙江吉利新能源商用车集团
庆铃汽车（集团）有限公司
长城汽车股份有限公司
南京汽车集团有限公司
中集车辆（集团）有限公司
大连华晨专用车有限公司
上汽通用五菱汽车股份有限公司
山东五征集团有限公司
辽宁曙光汽车集团股份有限公司
郑州日产汽车有限公司
戴姆勒大中华投资有限公司
上汽大通汽车有限公司
陕西法士特汽车传动集团有限责任公司
浙江万安科技股份有限公司
浙江立邦合信智能制动系统股份有限公司

凯龙高科技股份有限公司
北京京西重工有限公司
宁波永久磁业有限公司
常州星宇车灯股份有限公司
江苏超力电器有限公司
江苏新通达电子科技股份有限公司
瑞立集团有限公司
长春一汽富晟集团有限公司
重庆客车质量监督检验中心
中汽中心汉阳专用汽车研究所
欧洲汽车工业协会
日本汽车工业协会
德国汽车工业协会

摘 要

《中国商用汽车产业发展报告（2021）》属于汽车工业蓝皮书系列，是关于我国商用车产业发展的年度报告，2020 年首次出版，本年度为第二册，由中国汽车工业协会联合中国汽车工程研究院股份有限公司、一汽解放汽车有限公司共同组织商用车企业、服务机构及相关单位撰写，是一部完整系统、全面翔实论述中国商用车产业发展现状及趋势的权威性文献，以期助推我国商用汽车产业健康可持续发展。

全书由总报告、车型发展篇和专题篇三部分组成，共 11 篇报告。

总报告描述了 2020 年全球商用车产业发展现状，重点阐述了我国商用车产业发展现状，剖析了商用车产业发展中存在的问题和面临的挑战，并对商用车产业发展趋势进行了研判，提出了“十四五”时期我国商用车产业发展的战略规划设想。

车型发展篇包括中重型载货车、轻型载货车、客车、皮卡车、专用车等五类车型发展报告，介绍了各类车型的发展现状和趋势，阐述了各类车型发展中存在的问题，提出了“十四五”时期各类车型发展目标及路径等。

专题篇剖析了当前商用车产业的发展热点，如商用车轻型车辆治理、商用车产业链安全、商用车智能网联发展、商用车国六评估及相关配套体系等，分享了载货车车辆安全升级趋势等重要内容。

本书基于中国汽车工业协会的产业数据信息，发挥各骨干企业、服务机构和智库机构的力量，组织数十位专家、学者共同研究和编制，其中还特别针对轻型物流车、产业链芯片、国六排放标准等问题进行了深度调研和专题研究，提出了行业发展方案和建议。

全书从多维度研究商用汽车各类车型发展情况，便于读者全面系统了解我国商用汽车发展态势，对政府主管部门及相关行业和服务机构、商用车整车和零部件企业、大专院校等具有重要的参考价值。

关键词： 商用汽车　产业运行　智能网联　热点研究

Abstract

As a "Blue Book of automotive industry", the report of *the development of China commercial vehicle industry* (*2021*) is a comprehensive report series on the development of commercial vehicles in China. This book was first published in 2020, and this year is the second volume. It was written by the China Association of Automobile Manufacturers, China Automotive Engineering Research Institute Co. , Ltd. , and FAW Automobile Co. , Ltd. to jointly organize commercial vehicle companies, service organizations and related units. . It is an authoritative document with a complete system and a comprehensive description of the development status and trends of China's commercial vehicle industry. The publication of this book is expected to promote the healthy and sustainable development of my country's commercial vehicle industry.

The book consists of three parts: general report, the development of vehicle model section and the special topic section. It has a total of 11 reports. The general report describes the development status of the global commercial vehicle industry in 2020, focuses on the current situation of the development of commercial vehicle industry in China, analyzes the problems and challenges of the development of commercial vehicle industry, studies and judges the development trend of commercial vehicles, and puts forward the strategic planning plan for the development of commercial vehicle industry in China during the period of the 14th five-year plan. The development of vehicle models includes five types of vehicle development reports, including medium&heavy truck, light truck, bus, pickup truck and special vehicle. The paper introduces the development status and trend of various types of vehicles, expounds the problems existing in the development of various types of vehicles, and puts forward the development objectives and path measures of various types of vehicles in the period of the 14th five-year plan. The special topic conducts special research on the hot spots in the commercial vehicle industry in 2020, such as the management of commercial vehicles light vehicles, the safety of the industrial chain of commercial vehicles, the development of intelligent network of commercial vehicles and the implementation effect of commercial vehicle country 6, and shares the trend of safety upgrading of trucks.

This book has fully utilized the advantages of industry resources and industrial data information of the China Association of Automobile Manufacturers, exerted the strength of key enterprises, industry organizations, service institutions and think tanks, mobilized dozens of experts and scholars to jointly study and prepare, aiming at the problems of light logistics vehicles, industrial chain chips The six emission standards and other issues were investigated in depth and special research, and effective solutions and suggestions for industrial development were put forward.

In general, the book covers all types, research content, wide consideration dimensions, facilitates readers to understand the development trend of commercial vehicles in China, and has important reference value for the government departments, relevant industries and service institutions, commercial vehicle and parts enterprises, colleges and universities.

Keywords: Commercial Automobile; Industry Operation; Hot Research

目 录

Ⅰ 总报告

Ⅱ 车型发展篇

Ⅲ 专题篇

皮书数据库阅读**使用指南**

总 报 告

General Report

B.1 2021年中国商用汽车产业发展报告

摘 要：我国商用车产业在国民经济中具有不可替代的作用。本报告根据2020年商用车产业数据，概要介绍了全球商用车产业发展情况，阐述了我国商用车产业发展现状，剖析了我国商用车产业端、市场端、企业端、产品端、产业链端等存在的问题，研判了我国商用车产业发展趋势，基于商用车产业发展环境、商用车市场及竞争形势、商用车新产品发展趋势、商用车新能源和智能网联发展趋势，研究提出了“十四五”期间我国商用车产业发展的战略规划建议方案。

关键词：商用车　产业运行　智能网联　新能源

一　全球商用车发展概述

（一）全球商用车产销情况

1. 全球汽车产销概况

2020 年新冠肺炎疫情给全球汽车市场带来了巨大冲击，大多数汽车制造商关闭其开发和生产基地数周甚至数月，直接造成汽车生产量下降。2020 年，全球汽车产销分别完成 7762. 2 万辆和 7797. 1 万辆，同比分别下滑 15. 8% 和 13. 8%。其中亚洲/大洋洲汽车产销量分别为 4429. 0 万辆和 4010. 7 万辆，同比分别下滑 10. 2% 和 7. 8%；欧洲汽车产销量分别为 1692. 1 万辆和 1670. 6 万辆，同比分别下滑 21. 6% 和 20. 2%；美洲汽车产销量分别为 1569. 0 万辆和 2024. 5 万辆，同比分别下滑 22. 1% 和 18. 5%。

2. 全球商用车产量

2020 年，全球商用车产量完成 2178. 7 万辆，同比下滑 12. 9%。分区域看，亚洲/大洋洲 2020 年商用车产量为 845. 3 万辆，同比下滑 2. 7%，降幅最小；欧洲商用车产量为 237. 5 万辆，同比下滑 16. 8%；美洲商用车产量为 1072. 3 万辆，同比下滑 18. 5%；非洲商用车产量为 23. 6 万辆，同比下滑 25. 7%（见表 1）。

表 1　2019 ~2020 年全球商用车分区域产量情况

单位：万辆，%

地区	2019 年	2020 年	同比增速
亚洲/大洋洲	868. 3	845. 3	-2. 7
欧洲	285. 5	237. 5	-16. 8
美洲	1315. 6	1072. 3	-18. 5
非洲	31. 8	23. 6	-25. 7
总计	2501. 2	2178. 7	-12. 9

资料来源：根据欧洲汽车工业协会数据整理。

分品类看，2020 年全球重型载货车产量 436. 1 万辆，同比增长 5. 0%；轻型载货车产量 1720. 6 万辆，同比下滑 16. 1%；客车产量 21. 9 万辆，同比下滑 36. 8%。

从市场份额看，2020 年重型载货车占比 20. 0%，轻型载货车占比 79. 0%，客车占比相对较低，仅为 1. 0%（见表 2）。

表 2　2019～2020 年全球商用车分品类产量情况

单位：万辆，%

车型	2019 年	2020 年	同比增长	市场份额
重型载货车*	415. 2	436. 1	5. 0	20. 02
轻型载货车**	2051. 3	1720. 6	－16. 1	78. 98
客车	34. 7	21. 9	－36. 8	1. 01
总计	2501. 2	2178. 7	－12. 9	100. 00

注：“*”指总质量≥16t 的产品，“**”指总质量 < 16t 的产品。
资料来源：根据欧洲汽车工业协会数据整理。

（1）轻型商用车

分区域看，2020 年亚洲/大洋洲的轻型商用车产量为 465. 6 万辆，同比下滑 11. 4%，降幅最小；欧洲轻型商用车产量为 211. 0 万辆，同比下滑 16. 4%；美洲轻型商用车规模最大，产量为 1022. 8 万辆，同比下滑 17. 8%；非洲轻型商用车产量仅为 21. 3 万辆，同比下滑 26. 4%（见表 3）。

表 3　2019～2020 年全球轻型商用车分区域产量情况

单位：万辆，%

地区	2019 年	2020 年	同比增速
亚洲/大洋洲	525. 5	465. 6	－11. 4
欧洲	252. 4	211. 0	－16. 4
美洲	1244. 4	1022. 8	－17. 8
非洲	28. 9	21. 3	－26. 4
总计	2051. 3	1720. 6	－16. 1

资料来源：根据欧洲汽车工业协会数据整理。

（2）重型商用车

分区域看，2020 年亚洲/大洋洲重型商用车规模最大，产量为 363.9 万辆，同比增长 15.2%；欧洲重型商用车产量为 22.5 万辆，同比下降 21.5%；美洲重型商用车产量为 47.4 万辆，同比下滑 30.0%；非洲重型商用车产量仅为 2.3 万辆，同比下滑 18.9%（见表 4）。

表 4　2019～2020 年全球重型商用车分区域产量情况

单位：万辆，%

地区	2019 年	2020 年	同比增速
亚洲/大洋洲	316.0	363.9	15.2
欧洲	28.7	22.5	-21.5
美洲	67.7	47.4	-30.0
非洲	2.8	2.3	-18.9
总计	415.2	436.1	5.0

资料来源：根据欧洲汽车工业协会数据整理。

（3）客车

分区域看，2020 年亚洲/大洋洲的客车产量为 15.7 万辆，同比下滑 41.3%；欧洲客车产量为 4.0 万辆，同比下滑 9.0%；美洲客车产量为 2.2 万辆，同比下滑 37.3%；非洲客车产量仅为 0.1 万辆，同比下滑 25.4%（见表 5）。

表 5　2019～2020 年全球客车分区域产量情况

单位：万辆，%

地区	2019 年	2020 年	同比增速
亚洲/大洋洲	26.8	15.7	-41.3
欧洲	4.4	4.0	-9.0
美洲	3.4	2.2	-37.3
非洲	0.1	0.1	-25.4
总计	34.7	21.9	-36.8

资料来源：根据欧洲汽车工业协会数据整理。

3. 全球商用车销量

2020 年，全球商用车销量完成 2437.2 万辆，较上年同期下滑 8.7%。分区域看，亚洲/大洋洲/中东商用车销量为 810.6 万辆，同比下滑 0.2%；欧洲商用车销量为 254.0 万辆，同比下滑 14.7%；美洲商用车销量为 1347.1 万辆，规模最大，同比下滑 11.9%；非洲商用车销量为 25.5 万辆，同比下滑 16.9%（见表 6）。

表 6　2019～2020 年全球商用车分区域销量情况

单位：万辆，%

地区	2019 年	2020 年	同比增速
亚洲/大洋洲/中东	812.2	810.6	-0.2
欧洲	297.8	254.0	-14.7
美洲	1528.6	1347.1	-11.9
非洲	30.7	25.5	-16.9
总计	2669.3	2437.2	-8.7

资料来源：根据欧洲汽车工业协会数据整理。

（二）欧洲商用车市场

2020 年受新冠肺炎疫情影响，欧洲商用车市场销售 254.0 万辆，同比超过 10%（见图 1）。从区域看，法国商用车销量保持在 40 万辆以上，德国和英国商用车销量均超过 30 万辆，意大利、西班牙、俄罗斯和土耳其商用车销量均不足 20 万辆。

1. 德国

IHS 数据显示，2020 年德国轻、中、重型货车销量均出现不同程度下降（见图 2）。默克尔执政联盟提出新的货车报废计划，新的货车报废补贴将发放给新购置柴油、电动或氢动力货车的公司，这将对德国货车需求市场产生积极影响。

2. 法国

IHS 数据显示，2020 年法国中型货车销量同比下降 15%，重型货车销

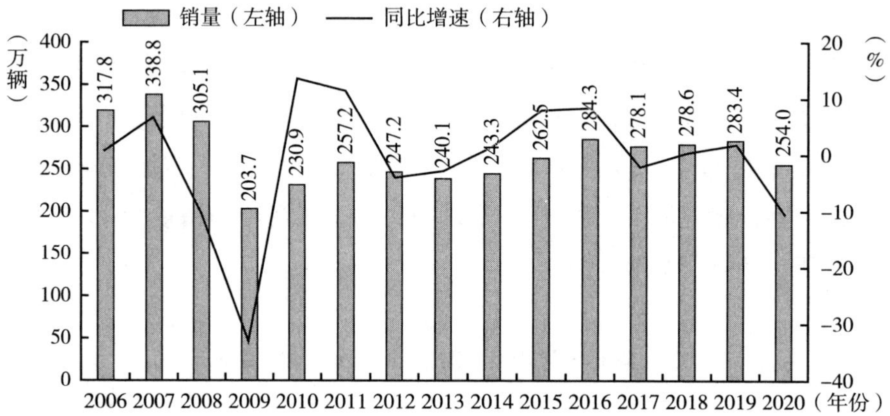

图1　2006～2020年欧洲商用车销量及同比增速

资料来源：根据欧洲汽车工业协会数据整理。

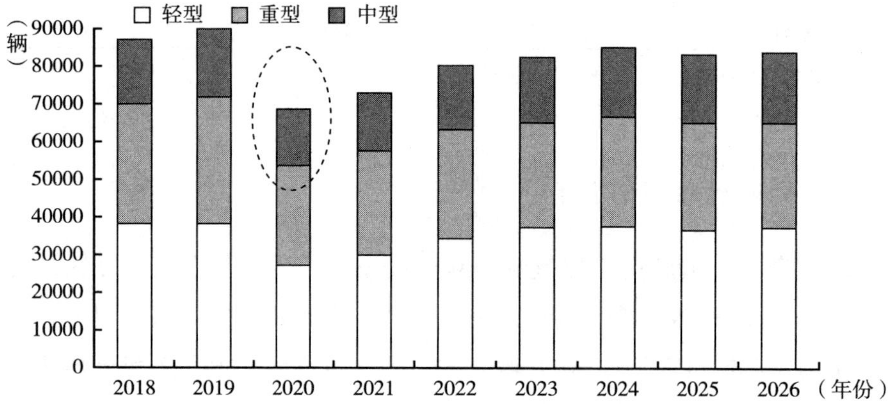

图2　德国货车分车型销量情况

资料来源：IHS。

量同比下降25.5%（见图3）。从2021年下半年开始，消费支出增长、电子商务持续扩张以及建筑业向好发展等趋势，有利于提振法国商用车市场销量，但同时受新冠肺炎疫情的不确定性影响，预计2021年法国货车需求温和增长。

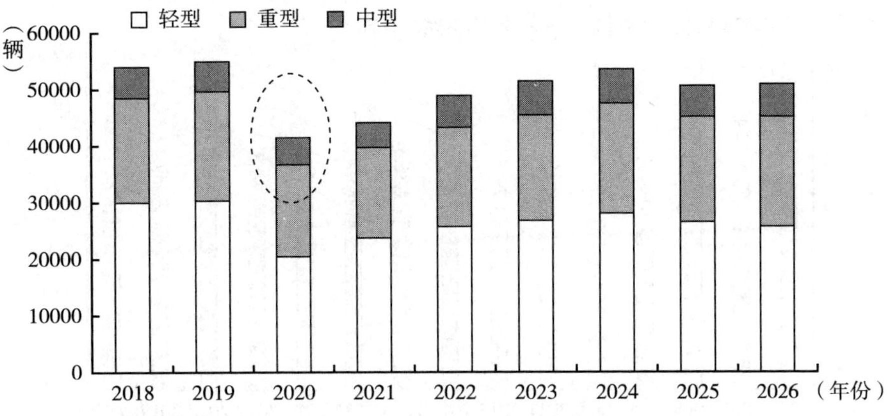

图 3　法国货车分车型销量情况

资料来源：IHS。

（三）日本商用车市场

1. 产销量情况

从产量看，2020 年日本商用车产量为 110.8 万辆，与上年同期相比下降 18.3%。其中，重型商用车产量为 40.5 万辆，同比下降 20.0%；轻型商用车产量为 69.7 万辆，同比下降 16.9%；客车产量为 0.5 万辆，同比下降 49.7%（见表 7）。

表 7　2019～2020 年日本商用车各车型产量情况

单位：万辆，%

车型	2019 年	2020 年	同比增速
客车	0.9	0.5	-49.7
重型商用车	50.7	40.5	-20.0
轻型商用车	84.0	69.7	-16.9
总计	135.5	110.8	-18.3

资料来源：根据欧洲汽车工业协会数据整理。

从销量看，受疫情影响，2020 年日本商用车结束了连续三年的增长态势，销售 78.9 万辆，同比下滑 11.8%（见图 4）。

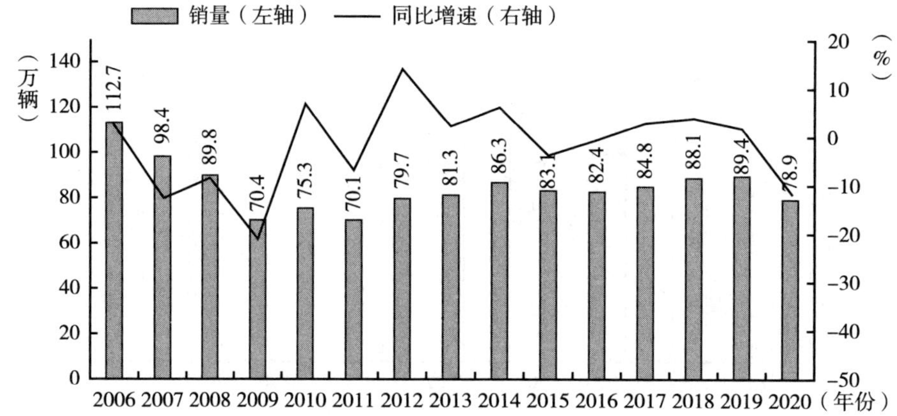

图 4　2006～2020 年日本商用车销量及同比增速

资料来源：根据欧洲汽车工业协会数据整理。

2. 大中型货车①需求走势

2020 年受新冠肺炎疫情影响，日本大中型货车的新车注册量为 8.7 万辆，约降至 2015 年水平（见图 5）。运输业和家用市场下行，具体表现为销售收入下降、出车次数减少、运送业务停工及延期等。

日本国土交通省相关统计资料及汽车运输统计调查年报显示，2020 年日本运输业经营单位大中型货车保有量为 158.3 万辆（见图 6），近几年基本无明显变化，通过调查未来五年的保有意向发现，“增加”的占比下降，“不变”的占比上升，用户表示希望维持现状，仅规模较大和经营情况好转的经营单位的购车意向较强，表示“增加”的占比达四五成。

（四）北美商用车市场

从产量看，2020 年北美商用车产量为 1015.1 万辆，与上年同期相比，下降 18.4%。其中，重型商用车产量为 38.3 万辆，同比下降 32.1%；轻型商用车产量为 976.8 万辆，同比下降 17.8%（见表 8）。

① 大中型货车指 4～10 吨级货车和牵引车，不含起重机、全轮驱动车及进口车。

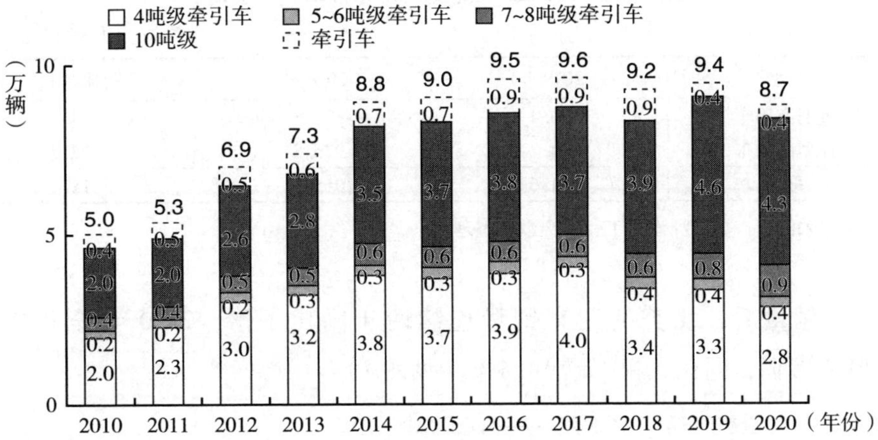

图5　2010～2020年普通货车（即大中型货车）的新车注册量

注：图中数据为财年统计数据。不含起重机、全轮驱动车及进口车数据。第一行加黑数据为合计。

资料来源：日本汽车销售协会联合会。

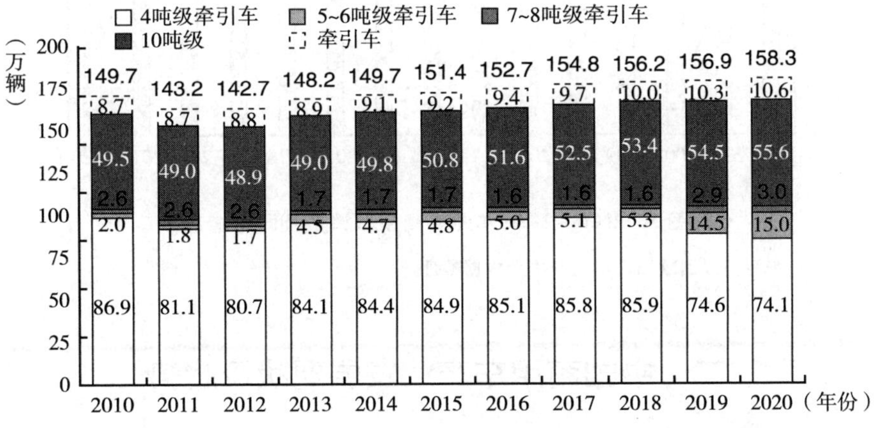

图6　2010～2020年普通货车（即大中型货车）的保有量

注：图中数据为财年统计数据。不含起重机、全轮驱动车及进口车数据。第一行加黑数据为合计。

资料来源：日本汽车工业协会。

表 8　2019～2020 年北美商用车各车型产量情况

单位：万辆，%

车型	2019 年	2020 年	同比增长
重型商用车	56.4	38.3	－32.1
轻型商用车	1188.2	976.8	－17.8
总计	1244.6	1015.1	－18.4

资料来源：根据欧洲汽车工业协会数据整理。

从销量看，北美商用车销量连续两年同比下滑，2020 年全年销售 1270.4 万辆，同比大幅下滑 14.4%（见图 7）。

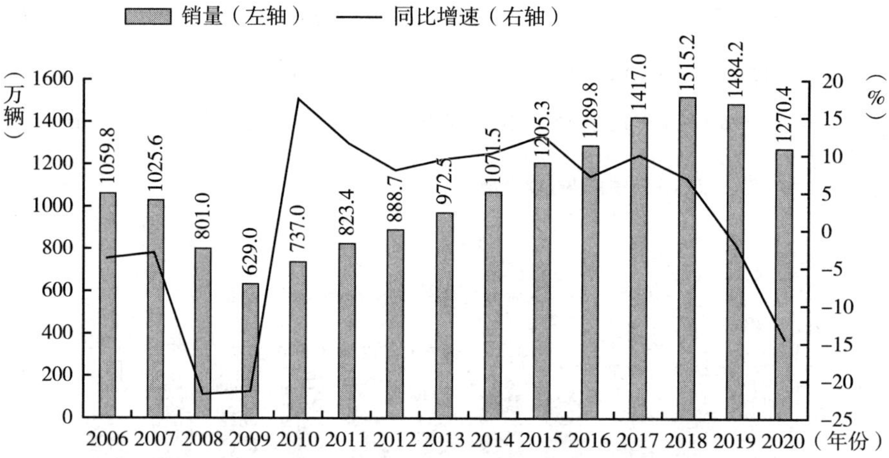

图 7　2006～2020 年北美商用车销量及同比增速

资料来源：根据欧洲汽车工业协会数据整理。

二　中国商用车产业发展现状及趋势

（一）商用车产业发展概况

我国商用车发展经历了四个时期：1953～1982 年为发展期，我国商用车实现从无到有，中型卡车发展迅速；1983～2008 年为成长期，基本实现“重、中、轻、微、客”全品类发展，同时开始引进国外汽车品牌；2009～

2019 年为壮大期，通过技术引进、合资合作、自主开发等方式，我国商用车已经能够与国外商用车企业同平台对话；2020～2030 年为高质量发展期，商用车产业力争实现由大变强。

1. 商用车产业在国民经济中的地位

我国商用车产业在国民经济中具有不可替代的地位。据不完全统计，2020 年我国商用车重点企业营业收入突破 6000 亿元，为国民经济发展提供了重要支撑。商用车产业在事关国民经济发展的消费、投资、出口“三驾马车”方面到了不可或缺的作用，在消费品运输、基础设施建设、出口货物运输等方面也发挥着重要作用，因此商用车又被称为我国经济发展的“晴雨表”，直接反映国家经济发展水平。在我国公路运输是大部分货物最后必须要经历的运输方式，而公路货运周转量中 95% 以上是由商用车运输，因此商用车产业的发展水平直接影响着货物运输效率。

2. 商用车产业布局

商用车产业是劳动密集型产业，主要生产企业分布在长江流域以北。除广汽集团以外，主要汽车集团均在商用车产业有所布局。商用车产业作为生产制造型产业，行业利润相对高新技术产业较低，对高端人才的吸引力略显不足，不利于商用车企业的长远发展。

3. 商用车品牌影响力

近 20 年我国商用车品牌影响力虽然有所提升，但是在核心技术和产品竞争力方面与国际先进企业相比仍然有一定差距，虽然我国领先的商用车企业销量已接近甚至超越国际企业，但我国商用车企业在全球市场的盈利能力、研发投入和海外销量占比等方面依然表现欠佳。

（二）商用车产业政策环境

1. 宏观环境

2019 年发布的《交通强国建设纲要》指出，我国交通运输未来将向着高质量、智能化、高效化方向发展。

商用车作为一种生产资料，其发展与交通运输行业紧密相关。近 10 年来，中国公路货运周转量呈增长态势，虽然增速降低，但整体来看货车需求不断增加。

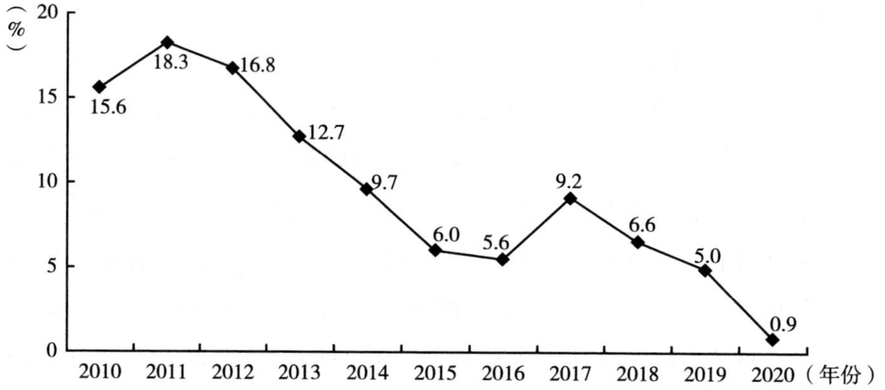

图 8　2010～2020 年公路货运周转量同比增速

资料来源：国家统计局。

近 10 年，伴随高铁里程数的增加和私家车的普及，公路客运周转量自 2015 年以来逐年降低，公路客车需求逐年降低。

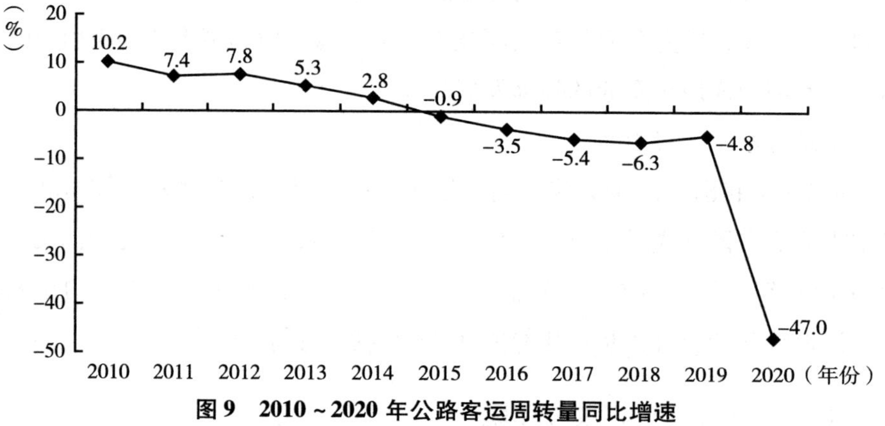

图 9　2010～2020 年公路客运周转量同比增速

资料来源：国家统计局。

国际市场对中国商用车的需求以低端车型为主，主要出口市场为东南亚、非洲、中亚等欠发达地区，主要出口车型为中重卡、轻卡、客车。2020 年新冠肺炎疫情的暴发导致全球经济陷入低迷，货运需求减少，中国商用车出口受阻。同时与欧美商用车相比，中国商用车市场竞争力不足，要实现对欧美国家的出口难度较大。

2. 政策环境

商用车法规日趋严格。商用车领域，无论是产品安全、排放、节能方面的政策，还是企业生产过程监管方面的政策，都日益严格。商用车产品的被动安全配置已经不能满足当前产业对安全的要求，产品的主动安全配置已逐渐成为标配，对配置的安全等级的要求不断提高。此外，产品排放标准不断升级，国六排放标准已如期而至，国三排放标准车辆面临大范围被淘汰的局面，部分地区特定场景对国四排放车辆也进行了限制。在节能方面，新认证车辆三阶段油耗标准已成为必选项，预计四阶段油耗标准将于2025年前后实施。

商用车综合运输效率提升。《交通强国建设纲要》对于运输效率提升明确了总体方向，政策也在向效率提升方向发展。中国交通行业的长远目标是实现高质量发展，合规条件下的整体运输效率提升是高质量发展的重要表现。公转铁/水、多式联运、甩挂运输的发展在一定程度上带动了交通运输整体效率的提升，同样也带来了公路货运比例的下降。

中国政府在环保端大力倡导发展新能源商用车，在“蓝天保卫战”背景下，推出一系列的鼓励措施，如对传统商用车在路权方面的限制、对新能源商用车的补贴、禁止新企业进入传统燃油车市场等。同时伴随碳达峰、碳中和长远目标的发布，未来传统商用车将进一步受到限制，新能源商用车必然成为未来重要的发展趋势。

3. 市场环境

商用车销量在汽车整体销量中占比相对较小，2020年约占1/5。近15年，商用车市场空间伴随整体汽车市场空间增长而增长，且呈现周期性的变化规律。

当前，传统燃油车是商用车市场的绝对主力，伴随国家政策的推动和市场需求的增加，新能源和智能网联商用车比例提升迅速，新生产的城市公交客车中新能源产品比例在90%以上，货车类新能源产品的比例也在不断提升。

商用车部分车类产品已经转向乘用车，2019年前商用车产品涵盖大、中、轻、微客以及重、中、轻、微卡。微客伴随商用属性的降低，已正式划入乘用车领域。此外，皮卡车的乘用车属性也越来越强，其客户已不局限于企业和政府，大量个人客户开始购买皮卡车。

4. 竞争环境

当前商用车市场竞争分为三种情况：首先，中国商用车出口市场竞争激烈，目前国内产品以载重 3.5t 以上的载货车为主，重点向本土汽车工业不发达的发展中国家出口，该地区市场空间仅为 30 万辆左右，但国内企业为能在海外市场取得突破，纷纷进入，海外商用车出口市场竞争激烈。其次，国内商用车市场在能源领域竞争激烈，为了能在未来商用车竞争中取得优势，传统能源商用车企业几乎都涉足新能源业务，天然气、纯电动和氢能源等技术路线的布局使得未来新能源商用车市场竞争呈现多元化趋势。最后，国内商用车市场竞争国际化，2020 年股比放开后，国外重卡企业纷纷布局国内市场，部分进口车型国产化，使得国内重卡的竞争格局日趋国际化。

（三）商用车产业运行情况

1. 市场销量

中国商用车销量由 2005 年的 179 万辆逐步增长至 2020 年的 513 万辆，自 2017 年以来始终保持在 400 万辆以上。2020 年中国商用车销量占世界商用车总销量的 21.05%（见图 10）。

重型载货车（GVW > 14t，包含重型货车整车、重型货车非完整车辆和半挂牵引车）2020 年产量为 165.5 万辆，同比增长 38.7%；销量为 161.9 万辆，同比增长 37.9%，比 2019 年增速高出 35.6 个百分点。

中型载货车（6t < GVW ≤ 14t，包含中型货车整车、中型货车非完整车辆）2020 年产量为 18.1 万辆，同比增长 25.3%，扭转了 2019 年的下滑趋势；销量为 15.9 万辆，同比增长 14.2%。

轻型载货车（1.8t < GVW ≤ 6t，包含轻型货车整车、轻型货车非完整车辆）2020 年产销均突破 200 万辆，产量为 222.9 万辆，同比增长 17.2%；销量为 219.9 万辆，同比增长 16.8%。

微型载货车（GVW ≤ 1.8t，包含微型货车、微型货车非完整车辆）

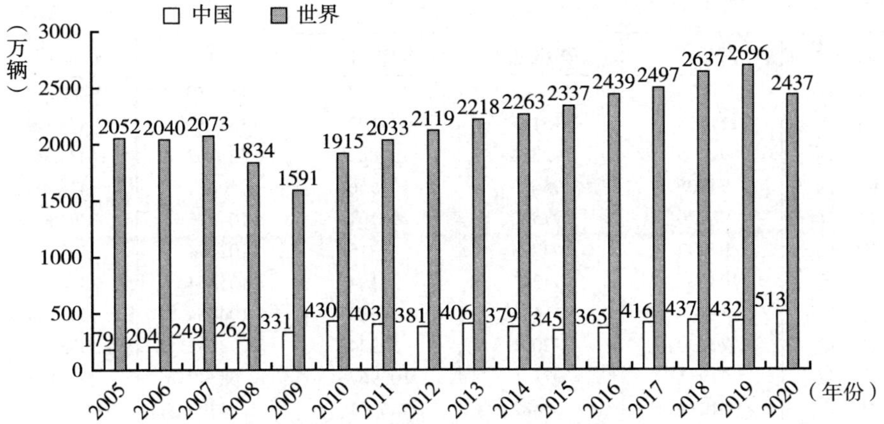

图 10　2005～2020 年中国及世界商用车销量

资料来源：根据中国汽车工业协会数据整理。

2020 年产量为 71.3 万辆，同比增长 10.1%；销量为 70.8 万辆，同比增长 8.4%，扭转了 2019 年的下滑态势。

2. 区域市场发展

（1）商用车市场

从保险数据看，2020 年国内商用车销量前五名的省份依次为山东、河北、广东、河南和江苏（见表 9）。

表 9　2017～2020 年商用车分区域销量情况

单位：辆

区　域	2017 年	2018 年	2019 年	2020 年	总计
山　东	291498	316197	378221	450426	1436342
广　东	333689	336438	316457	362030	1348614
河　北	235100	283098	315727	441816	1275741
河　南	248805	247359	261877	329568	1087609
江　苏	192564	189503	210624	281851	874542
浙　江	184504	198629	227456	261074	871663
四　川	152212	159168	168286	196776	676442
安　徽	170120	154762	160484	186574	671940
云　南	128069	143313	142465	169184	583031
湖　北	139487	131359	144516	150143	565505

续表

区 域	2017 年	2018 年	2019 年	2020 年	总计
山 西	99924	106042	123957	152230	482153
湖 南	111215	115197	114607	134030	475049
广 西	92325	102374	108882	130662	434243
陕 西	94305	95633	117956	110611	418505
福 建	98626	97502	94104	104573	394805
贵 州	95993	104293	89315	102174	391775
江 西	103045	94275	91194	101564	390078
辽 宁	89763	71437	78320	104564	344084
新 疆	73290	72031	89224	98532	333077
北 京	61981	97116	102967	68349	330413
甘 肃	61239	61482	66301	84399	273421
重 庆	67240	60951	59727	75444	263362
黑龙江	72178	56479	57777	73593	260027
内蒙古	61957	56247	62468	77229	257901
吉 林	55218	51512	45266	52458	204454
上 海	54969	42099	37633	57314	192015
天 津	36180	33163	41009	56951	167303
宁 夏	36160	31357	31978	41016	140511
海 南	26899	22909	26020	27133	102961
西 藏	21488	30850	27534	21143	101015
青 海	22467	20886	20592	27815	91760
总 计	3512510	3583661	3812944	4531226	15440341

注：表中数据按照总计排序。

资料来源：根据上险数据整理。

（2）载货车市场

从上险数据看，2020 年国内载货车销量前五名的省份依次为河北、山东、广东、河南和江苏（见表 10）。

表 10　2017～2020 年载货车分区域销量情况

单位：辆

区 域	2017 年	2018 年	2019 年	2020 年	总计
山 东	263820	290154	355653	427269	1336896
河 北	221243	268295	303692	430489	1223719
广 东	291071	294552	285655	334875	1206153
河 南	220170	220735	239158	308152	988215

续表

区域	2017 年	2018 年	2019 年	2020 年	总计
浙江	153900	169855	197970	229453	751178
江苏	151573	150304	173208	232984	708069
四川	136387	144020	154334	185353	620094
安徽	154243	141503	148785	173822	618353
云南	117697	131545	131990	159289	540521
湖北	120343	115097	130302	137796	503538
山西	92246	98240	115539	144429	450454
湖南	91539	97819	101243	123454	414055
广西	85000	95883	104332	126467	411682
陕西	79581	81797	104595	101099	367072
江西	94767	86714	84757	95208	361446
贵州	86276	94135	81573	94727	356711
福建	87384	84651	84661	97474	354170
辽宁	76092	61444	69818	96402	303756
新疆	65206	64219	80222	91135	300782
北京	42166	81565	82596	55125	261452
甘肃	55856	57374	62749	81043	257022
内蒙古	56357	50986	58367	72819	238529
黑龙江	63668	49260	52173	69724	234825
重庆	59295	52168	51349	66354	229166
吉林	49361	46468	40803	48453	185085
天津	29870	27837	36467	51961	146135
宁夏	33725	29841	30784	39873	134223
上海	34043	25919	24911	44010	128883
西藏	20586	29927	26182	20193	96888
海南	22662	20515	22331	25075	90583
青海	20880	19253	19287	26639	86059
总计	3077007	3182075	3455486	4191146	13905714

注：表中数据按照总计排序。

资料来源：根据上险数据整理。

2020 年轻卡 TOP10 区域市场份额累计占比近七成，同比增加 1.5 个百分点，市场集中度进一步提高。2020 年轻卡主要流向山东、广东、河北、江苏、浙江、河南等经济或人口大省（见表 11）。

表 11　2019～2020 年轻卡 TOP10 区域市场份额排名

单位：%，个百分点

排名	区域	2020 年市场份额	2019 年市场份额	同比增长
1	山东	12.3	12.2	0.1
2	广东	10.9	10.7	0.2
3	河北	8.1	7.9	0.2
4	江苏	8.0	7.9	0.1
5	浙江	7.9	7.8	0.1
6	河南	7.4	7.1	0.3
7	安徽	4.9	4.6	0.3
8	湖北	3.8	3.9	-0.1
9	北京	3.2	3.0	0.2
10	四川	3.1	3.0	0.1
合计		69.6	68.1	1.5

（3）客车市场

从上险数据看，2020 年国内客车销量排前五名的省份依次为江苏、浙江、广东、山东和河南。

表 12　2017～2020 年客车分区域销量情况

单位：辆

区　域	2017 年	2018 年	2019 年	2020 年	总计
江　苏	40991	39199	37416	48867	166473
广　东	42618	41886	30802	27155	142461
浙　江	30604	28774	29486	31621	120485
山　东	27678	26043	22568	23157	99446
河　南	28635	26624	22719	21416	99394
北　京	19815	15551	20371	13224	68961
上　海	20926	16180	12722	13304	63132
湖　北	19144	16262	14214	12347	61967
湖　南	19676	17378	13364	10576	60994
四　川	15825	15148	13952	11423	56348

续表

区域	2017年	2018年	2019年	2020年	总计
安徽	15877	13259	11699	12752	53587
河北	13857	14803	12035	11327	52022
陕西	14724	13836	13361	9512	51433
云南	10372	11768	10475	9895	42510
福建	11242	12851	9443	7099	40635
辽宁	13671	9993	8502	8162	40328
贵州	9717	10158	7742	7447	35064
重庆	7945	8783	8378	9090	34196
新疆	8084	7812	9002	7397	32295
山西	7678	7802	8418	7801	31699
江西	8278	7561	6437	6356	28632
黑龙江	8510	7219	5604	3869	25202
广西	7325	6491	4550	4195	22561
天津	6310	5326	4542	4990	21168
内蒙古	5600	5261	4101	4410	19372
吉林	5857	5044	4463	4005	19369
甘肃	5383	4108	3552	3356	16399
海南	4237	2394	3689	2058	12378
宁夏	2435	1516	1194	1143	6288
青海	1587	1633	1305	1176	5701
西藏	902	923	1352	950	4127
总计	435503	401586	357458	340080	1534627

注：表中数据按照总计排序。

资料来源：根据上险数据整理。

（4）新能源商用车市场

从上险数据看，2020 年国内新能源商用车销量排前五名的省份依次为广东、江苏、北京、浙江和四川（见表13），广东领先优势明显，约占全国新能源商用车销量的17.5%，其他省份均占比在9%以下。

表 13　2017～2020 年新能源商用车分区域销量情况

单位：辆

区　域	2017 年	2018 年	2019 年	2020 年	总计
广　东	47395	34624	20491	16741	119251
江　苏	11207	8638	7806	8536	36187
河　南	11810	9313	6326	4774	32223
四　川	8519	9270	8007	5125	30921
浙　江	8435	7127	7551	6373	29486
北　京	10057	5329	6553	6465	28404
湖　北	12685	6375	4737	3190	26987
湖　南	7992	7572	5627	3633	24824
山　东	8553	7126	4081	3460	23220
安　徽	6457	7799	4491	4213	22960
陕　西	7981	6221	4613	2193	21008
福　建	4689	7517	4810	2839	19855
上　海	6665	3565	2550	3007	15787
河　北	4136	4294	3003	2687	14120
天　津	5426	2972	1406	2184	11988
黑龙江	3823	3283	2810	995	10911
江　西	3209	2531	1972	1790	9502
山　西	2054	2134	2404	2695	9287
重　庆	1870	2797	1473	3121	9261
辽　宁	3601	2021	1734	1641	8997
广　西	2609	3144	1723	1383	8859
云　南	1787	2843	1476	975	7081
贵　州	1987	2062	1561	1152	6762
内蒙古	2704	1150	1018	1719	6591
吉　林	1579	1733	1663	1201	6176
甘　肃	2184	1720	1150	1060	6114
海　南	2324	1064	847	1010	5245
新　疆	476	636	1248	817	3177
宁　夏	1061	308	333	157	1859
青　海	324	361	505	165	1355
西　藏	137	51	193	154	535
总　计	193736	155580	114162	95455	558933

注：表中数据按照总计排序。

资料来源：根据上险数据整理。

3. 进出口

2019 年中国商用车出口 29.9 万辆，同比增长 5.7%，约占总销量的 6.91%，2020 年中国商用车出口 23.5 万辆，同比降低 21.4%。2020 年受新冠肺炎疫情影响，国外需求减少，出口销量下降。商用车主要出口品种中，载货车占比 80% 左右，客车占比 20% 左右，其中亚、非、拉等是我国商用车主要出口地区。

近几年，中国商用车进口量基本在 2 万辆以下，占比不到中国市场销量的 0.5%。进口来源地主要为欧洲、美洲和亚洲。进口车型以载货车中的中重型载货车、轻型载货车（含皮卡）为主，约占 90%，客车的主要进口来自亚洲，约占 10%。

4. 产能利用率

2020 年国内上市商用车企业整体产能利用率为 84.6%，与“十二五”期末 2015 年相比，提升 4.2 个百分点。不同类型的企业产能利用率差异明显，主要生产中重型载货车的企业产能利用率相对较高；主要生产大、中型客车的企业产能利用率相对较低（见表 14）。

表 14　2020 年国内上市商用车部分代表企业产能利用率情况

单位：万辆，%

企业	产能	产量	产能利用率
一汽解放	55.0	48.9	88.9
东风汽车（东风股份）	28.0	17.5	62.4
中国重汽	55.8	48.2	85.4
北汽福田（含戴姆勒）	76.3	69.6	91.2
江淮汽车	33.0	29.2	88.5
厦门金龙	7.9	4.4	56.0
宇通客车	6.5	4.2	64.6
合计	262.5	222.0	84.6

资料来源：根据各上市企业年度报告统计。

5. 经营指标

2020 年，中国商用车销售 513.3 万辆，同比增长 18.7%。分车型看，重型载货车2020年销售161.9万辆，增速最快，同比增长37.9%，中重型、重型、中型、轻型和微型载货车均实现正增长；客车除轻客微增长外，大客和中客均下滑（见表15）。

表15　2020年中国商用车销售结构

单位：万辆，%

项目	12月销量	环比增长	同比增长	1~12月销量	同比增长
汽车总体	283.1	2.2	6.5	2531.1	-1.9
乘用车	237.5	3.4	7.3	2017.8	-6.0
商用车	45.6	-3.4	2.5	513.3	18.7
中重型载货车	12.7	-15.5	21.1	177.8	35.4
重型载货车	11.0	-19.2	18.8	161.9	37.9
中型载货车	1.7	19.9	38.1	15.9	14.2
轻型载货车	19.0	-8.9	-1.3	219.9	16.8
微型载货车	7.7	17.2	-8.9	70.8	8.4
大客	0.9	50.1	-33.9	5.7	-24.2
中客	0.8	43.2	-28.3	4.7	-29.7
轻客	4.5	24.5	17.8	34.4	3.5

资料来源：根据中国汽车工业协会数据整理。

商用车行业属于重资产行业，据不完全统计，2018~2020年商用车资产总规模均超过9000亿元。2020年部分商用车企业（一汽解放、东风汽车、中国重汽、北汽福田、江淮汽车、金龙汽车、宇通客车）营业收入3236.2亿元，净利润为57.5亿元，平均利润率为1.777%，与欧美发达国家同类企业相比，利润率较低。

表16　2020年上市商用车部分代表企业营业收入和净利润情况

单位：亿元

企业	营业收入	净利润
一汽解放	1136.8	26.7
东风汽车	137.3	5.5
中国重汽	599.4	18.8

续表

企业	营业收入	净利润
北汽福田	577.7	1.5
江淮汽车	428.3	1.4
金龙汽车	139.6	0.6
宇通客车	217.1	3.0
合计	3236.2	57.5

资料来源：根据上市企业年度报告整理。

（四）商用车产品及技术发展情况

1. 排放升级与技术发展

（1）国六排放标准实施

2019 年 7 月 1 日起对于天然气车和重点区域城市车辆实施国六排放标准，北京地区于 2020 年起全面实施柴油车国六排放标准，2021 年 7 月 1 日起全国其他地区柴油车全面实施国六排放标准。国六排放标准是目前国际上最严格的排放标准，与 2017 年 7 月 1 日全国柴油车实施国五排放标准仅相差四年时间，给载货车生产企业带来挑战。

满足国六排放标准的载货车系统复杂、技术跨度大、对使用条件敏感，燃油、机油、尿素等均需要满足国六标准，任一不达标都会造成发动机及后处理失效，带来车辆停驶或较复杂的高成本维修，给企业和客户带来经济损失。国五排放升级到国六排放，为降低原机排放，发动机需重新开发，采用更高压力的供油系统；为降低悬浮颗粒，后处理系统增加 DPF 颗粒物捕集器，国六排放标准堪称发动机和后处理的一次技术革命。在国内，国六发动机基本型和整车基本型开发至少需要 36 ~ 40 个月的时间，需要经过两个冬季寒区标定；在欧盟，国六商用车开发周期需要 4 年时间，因此，技术开发不可以跨越。重型载货车国六排放标准从发布到适用于重点区域城市车辆仅间隔一年。企业产品开发周期过短，开发验证时间不足，甚至部分产品验证不充分，或将带来产品质量的风险。

（2）天然气重型载货车快速增长

2020 年天然气重型载货车累计销售 13.77 万辆，继续保持较大幅度增长，同比增速高达 63.5%（见图 11）。

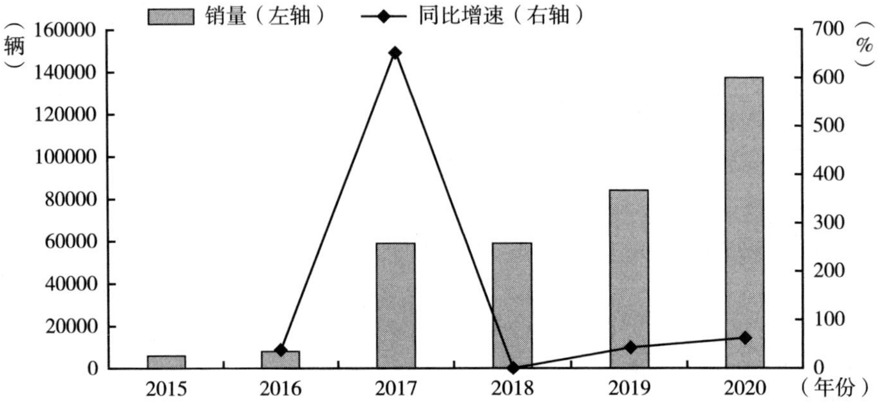

图 11　天然气（NG）重型载货车销量及增速

资料来源：中国汽车工业协会。

基于国家 2030 年碳达峰、2060 年碳中和的战略目标要求，天然气载货车发展优势明显，且具有路权优势。天然气载货车国六排放标准实施时间比柴油车早一年，产品可靠性得到了市场验证，后处理贵金属含量逐步优化，与国六标准的柴油车之间的价差不断缩小，天然气载货车投资回收周期逐步缩短，短期市场增长潜力较大。

同时，天然气载货车发展也存在诸多不利因素，如偶发的天然气“气荒”或天然气价格上升将短期抑制天然气载货车的需求。一般经验认为，当天然气与柴油价格比在 0.7 以上时，天然气载货车需求可能受到较大影响，当天然气与柴油价格比在 0.65 以下时，天然气载货车需求则会增加。

2. 舒适化程度大幅提高

载货车作为生产资料，早期客户重点关注载货车承载能力，对舒适性要求不高。伴随着时代的发展、技术的进步以及驾驶员的年轻化，客户对车辆的体验需求不断升级，中国载货车的配置水平不断提高，趋向“轿车化”，并集工作、生活、休息于一体，舒适性快速提升。

（1）平地板

伴随货运里程的增加，以车为家的客户数量不断增长，客户对载货车家居化的要求不断提高，载货车驾驶室内部家居化趋势明显。平地板驾驶室可在中央区域配置储物、家居以及扩展功能。驾驶室中间阻隔的去除，可以方便主副驾驶员车内换班，且便于日常生活及移动。平地板驾驶室改善了车内空间，提升了驾乘体验。越来越多的生产企业都推出了平地板载货车，其市场占比不断提高。未来几年，平地板产品或将成为载货车市场的主流。

（2）AMT

从欧美 AMT 的发展经历来看，牵引车的 AMT 导入较其他车型相对提前，其市场占比较大，当前在欧美市场占比已经达到 95% 以上。欧洲培育期（市场占比 5% ~20%）仅 4 年，快速增长期（市场占比 20% ~90%）持续 15 年；北美培育期 7 年，快速增长期 6 年，虽然培育期发展较慢，但快速增长期增幅大，用时更短。2020 年，中国 AMT 市场快速增长，AMT 成为各主流载货车生产企业全力推广的产品，涉及解放、欧曼、东风、重汽等企业，AMT 产品增长趋势明显。根据欧美先导国家或地区 AMT 发展趋势判断，伴随中国 AMT 技术的不断成熟，其市场培育期时间更短，2021 年开始将进入快速增长期（见图 12）。

（3）空气减震座椅

座椅是驾驶员使用时间最长、驾乘体验最直接的一项配置，直接关系到驾驶员乘坐的舒适性和安全性。驾驶员在长时间的驾驶过程中，受到来自路面和车体的震动，频繁的震动极易使其产生疲劳感。超过标准的震动就会对驾驶员的生理和心理产生极其不良的影响，甚至引发交通事故，目前中国载货车座椅的舒适性已经达到了国际先进水平，部分产品采用的座椅技术水平超过了国际载货车标准。

（4）三段式宽卧铺

为了改善驾驶员在车内的睡眠质量，大部分载货车生产企业加宽了卧

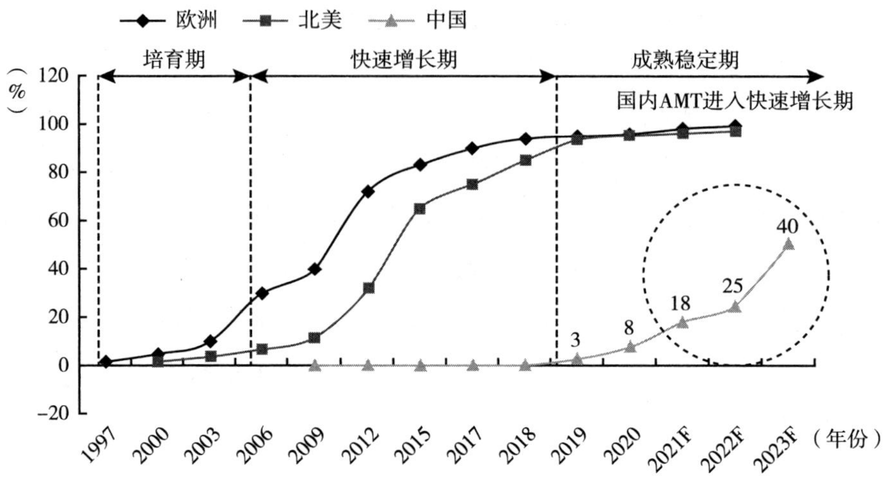

图 12　AMT 发展趋势预判

资料来源：公开资料整理。

铺，特别是重型载货车卧铺加宽的趋势明显，宽 75～80cm 的卧铺在部分车型中出现。此外，部分重型载货车生产企业对卧铺进行了适应性设计，开发了“三段式”卧铺，中间的一段可翻起，以提高车内驾乘人员的便利性。

（5）独立空调与独立暖风

对于载货车驾驶员来说，车辆就相当于他们的另一个家。很多驾驶员都想有一个冬暖夏凉的工作、生活、休息环境。现在的载货车都配置了冷暖空调，保证行驶时车内环境的舒适，一些载货车还配置了独立空调及独立暖风，保证停驶时车内环境的舒适。随着载货车技术的提高，载货车驾驶室的生活化配置水平提升明显。

3. 节油技术显著提升

伴随着物流行业竞争的加剧，客户就载货车全生命周期成本方面提出了更高要求，载货车的燃料费用在全生命周期成本中占比达 30% 左右，控制载货车油耗对于降低物流成本至关重要。同时，随着国家节油标准法规的持续升级，四阶段油耗预计再降低 15%～20%，企业持续加大产品节油技术研发及应用力度，降低整车油耗。

整车节油技术提升主要包括发动机热效率提高、传动系统优化、空气动力学优化等。

（1）发动机热效率提高

提高发动机热效率的技术发展方向如下：一是提高发动机进气效率，提升燃油品质；二是基于高压缩比、高燃烧温度、高燃烧放热率，提高发动机的燃烧效率；三是改进发动机结构设计，进一步提高电控管理系统的精确性；四是改进热能回收技术。通过产品技术升级可以将发动机热效率提升到接近50%。

（2）传动系统优化

采用高效先进的AMT、MT变速箱与发动机系统集成，提高传动效率，优化巡航控制系统，降低发动机转速，改善传动系统润滑油以减小摩擦，减少传动损失。

（3）空气动力学优化

采用理想的空气动力学模型，减少空气阻力，降低整车油耗。采用空气动力学组件，优化导流罩和保险杠，优化牵引车与半挂车匹配，优化车厢裙板，优化车厢尾部导流罩，实现整车的空气动力学性能最优。

4. 安全性不断强化

2017年9月发布的《机动车运行安全技术条件》（GB 7258－2017）要求，2019年1月1日开始“对新生产的危险货物运输半挂车的所有车轮应装备盘式制动器；总质量大于等于12000kg的货车，应装备符合标准要求的车辆右转弯音响提示装置”等；2020年1月1日开始要求“总质量大于等于12000kg的危险货物运输货车的后轴，所有危险货物运输半挂车以及三轴栏板式、仓栅式半挂车应装备空气悬架；修改了应装备驾驶人汽车安全带佩戴提醒装置的车辆类型和功能要求”等。这些强制性措施对道路机动车的行驶安全性，尤其是危险货物运输车的行驶安全性提出了更高的要求。

交通运输部针对营运货车发布系列标准。近几年，交通运输部《营运货车安全技术条件》（JT/T 1178.1－2018）、《营运货车安全技术条件》（JT/T 1178.2－2019）、《危险货物道路运输营运车辆安全技术条件》（JT/T

1285－2020）等系列标准先后发布并实施，要求各级交通运输管理部门对经核查符合要求的载货车方可办理营运手续。以上安全标准提出了一系列安全技术要求，如“总质量大于或等于12000kg且最高车速大于90km/h的非双转向轴载货汽车，所有转向轮应安装爆胎应急安全装置，并在驾驶室易见位置标示”，“总质量大于或等于12000kg且最高车速大于90km/h的载货汽车，应安装电子稳定性控制系统（ESC）”，“总质量大于18000kg且最高车速大于90km/h的载货汽车，应具备车道偏离报警功能和车辆前向碰撞预警功能”，“总质量大于或等于12000kg的危险货物运输货车应装备JT/T 1242的自动紧急制动系统（AEBS），半挂牵引车、液体危险货物运输罐式货车及爆炸品运输车除外”等。

5. 可靠性和耐久性持续提升

近年来，我国载货车企业从设计、制造、验证等方面采取措施提升产品可靠性和耐久性，比如，应用CAE分析软件及DFMEA、Q-plan等质量工具从设计端保证产品质量；运用PFMEA等质量工具从制造端严控生产质量；应用基于用户场景的等损伤载荷测试等技术制定试验方案从验证端确保产品质量达标，使产品寿命由1990年的80万公里逐步提升到2000年的100万公里、2010年的120万公里、2020年的150万公里，发动机保养里程由1万～3万公里提升到5万～10万公里；应用免维护轮端、传动轴等。

随着《汽车产业中长期发展规划》等国家政策相继实施，智能保养、预防性诊断等技术将逐步普及，设计、制造、验证技术日益成熟，中国载货车的可靠性、耐久性、长保养、免维护等性能将显著提升。

6. 轻量化技术广泛应用

2016年以来，随着新版GB 1589标准、《超限运输车辆行驶公路管理规定》（“921治超”新规）、加快取消全国高速公路省界收费站等政策的落地实施，收费公路制度改革进一步深化，国家治理超载超限法规日益严格，超载超限车辆的生存空间逐渐被压缩。增加载货量、提高货运效率事关客户经济利益，外加能源短缺和环境污染问题凸显，促使载货车轻量化的需求更为迫切。

随着蓝牌轻型载货车大吨小标治理的不断加严，轻量化技术将大幅度改善蓝牌轻型载货车自重问题。2021 年关于轻型载货车最新技术要求方面，发动机排量、货厢内部宽度、货厢内部长度、轮胎规格方面的要求更加明确，从监管的角度对车辆最主要特征进行限制，其本质仍然是杜绝大吨小标，保证车辆行驶安全。为此，轻量化技术有望提高车辆的综合竞争力。未来几年，蓝牌合规化轻型载货车将得到快速发展。

轻量化的实现途径主要包括材料应用轻量化、结构设计轻量化和制造采用新工艺。每个领域的轻量化发展都已经演化成多项技术的支撑，并且相关轻量化技术应用速度在加快。

（1）材料应用轻量化

在载货车产品上应用高强度钢、铝合金、镁合金、钛合金等金属材料及工程塑料、非金属复合材料、混合材料等轻量化材料，如高强度钢板单层车架、高强度钢车厢、铝合金壳体变速箱、铝合金飞轮壳体等。

（2）结构设计轻量化

通过整体构造、集成构造的优化设计，减少零部件数量，实现降重；通过有限元仿真模拟，去除冗余，缩短开发周期，提高品质；前后少片钢板弹簧悬架、新结构轻量化转向系统、1000 升和 1350 升大容量 LNG 单气罐等轻量化结构广泛应用。

（3）制造采用新工艺

对于强度高、塑性差和形状复杂等难成形的高强度钢采用热冲压成形新工艺，辅以热处理工艺，使零部件达到最佳力学性能指标。比如，用液压成形制造进气歧管、排气歧管、催化器转换器等管件，用液压挤压成形冲压加焊接工艺制造车架纵梁、副车架、后桥支架等，提高零部件性能，降低加工难度，减轻重量。

7. 便利性技术广泛应用

伴随“60 后”“70 后”载货车驾驶员数量逐渐减少，越来越多的“80 后”“90 后”“00 后”从事载货车驾驶员工作，年轻驾驶员不愿在维护车辆方面花费时间和精力，越来越关注车辆的使用便利性。以长换油、长保养、免维护和维修方便性为主要特征的技术将在载货车中广泛应用。

8. 新兴技术发展

伴随汽车产业“新四化”的发展，新能源、智能网联技术不断成熟，目前已应用在商用车多种车型和多种场景下，部分技术已接近世界先进水平。

（1）新能源方面

部分国际领先的商用车企业逐渐减少传统发动机领域的投入，采用战略合作方式获取并使用国际主流发动机厂商产品，以释放资金集中用于发展新能源等重点技术，同时采用外部合作与自主研发相结合的模式，加速技术积累并逐步掌握燃料电池核心技术，降低新技术开发带来的资金和技术风险。

（2）智能化方面

商用车的生产资料属性要求其必须具备低成本、高安全、高可靠的特性，使得自动驾驶技术更容易在商用车上实现大规模商业化落地。与新能源技术相同，国际领先商用车企业同样采用外部合作与自主研发相结合的技术路线，加速技术积累并逐步掌握自动驾驶核心技术，以降低可能产生的风险。

（3）数字化方面

基于 TCO 要素分析，列队行驶可以降低车队整体燃油消耗，从而降低运营成本，国际领先商用车企业已在全球市场大力开展列队行驶的研究和商用化推广。相对于自动驾驶，队列行驶技术更容易实现和适合商业化落地。

9. 商用车重点企业技术发展现状

一汽解放商用车开发院是我国成立最早、规模最大、研发能力最强的商用车研发中心。商用车开发院集科学研究与产品开发于一身，在行业内具有举足轻重的地位，是国家级自主汽车产品研发及试验认证基地，具备整车环境与强度疲劳、车身试验、底盘及总成试验、发动机试验、震动噪声试验、电子电气试验、材料与工艺试验、新产品试制、计算分析等产品试验验证能力设施，具有功能完备的寒区汽车试验场。商用车开发院自主开发的 J6 产品荣获国家科学技术进步一等奖；2017 年实现国内首款匹配 L3 级自动驾驶系统的商用车高速公路实车路测；2018 年发布 L4 级系列智能车，包括无人驾驶的港口集运车与园区环卫车，搭载 L4 级自动驾驶系统，实现封闭区域的无人化运输作业，创建区域智能运输新标准。未来一汽解放将构建以低碳化、信息化、智能化、电动化、高品质为核心的“四化一高”研发技术规划，积极推进形成覆盖“四国八地”的研发中心战略布局。

东风商用车拥有五部委联合认定的“国家企业技术中心”，具有较完备的整车及总成试制、试验能力。东风商用车技术中心源于 1969 年成立的第二汽车制造厂，2003 年与日产合资更名为东风汽车有限公司东风商用车技术中心，2015 年与 VOLVO 合资更名为东风商用车有限公司东风商用车技术中心。现已形成武汉、十堰“两地四区”的发展格局，总面积达到 31. 7 万平方米，总资产 8. 04 亿元，现有技术人员 1784 人。东风商用车始终坚持“改进一代，开发一代、预研一代”的开发理念，对商品和技术进行迭代升级，致力于为客户提供最优质的产品和服务。2019 年，东风天龙 KL、东风天锦 KR 的上市，使东风商用车迈入商品平台最丰富的新时代，实现了 D760、D320、D560、D310、D530 五大商品平台共网营销，东风商用车产品开发体系能力不断强化，商品竞争力持续提升。

中国重汽于 2020 年在发动机、变速器、驱动桥等商用车核心总成技术领域均取得了突破性研究成果。在发动机方面，开发的 MT13 重卡用燃气机，具有马力大、经济性好、设计优良等多重优势，达到了行业中同排量燃气机的领先水平。在变速箱方面，研发了适配 AMT 的无忧换挡系统，兼具动力模式与经济模式，驾驶员手动选挡、系统自动换挡，操作轻便，实现了真正的换挡无忧。在车桥方面，开发了矿用 MCK60 三级减速双连桥，是国内首创 120 吨级大速比矿用双联驱动桥，实现了国内同类产品大速比、高承载、高可靠性有效结合的突破。2020 年，中国重汽集团在国家重型汽车工程技术中心的基础上，建设山东省重型汽车创新中心，瞄准重型汽车整车集成技术、重型汽车重要总成和零部件关键技术、重型汽车行业共性技术工程化开发及推广应用三大方向进行研发，实现技术全球引领。

陕汽集团产品平台积极创新，搭建了全系列商用车产品平台；实现了由奥龙、德龙平台向 X、H、M、L 全系列产品平台转变，由自卸车向牵引车、载货车、专用车产品齐头并进转变。具备新能源商用车系统集成及核心零部件开发能力。2005 年成功开发了我国首款单一燃料天然气重型商用车；承担了国家 863 新能源商用车开发项目，主导编制的液化天然气汽车国家标准颁布实施，2009 年开发了国内首款纯电动重型牵引车，在智能网联技术方面，研发了国内第一款 L4 级智能化产品。陕汽坚持正向研发理念，以客户需求为导向，持续推进产品优化改进和新产品开发；加大核心技术自主开发力度，积极向“产品 + 技术领先”转型；加强新模式、新业态、新技术、新产品研究，逐步形成完善的产业布局，推动产业结构调整和转型升级。

北汽福田汽车秉承“聚焦价值　精益运营”的经营理念，围绕“智能化、新能源化、网联化、轻量化”创新理念，引领行业突破创新。福田汽车积极参与制定 29 项国家强制性标准，占现有标准总数的 1/4，授权专利达 6000 件。紧跟全球发展形势打造智能制造标杆，入选工信部智能制造试点示范项目，并荣获“国家级绿色工厂”称号。2019 年“国创中心—福田汽车新能源智能物流车实验室”揭牌，正式加入国家级技术创新中心。福田汽车自主掌握核心三电科技，获得智能重卡开放道路测试牌照，积极推动新能源与智能技术的研发与落地，推动产业良性发展。

宇通公司紧跟智能化、网联化、电动化、轻量化等技术发展趋势，围绕安全、节能、舒适等方面进行了深入研究。在行业内率先开发了 I-Face 人脸识别系统、转弯辅助预警系统、车道保持辅助系统、碰撞感知及自动断电系统、发动机热管理系统节能关键技术、CL6 正面碰撞防护结构、电控离合器、高应力板簧、红外测温等关键技术；高效杀菌净化系统总菌净化率达到约 98%，并打造了校车 5A 级健康座舱；新能源碰撞防护系统Ⅱ代、节油驾驶系统蓝芯三代、电控液压主动转向系统、高强度座椅约束系统、校车快速逃生系统等技术在主销车型上实现了批量应用，进一步提升产品竞争力；在电驱动系统效率提升、混合动力系统节能、电池智能化管理、燃料电池功率密度提升等方面取得较大突破。

（五）商用车产业国际化发展情况

1. 海外市场环境分析

2020 年全球经济受新冠肺炎疫情影响，国外主要经济体均呈现负增长的局面，经济形势极不乐观。全球物流行业在经济低迷的背景下，增长放缓，货运、客运需求减少，对商用车的需求不足。此外，2020 年国际冲突不断，中美贸易摩擦加剧，不利于中国商用车出口及市场开拓。2021 年预计全球经济持续恢复，2020 年受压抑的需求有所释放，有利于商用车对欠发达地区的出口。

从市场角度看，商用车海外市场出口量为 30 万辆左右，除 2020 年受疫情影响外，近 5 年出口量相对稳定，其中以轻卡为主，占出口量的 40% 左右，中重型卡车占比为 30% 左右，客车占比 20%，微卡占比 10%。从海外市场需求看，欧美、日韩国家依然是主要的商用车需求国家，成功进入发达国家市场对中国商用车产业的海外发展意义重大。

从竞争角度看，商用车市场大致可分为三类：第一类是市场需求量较大、产品技术要求较高的欧洲、北美、日韩地区，这类市场主要由发达国家产品占据，市场产品价格较高，但门槛也较高，我国商用车产品在该市场的竞争力较弱。第二类是对产品技术有一定要求，且本土汽车产业发展较为充分的地区，如印度，由于国家经济发展的需求以及商用车产业发展受政策保护，大部分的市场份额被本土企业所占据，进入该市场的难度大。第三类是经济欠发达国家的市场，本土商用车产业发展不充分，此类市场对产品要求较低，进入相对较容易。

2. 产业国际化发展路径

（1）政策支持

影响商用车行业发展的重要因素分别为政策、供给和需求。其中以政策端的影响最为直接。未来我国商用车产业国际化需获得国家政策的支持，通过对行业头部企业的支持，打造具有国际影响力的商用车企业，鼓励国内商用车企业与国际商用车企业同台竞技。

大力倡导、鼓励创新与技术研发，目前我国商用车产业虽有了长足的进步，但是在诸多关键技术上，依然受到国外技术的限制，许多“卡脖子”技术还未实现突破。需鼓励重点企业与高校、科研机构进行校企合作，尽快突破“卡脖子”技术，并实现技术落地。同时鼓励新兴企业在“卡脖子”技术上进行研发投入，扶持一批有能力的新兴企业。

国内商用车产业水平处于欠发达国家与发达国家之间的位置。“一带一路”沿线国家大多是欠发达国家，可利用“一带一路”沿线国家基建投资的机会，推动国内现有二手车对欠发达国家的出口，提高海外市场份额，从而扩大品牌影响力，待未来国产品牌能够比肩欧美品牌后，再扩大对发达国家的出口。

（2）企业战略

力争 2025 年国内 1 ~2 家汽车企业进入全球汽车企业前 10 强，1 ~2 个品牌进入全球汽车品牌价值榜单前 15 名。

从市场、竞争、自身发展来看，市场周期性风险、客户需求升级、股比放开竞争国际化、本土存量竞争难寻破局等因素驱动中国品牌商用车亟须“走出去”。全球商用车销量与各区域的宏观经济、政策法律、运输结构等密切相关，商业周期叠加新冠肺炎疫情影响，各区域商用车销售呈现波动走势。中国品牌商用车市场虽然规模稳居全球领先，但价值空间较小，企业的盈利能力较弱，当前中国市场利润增速低于全球平均水平，北美和欧盟仍为全球最大利润池。

中国品牌商用车历经多年发展，整车性能、可靠性与欧美产品的差距日益缩小，同时保持了一定的价格优势。随着技术水平和产品质量的提高，中国品牌商用车提供全价值链综合解决方案的能力不断提升，开始与欧美传统品牌商用车在许多细分市场同台竞技，结合“一带一路”倡议的落实，中国品牌商用车“走出去”的步伐将加快。中国品牌商用车企业“走出去”。首先要加速高端化、高品质化进程，提升产品质量，打造产品口碑，树立品牌形象；其次要组建自有品牌销售网络，布局配件中心、提升售后服务水平，以完善的营销、服务体系给客户良好的使用体验；最后要针对客户需求，进行市场细分化和专业化开发，深入客户用车一线发现问题、改进问题，构建价值驱动的产品体系，不断增强与客户之间的信任度和品牌黏性，降低运营成本，提高产品全生命周期的收益水平，增强中国品牌商用车与海外客户合作的多样性和长期性，实现为客户创造价值、互利共赢、抢占海外市场的目标。

（六）商用车产业发展趋势

1. 运输效率提升

2019 年发布的《交通强国建设纲要》指出，未来交通运输行业始终朝着提高运输效率的方向发展，无论是智能化、网联化转型，还是公转铁、公转水、多式联运、甩挂运输的发展，都是朝着提升运输效率的方向发展。

同时，网络货运平台的出现使原本无固定货源的散户能够顺利找到货源，降低空驶率，提高公路货运的整体运输效率。运输效率的提升从国家层面有利于能源和生产力，但从商用车行业角度，单车运输效率提升，导致市场对商用车的需求降低。

2. 市场集中度不断提升

（1）传统车领域

我国商用车市场将由增量市场转向存量市场，产能过剩问题不断凸显，规模较小或缺乏技术优势的企业将被淘汰；伴随股比放开，国外企业进入，国内市场竞争加剧，行业集中度不断提高，商用车各细分领域企业淘汰赛由此展开。

（2）新能源领域

国家对新能源汽车产业发展的大力推动，大量新企业涌入新能源商用车领域，随着“碳达峰、碳中和”目标的提出，以及“双积分”政策、新能源补贴政策的实施，未来新能源产品的渗透率将不断提升，尤其是城市物流车的新能源化短期迎来了难得的发展机遇，很多跨界企业凭借智能化和电动技术优势进入汽车行业。未来伴随新能源产业的发展成熟，先期部分制造能力不足、技术储备不充分，甚至“骗取补贴”的新能源商用车企业将会被淘汰，仅有少部分的新能源商用车企业能够在未来市场中占据一席之地。

3. 产品高端化趋势明显

伴随排放标准升级，客户对产品的需求增加，助推产品价格提升，产品高端化趋势明显。我国商用车产品的高端化趋势有利于商用车的全球化发展和国际品牌影响力的塑造。

2020 年初受新冠肺炎疫情影响，物流行业发展受到冲击，部分城市物流体系问题显现，社会对智慧物流体系有了更加迫切的需求，加速了商用车行业的电动化、网联化、智能化。为应对 2022 年进口车国产化的冲击，国内头部企业加速新商品的投放，重点提升商品可靠性、燃油经济性，打造与进口车全生命周期用户价值相当的高端商品。

4. 专业化和多元化发展

未来的商用车市场随着客户需求的升级，专业化、多元化趋势将愈发明显，原本单一的车型类别已无法满足客户对产品的需求，多元化的市场需求催生出更为专业化的商用车产品。

在皮卡解禁、路权开放等相关政策的推动下，皮卡车乘用化属性愈发明显，用户群由政府用户、企业用户逐渐转向私人用户。皮卡产品向旅行、越野、改装、房车领域拓展，市场向着多元化的方向发展。

在专用车领域，用户特征已不仅仅拘泥于单一细分领域，随着人口老龄化的加速和劳动力成本的上涨，未来在更多领域代替人类劳动的专用车将被开发出来。例如，在环卫车领域，基于不同场景的环卫车在政府及环卫公司的需求升级下应运而生。

5. 定制化产品增多

城市配送、快递物流、绿通运输、冷链货运、危险品运输等城市内货物运输模式将愈发专业化，对专属载货车的需求持续增加。企业在保证产品竞争力的同时，必然会满足更加专业化的运营场景来提高物流效率，为物流运输模式的创新提供强有力的支撑。2020 年暴发的新冠肺炎疫情，使得城市物流配送、冷链货物运输领域备受关注。未来将有越来越多的专业性更强、专属性更高的物流车辆被开发，这依赖于载货车生产企业在定制化技术领域的快速突破。

在中重卡领域，运输场景不断细分促使客户在不同运输场景下的需求多元化，定制化需求逐渐增加。同时，国内用户的年龄结构与组织结构不断变化，“80后”“90后”“00后”逐渐成为司机的主体，对产品的定制化需求不断增加。此外，未来组织用户比例增加，用户更具有话语权，定制化需求增加。

6. 国内市场竞争国际化

国内市场竞争态势方面，在股比放开政策实施后，国内市场面临着国外企业的冲击。2020年国家发改委与商务部联合发布《外商投资准入特别管理措施（负面清单）（2020年版）》，股比放开政策给国外领先商用车企业（如沃尔沃、戴姆勒、斯堪尼亚、曼恩等）提供了深度参与我国商用车市场的契机，我国品牌商用车正式进入后合资时代。

从各细分车型看，微型载货车、中型载货车、轻型载货车、重型载货车、客车技术水平与国外相差5~10年，但具有一定的价格优势。其中微型载货车、中型载货车、轻型载货车及客车性价比高于国外同类车型，因此，微型载货车、中型载货车、轻型载货车及客车具有较强的竞争力。

（七）商用车企业及品牌发展

1. 主要企业市场情况

2020年中国品牌商用车销量排前十企业分别为北汽福田、东风汽车、上汽通用五菱、一汽解放、中国重汽、江淮汽车、江铃股份、长安汽车、陕汽集团、长城汽车。前十企业的市场份额约占81%（见图13），较2019年的74%，提升7个百分点，市场集中度提升。

2. 各类车型企业基本情况

重型载货车行业销量排前十的厂家分别为一汽解放、东风汽车、中国重汽、陕汽集团、北汽福田、上汽红岩、江淮汽车、大运汽车、徐工汽车、华菱汽车，2020年排前十企业销量占比约为97%，排前五企业销量占比约为

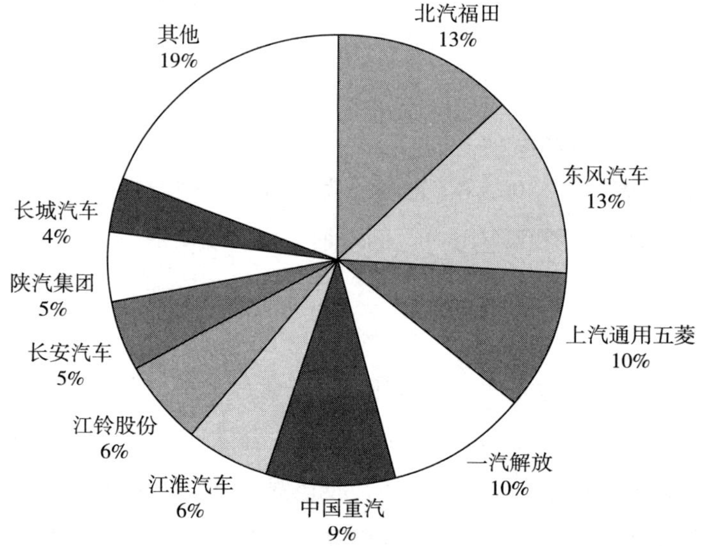

图 13　2020 年中国商用车企业销量情况

资料来源：根据中国汽车工业协会数据整理。

82%，市场集中度较高。

中型载货车行业销量排前十的厂家分别为北汽福田、大运汽车、一汽解放、东风汽车、江淮汽车、庆铃汽车、四川南骏、中国重汽、山东唐骏、飞碟汽车，2020 年排前十企业销量占比约为 98%，排前五企业销量占比约为 77%。

轻型载货车行业销量排前十的厂家分别为北汽福田、东风汽车、长城汽车、江淮汽车、江铃股份、长安商用车、中国重汽、一汽解放、金杯汽车、上汽大通，2020 年排前十企业销量占比为 85%，排前五企业销量占比为 59%，市场集中度较低，但排前十企业的市场表现较稳定。

微型载货车行业销量排前五的厂家分别为上汽通用五菱、东风汽车、长安商用车、山东凯马、奇瑞商用车，2020 年排前五企业销量占比约为 98%，市场集中度较高。

大型客车行业销量排前五的厂家分别为宇通客车、比亚迪股份、厦门金龙、中通客车、中车时代，排前五企业销量占比约为63%。

中型客车行业销量排前五的厂家分别为宇通客车、东风汽车、中通客车、一汽丰田、苏州金龙，排前五企业销量占比约为66%。

轻型客车行业销量排前五的厂家分别为江铃股份、上汽大通、长安客车、北汽福田、南京依维柯，排前五企业销量占比约为75%。

3. 商用车企业竞争力分析

我国是典型的商用车制造大国。其中，重型载货车、客车等连续多年居世界第一。随着技术不断迭代升级，新能源、车联网等前瞻技术快速发展，倒逼企业切入高端产业链环节、加速新技术在车端的应用，助力商用车高质量发展。

我国商用车企业的国际竞争力不断提高，知名度较高的商用车企业有一汽解放、东风商用车、中国重汽、陕西重汽、北汽福田等，以及客车和新能源领域的宇通客车、厦门金龙、比亚迪汽车等。

（1）一汽解放

一汽解放集团股份有限公司是一汽集团旗下的全资子公司，总部位于吉林省长春市，成立于2003年1月18日，员工近2.48万人，是在原第一汽车制造厂卡车业务的基础上组建的中、重、轻型卡车及客车制造企业，整车年生产能力达到50万辆。一汽解放强化创新驱动，持续开展技术升级，大力推进业态创新和技术创新，深入推进管理变革及一体化管理，加速提升体系效率和变革能力。2020年，一汽解放整车生产49.9万辆，同比增长35%；整车销售47.4万辆，同比增长41%。一汽解放重卡销量连续五年居行业第一，中重卡销量连续四年居行业第一，单一品牌重卡销量连续三年居全球第一，牵引车销量连续十五年居行业绝对领先的位置，轻型车销量连续五年实现高速增长。2021年，一汽解放将探索和完善新业务运营及发展模式，加速新业态，全面打赢国六领先、质量提升、开源节流、制造升级和海外突破五大重点战役。

（2）东风商用车

东风商用车有限公司总部位于湖北省十堰市，有2.4万名员工，拥有领先的独立技术中心及10家工厂、分（子）公司，产品覆盖中重型卡车、发动机、驾驶室、车架、车桥、变速箱等关键总成。进入21世纪，东风天龙与东风天锦成为公司两大主要品牌。公司坚持以客户价值为导向，构建功能完备的营销服务体系，拥有遍布全国的营销和服务网络，包括300余家经销商和750余家服务站。公司的愿景是致力于成为世界一流的商用车企业。公司始终坚持国际化发展道路，致力于世界前沿科技在商用车领域的研究与应用，把“东风商用车”创建为全球知名汽车品牌，致力于成为具备全球视野、国际化管理水平的世界级商用车标杆企业。

（3）东风汽车股份

东风汽车股份有限公司创立于1999年7月，目前企业在册员工达8000人，年营业收入150亿元。上市20年来，东风汽车股份事业布局从襄阳到武汉、十堰，再到山东寿光（东风凯马），主营业务轻型车实现长足发展，由单一的轻卡平台发展为轻卡、客车、工程车、皮卡等产品平台；在发展传统燃油汽车的同时，大力发展纯电动等新能源汽车，多方位满足客户的差异化需求。由东风康明斯发动机有限公司和东风轻型发动机有限公司承担的动力总成业务，在提升东风轻型车自装率的同时，不断拓展外部市场，其核心竞争力越来越强。东风汽车股份面向全价值链，实施以客户为中心的品质提升战略。2020年公司在传统燃油、新能源两个轻型车领域推出了具有高端品质的新品——全新一代战略轻卡“东风凯普特星云”、全新一代正向开发的绿色智能城配专家“东风凯普特e星”，开启了东风轻型车智慧物流新时代。

（4）中国重汽

中国重型汽车集团有限公司的前身是济南汽车制造总厂，始建于1930年，是我国重型汽车工业的摇篮。目前，中国重汽已成为我国最大的重型汽车生产基地，是重卡行业驱动形式和功率覆盖最全的企业，拥有黄河、汕德卡、豪沃等商用车品牌，并形成了以重卡为主导，涵盖中卡、轻卡、特种车等全系列商用车的产业格局。全球拥有员工4万余人，产品出口110多个国家和地区。2020年，中国重汽集团完成汽车生产48.22

万辆，其中，重型汽车 30.33 万辆，中、轻型汽车 17.87 万辆。全年累计完成汽车销售 47.05 万辆。其中，重型汽车 29.37 万辆，中、轻型汽车 17.66 万辆；实现重卡出口 3.1 万辆，营业收入 88 亿元，连续 16 年稳居中国重卡行业出口首位；全年实现营业收入 1743 亿元，同比增长 49.5%，实现利税总额 177.81 亿元，实现工业增加值 215.14 亿元。中国重汽计划发挥自身资源优势，提供更具竞争力的产品。围绕高端化、智能化、轻量化和体验型，加快产品转型。

（5）陕汽集团

陕西汽车控股集团有限公司总部位于陕西西安，现有员工 3 万余人，业务涵盖整车、专用车、零部件和后市场四大板块，主要从事全系列商用车和汽车零部件制造的研发、生产、销售及汽车后市场服务，是西北地区大型全系列商用车制造企业，是中国汽车产业绿色、低碳环保转型发展的积极倡导者和有力推动者，是我国首批整车及零部件出口基地企业之一。陕汽前身是始建于 1968 年的陕西汽车制造厂，历经三次创业，开发了延安 SX250，通过引进斯太尔技术和 F2000 技术，不断改进产品和开发产品，研发了 F3000、M3000、X3000、L3000、X5000 等系列产品，以客户需求为导向，自主正向开发了全新一代 6000 平台产品，产品开发能力全面提升。通过“十三五”时期的快速发展，2020 年销售汽车 23.5 万辆，同比增长 26.5%，产销规模快速增长，经营效益再创历史新高，在重卡市场保持较强的竞争力，居市场前四强的位置。

（6）北汽福田汽车

北汽福田汽车股份有限公司是中国商用车品种最全、规模较大的汽车企业，成立于 1996 年 8 月，现有资产超过 860 亿元，员工近 4 万人，品牌价值达 1685.92 亿元，连续多年商用车销量全国领先，海外累计出口 56 万辆，连续 6 年居中国商用车出口第一。福田汽车现已经形成了集整车制造、核心零部件、汽车金融、车联网、福田电商为一体的汽车生态体系。其中，商用车业务涵盖整车及服务、汽车智能互联应用两大板块，整车覆盖卡车、客车、商务汽车等五大业务单元，欧曼、欧马可、奥铃、欧辉、图雅诺等 15

个产品品牌。自成立以来，从“百家法人造福田”开始，到实现“四年三大步”的历史性跨越，再到“2020战略”的发布，不断实现战略的升级。产品开发层面，实现从零起步闯进汽车行业，从单一轻卡产品向商用车全系列发展跃升。2003年起，依靠持续科技突破与合资合作创新发展，欧曼品牌竞争力不断提升，已累计产销重卡百万余辆，发展速度居行业之首。

（7）上汽红岩

上汽红岩为上汽集团控股子公司，注册资金31亿元人民币。公司位于重庆市两江新区，现有员工6000余人，具有年产8万辆整车的重卡制造基地，以及菲亚特技术红岩桥、ZF技术转向器等关键零部件制造基地。公司现拥有红岩、IVECO（授权使用）、斯太尔（共同使用）三大品牌，杰狮、金刚、杰卡、杰豹、682、斯太尔等系列重卡产品，覆盖重卡主流180~560马力的全功率段配置，可全面满足公路物流、工程建设、专用特种等多领域、多用途重卡运输需求。作为上汽集团旗下的国际重卡品牌，公司以品质与技术，不断引领着中国重卡的产业升级，以市场为先导，结合全球技术资源，全面展开了第六代重卡、新能源重卡、智能网联重卡等新产品的研发，开发多款技术先进、实用、安全和具有成本优势的“红岩”重卡，全面满足国内外市场需求。公司整个产品体系达到国内领先、国际一流水平。2020年销售整车突破80000辆，同比增长37%，市场占有率稳定在5%。

（8）江淮汽车

安徽江淮汽车集团股份有限公司是一家集全系列商用车、乘用车及动力总成研产销和服务于一体，涵盖汽车出行、金融服务等众多领域的综合型汽车企业集团，致力于打造“全生态链、全产业链、全价值链”的综合性汽车服务平台。现为安徽省12家重点企业集团之一，获评国家火炬计划重点高新技术企业、中国企业500强、中国汽车品牌前4强，是全国首家荣获我国工业领域最高奖项——中国工业大奖的综合型汽车集团。公司现有主导产品：重/中/轻/微型卡车、多功能商用车、MPV、SUV、轿车、客车，专用底盘及变速箱、发动机、车桥等核心零部件。拥有“思皓”“瑞风”“JAC”等知名品牌。江汽集团拥有一支近5000人的研发团队，坚持“节能、环保、安全、智能、网联、舒适”的关键技术研发路线，是国内首家专利过万的车企。共10款自主研发的发动机获评“中国心”十佳发动机。国家863计划重点项目6DCT自动变速箱方面，实现TCU上层软件开发完全自主，打破国际垄断。

（9）江铃汽车

江铃汽车集团有限公司是一家集汽车研发、制造和销售于一体的现代化中外合资股份制企业，依托于在轻型商用车市场的领导地位及领先技术，成为智慧物流领域提供优秀产品及解决方案的中国汽车行业先锋，已连续多年位列全球最具价值的汽车品牌100强。20世纪80年代中期江铃汽车率先引进国际先进技术用于制造轻型卡车，已拥有青云谱工厂、小蓝工厂、富山工厂等多个整车生产基地，涵盖冲、焊、涂、总及柴、汽油发动机等先进制造工艺，拥有研发人员约2400人，拥有JMC和福特两大品牌产品，涉及产品有全顺和特顺系列轻客、凯锐系列和凯运系列以及顺达系列轻卡、宝典和域虎系列皮卡等。2020年，江铃汽车产销量分别为33.6万辆和33.1万辆，同比增长16.75%和14.15%。公司营业收入为330.96亿元，同比上升13.44%。

（10）宇通公司

宇通公司于1993年在行业内率先实行股份制改造，正式成立“郑州宇通客车股份有限公司”，实现了从工厂制到公司制的转型；1997年在上海证券交易所挂牌上市，成为国内客车企业第一家上市公司。公司是集客车产品研发、制造与销售于一体的大型制造业企业，主要产品可满足5~18米不同长度的市场需求。公司拥有122个产品系列的完整产品链，主要用于公路客运、旅游客运、公交客运、团体通勤、校车、景区车、机场摆渡车、自动驾驶微循环车、客车专用车等细分市场。近年来，公司正在从“制造型+销售产品”向“制造服务型+解决方案”转型，批量销售至全球30多个国家和地区，形成覆盖欧洲、美洲、亚太、独联体、中东、非洲等六大区域的发展布局。2020年公司全年累计实现客车销售41756辆，实现营业收入217.05亿元。

（11）厦门金龙汽车集团

厦门金龙汽车集团股份有限公司创立于1988年，是以大、中、轻型客车的制造与销售为主导产业的上市公司。金龙集团在中国厦门、苏州、绍兴、西安、上海等地布局，有厦门金龙联合汽车工业有限公司——金龙客车、厦门金龙旅行车有限公司——金旅客车、金龙联合汽车工业（苏州）有限公司——海格客车、厦门金龙礼宾车有限公司——金龙礼宾车等客车整车制造企业，以及金龙汽车车身、车架、空调、座椅、电器、互联网、充电站（桩）等汽车零部件生产企业，形成集整车与零部件制造于一体的客车产业集群。金龙集团整车产品涵盖4.3～18米各型客车，销往全球五大洲160多个国家和地区，广泛应用于客运、旅游、公交、团体和特种车等市场，并获得客户的一致认可。

（八）新能源和智能网联商用车发展研究

1. 新能源商用车发展

（1）市场发展情况

2020年销售新能源商用车12.1万辆，同比减少17%。2020年新能源商用车销量从动力类型看，纯电动为绝对主力，约占96%；从车型来看，客车依然是主力，约占65%，货车占35%。

表17　2019～2020年中国新能源商用车销售结构

单位：万辆，%

项目	2019年	2020年	同比增速
新能源商用车	14.6	12.1	-17
纯电动	13.8	11.6	-16
燃料电池	0.3	0.1	-56
插电式混合动力	0.5	0.4	-22

资料来源：根据中国汽车工业协会数据整理。

（2）多能源路线并存，电动化加速发展

2030年碳达峰、2060年碳中和的目标体现了我国长远的战略意图，对于汽车与交通行业既是挑战也是机遇。加快推广应用新能源汽车，努力实现运输工具的低碳化，是汽车与交通行业实现“碳达峰、碳中和”的主要路径。2020 年 10 月 20 日发布的《新能源汽车产业发展规划（2021—2035 年）》明确了以下要求：一是加大关键技术攻关力度，鼓励车用操作系统、动力电池等开发创新；二是加强充换电、加氢等基础设施建设，加快形成以快充为主的高速公路和城乡公共充电网络；三是鼓励加强新能源汽车领域国际合作；四是加大对公共服务领域使用新能源汽车的政策支持力度，旨在拉动产业升级，推动新能源汽车数量增长。在相关节能减排政策推动下，商用车节能减排技术创新和推广应用加快，我国新能源中重卡占比快速提升，形成以柴油和天然气为主，柴油、天然气、电、氢等多种能源路线共同发展的格局。

（3）新能源标准法规建设需要完善

自 2009 年开展“十城千辆”示范推广试点以来，我国新能源汽车产业发展取得了长足进步，新能源汽车产业规模全球领先；产品技术水平接近国际先进水平，部分技术指标处于领先地位。当前阶段，新能源汽车还未达到完全成熟的水平，电池热失控、充电自燃、操作失灵、动力不稳等问题时有发生，产品质量和安全性能仍然遭到了部分消费者的质疑。引发新能源汽车产品质量和安全性问题的主要原因有两类，第一类为新能源汽车安全标准不完善，第二类为新能源汽车管理规范不健全。

2. 智能网联商用车发展

2020 年，国家发展和改革委员会、工业和信息化部等联合发布《智能汽车创新发展战略》，首次将智能汽车提升到国家战略层面，进一步强调智能化与网联化协同发展，明确我国市场主导，开放合作，培育智能汽车创新发展平台等新型市场主体，智能汽车将通过“单车智能 + 车联网”的模式实现自动驾驶。

政策导向叠加汽车新四化进程加速，ADAS 渗透率有望大幅提升。目前，ADAS 正处于由 L2 级向 L3 级渐进发展阶段，比如，一汽解放在 2020 年对外发布量产 L3 级自动驾驶重型载货车，东风商用车和中国重汽将在

2021 年底前量产交付 L3 级自动驾驶重型载货车等；高等级自动驾驶商用车在港口、园区等限定区域开始商业化应用。同时，随着国务院发布《交通强国建设纲要》，各地方政府正在大力推进 5G-V2X 等基础设施建设，车联网的加速发展将有助于逐步实现跨行业融合技术突破，进一步实现车与车（V2V）、车与路（V2R）、车与互联网（V2I）、车与人（V2P）之间的通信，车辆可拥有更丰富的信息来源。“单车智能 + 车联网”协同模式将大大提升车辆安全性，车辆可实现提前预警、主动控制、紧急制动、智能驾驶决策和计算云端冗余等一系列安全保障功能。

三　我国商用车发展存在的问题及面临的挑战

（一）产业端存在的问题

1. 货车超载现象个别突出，造成的重大事故频发

近年来，随着治超力度的加大，治超举措多样化，货车超载现象得到一定治理。但是，在部分监管力量较弱区域，货车超载现象仍然屡禁不止。一方面，车主为了提高收益，仍持续违规超载运输，并采用“小路绕行”等多种手段规避交警的定点、定时监管。另一方面，市场监管也存在薄弱环节，部分地区针对超载车辆未能严格采取卸载的措施，交完罚款即可放行，车主违法成本较低，使得超载运输成为一种屡禁不止的现象。超载运输给社会带来了较大的危害，据统计，载重货车道路交通事故中有 80% 以上是由超限超载运输引起，特别是近年来超载运输导致了多起重大交通事故。以 2019 年 10 月 10 日的“无锡高架桥侧翻事故”（见图 14）为例，该事故导致 3 人死亡、2 人受伤，直接经济损失高达 800 多万元。

2. 私人改装现象依然存在，源头监管存在困难

为了多拉货物、降低物流成本，部分货运场站和货车司机对在用车进

图 14　无锡高架桥侧翻事故

资料来源：根据网络整理。

行了非法改装，在完成车辆注册登记后，私自改变车辆的尺寸、外形、功能和结构等。通常私自改装的做法是增加自卸车货厢高度、长度和宽度，加强货箱结构强度，更改轮胎规格，增加钢板弹簧数量，改装搅拌车，更换罐体等。更严重的行为是改变车辆主要总成部件，更换与原车型不一致的发动机、变速器、车桥或者车架，擅自更换车身，这些非法改装给车辆的安全行驶带来了隐患。但是，对于这类属于车主个人行为的改装，产业终端没有有效的监管手段，监管部门难以做到有效管控。

3. 用户需求与法规管理相矛盾，客车拉货现象依然存在

一方面，地方政府纷纷出台了主城区货车进城的限行政策，导致货车进城困难，客户只得选择替代车辆运输，主要是使用载客类汽车运输，客车没有限行的困扰，在实际使用中，客车用于载货的比例大，其货用需求较大。另一方面，在产品准入时，车辆生产企业按照轻型客车的法规要求进行产品设计开发，并通过各项安全标准检测，车辆满足国家相应安全法规要求。然而，在实际使用中，车主往往将后部座椅全部折叠，甚至拆除部分后部座椅，增加后部空间用于装载货物，同时将中后部车窗贴不透明膜，对车辆内部情况进行遮挡。这些非法改变车辆使用用途的行为，存在较大的安全隐患，如紧急刹车时发生货物冲撞驾驶座椅等。

（二）市场端存在的问题

1. 销量创历史新高，但增长空间受限

近年来，商用车销量呈现快速增长趋势，其中 2018 年、2020 年均创历史新高。特别是 2020 年，销量达到 513.3 万辆，同比增长 18.7%（见图 15），究其原因，主要是受治超、老旧车淘汰、国六标准实施等因素影响，市场增量由车辆更新需求引发。根据《柴油车污染治理攻坚战行动计划》，2020 年底前，京津冀及周边地区、汾渭平原加快淘汰国三及以下排放标准营运柴油货车 100 万辆以上。这大幅度促进了车辆的提前淘汰，一定程度上透支了市场潜力，不利于未来几年商用车市场的增长。

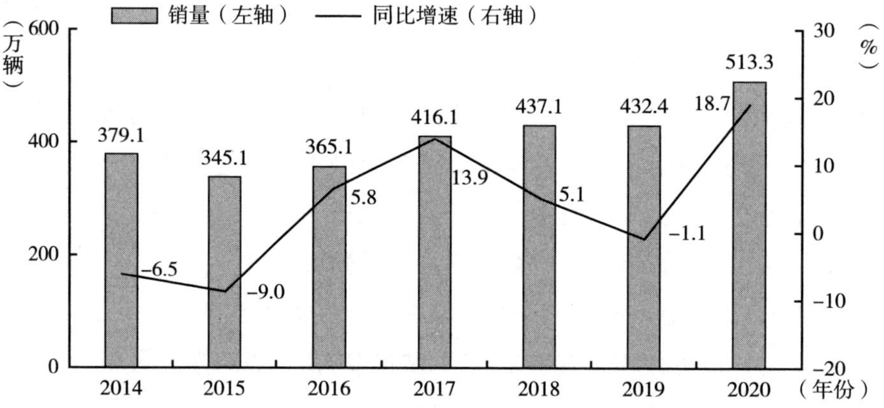

图 15　2014 ~ 2020 年商用车市场销量变化情况

资料来源：根据中国汽车工业协会数据整理。

未来几年，商用车市场增长空间受限，其原因如下：

政策方面，在货车事故频发、政府加大超载治理力度的前提下，市场治超将趋严，运力下滑仍将持续，但相比 2016 年的"921 治超"、2019 年的"521 大吨小标治理"等，其影响程度将有所减弱。在蓝天保卫战的大背景下，区域国三柴油车淘汰政策仍将延续，国四柴油车淘汰也将被提上日程，但相比 2020 年以前，其力度将有所减小。

经济方面，随着中美贸易摩擦加剧，金融风险问题突出，经济虽仍将呈现稳定增长态势，但增速将放缓。

社会及技术方面，车联网技术应用加速，货运、客运组织模式不断变化，运营效率不断提升，这对新增车辆需求产生了一定的抑制作用。

2. 结构快速变化，客车市场规模面临下行风险

（1）市场结构快速变化，企业适应能力有待加强

2015 年以来，商用车市场结构持续调整，在治超加严、物流全国化以及双循环的大背景下，重型货车占比持续增加（见图 16），未来该趋势仍将持续。重型货车占比的增长提升了以重卡为主企业的市场份额与排名，如中国一汽、中国重汽分别从 2015 年的第 7、第 8 名上升到 2020 年的第 4、第 5 名（见表 18）；客车、微型货车、轻型货车、中型货车市场占比则有不同幅度的下滑，在此情况下，相关企业市场份额与排名也都有不同幅度的下滑，有的企业甚至退出了市场，如金杯汽车、重庆力帆等，市场竞争加剧，企业的市场适应能力有待加强。

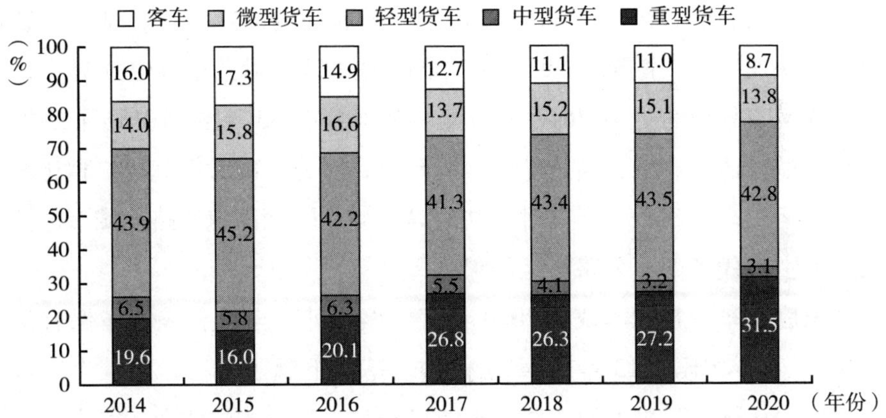

图 16　2014～2020 年商用车市场结构变化

资料来源：根据中国汽车工业协会材料整理。

表 18 2015～2020 年商用车 TOP10 企业份额变化

单位：%

序号	2015 年		2016 年		2017 年		2018 年		2019 年		2020 年	
	企业名称	份额	企业名称	份额	企业名称	份额	企业名称	份额	企业名称	份额	企业名称	份额
1	北汽福田	13.7	北汽福田	13.0	东风汽车	13.0	东风汽车	12.2	东风汽车	13.2	北汽福田	13.1
2	东风汽车	11.6	东风汽车	12.0	北汽福田	12.7	北汽福田	11.3	北汽福田	12.2	东风汽车	13.1
3	金杯汽车	7.3	江淮汽车	7.1	中国一汽	7.6	通用五菱	9.1	通用五菱	9.7	通用五菱	9.8
4	通用五菱	7.0	通用五菱	6.9	中国重汽	7.2	中国一汽	7.7	中国一汽	8.1	中国一汽	9.6
5	江铃汽车	6.7	江铃汽车	6.5	江淮汽车	6.6	中国重汽	7.5	重庆长安	7.2	中国重汽	9.2
6	江淮汽车	6.7	中国一汽	6.3	江铃汽车	6.5	江铃汽车	6.2	中国重汽	6.8	江淮汽车	5.7
7	中国一汽	5.1	中国重汽	5.6	通用五菱	6.1	江淮汽车	5.9	江淮汽车	5.9	江铃汽车	5.6
8	中国重汽	4.6	重庆力帆	4.7	重庆长安	4.5	重庆长安	5.5	江铃汽车	5.5	重庆长安	5.4
9	重庆力帆	4.2	重庆长安	4.1	陕汽集团	4.5	陕汽集团	4.2	陕汽集团	4.3	陕汽集团	4.6
10	重庆长安	4.2	金杯汽车	3.4	长城汽车	2.9	长城汽车	3.2	长城汽车	3.4	长城汽车	4.4

资料来源：根据中国汽车工业协会材料整理。

（2）外部竞争替代，客车市场有继续下行风险

2014 年以来，客车销量呈现萎缩态势，由 2014 年的最高点 60.69 万辆下滑到 2020 年的 44.82 万辆，其主要原因如下：

①轨道交通的替代。自 2010 年以来，随着国内高速铁路、城市地铁通车里程的快速增长，截至 2020 年底，全国高速铁路运营里程已接近 4 万公里，地铁运营总里程达到 7647.7 公里，全国共有 43 座城市开通了地铁线路；相比城际通勤客运，高速铁路具有高效、舒适、准时等优势，相比城市公交和客运班车，地铁具有准时、高效等优势，因此高速铁路、城市地铁在很大程度上替代了部分公路客运需求。

②家庭用车的替代。截至 2020 年底，据统计，全国私人汽车保有量已达 2.44 亿辆，相比 2013 年的 1.23 亿辆，基本上翻了一番，千人汽车保有量也已达 180 辆。随着人们消费水平的提升和生活方式的改变，家庭及个人短途出行更多的是选择自驾出行，逐步替代了大部分的公路客运需求。

③共享交通的替代。自 2012 年“滴滴打车”上线以来，共享租车、分时租赁电动车、共享单车、共享电单车等共享经济产品快速普及，共享出行

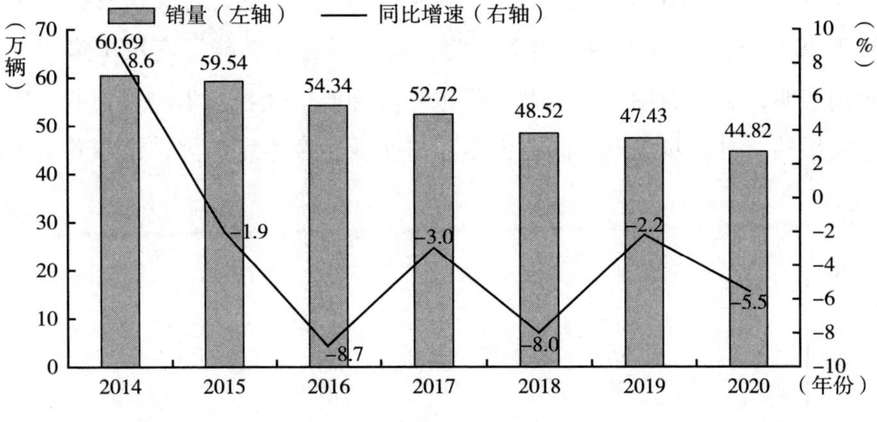

图 17　2014～2020 年客车销量结构变化

资料来源：根据中国汽车工业协会材料整理。

成为居民出行的优先选择。相较于公交，共享交通具有方便、快捷等优势，替代了部分城市公交运输以及短途通勤的公路客运需求。

④新冠肺炎疫情的影响。2020 年初新冠肺炎疫情暴发后，出于疫情防控形势的需要，居民公共出行受到较大抑制，公路客运量下滑近 45.0%，极大地影响了公路客运行业的发展。

综上，受外部竞争替代以及新冠肺炎疫情等影响，客车市场销量持续下滑。未来，随着疫情防控形势向好，其影响会逐步减弱，但外部替代等因素仍将存在，居民将选择更加多样化、便利化的出行方式，传统公路客运需求增长依然缓慢，预计客车市场仍将有较大的下行风险。

3. 市场集中度提升，后进企业面临兼并重组挑战

2020 年，商用车前十企业市场集中度提高至 80.5%，相比 2015 年提升了 9.4 个百分点（见图 18），其中集团型企业借助资源及品牌优势抢占了更多市场份额，在此情况下，后进企业生存环境受到较大挤压，在商用车市场发展取得新高时仍有被淘汰出局或被兼并重组的可能。比如重庆力帆，2016 年商用车销量超过 17 万辆，占商用车市场总销量的 4.7%，但受其他业务拖累以及商用车销量不佳的影响，2020 年 7 月公司向法院申请破

产；华菱星马于2020年9月被吉利商用车收购，并更名为汉马科技；唐骏欧铃于2021年1月被吉利商用车收购，重组为吉利新能源商用车集团。这些案例表明，未来商用车市场竞争将进一步加剧，随着技术法规趋严，市场集中度虽然有进一步提升空间，但是后进企业生存难度加大，被兼并重组的概率变大。

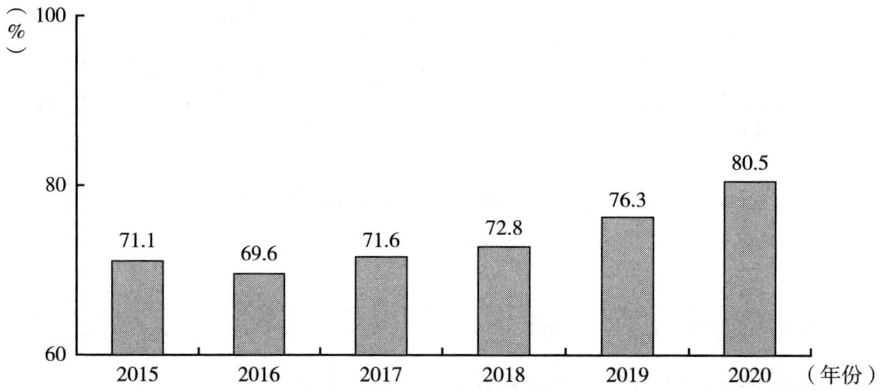

图18　2015～2020年商用车TOP10企业市场集中度变化情况

资料来源：根据中国汽车工业协会材料整理。

4. 终端经销商仍旧规模小、环境差

（1）商用车经销商规模仍较小

商用车产品专业化、个性化属性较强，单一品种销量相对较小，对经销商专业化水平及资源匹配要求较高，商用车集团化经销商占比较低，其销量占比也相对较低。市场仍以个体中小经销商为主，在四、五线市场仍有较多的“夫妻店”和个人店。

根据中国汽车流通协会2020年TOP100经销商统计数据（见图19），仅26家商用车经销商年营业额在10亿元以上，年销量在5000辆以上的仅有19家，相比全国过万家的一级经销商基数，终端商用车经销商的规模仍然很小。

（2）商用车销售环境依旧较差

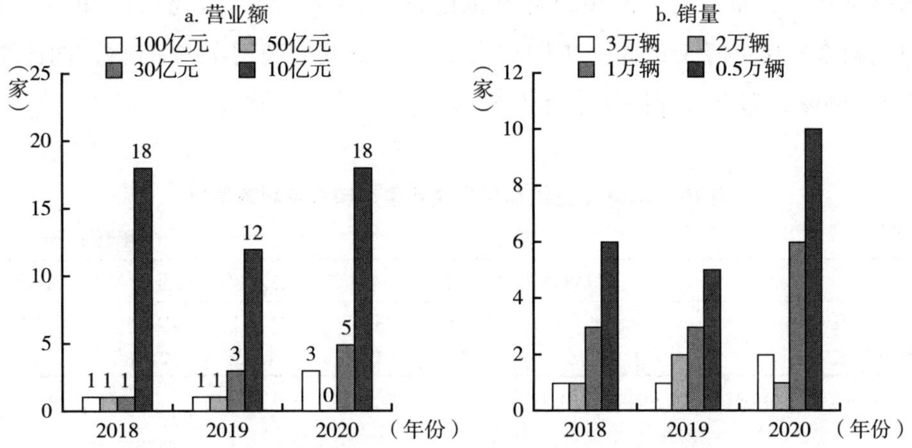

图 19　2018～2020 年商用车 TOP100 经销商营业额及销量

资料来源：根据中国汽车流通协会材料整理。

一是商用车销售点多以卖场形式存在，多品牌共存，卖场位于城市边缘区域。如郑州卡车卖场“世贸汽车城”位于绕城高速外，距离市中心超过 10 公里；重庆协信汽车城距离市中心超 20 公里。二是卖场多为露天环境，车辆露天摆放，客户选车、看车多在室外，客户购车时受环境因素影响较大，尤其是冬夏时节。三是卖场内路面情况较差，特别是三、四线以下城市卖场内路面仍以砖头、石子等为主，水泥路面较少，整体销售环境较差。四是卖场内车辆停放规范性较差，虽有明确的位置要求，多数区域停放仍较为随意，加之车辆尺寸差距大、车辆类型多样，卖场内部车辆摆放显得较为散乱。综上所述，目前商用车销售环境依旧较差，未来有较大的优化空间。

（三）企业端存在的问题

1. 商用车企业盈利结构单一，面临盈利模式变革的挑战

一方面，主流商用车企业营业收入基本上来源于整车销售，各大主流企业的整车销售收入均占总营业收入的 87% 以上；其次来源于零部件销售，销售收入占比基本在 10% 以内；其他收入占比极小。另一方面，各大主流商用车企业整车销售毛利率呈现下滑态势（见表 19），尤其是销量增长较好

的整车企业，如一汽解放2020年共销售商用车49万辆，同比增长39.55%，但毛利率同比下降3.87%；中国重汽2020年共销售商用车47万辆，同比增长58.86%，但毛利率同比下降1.55%。

表19　2020年主流商用车企业整车销售毛利率情况

单位：%

项目	一汽解放	中国重汽	东风汽车	江铃汽车	江淮汽车	宇通客车
2020年毛利率	8.83	8.59	14.69	16.40	10.68	11.94
同比增长	-3.87	-1.55	1.56	1.36	-2.91	-4.38

资料来源：根据各企业2020年年报整理。

分析商用车企业毛利率下滑原因，主要有以下两点。

（1）终端价格竞争的白热化，产品售价下探明显

不同于乘用车产品的持续升级，商用车产品作为工具车的基本属性不变，且各大主流企业品牌溢价并不明显，因此客户购买时会“货比三家”，选择更具有性价比优势的产品。同时，随着信息的透明化，客户更容易获得价格的相关信息，因此终端产品市场的竞争越来越多地体现为价格竞争，产品价格持续下探，企业盈利能力受到较大影响。

（2）客户结构集团化，议价能力持续提升

随着互联网经济的发展，物流运价更加透明，物流平台持续发展，个体客户生存环境恶化，盈利能力逐渐下滑，因此客户纷纷向平台物流、专业物流转型，该类客户常常以集团采购的模式购买产品，议价能力更强，同样会影响企业的整体盈利能力。

综合以上两个因素，未来商用车市场产品销售的盈利空间仍将持续缩减，尤其是在未来市场规模增长有限的背景下，企业面临着盈利模式变革的挑战。

2. 商用车后市场机遇显现，但企业准备仍有不足

物流终端运费保持低位，促使效率持续提升，高效、集约化的后市场服务潜力逐步释放，带来了巨大的市场机遇。但目前各大商用车企业仍准备不足，具体表现如下：

（1）企业重视度不足，后市场介入环节较少

鉴于商用车后市场业务呈现周期长、频次低、环节多、竞争无序等特点，加上需求投入大、收益见效慢，一直以来企业对该业务重视度不足，投入相对较少。首先，市场上更多的是以满足客户基本使用需求的维保业务为主，但随着近年来销售端的竞争愈加激烈，以及后市场潜力的显现，部分企业逐步开始介入TCO解决方案、二手车等业务，但多数企业仍停留在初级阶段。其次，在人力投入方面，企业也往往是以相关的服务、备件、金融等部门为主，仅有个别企业成立了相关的事业部深耕后市场业务。商用车后市场生态圈如图20所示。

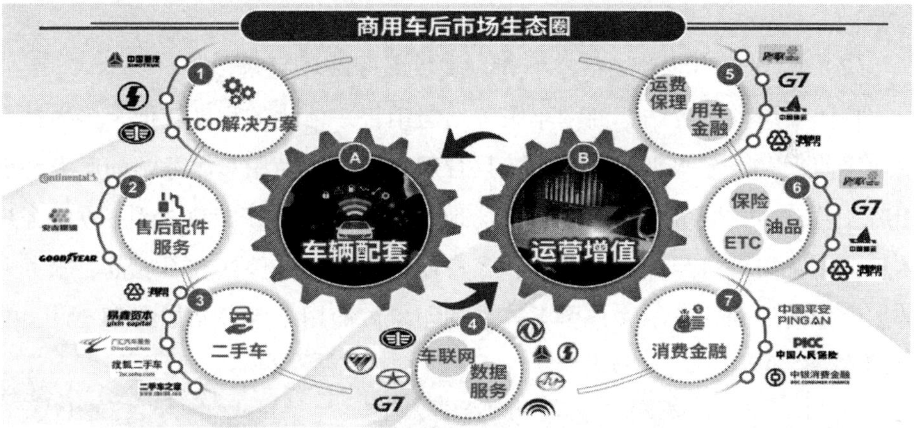

图20　商用车后市场生态圈

资料来源：中国商用车后市场白皮书。

（2）多种后市场细分场景商业模式落地尚待时日

由于商用车使用环境复杂多样，应用的细分行业较多，运营模式也呈现出多样化、个性化的特点，对后市场需求也有很大不同，如TCO解决方案，目前仅在快递企业有较为成熟的应用，在其他行业仍处于早期探索阶段。

3. 商用车企业服务能力与服务水平有待提升

（1）服务网点规划与管控仍不够合理

服务网点在市场区域的规划上不够合理，没有经过详细的定量调研，主

要依靠行政区域划分，致使有的区域服务网点多，有的区域服务网点少，不能形成统一有效的全面服务保障能力。

服务管理方面，首先，对服务渠道的挑选形式比较单一，主要是通过网点申报或驻外大区经理的推荐，主观性较强，难以做到对社会服务资源的有效整合。其次，对服务渠道的业务评估集中于客户的主观感受，使得服务渠道的投入忽视了设施设备的更新、技术人员的培养、运营管理能力的提升等基础能力的改善，长期来看，不能支撑客户满意度的持续提升。最后，缺少有效的渠道运营支持系统，在运营能力、备件保障、技术支持等方面，还缺乏足够的经营援助，部分网点仍处于单打独斗的状态，不能形成联合应对市场变化的发展态势。

（2）服务站环境设施参差不齐，多数服务站环境差

相比乘用车服务站，商用车服务站与销售一体化的程度较低，多为社会站加盟而来，服务水平高低不一，且管理难度大。商用车服务站的服务环境相对较差，多数服务站均存在维修场地脏乱（杂物、工具随处乱丢）、客户休息区布置简单且与维修区分开、客户使用率低、备件摆放不规范、服务人员态度生硬等问题，给客户留下较差的印象。商用车服务站如图 21 所示。

图 21　商用车服务站

资料来源：根据网络资料整理。

（3）企业面临服务效率日益提升的需求压力

一方面，终端物流效率的持续提升，对企业的服务效率提出了更高的要求，尤其是高端客户，如部分冷链、快递等行业客户。另一方面，企业服务面临着产品多样化、精细化的发展趋势，尤其是排放与车辆配置不断升级和电控系统复杂化，都在考验着企业的售后服务能力。例如，从终端维修站配置来看，电工等高端服务人才的欠缺，制约着企业服务效率的进一步提升。

(4) 备件供应的准确性、时效性及成本管控能力亟待提升

①备件供应准确性方面：商用车产品服务具有时间跨度长、区域差异大、产品种类多等特征，再加上商用车备件品种繁多，其中有个别备件个性化极强，因此对企业的备件储备的全面性要求较高。此外，对图号识别的准确度要求也高，但由于企业内部图纸、图号的更新升级，经常会出现图号与备件不匹配，从而发生备件供应错误的问题。

②备件供应时效性方面：商用车备件种类繁杂多样，加之备件储备使服务站资金压力大，因此终端服务站仅储备常用的易耗易损件，对于不常用备件只能通过邮寄等方式提供。维修期间备用件到货时间周期较长，将导致一次修复率较低，也严重制约了服务效率的提升。

③备件供应成本管控方面：与社会服务站相比，企业授权的服务站服务项目类似，技术优势也并不明显，但服务价格要高上好几个档次，造成客户外流现象大量存在。出现这种情况的主要原因是备件供应的中间环节较多，各环节均有盈利需求，利润将在企业本身、企业一级备件经销商、二级备件经销商、服务站等中间流转。未来，备件供应的成本管控方面有进一步优化的空间。

4. 商用车企业面临数字化转型挑战

(1) 商用车数字化时代来临

随着客户群体的年轻化，“80 后”“90 后”作为商用车市场的主要客户，对短视频、直播等互联网工具的接受度大幅提升。据了解，2020 年用户通过短视频、垂直类媒体获取购车信息的比例高达 83.9%。其中，抖音商用车内容数量同比增长 206%，内容播放量同比增长 174%（见图 22），均远超汽车行业总体的增长。此外，商用车领域直播的总直播次数达到 30 万次，用户观看次数达到 3.2 亿次，用户观看直播时发生的关注次数达成 624 万次。这些现象均预示着数字化产品已成为商用车企业与客户沟通的重要载体，同时随着 5G 技术的普及，商用车数字化发展时代已经来临。

(2) 企业数字化处于商业模式的探索阶段，有待进一步培育

随着数字化时代的来临，市场竞争白热化、产品同质化的趋势加剧，市

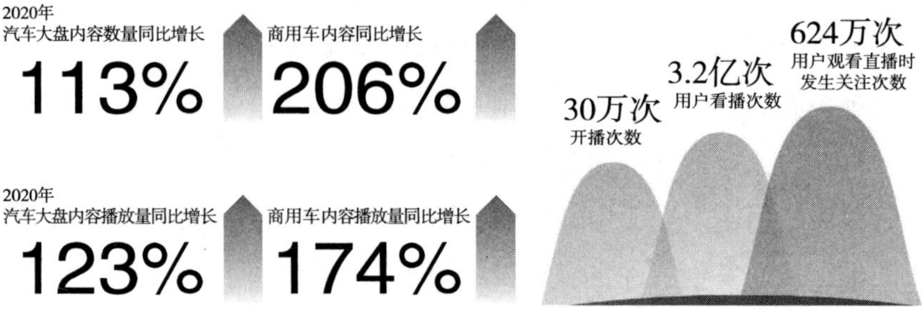

图 22　2020 年抖音汽车内容数量增速与商用车领域直播成果统计

资料来源：巨量算数。

场营销的重要性突出。当前，各大商用车企业均逐步涉足相关业务，成立相应的业务部门，开发专业的 App，并把数字化转型提升到战略高度。如一汽解放的智慧转型战略，明确了“推进数字化营销，加速商业模式转换”的战略举措。但是，各大商用车企业的数字化转型仍处于探索阶段，存在以下问题：

①数字化转型的成果仍没有完全显现。如各企业 App 虽然通过“有奖注册”等手段获取了大量注册用户，但活跃度一般，功能与内容仍有待完善，未达到企业增强客户黏性的最终目的。

②合作伙伴的配合和支持力度不高。尤其是经销商对数字化转型仍有质疑，对数字营销工作的主动性不足，资源投入少，尤其是人力资源投入不足。

③数字化营销重数量、轻质量。没有成熟的生产机制和附加优质服务，往往就产品说产品，导致客户审美疲劳，难以持续吸引客户。

5. 生产制造对标国际一流仍有差距

目前，与国外五十铃、康明斯等企业相比，国内商用车企业在品质、效率、成本等方面的管控能力还有较大差距。设计端的部件通用化、模块化、平台化不够，再加上政策法规端的持续变化，国内商用车整体盈利能力不高、稳定持续盈利能力不强，整体的运营管理能力还有待进一步提升。

（四）产品端存在的问题

1. 品牌附加价值开发不足，向上突破遇瓶颈

目前，商用车品牌仍以企业品牌为主，如解放、重汽、东风等企业品牌常被客户提及，但子品牌认知率、提及率相对较低。这主要是由于企业对品牌的管理仍停留在粗放式阶段，过度依靠产品的“硬实力”来推广品牌，子品牌没有形成独有的“品牌内涵”，造成了市场上产品品牌附加值相对较低。此外，产品价格竞争激烈，也使得企业间的竞争更多地体现在制造环节的成本控制上，不利于企业品牌的长期发展。

同时，国内主流商用车企业仍通过推出更高端产品，替代进口高端车型，以提升品牌影响力。采取这样的做法虽然取得了一定成绩，但产品与进口类产品相比，在可靠性、耐久性等方面仍存在不足，其主要原因是基础材料性能、产品加工精度、生产装配工艺等方面与进口产品还存在一定差距，产品大毛病没有、小毛病不断，进而影响产品口碑和品牌影响力的持续提升。

2. 标准法规的快速升级，给企业研发、管理、销售带来新的挑战

近年来，在构建安全、便捷、高效、绿色、经济的现代化综合交通体系的大环境下，商用车相关标准法规快速升级迭代。如在安全领域有《机动车运行安全技术条件（GB 7258－2017）》《营运货车安全技术条件（JT/T 1178. 1－2018）》等标准，在环保领域有《重型柴油车污染物排放限值及测量方法（中国第六阶段）（GB 17691－2018）》等标准，在超载治理领域有《轻型货车技术规范》等法规，其他领域还有《多用途货车通用技术条件》等相关标准法规。商用车的产品准入和运营管理受到多种标准法规制约且不断加严，给企业的产品研发、管理和销售带来了新的挑战。

（1）产品开发精准化要求

标准法规不断加严，政府强制企业不断升级产品，导致商用车产品的生命周期较短，然而，随着新技术的发展，产品的研发周期变得更长，两者之间的矛盾使得产品开发的不确定性增大、投资风险增加，因此要求企业产品

开发进一步精准化。

（2）产品管理精益化要求

由于各地相关法规的落地管理措施不同，企业需要根据地方情况进行适应性匹配。如全国各省区市对国五、国六车型提出排放远程监控的相关要求，但是由于监管数据存在差异，数据传输协议和车辆接入形式也各不相同，其中部分重点城市需要按照车型进行排放数据一致性送检，并且是每个车型检测一次。多样化的排放远程监控要求，造成企业产品的开发成本、时间成本、人工成本增加，给企业增加额外负担的同时也对企业的精益化管理提出挑战。

（3）市场产品同质化问题

标准法规的快速迭代，使得产品开发选择不断减少，导致产品日趋同质化。如在排放升级方面，技术落后及资源掌控较少的动力企业不断被淘汰，整车企业产品开发可选择的供应商减少；在超载治理方面，企业只能选择适应性相对较低、成本相对较高的铝合金材质的轮毂、储气桶、货箱等配置。

在配置选择减少、研发成本上升的情况下，商用车企业为提升研发效率、降低研发成本采用平台化开发策略（如福田，见图 23），进而加剧了产品同质化。

图 23　福田同平台开发的欧航、大黄蜂、瑞沃产品

资料来源：根据网络资料整理。

3. 关键零部件及部分核心技术仍存在短板

（1）节能汽车方面

商用车车型油耗普遍偏高，总质量越大则与节能目标差距越大。传统内燃机的热效率提升空间已极其有限，需要在整车风阻、滚阻、传动效率等方面全面采取降油耗措施。另外，混动化是降低产品油耗更为有效的手段，但存在成本增加的问题。如何平衡油耗和成本，是下一阶段节能汽车需要重点考虑的问题。

（2）自动驾驶汽车方面

高级别自动驾驶汽车的匹配应用程度较低。虽然国内主流厂商在智能驾驶领域均开展了不同程度的研究，走在前列的已达到 L4 级别，但在实际匹配应用方面普遍存在不足。市面上大多是配置预警类或自动紧急刹车类，其余配置匹配度相对较低，主要原因：一是产品成本较高，二是可靠性有待提升，三是基础设施和法律法规需要进一步健全。除此之外，就是自动驾驶关键零部件自主掌控能力不足，高度自动驾驶复杂系统整车架构、多源传感融合感知算法、智能决策与控制算法等核心技术亟须突破；自动驾驶核心零部件被国外企业垄断，在车规级芯片、车规级激光雷达、成像毫米波雷达、高性能车载计算平台、车规级实时操作系统、5G 通信域控制器等关键系统方面国内尚属空白或刚刚起步。

（3）轻量化方面

整车产品轻量化研究进度较缓慢。从 2000 年开始，汽车行业就形成商用车轻量化趋势的判断，但受限于市场对重载产品的青睐及其价格敏感性，商用车轻量化方面的研究进展缓慢。部分已有进展也集中于高强钢、铝合金材料的应用（见图 24），主要在轮辋、油箱、储气筒等“边边角角”部位。2020 年，受轻卡“大吨小标”治理的影响，轻卡产品轻量化方面，铝合金应用场景突破到车架、传动轴，复合材料板簧等新技术也陆续应用。但总体而言，在新材料、新技术、新结构方面探索仍有不足，内外饰、车身、座椅等大件总成在材料、结构方面仍有较大优化空间。

4. 市场需求发展缓慢导致部分技术进步不足

对于客户来说，商用车作为工具车，是生产经营的工具，因此其核心诉求仍为实用性、经济性。虽然客户对产品舒适性、娱乐性等配置需求逐步提升，但是技术进步却相对缓慢，很多在乘用车上已经完全成熟的技术并没有

图 24　铝合金车架应用

资料来源：根据网络资料整理。

或者很少出现在商用车上。首先，如自动挡，目前国内重卡自动挡技术虽发展较快，但 2020 年其市场销量占比仍不到 5%，相比北美的 75% 存在很大差距。国内虽在 2018 年就有轻卡自动挡产品上市，但其仍然没有被市场接受。其次，如商用车 AVM 技术、大屏影音娱乐、DMS 摄像头、语音车控、液晶仪表等座舱技术逐步在各主机厂的旗舰车型应用，但多作为选装配置，鲜有大批量应用。总之，面对这些市场需求，企业的开发投入无法有效收回，产品价格一直居高不下，导致终端客户无力购买，因此形成恶性循环，使得企业对相关技术投入热情不足，最终导致其发展缓慢。

5. 国产化智能安全研发能力仍相对较弱

当前，国内物流行业开始注重车辆主动安全配置，AEB 等功能逐渐被大客户接受，也被客户纳入新车采购的重要功能配置。由于智能安全技术的感知决策、底盘和转向技术多依赖外资供应商，国产化智能驾驶的供应商虽然很多，但是研发能力和技术实力仍然偏弱，多集中在预警功能产品上，能够实现控制类的 AEB/ACC/LKA 等功能量产的供应商资源较少。更糟糕的是，底盘和转向执行器的效率和精度也仅能满足法规需求，无法满足后续商用车舒适性和更高级别智能化功能量产落地的需求。

（五）产业链端存在的问题

1. 国内供应链整体核心竞争力不足，抗风险能力弱

（1）核心的二级件需要进口，技术依赖度比较大

发动机属于商用车的核心部件，但是发动机的 ECU 核心芯片、发动机 SCR、喷油器等均需要从国外进口。近期，受国外芯片、喷油器产能影响，部分动力总成发动机（玉柴、锡柴）二级件受到影响，出现了采购周期较长、断货断供等状况，严重制约了商用车行业产量提升，如康明斯等发动机企业因后处理进口件紧缺，极大地影响了整车装配及时性。

（2）国内供应链研发能力和研发投入不足，难以满足市场需求

目前，国内供应链主要生产成熟产品，而后期升级需要的关键技术或零部件等相关新技术、新产品多数都被美系、德系、日系企业垄断。国内企业的研发能力和研发投入不足，没有足够重视和投入，很难在短期内形成自主创新能力，也很难在核心零部件技术方面取得突破。

2. 行业原材料价格上涨、芯片供应不足等问题凸显

（1）原材料价格大幅度上涨，企业经营压力加大

一方面，受新冠肺炎疫情、国际货币超发等因素影响，国际原材料供应出现紧张；另一方面，随着国内经济复苏，原材料需求快速增长，自 2020 年第三、四季度起，大宗原料如钢材、铜、铝、贵金属、橡胶、塑料、化工原料等市场价格持续攀升，部分原料甚至已达近 10 年来的价格高位。

各类原材料涨价情况如下。

①钢材等金属类：钢材价格较上年同期上涨 30% ~40%，铜较上年同期上涨约 50%，铝较上年同期上涨 26%。

②橡胶：天然橡胶主要产胶国（泰国、印尼等）产能有限，因国外疫情以及停割期影响，在供给下降、需求不减的情况下，原材料价格供需失衡。天然橡胶价格较上年同期上涨 40%，天然橡胶上涨带动合成橡胶价格同期上涨 36%。

③油品、化工原料：布伦特国际原油期货价格最高达 70 美元/桶，国际

主要产油国沙特及欧佩克组织继续控制石油供应，油价或将继续上涨。国际油价带动下游化工原料以及相关塑料价格上涨，如 PVC 粉市场价格已较上年同期上涨 158%。

一方面，原材料价格上涨，导致企业生产制造成本大幅提升；另一方面，由于市场竞争激烈，终端价格并没有出现大幅度的变化，所有上涨的成本都被零部件企业、主机厂与经销商内部消化，各大商用车企业生产经营压力加大。

（2）芯片短缺，终端产品供应受到较大影响

当前，商用车的动力电池系统、电机控制器、仪表、智能终端（雷达等）、整车控制器、发动机 ECU、变速箱 TCU 等零部件受芯片短缺影响较大，对产品排产的影响评估在 10% 左右。芯片短缺，给终端产品的升级和利润带来了较大影响。首先，国六发动机及后处理芯片是最大的制约因素，会严重影响 2021 年第三季度的产品切换；其次，汽车芯片价格与以往相比已涨了 10 倍以上，仍然还存在缺货现象，这极大地增加了企业的采购成本，对单车的利润影响巨大。

四 “十四五”商用车产业发展建议

（一）商用车产业发展形势判断

1. 商用车产业发展环境

全球经济受到新冠肺炎疫情的影响，或将面临低增长甚至负增长的局面，形势不容乐观。美国货币持续放水，全球通胀概率较大。国际政治环境依然危机四伏，美国对中国先进技术和产品的制裁、能源短缺、国际贸易争端等不利因素给商用车行业发展带来一定负面影响。全球物流行业在经济下行的背景下，增速或将放缓，对商用车的需求不足。

我国经济增速放缓，步入高质量发展阶段，从外需拉动型转向以国内大循环为主、国内国际双循环相互促进的新发展格局。我国经济政策具备长期

稳定性，供给侧改革、新旧动能转换持续深化推进，生产力将得到释放，预期“十四五”期间我国经济将平稳增长，GDP 增速在 5.5% ~6%。“十四五”期间国内经济政治环境稳定，公路货运总量缓慢提升，将为商用车行业发展营造良好的环境。

商用车产业政策逐步完善，政策法规对商用车市场需求、品类结构、行业竞争等都产生重要影响。环保趋严，排放标准升级，安全标准政策法规升级节奏加快，直接关系到商用车产业和企业的发展。以“新基建”为代表的基建投资规模扩大，超载超限及车辆合规化治理持续推进，高速公路撤销省界收费站，按轴收费政策全面实施等利好商用车市场的发展。京津冀等区域运输结构调整、全国多式联运提速等因素利空公路物流尤其是煤炭运输需求。同时，受运输结构调整、公转铁、公转水等影响，铁路、水运货运总量不断上升，公路运输替代威胁加剧。

2. 商用车市场及竞争形势

（1）市场形势

“十四五”期间，我国商用车行业发展相对稳定，国内市场将是国内商用车企业的主要市场。国内重卡由以规模扩大为主阶段进入性能提升阶段。在治超治限、国三淘汰等诸多因素影响下，2020 年国内商用车市场销量已经达到历史最高点。“十四五”期间，随利好形势逐渐衰退，预计 2025 年商用车整体销量在 465 万辆左右，其中中重卡销量保持在 120 万辆左右，轻卡销量保持在 250 万辆左右，微卡销量保持在 55 万辆，大中客销量保持在 15 万辆，轻客销量保持在 30 万辆。随着电池价格不断下降、基础设施逐渐完备等，预计 2025 年新能源商用车销量将达到 30 万辆，其中新能源客车与新能源货车将各占 50% 左右。在疫情的影响下，国外商用车市场增长速度放缓，公路货运、客运需求难以快速提升，“十四五”期间，全球销量预计将保持在 2500 万辆，增长态势持续低迷。

商用车市场将由以政策法规拉动阶段进入以消费为主导阶段。客户对产品技术、品质及服务提出更高要求；商用车消费出现年轻化趋势，在要求经济性和可靠性的同时，新一代年轻司机更加看重品牌、外观、舒适性、智能化、服务等。客户群体由小、散向平台型聚集，物流组织向集约化方向发展，组织用户占比增加，客户从重视初始购置成本转为追求 TCO；组织用户对车辆分工更加专业化，导致定制化需求增加。商用车市场发展多元化，市场竞争日趋激烈。商用车企业从传统制造商向智慧交通运输解决方案转变。

（2）竞争形势

商用车行业已经进入精细化竞争时代。市场端、技术端、政策端、用户端都促使未来商用车市场由粗放竞争转向精细化竞争，行业整合速度不断加快，不同细分市场行业集中度进一步提升，并逐步进入淘汰赛阶段，优秀的企业将脱颖而出，落后者将不断被淘汰。

“十四五”期间，商用车外资股比放开，外资品牌加速在国内建厂步伐，外资商用车品牌加速在华高端市场布局，中外品牌之间的竞争更加激烈，传统主机厂面临产品和技术方面的挑战。基于新技术等发展契机，造车新势力和上游技术企业参与竞争，传统主机厂的核心地位面临挑战；行业企业强强联合、跨界融合、大集团化趋势出现，商业模式发生变化，转向“产品 + 服务 + 技术 + 资本”竞争。

商用车企业面临着传统赛道和电动智能新赛道的双重挑战，一方面，传统车企激烈的竞争格局依然在延续；另一方面，以电动智能为特征的新势力造车企业正在构筑新一轮产能竞争的新赛道。

3. 商用车新产品发展趋势

商用车产品更新换代速度加快，新技术应用步伐加快，高端化趋势明显。如 AEBS、ADAS、盘式制动器、自动变速器等在乘用车上普及的技术将在货车、客车等商用车上加快应用。国内商用车客户结构发生变化，“80后”“90 后”“00 后”成为用户主体，对高品质车辆需求提升。

在环保、治超趋严以及用车结构调整等多重因素的推动下，商用车细分化、场景化、专业化、定制化趋势明显，以充分满足客户的精细化需求。在具体产品表现方面，牵引车将向大马力、高可靠、轻量化、高品质方向发展；载货车将向轻量化、大马力、专属化方向发展；自卸车将向轻量化、大马力、高品质、专属化方向发展；专用车将向轻量化、专属化、清洁能源方向发展。

4. 商用车新能源和智能网联发展趋势

（1）商用车新能源化发展趋势

坚持绿色发展是国家的五大发展理念之一，2030 年力争碳达峰、2060 年力争碳中和是国家战略目标。中国品牌商用车应当率先垂范，加快绿色发展，带头严格执行国家排放标准，开发应用环保材料，加大产品技术投入和创新力度，持续推进节能减排，大力发展新能源车，纯电动、混合动力、燃料电池三条技术路线并举，探索多种商业模式，利用车联网加强生态创新，打造绿色生态。

国家明确新能源汽车的发展战略。《新能源汽车产业发展规划（2021—2035 年）》提出，到 2025 年，我国新能源汽车市场竞争力明显增强，动力电池、驱动电机、车用操作系统等关键技术取得重大突破，安全水平全面提升。新能源汽车新车销售量达到汽车新车销售总量的 20% 左右，高度自动驾驶汽车实现限定区域和特定场景商业化应用，充换电服务便利性显著提高。

此外，《节能与新能源汽车技术路线图 2. 0》提出，到 2025 年，新能源汽车销量占总销量的 20% 左右，氢燃料电池汽车保有量达到 10 万辆左右；到 2030 年，新能源汽车销量占总销量的 40% 左右；到 2035 年，新能源汽车成为主流，占总销量的 50% 以上，氢燃料电池汽车保有量达到 100 万辆左右。到 2025 年，实现驾驶辅助（DA）、部分自动驾驶（PA）和有条件自动驾驶（CA）车辆市场占有率达到 80%，其中 PA、CA 级占比达到 50% 以上，高度自动驾驶（HA）车辆开始进入市场，C-V2X 终端新车装配率达 50%；到 2030 年，PA、CA、HA 级智能网联汽车占当年汽车市场销量接近 100%，其中 PA、CA 级占比 70%，HA 级占比超过 20%，C-V2X 终端新车装配基本普及，具备车路云一体化协同决策与控制功能的车辆进入市场；到 2035 年，各类网联式自动驾驶车辆广泛运行于中国广大地区，中国方案智能网联汽车与智慧能源、智能交通、智慧城市深度融合。

在国家战略引领、技术持续进步、基础设施和配套体系持续完善等因素影响下，新能源商用车在“十四五”期间步入高质量发展阶段。同时，新能源汽车补贴逐渐退坡，倒逼行业产品品质提升、成本压缩，为实现全面市场化创造条件。

（2）商用车智能网联化发展趋势

《智能汽车创新发展战略》指出，到2025年，中国标准智能汽车的技术创新、产业生态、基础设施、法规标准、产品监管和网络安全体系基本形成。实现有条件自动驾驶的智能汽车达到规模化生产，实现高度自动驾驶的智能汽车在特定环境下市场化应用。智能交通系统和智慧城市相关设施建设取得积极进展，车用无线通信网络（LTE-V2X等）实现区域覆盖，新一代车用无线通信网络（5G-V2X）在部分城市、高速公路逐步开展应用，高精度时空基准服务网络实现全覆盖。

“新基建”推动车联网向智能网联阶段迈进；地方政府加快落地智能网联汽车基建项目，开放式、5G、车路协同特征显著。自动驾驶商用车示范运营场景更加丰富。政策法规推动商用车ADAS逐渐进入标配时代，ADAS功能要求从提示预警逐步向辅助控制升级。安全监管、环保监管加严，强制性法规实施。中大型客车、中重型载货车、牵引车分阶段强制安装LDW、FCW、AEBS、ESC等辅助驾驶功能。商用车远程排放联网监控范围扩大。

（二）“十四五”商用车产业发展目标和思路

1. 发展目标

通过5~10年的不懈努力和创新发展，我国商用车产业发展在“新四化”引领下，商用车核心技术实现突破并达到国际领先水平；全产业链实现安全可控；商用车企业创新能力明显增强，质量和品牌具备较强国际竞争力，形成一批具有较强国际竞争力的跨国公司和产业集群。商用车低碳化技术水平持续提升，商用车新型产业生态不断完善，我国迈入世界商用车强国之列。

2. 发展思路

（1）制定科学的产业政策法规

优化行业政策法规，统筹考虑商用车产业发展形势，建立适用性强、覆盖度高的新业态管控体系，为企业发展提供更为顺畅便捷的通道。

（2）推动产业多样化发展

通过投资准入、标准法规、优惠政策等促进商用车产品结构优化调整，在保持传统动能规模效应的基础上，推进产品新形态、行业新模式的发展与变革，打造商用车转型升级示范企业。

（3）提升产业链关键技术

鼓励商用车企业紧抓产业新边界的“开拓期”，整合优质资源、集中优势兵力，在电动智能网联领域持续发力，提升关键技术能力，实现我国商用车整体产业链的绿色发展。

（4）强化产业链安全

掌握商用车电动和智能网联关键技术，把握发展自主权，改变外资垄断的不利局面，提高供应链安全，确保中国商用车行业持续高质量发展。

（三）“十四五”商用车产品及技术发展

1. 传统燃油车产品和技术发展方向

传统燃油车重点围绕节能化、自动化、安全环保、轻量化和舒适化等方面不断提升整车性能，持续提升商用车产品的安全性、经济性、动力性、舒适性、可靠性、耐久性。

（1）节能化

持续推动整车燃油经济性、动力性优化升级，重点发展高效发动机、先进自动变速器和混合动力系统等节能技术和产品。

（2）自动化

AMT 技术日趋成熟以及市场认可度不断提升，未来 AMT、AT 在货车、客车等商用车上的应用将更广泛。

（3）安全环保

安全环保法规日趋严格，进行整车主、被动安全提升。主动安全技术路线主要围绕 ADAS 方面展开，逐步向自动驾驶平缓过渡。被动安全技术路线主要围绕驾驶室、防护装置、乘员约束系统等方面展开，通过开发新结构、应用新材料、开发新工艺实现被动安全技术国际领先。

（4）轻量化

新材料的应用是商用车轻量化的首要技术路线，以提高强度和降低密度为主要方向，采用轻量化零部件和材料，如铝镁合金、高强度钢等材料。新工艺开发围绕新材料应用展开，主要发展高强度钢、低密度复合材料成形工艺、混合连接工艺等。

（5）舒适化

通过CAE、NVH进行震动、噪声模拟分析，提高乘坐舒适性。在悬架、座椅、控制界面、噪声等方面持续优化。采用先进的悬挂技术及减震材料、吸音材料、隔音材料、密封材料等提高驾乘舒适性。

2. 新能源汽车产品及技术发展方向

“十四五”期间，伴随动力电池系统成本降低、性能水平提升，纯电动车辆全生命周期的经济优势逐渐凸显。纯电动商用车推广应用范围广，包括城市渣土车、环卫车，以及港口、码头、矿区、倒短等特定场景，加速新能源车辆更换。随着油耗法规加严，混合动力是油耗达标的技术解决方案之一，在城市、山区工况下节油效果明显。短期内，燃料电池城市示范运营速度加快，燃料电池技术能量转换效率可超过60%、零排放、加氢时间远少于充电时间、续驶里程长，适用于中长途运输工况。

技术方面，以纯电动汽车、插电式混合动力（含增程式）汽车、燃料电池汽车为“三纵”，布局整车技术创新链。研发新一代模块化高性能整车平台，攻关纯电动汽车底盘一体化、多能源动力系统集成技术，突破整车智能能量管理控制、轻量化、低摩阻等共性节能技术，提升电池管理、充电连接、结构设计等安全技术水平，提高新能源汽车整车综合性能。

以动力电池与管理系统、驱动电机与电力电子、网联化与智能化技术为“三横”，构建关键零部件技术供给体系。开展先进模块化动力电池与燃料电池系统技术攻关，探索新一代车用电机驱动系统解决方案，加强智能网联汽车关键零部件及系统开发，突破计算和控制基础平台技术、氢燃料电池汽车应用支撑技术等瓶颈，提升基础关键技术、先进基础工艺、基础核心零部件、关键基础材料等研发能力。

3. 智能网联汽车产品和技术发展方向

“十四五”期间，商用车智能网联产品以道路运输安全为主，EBS、ESC、AEBS、ACC、LDWS、HAS 等各类辅助驾驶功能将成为商用车主流配置。自动驾驶率先在港口、矿区、园区等特定区域封闭场景落地运营。车联网应用由车辆、后市场服务逐步向完整的车联网生态过渡，大数据应用分析成为企业核心资源。

构建协同开放的智能汽车技术创新体系。开展复杂系统体系架构、复杂环境感知、智能决策控制、人机交互及人机共驾、车路交互、网络安全等基础前瞻技术研发，重点突破新型电子电气架构、多源传感信息融合感知、新型智能终端、智能计算平台、车用无线通信网络、高精度时空基准服务和智能汽车基础地图、云控基础平台等共性交叉技术。建立健全智能汽车测试评价体系及测试基础数据库。开展特定区域智能汽车测试运行及示范应用，验证车辆环境感知准确率、场景定位精度、决策控制合理性、系统容错与故障处理能力、智能汽车基础地图服务能力、“人—车—路—云”系统协同性等。

（四）“十四五”商用车企业发展路径

1. 商用车企业低碳化发展

我国提出二氧化碳排放力争于 2030 年前达到峰值，努力争取 2060 年前实现碳中和的目标。同时，多部委就如何落实汽车产业碳达峰、碳中和目标，提出了下一步的重点工作和任务。汽车产业低碳化发展是必然趋势，未来汽车行业大概率会被纳入碳排放交易目录。

商用车企业要关注产品全生命周期碳排放，坚持多种技术路线并行发展。严格执行国家排放标准，做好节能减排技术准备，开发传统车辆节油技术、柴油机热效率提升超过 50%，提高 NG 车产销比例，大力发展新能源车，纯电动、混合动力、燃料电池三条技术路线并举，探索多种商业模式。

利用车联网加强生态创新，打造绿色生态。

加大制造技术投入和创新力度，构建节能环保体系，进行工厂节能减排改造。优化工厂涂装工艺，提升物流效率，提高劳动生产率，淘汰落后产能，发展智能制造，建设绿色智能工厂。积极参与汽车报废回收、零部件再制造、动力电池梯次利用等后市场环节，减少碳排放。

2. 商用车企业全球化发展

《汽车产业中长期发展规划》明确指出，以做大做强中国品牌汽车为中心，培育具有国际竞争力的企业集团，以“一带一路”建设为契机，推动全球布局和产业体系国际化。我国正在加快构建以国内大循环为主体、国内国际双循环相互促进的新发展格局。中国品牌商用车历经多年发展，整车性能、可靠性与欧美产品之间的差距日益缩小，具有较大的价格优势。随着技术水平和产品质量不断提高，全价值链的综合解决方案能力不断提升，我国在新能源和智能网联产品上有望实现弯道超车。同时，受疫情影响，欧美汽车行业受到重创，这为我国汽车产业带来新的发展机遇。

2020 年，中国商用车出口数量为 23.5 万辆，同比下降 21.4%。2021 年，这一数据有望回升。多项贸易协定的签订，将推动商用车行业的快速发展，其中，贸易原则的开放透明、关税的大幅削减、市场的需求、标准壁垒的减少以及海外供应链的共享等多重利好将对国内商用车企业产生深远影响。

但是，商用车市场竞争越来越激烈，国内的消费市场趋于饱和，企业要积极拓展国际市场，参与国际市场竞争。深入研究海外市场规律，重视海外市场的法规政策以及监管机制。重视对国际经贸规则的研究，谨慎制定海外市场投资战略。同时，在后疫情时代，贸易单边主义将继续影响商用车供应链格局。我国汽车产业要增强产业链、供应链自主可控能力，针对产业薄弱环节，实施好关键核心技术攻关工程，尽快解决一批“卡脖子”问题。

3. 商用车企业数字化发展

商用车产业与大数据、物联网、云计算等新技术深度融合，驱动汽车研发、生产、销售、服务等关键环节变革。数据化、网联化既是对传统业务、产品、服务的冲击，也为新业务、新产品、新服务带来机遇。

第一，战略先行，企业管理层必须明确数字战略，并以用户关系为中心进行中长期战略布局，包括战略领域投资、组织架构调整、生态合作等，真正打造一个数字化组织和体系。商用车产品作为生产资料，用户注重使用效率、成本节约、出勤率和安全防范等，只有数字化才能实现有效的管理和降本增效。因此，商用车企业的业务需求应由“以产品为中心”向“以用户为中心”转变，快速响应、探索、挖掘、引领用户需求，通过不同的触点了解用户需求，提供其真正所需的产品及服务，不断增强用户黏性，实现数据驱动业务，让企业从人为决策变成数据决策。同时，以自动驾驶为发展契机，建立企业大数据中心、云控平台。

第二，组织架构优化匹配，数字化转型不仅是技术转型，更重要的是业务模式和流程的变革，通过组织变革，调整新部门和新角色支持新的数字化业务模式和流程。同时，数字化转型必须依靠生态圈来实现，组织变革也要考虑到如何开展内外部合作，以达成数字化变革。商用车企业要在技术创新、生产制造、营销服务、企业管理等全流程环节开展数字化转型。

第三，引入新的技术架构和能力，建立符合数字化转型所需要的技术架构，提升数据汇聚、数据资产管理、数据工程和数据应用等能力；建立“稳后台 + 大中台 + 小前台”技术框架，消除数据烟囱，并通过业务应用（小前台）倒逼数据资产管理，真正体现数据价值。

第四，优化业务应用，以用户最佳体验为目标，提供数字化智能产品和服务，以数据智能为核心建设数字化企业，实现全链路数字化。

4. 商用车企业合规化发展

“十四五”期间，商用车行业监管趋严，行业多头管理仍会持续，治超治限、安全整治常态化，产品一致性管理，大吨小标治理，货车非法改装整治等将进一步推动产品合规化。商用车企业要促进车辆向合规化、高效化、标准化转变，为用户提供合法合规且满足实际需求的产品。

商用车企业在产品制造上，以降低油耗、降自重、降低营运成本、提升货运效率为目标进行研发，依托经济性、可靠性、安全性，降低整车全生命周期运营成本。主机厂承担产品质量和生产一致性责任，杜绝不合规产品流入市场。

5. 商用车企业品牌提升路径

中国品牌商用车企业要加速高端化、高品质化进程，在性能及质量精益求精的基础上塑造差异化产品个性，树立独具本企业特色的品牌气质和品牌形象。

商用车企业要明确品牌定位策略，实施产品线子品牌差异化定位，建立合理的品牌组合架构。以技术品牌、产品品牌、服务品牌、公益品牌和生态品牌五品牌为基础合力打造整体企业品牌形象。制定品牌保护措施，实施品牌运营绩效管理。在品牌识别、品牌传播等方向实现差异化发展。

6. 商用车国企改革和发展方案

新一轮科技革命和产业变革加速兴起，汽车正与信息、通信、人工智能、大数据等领域深度融合，商用车企业应该在汽车“新四化”方向全面布局，传统商用车企业多年积累的企业、资本、产能、布局等方面的结构性矛盾和一些体制机制障碍都不利于新格局的构建，必须加快国有汽车企业改革步伐。《国企改革三年行动方案（2020～2022年）》明确了国企改革的目标、时间表、路线图，明确了国有企业市场化改革方向——建立现代企业制度。明确了坚持机构能增能减、干部能上能下、员工能进能出、收入能多能少的改革原则。中国品牌商用车市场竞争国际化，“走出去”步伐加快，需要进行现有体制机制改革，实现管理制度与国际接轨。攻克“卡脖子”技术，实现高质量发展，鼓励创新，激发活力，释放潜能，调动企业的积极性和创造性，增强企业员工使命感、责任感，为企业做出新的更大的贡献。

（五）“十四五”时期商用车产业管理优化

1. 商用车公告及准入优化

实施公告管理，有效保证了准入企业的生产条件和产品一致性，但现行公告管理制度事前审批过多、产品准入管理过细，企业产品公告申报需要大笔费用。

《道路机动车辆生产企业及产品准入管理办法》《道路机动车辆产品系族管理实施细则》《道路机动车辆生产企业集团化管理实施细则》指出，国家将推进车辆产品系族化管理，鼓励和规范车辆产品准入系族申报工作。车辆生产企业在申请车辆产品准入时，对多个单一车型按系族进行划分，选择代表车型进行检验，同时申请一系列产品准入。同时，国家鼓励车辆生产企业实施集团化管理，对符合规定条件的企业集团可以试点开展道路机动车辆产品自我检验；成员企业可以委托企业集团内部取得同类别道路机动车辆生产企业准入的其他企业生产其取得准入的道路机动车辆产品；工业和信息化部可以简化其成员企业的准入审查要求。这有助于简化车辆产品准入流程，减少审批事项，压缩企业和产品类型，极大地减轻企业负担。

2. 商用车运营管理优化

商用车现行管理体制需要进一步优化。商用车行业管理部门多、职能分散，重复管理、政出多门等问题明显。各部委相关政策法规存在对同一问题有不同的要求，同时还存在执法标准不一、重复检测等问题。为此汽车行业应加快推进“放管服”改革，优化营商环境，激发企业活力。《国务院办公厅关于印发全国深化“放管服”改革优化营商环境电视电话会议重点任务分工方案的通知》（以下简称《分工方案》）提出，深化汽车生产流通领域“放管服”改革，推动汽车行业构建全面自由的市场化发展环境。把实施好宏观政策和深化“放管服”改革结合起来，提高宏观政策实施的时效性和精准性，“放”要放出活力、放出创造力；“管”要管出公平、管出质量；“服”要服出便利、服出实惠，调动各方积极性，形成推动改革的工作合力。《分工方案》明确了重点任务和具体措施，以切实推进“放管服”改革，优化营商环境。

车型发展篇

Model Development

B.2
中重型载货车发展报告

摘　要：受疫情影响，2020年一季度我国中重型载货车销量受挫，但在疫情得到有效控制、经济逐渐恢复后，在国Ⅲ淘汰、治超治限等多因素刺激下，全年销量仍实现了爆发式增长，创下历史新高。本报告阐述了2020年我国中重型载货车发展情况，分析了中重型载货车管理端、市场端、企业端、产品端等存在的问题和制约因素，重点研判了中重型载货车发展趋势，提出了坚持创新、绿色、高质量发展，2030年中重型载货车行业全面迈入世界领先行列的目标实现路径。

关键词：中重型载货车　企业发展　高端化

一　中重型载货车发展现状

2020 年，中重型载货车（GVW > 6 吨；重型，GVW > 14 吨；中型，6

吨<GVW≤14 吨；包含中重型货车、中重型货车非完整车辆和半挂牵引车）市场受订单回暖、国Ⅲ柴油车提前淘汰、各地治超政策趋严、高速公路按轴收费政策等利好因素影响，销量保持增长，全年销量约 178 万辆，同比增长 35.4%，创历史新高（见图 1）。

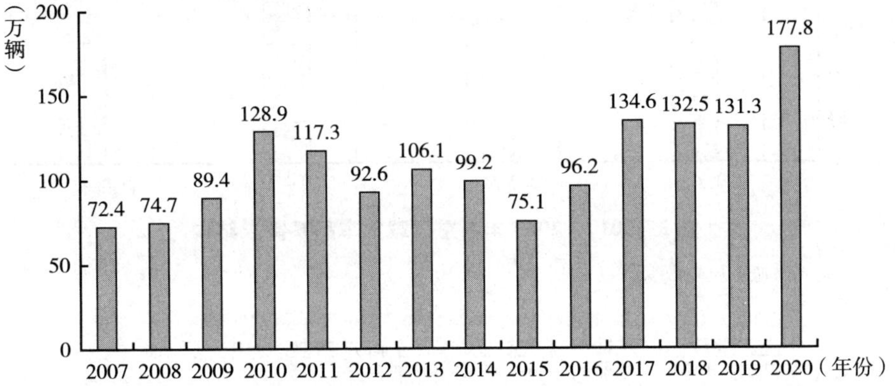

图 1　2007～2020 年中国中重型载货车销量变化

资料来源：中国汽车工业协会。

（一）市场品系需求结构有所优化

从品系需求结构上看，2020 年牵引车销量为 75.9 万辆，同比增长 42.7%，治超治限和国Ⅲ、国Ⅳ车辆提前淘汰，共同促进市场需求释放，为销量高涨提供了动力；载货车销量为 27.5 万辆，同比增长 40.3%；专用车销量为 39.7 万辆，同比增长 14.1%；自卸车销量为 24.4 万辆，同比增长 29.8%（见图 2）。

（二）市场区域需求结构持续调整

从区域需求结构上看，2020 年国内中重型载货车销量超过 10 万辆的省份有山东、河北、广东、江苏、河南，5 万～10 万辆的省份有山西、安徽、浙江、四川和湖北，超过 90% 的省份销量过万（见图 3）。山东从 2017 年开始连续三年销量突破 10 万辆；河北、江苏、河南和山西等省销量占全国销量的比重上升，山东、湖北、陕西等省销量占全国销量的比重下降。

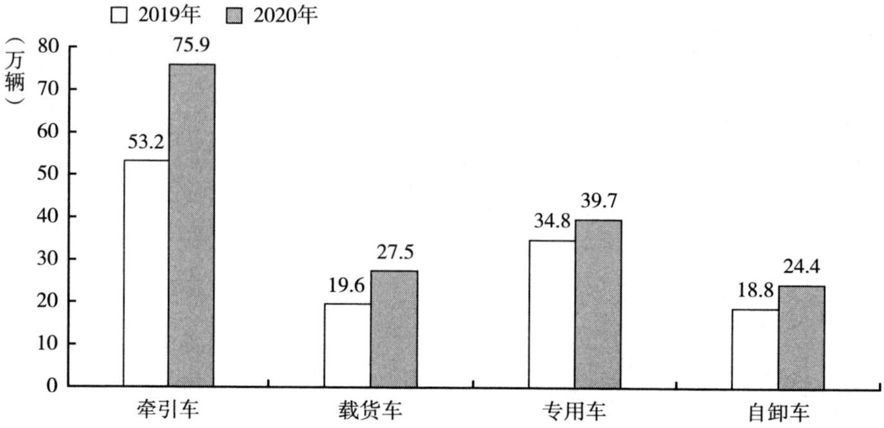

图 2 2019～2020 年中重型载货车品系需求结构

资料来源：保险数据。

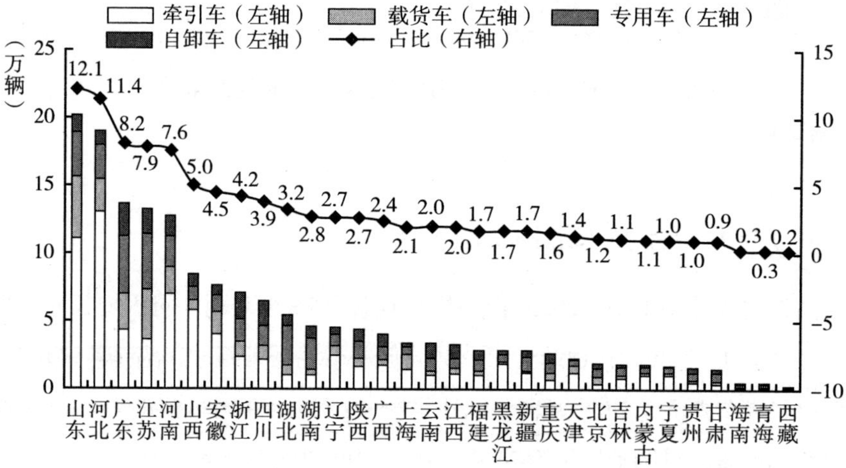

图 3 2020 年中重型载货车市场区域需求状况

资料来源：保险数据。

（三）市场集中度进一步提高

从企业表现看，各企业市场份额基本稳定，一汽解放排第一、东风集团排第二、中国重汽排第三、陕汽集团排第四、北汽福田排第五，前五家的市场份额超过 80%，市场集中度进一步提高（见表 1）。

表 1　2019～2020 年中重型载货车企业销量和市场份额变化

企业	2020 年销量（辆）	2019 年销量（辆）	同比增长（%）	2020 年份额（%）	2019 年份额（%）	同比增长（个百分点）
一汽解放	394926	284598	38.8	22.2	21.7	0.5
东风集团	328284	261800	25.4	18.5	19.9	-1.4
中国重汽	300007	199520	50.4	16.9	15.2	1.7
陕汽集团	231616	179487	29.0	13.0	13.7	-0.7
北汽福田	195704	120271	62.7	11.0	9.2	1.8
上汽红岩	80077	58077	37.9	4.5	4.4	0.1
江淮汽车	68205	48652	40.2	3.8	3.7	0.1
成都大运	60530	55359	9.3	3.4	4.2	-0.8
徐州徐工	37757	20569	83.6	2.1	1.6	0.5
安徽华菱	21202	20184	5.0	1.2	1.5	-0.3
庆铃汽车	13466	14611	-7.8	0.8	1.1	-0.3
四川南骏	12927	2288	465.0	0.7	0.7	0.0
其他 15 家	33344	48174	-30.8	1.9	3.1	-1.2

资料来源：中国汽车工业协会。

2020 年，主要企业中重型载货车的销量：一汽解放销量为 39.5 万辆，同比增长 38.8%，市场占有率 22.2%，同比提高 0.5 个百分点，中重卡销量连续四年居行业第一、重卡销量连续五年居行业第一、单一品牌重卡销量连续三年居全球第一。东风集团凭借平台多、品种多的商品协同作战优势，全年实现销量 32.8 万辆，同比增长 25.4%，创历史新高，但由于一季度受疫情的影响较大，同时受到中国重汽和北汽福田的竞争冲击，市场占有率下降至 18.5%，同比降低 1.4 个百分点。中国重汽销量 30 万辆，排名行业第三，市场占有率 16.9%，同比提高 1.7 个百分点。陕汽集团销量为 23.2 万辆，同比增长 29.0%，市场占有率 13.0%，同比降低 0.7 个百分点。北汽福田销量为 19.6 万辆，同比增长 62.7%，市场占有率 11.0%，同比提高 1.8 个百分点，是市场占有率增加幅度最大的企业。上汽红岩销量 8 万辆，同比增长 37.9%，市场占有率 4.5%，同比提高 0.1 个百分点。

从分品系竞争态势来看，牵引车方面，一汽解放、中国重汽、陕汽集团、东风集团、北汽福田列前五；载货车方面，东风集团、一汽解放、北汽福田、江淮汽车、中国重汽分列前五；专用车方面，东风集团、中国重汽、三一集团、一汽解放、北汽福田分列前五；自卸车方面，东风集团、陕汽集团、中国重汽、一汽解放、上汽红岩分列前五（见图4）。

a.牵引车

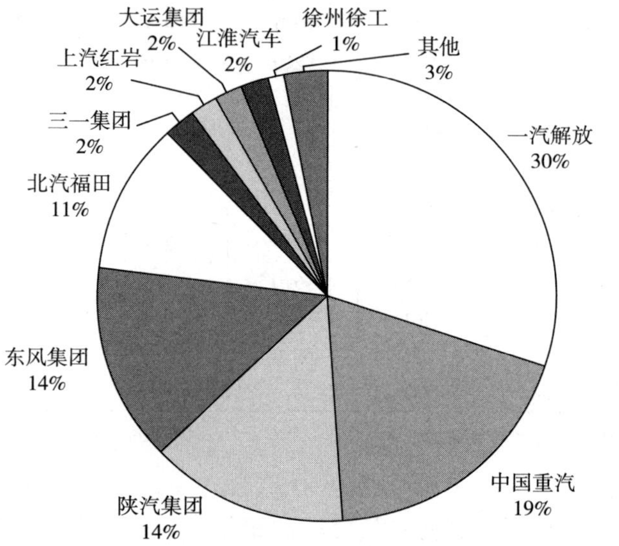

b.载货车

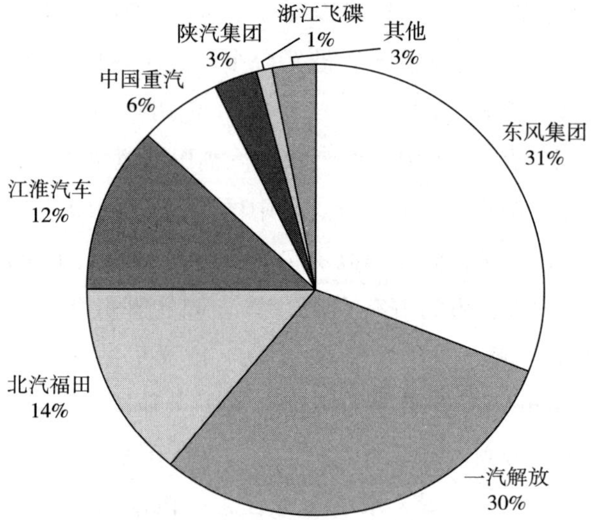

c.专用车

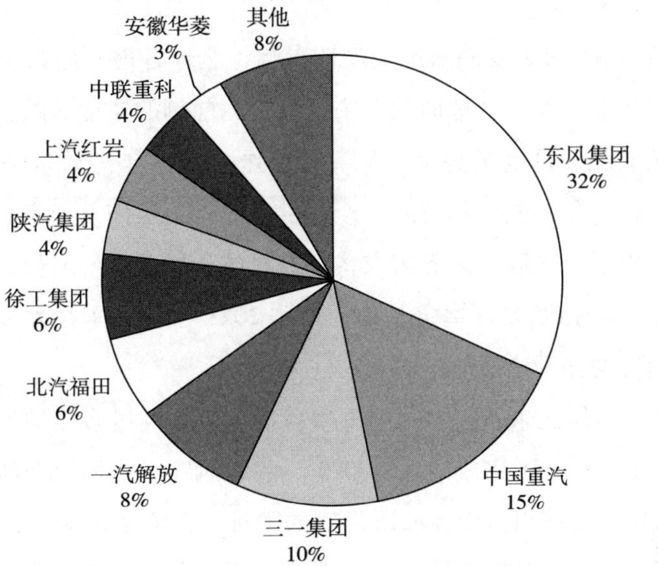

d.自卸车

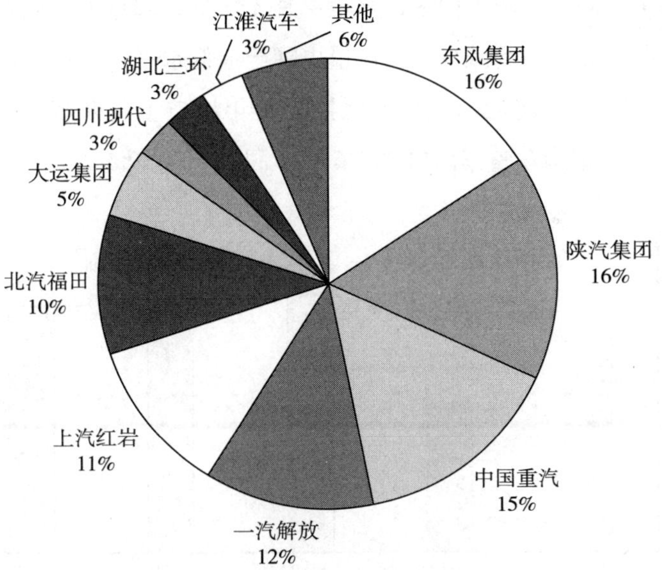

图 4　2020 年中重型载货车分品系排名

注：载货车包含普通厢式车和仓栅式车。

资料来源：保险数据。

（四）出口销量受疫情影响下滑

2020 年 3～5 月，受新冠肺炎疫情影响，全球各地实施封锁措施，导致商用车销售几乎停滞，全球商用车销量以史无前例的速度暴跌，直到 8 月底才实现小幅上涨，月度走势呈“V”形反弹。2021 年随着疫情防控形势逐步向好以及相关限制措施的解除，产业供应链将逐步恢复正常，同时，被压抑的餐饮、娱乐、旅游等服务需求将有效释放，拉动经济增长，为全球大部分商用车市场的强劲复苏奠定基础，预测 2021 年商用车在大多数地区会出现生产和销售的强劲增长。

从整体出口情况来看，中国中重型载货车企业经过多年的发展，产品已出口至全球 100 多个国家或地区。2020 年的新冠肺炎疫情给全球经济按下了暂停键，我国商用车出口面临前所未有的困难。在疫情影响下，2020 年商用车出口呈现较明显的月度差异，2～3 月尚未全面复工复产，物流、产能未能完全恢复，出口同比有较大回落，直至 4 月才恢复并超越上年同期水平；5 月起海外疫情蔓延导致需求减少，出口量也降至最低水平，而后缓慢回升，至 9 月企稳；10～12 月表现强劲，有力地拉动全年出口上行步伐。据海关统计，2020 年全年中重型货车整车出口 72726 辆，同比下降 19%。

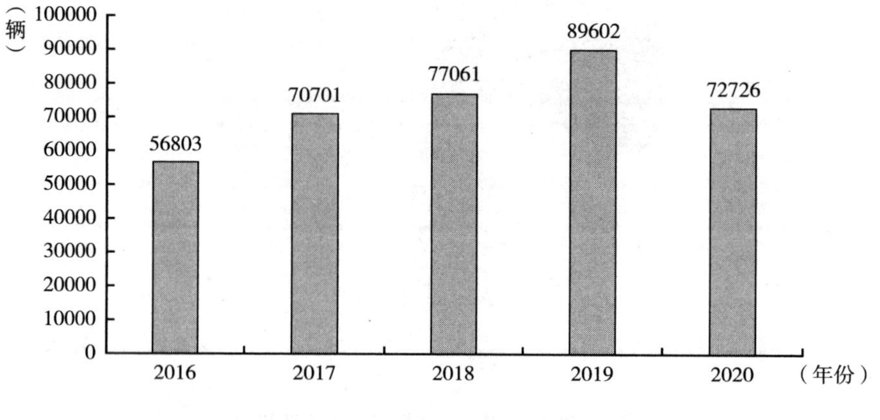

图 5　2016～2020 年我国重型载货车出口销量

资料来源：中国汽车工业协会。

1. 商用车出口特点

(1) 国际商用车市场呈现区域性发展

从国际竞争看，生产呈现明显区域性，集中在中国、欧洲、美国、印度、日本和韩国等国家或地区，销量也呈现明显区域性，上述区域本土品牌表现出较高的市场占有率。我国中重型载货车尚未在欧美等发达国家的市场实现批量进入，主要出口目的国为发展中国家。

从出口产品看，各企业出口的产品主要为2010年前推出的欧Ⅱ排放产品，这些产品在国内市场已完全被新一代产品替代。在中国汽车工业发展过程中，我国中重型载货车整车性能与欧美产品之间的差距不断缩小，同时保持了较明显的价格优势。随着新产品进一步推向市场，国内品牌竞争力逐渐提升，并开始与欧美传统品牌在众多细分市场展开竞争，但在技术水平、服务体系建设、海外生产运营、海外金融支持等方面需继续加强。从品牌竞争力来看，2020年一汽解放、东风集团、中国重汽、陕汽集团在全球中重型载货车市场销量排行榜中名列前茅，但是在品牌价值、产品美誉度方面远低于欧美企业。

(2) 出口产品结构有待优化，自卸车成为第一大出口车型

从出口细分品系来看，中国重型载货车出口主销区域的经济发展水平较低，基础设施建设需求较大，物流运输需求逐渐增长，因此出口车型以自卸车和牵引车为主，其次为专用车、载货车。从出口企业来看，2020年中重型载货车共出口72726辆，其中中国重汽30961辆，位列第一；陕汽集团11150辆，排名第二；北汽福田10343辆，排名第三。国内中重型载货车行业集中度较高，销量前五企业出口占比为87.2%。

表2　2016~2020年中国重型载货车分品系出口销量

单位：辆

车型	2016年	2017年	2018年	2019年	2020年
普通货车	16820	17910	22802	30277	27481
自卸车	22931	32749	30791	32257	23362
半挂牵引车	11918	13169	17480	21262	16934

续表

车型	2016 年	2017 年	2018 年	2019 年	2020 年
专用货车	2358	3438	1899	1990	1976
全挂牵引车	1168	1676	1484	1208	1634
专用作业车	1191	1630	2035	2098	1058
越野货车	417	129	570	600	281
总计	56803	70701	77061	89602	72726

资料来源：中国汽车工业协会。

表 3　2020 年中国重型载货车主要出口企业出口销量

单位：辆，%

序号	出口企业	出口数量	占比
1	中国重汽	30961	42.57
2	陕汽集团	11150	15.33
3	北汽福田	10343	14.22
4	一汽解放	5596	7.69
5	江淮汽车	5369	7.38
6	东风集团	4914	6.76
7	上汽红岩	1517	2.01
8	徐工汽车	1010	1.39
上述企业合计		70760	97.30
其他		1966	2.70
总计		72726	

资料来源：中国汽车工业协会。

2. 商用车出口制约因素

（1）疫情影响世界经济，何时复苏仍未确定

2020 年 10 月国际货币基金组织发布报告《世界经济展望》，预计 2020 年全球经济增速为 -4.4%。据中国社会科学院世界经济与政治研究所监测，2020 年 11 月中国外部经济综合 PMI 为 54.7%，在连续 7 个月上升后小幅回落 1.8 个百分点，但仍处于荣枯线以上。新冠肺炎疫情对各经济体造成的冲击不同，其中美国、欧元区、英国、韩国、澳大利亚、巴西、印度、南非等主要

新兴市场国家PMI均在枯荣线上方，日本和俄罗斯PMI处于枯荣线下方。随着拜登政府胜出，新一轮经济刺激计划出台和疫苗研发等，市场情绪乐观，叠加货币宽松影响，带动股市、大宗商品价格上涨。但美国股市创新高后，波动性风险加大，且一旦疫情反复或疫苗推广使用进度不及预期，或对全球市场情绪造成打击。目前全球主要风险仍集中为疫情对发达经济体经济的扰动，以及对部分新兴市场国家长期竞争力的损害，而世界经济的波动，将会对我国商用车出口产生影响。

（2）疫情导致需求放缓，主要海外市场受影响

受疫情影响，2020年4～5月，主要海外市场的商用车销量接连触底，创下30年以来最大跌幅，主要市场全年销量缩水15%以上。随着年底疫情卷土重来，欧美国家市场再次步入下行轨道。从短期看，封锁措施将引发销量下滑、产能萎缩；从长期看，疫情反复带来的冲击可控，随着防控措施常态化，叠加疫苗研发技术的逐渐成熟，市场有望回归常态。由于我国商用车出口目的国遭受疫情重创，市场需求增速放缓，不利于我国汽车出口。

（3）逆全球化萌芽，西方经济体制造业回流

2020年7月以来，以德、法为代表的欧盟国家不断传出将加大对外直接投资的审查力度，特朗普政府更是振臂高呼“制造业回流”，拜登政府在对华关系上不会有根本性转变。中美贸易摩擦叠加疫情的蔓延，西方国家纷纷提出要重塑相对独立的经济体系，掀起了一股逆全球化浪潮。全球化一直被认为是一个动态的过程，原始积累差异造成的国际分工格局已基本形成，生产能力趋于高度集中，产业链配套体系呈现区域化特征，因而企业很难独自“拔寨而走”。同时，全球化亦是一个商业利益驱动的过程，企业在不断探索全球生产、全球销售的最佳模式，以期达到利益最大化。但无论如何，逆全球化抬头都将使我国汽车产品出口面临严峻挑战。

（4）新兴市场货币贬值，人民币汇率持续走高

目前我国自主品牌商用车主要出口市场集中在新兴市场和发展中国家，这些地区均在疫情冲击下经济颓势明显，货币大幅贬值，严重影响属地终端客户的购买能力和经销商的资金周转率。汇率的大幅波动将进一步

加剧市场不稳定性，企业海外盈利能力经受考验。RCEP 的签署亦将促进人民币在区域贸易结算与支付中发挥更重要的作用，增加 RCEP 各国对人民币的需求，为人民币汇率保持升势带来一定推力。不可否认的是，人民币升值将挤压海外授权市场利润空间，增加经销商采购成本，从而削弱我国出口产品的竞争力；出口收回的外币结汇成本也将同步增加，从而产生汇兑损失。

（5）航运价格疯涨，全球贸易越发不平衡

2020 年，全球贸易在经历上半年航运需求下跌后，在出口量增长的带动下，下半年海运价格持续攀升，部分航线存在大面积缺箱、甩柜、征收附加费等现象，其中滚装船价格上涨 20% ~30%，杂货船价格上涨 10% ~20%，集装箱船价格甚至出现 3 ~5 倍的上涨。中欧班列也出现计划吃紧现象，国外段运费和用箱费高企，边境口岸拥堵严重，影响订单按时出运和交付。中国率先实现复工复产，外贸出口大幅回升，集装箱多由中国港口发往欧美，但鲜有运回。同时国外港口的集输效率大幅下降，也是导致整个物流链拥堵的重要原因。目前海运集装箱相对紧缺，全球范围内的经济复苏仍需时日。

2020 年全球经济从疫情危机中重启、复苏，举步维艰，道阻且长。行至年末，中美关系调整进程的不确定性、欧洲制造业衰退和回流、逆全球化、金融市场盲目乐观的情绪等，都可能对全球经济产生冲击。回归本身，中国商用车出口仍处于初级阶段的基本面没有变，中国汽车工业依然在向内认知、向外行走的求索路上。

二　中重型载货车发展趋势

（一）市场进入调整期，但销量仍处于高位

2020 年，虽然受疫情影响，我国一季度中重型载货车销量受挫，但在疫情得到有效防控、经济逐渐恢复后，在国Ⅲ淘汰、治超治限等多因素刺激

下，全年销量仍实现了约 178 万辆的爆发式增长，创历史新高。从市场容量发展趋势来看，在高增长后，商用车市场将迎来结构调整期，预计 2021 年销量为 145 万辆，2023～2030 年需求量预计保持在 117 万～123 万辆的高位（见表 4）。我国中重型载货车需求量处于高位主要是市场因素、法规治理和产业结构调整等综合影响的结果。

表 4　2016～2030 年中重型载货车销量

单位：万辆

年份	2016	2017	2018	2019	2020	2021F	2023F	2025F	2030F
中重型	96	135	133	131	178	145	117	120	123

1. 增量因素

（1）持续性治超治限

GB 1589－2016 标准及配套法规趋严（见表 5），并按照车型总质量进行控制。载货车辆载质量下降 15%～30%，单车效率下降，在运力不变情况下，车辆需求增加，成为近年需求量超百万辆的主要原因。后续随着新政策的出台，执法方式细化，治超力度将持续加大，由此将带来更多新增需求释放。随着 2 轴车治理趋严，部分重载轻卡用户需求转向中重卡。总体来看，预计未来 3～5 年治超治限将对中重型载货车市场增长态势起到较大支撑作用。

表 5　GB 1589－2016 标准及配套治超措施实施前后运力变化

<table>
<tr><th rowspan="2">轴数</th><th rowspan="2">车型</th><th rowspan="2">驱动型式</th><th colspan="2">总质量(t)</th><th colspan="2">载质量(t)</th><th colspan="2">载质量变化</th></tr>
<tr><th>原治超标准</th><th>新治超标准</th><th>原治超标准</th><th>新治超标准</th><th>幅度(t)</th><th>比例(%)</th></tr>
<tr><td>2 轴</td><td>载货汽车</td><td>4×2</td><td>20</td><td>18</td><td>12</td><td>10</td><td>－2</td><td>－16.7</td></tr>
<tr><td rowspan="3">3 轴</td><td>中置轴挂车列车</td><td>4×2＋1</td><td rowspan="3">30</td><td>27</td><td>—</td><td>15</td><td>—</td><td>—</td></tr>
<tr><td>半挂列车</td><td>4×2＋1</td><td>27</td><td>18</td><td>15</td><td>－3</td><td>－16.7</td></tr>
<tr><td>载货汽车</td><td>6×2</td><td>25</td><td>21</td><td>16</td><td>－5</td><td>－23.8</td></tr>
</table>

续表

轴数	车型	驱动型式	总质量(t)		载质量(t)		载质量变化	
			原治超标准	新治超标准	原治超标准	新治超标准	幅度(t)	比例(%)
4 轴	中置轴挂车列车	4×2+2	40	36	—	23	—	—
		3+1		35	—	22	—	—
	半挂列车	4×2+2		36	27	23	-4	-14.8
	载货汽车	8×4		31	28	19	-9	-32.1
5 轴	中置轴挂车列车	3+2	50	43	—	28	—	—
	半挂列车	3+2		43	35	28	-7	-20
		4×2+3		42	38	30	-8	-21.1
6 轴	中置轴挂车列车	6×4+3	55	49	—	32	—	—
		6×2+3		46	—	30	—	—
	半挂列车	6×4+3		49	38	32	-6	-15.8
		6×2+3		46	39	30	-9	-23.1

资料来源：根据标准要求及政府管理文件整理。

“大吨小标”事件后，各地加强对违规蓝牌轻卡的监督治理，促使载货车行业进行结构性调整，部分轻型载货车用户转购中重型载货车。

（2）经济稳定健康发展为中重型载货车销量提升提供基础

疫情后我国宏观经济快速恢复，保证了2021年“三驾马车”能够共同驱动经济发展，GDP增速也将回升，对中重型载货车市场增长态势的支撑力度增强。国内需求稳定，国际需求快速回升，供给侧持续改革，工业/大宗相关运输需求平稳回升，将为维持中重型载货车市场销量提供基础。

（3）国Ⅵ升级带来的车辆提前更新

2021年7月1日，重型柴油货车将正式实施国Ⅵ标准，成本上升和产品质量问题导致用户提前购买国Ⅴ的需求较为旺盛，这将大幅提高上半年销量，甚至会透支下一年销量。

（4）城市物流枢纽发展，助力中重型载货车增量发展

新型城镇化建设带来大量物流需求，推动城市物流枢纽发展，助力加快调整运输结构，推动物流业降本增效，支撑现代化经济体系建设，也有利于推动交通运输绿色发展、打赢污染防治攻坚战，助力中重型载货车需求增

长，同时有助于将高效、绿色产品推向市场。

（5）疫情的有效控制有利于出口销量持续增长

在我国持续扩大开放、“一带一路”和“双循环”政策推动下，中重型载货车整车性能和质量不断提升。我国在始终保持中重型载货车产品价格优势的前提下，抓住这一难得的发展窗口期，积极参与全球竞争，实现出口销量的突破。

2. 减量因素

（1）多式联运的发展

未来在公转铁和多式联运发展的影响下，公路货运周转量占比将会呈现持续下降的态势。出于环保、成本的综合考虑，未来中长途运输“公转铁”仍将进一步发展，在经济发展、政策法规完善、基础设施完善及技术成熟、参与主体成长等因素推动下，我国多式联运将实现数量和质量的双重提升，从而导致公路货运份额持续下降，影响中重型载货车销量。

（2）单车运能提升

中重型载货车持续向大型化的方向发展，叠加智慧物流和甩挂运输的发展，将有效提升单车运能，导致车辆总体需求下降。

（3）国Ⅲ/国Ⅳ提前更新

2021年国Ⅲ淘汰工作仍将持续，但是力度相比2020年明显下降，是年内最大的减量因素。

（二）产业融合加快，“大企业”时代到来

“十四五”规划将全面推动中国正式进入“大企业时代”，企业要加快融合发展，同时要加强对自身供应链的保护，避免被“卡脖子”。

政府由事前监管转向事中事后监管，针对排放、安全、节能等的法规标准持续升级，中重型载货车产业门槛将大幅提升，这对技术和规模领先的企业极为有利。未来产业集中度将进一步提高，预计到2030年中国中重型载货车大部分市场份额将集中在3～5家先进企业集团手中，产业集中度或将达到95%以上。

（三）全生命周期成本成为核心竞争力

商用车全生命周期成本（以下简称“TCO”）理念源于欧盟，通过多年实践，逐渐形成了完整的TCO要素和计算模型。国际领先商用车企业的产品油耗、可靠性等核心性能及其基于用户需求的定制化能力都领先于我国商用车企业。产品性能的优势在特定场景下将为客户带来更高的全生命周期利润，为国际车企提供更好的价值定位。近年来随着我国市场国际化的发展，通过国际领先商用车企业的宣传和引导，基于TCO的价值理念也慢慢为市场所熟知和接受。

客户的TCO意识不断提升，国内主流商用车企业也在不断尝试建立不同运输场景下的TCO要素和计算模型，全方位、全产业链地推广TCO理念，基于TCO分析来指导商用车的产品定义、设计、制造等环节，TCO理念将有益于推动中国品牌商用车的高质量发展。

（四）股比放开政策驱动国际化进程

2020年6月23日，国家发展和改革委员会与商务部联合发布的《外商投资准入特别管理措施（负面清单）（2020年版）》（以下简称“清单”）提出，自2020年7月23日起，放开商用车制造外资股比限制。目前，股比放开对中国品牌商用车企业整体的影响不大，中国品牌商用车企业已经在市场中占据了主导地位，其对中国商用车行业带来的冲击将明显小于乘用车行业。

对国际领先商用车企业而言，中国重型载货车市场容量、中高端市场的良好发展态势及其对中国市场的深度理解都提升了中国市场在其全球战略中的重要性。在这样的市场背景下，多家国际领先商用车企业制定了中国本土化生产战略，未来5年内，中国重型载货车与欧盟重型载货车将首次在中国市场展开竞争，国内中高端重型载货车市场将会受到一定的冲击。

（五）品牌向高端化发展

后合资时代，中国品牌重型载货车市场将会呈现一定的品牌高端化趋势。为打赢中高端重型载货车市场“遭遇战”，我国商用车企业将基于客户资源构筑防线并实施针对性攻坚，打造中高端产品以彰显技术实力，塑造高端品牌形象，提升综合品牌竞争力。通过差异化定位，增加中高端产品供给，填补产品型谱空白，为客户提供更多的选择。同时以中高端产品性价比优势阻击国际领先商用车企业同类产品。这些举措将会推动中高端重型载货车市场需求增加，加速国内品牌高端化。

（六）新兴技术广泛应用

电动化、智能化、网联化、共享化是新兴技术发展趋势的主旋律，基于商用车的特殊应用场景，新能源和自动驾驶成为商用车行业关注的重点。商用车后合资时代，国际领先商用车企业的进入，将会使新兴技术领域的竞争更加激烈。但是不同于传统技术，国内外商用车企业在新能源和自动驾驶等新兴技术领域基本处于同一起跑线上。

1. 新能源技术快速发展

目前商用车行业普遍认为有两类技术路线更适用于商用车。一是纯电动技术路线，适用于固定使用区域或单程运距较短、充电或换电便捷的使用场景，如环卫、港口、矿山等。二是燃料电池技术路线，适用于运距长、路线比较固定且时效性要求高的应用场景，如快递、快运、冷链、绿通等。

2. 自动驾驶产品将率先落地

自动驾驶技术主要分为算法、硬件和基建设施。算法方面，掌握核心算法使自动驾驶应用更适应商用车企业的车型设计、核心应用场景和满足客户定制化需求。使算法与整车测试深度融合，掌握研发主动权，加速产品技术更新迭代，掌握价值链核心环节，避免因对供应商过度依赖而被“卡脖子”，这些将是国内外商用车企业的发展方向。硬件方面，发动机控制器、转向器等执行层面硬件为商用车企业的传统核心竞争力。感知层和计算层作为供应商优势领域，预计未来将相对通用化，难以对商用车企业竞争力产生影响。基建设施方面，通过提前参与，商用车企业可以间接影响基建决策，并对技术方案、规则设定等进行提前预判。

3. 向数字化转型

利用数字化技术赋能研发和制造，打通全价值链数据流，并建立对应规则，使用户需求数据与研发生产形成闭环，让研发人员精准把握市场需求，指导产品设计，有效减少试制投入，缩减研发成本和周期，减少制造人员，提高生产效率，降低制造成本。

（七）标准法规升级、市场需求驱动产品高端化

首先，为满足国家“2030 年碳达峰、2060 年碳中和”的战略目标要求，商用车排放及油耗标准日益严格，更多排放控制装置、后处理装置成为强制要求，更多节油措施被广泛应用。研发、制造成本增加等，使商用车成本上升，推动了商用车高端化。

其次，国家运输结构调整，持续推进“公转铁、公转水”，将逐步淘汰部分中低端中重型载货车，高端中重型载货车和专用车市场需求将稳步增长。同时为满足日益严格的交通安全要求，将使更多安全相关配置和车联网相关配置成为标配（如 ESC、AEBS、爆胎应急等安全配置），这将使商用车产品质量和技术水平以及安全性出现较大提升，推动商用车向高端化发展。

（八）客户结构及需求升级

从需求端来看，中国品牌重型载货车市场车队客户比例逐年提升，市场结构趋向欧盟成熟市场，对产品性能、运营成本的要求提升。伴随消费升级和年龄层转变，个体消费者对舒适度、智能化的要求逐渐增加；从供给端来看，中国品牌商用车企业为了提升品牌竞争力、提高利润水平、丰富产品组合，相继推出中高端产品，对客户开展高端品牌价值观引导。在以上因素的共同推动下，重型载货车市场的需求将升级。

三　中重型载货车发展存在问题

目前中国品牌商用车已进入高速发展阶段，需求量处于全球领先地位，

取得了令人瞩目的成绩，但是，关键核心技术掌控少。在新形势、新机遇、新要求、新技术快速变化的时期，为持续推动中国品牌商用车高质量发展，需重点攻克以下问题。

（一）管理端存在的问题及挑战

1. 企业和产品准入及市场监管体系需要统筹管理

发达国家汽车产品的市场准入均由国家政府直接管理，经过几十年的发展，欧盟、美国和日本已经形成较为完善的法规管理和监管体系，有效地引导和规范车辆产品持续符合安全、环保、节能、防盗等方面的法规要求。随着全球汽车产业深度融合和市场全球化进程加快，推动区域间不同汽车法规标准协调和统一，建立市场互认制度已成趋势。

目前全球汽车产品管理方式主要分两种：一是以欧盟为代表的型式认证 + 自愿召回；二是以美国为代表的自我认证 + 强制召回。其他汽车生产国往往参照欧盟或美国的管理形式，形成具有各自特点的管理体系。

中国汽车工业相对于发达国家起步较晚，中国的产品准入管理模式主要参照欧盟的模式，但在法律地位（管理依据）、认证管理方式等方面却存在较大差异。在管理理念方面，欧盟更倾向于以“相信企业，放宽准入，社会监督，市场调节”为原则，制定科学有效的检测项目及组合，确定合理的认证工作量，减少企业、认证机构乃至交通管理部门“检测—审查—批准”的负担，通过社会监督、市场调节实现国家监管的目标。而我国因为政府职能部门的多头管理，呈现出较为复杂的认证准入体系，整体为“企业准入（工业和信息化部） + 产品准入（工业和信息化部、生态环境部、市场监督管理总局、交通运输部） + 生产一致性管理（工业和信息化部、生态环境部、交通运输部、公安部、市场监督管理总局） + 运输市场监管（交通运输部）”的模式。

随着中国品牌商用车的高质量发展，企业和产品准入及监管体系亟须完善。中国、欧盟、美国汽车准入管理对比如表 6 所示。

表 6　中国、欧盟、美国汽车准入管理对比

管理形式分类		中国	欧盟	美国
企业准入		√	×	×
产品准入	强制性产品认证	√（安全、节能、环保）	√（安全、节能、环保）	×（自我认证）
	产品公告	√（安全、节能、环保）	×	×
	环保信息公开	√（环保）	×	×
	营运车达标车型准入	√（安全、节能）	×	×
生产一致性		√	√	×
市场监管	召回	√不严格，主动召回、强制召回	√严格，自愿召回	√严格，强制召回
	年检	√新车强制检测，每年强制年检（公安、交通、环保三检）	×大部分国家无	×大部分州无
	强制报废	√根据年限和里程强制报废，且回收价格低，存在非法改装和组装问题	×	×
	驾照管理	√严格货车 A2/B2/C1 等	√严格	√严格
	车辆安全事故应急处理及救援	无配套标准	√紧急呼叫系统 EC 758/2015	无配套标准
	道路最高限速	√高速 80（或 100）公里/小时	√高速等大部分 90 公里/小时，强制安装限速器	√部分 90/100 公里/小时等多种，加州 90 公里/小时
	车辆限速	√GB 7258（危险品运输车限速 80km/h）	√92/6/EEC（N2 和 N3 类限速 90km/h）	√ FMVSS No. 140（GVW 大于 11793kg 载货汽车限速 92km/h，目前尚处于草案阶段）
	治超	√各地方不统一，且以罚款为主	√严格（对驾驶员、公司、货主等处罚，严重者行业禁入）	√严格（对驾驶员、公司、货主等处罚，严重者行业禁入）

2. 标准法规颁布实施缺乏统筹管理

基于中国品牌商用车标准体系已建有一定的模式，有许多标准可遵循，从标准重要度可分为强制性标准、推荐性标准，从标准制定方可分为国家标

准、部委标准、行业标准、企业标准、地方标准、团体标准，从标准应用可分为整车标准、总成标准、零部件标准等。汽车成为一个由多项标准管控的具有明显法规特征的产品。从汽车标准法规的演变过程来看，核心标准都是围绕安全、环保和节能三大主题不断完善的。整体上，标准法规引领着中国品牌商用车向欧盟、北美、日韩等国际一流产品的水准发展。

以环保法规为例，我国开始实施国Ⅰ排放标准是 2001 年，实施国Ⅱ排放标准是 2004 年，实施国Ⅲ排放标准是 2008 年，实施国Ⅳ排放标准是 2015 年，实施国Ⅴ排放标准是 2017 年，实施国Ⅵ排放标准是 2021 年，从“国Ⅰ”到“国Ⅵ”仅用了 20 年时间就达到与欧盟同步的水平，排放法规实施时间如表 7 所示。

表 7　中国与国际排放法规实施对比

<table>
<tr><th>年度</th><th colspan="2">中国</th><th colspan="2">欧盟</th><th colspan="2">美国</th><th colspan="2">日本</th></tr>
<tr><td>2001</td><td rowspan="3">国Ⅰ</td><td rowspan="3">NOx:8.0
PM:0.36</td><td rowspan="4">欧Ⅲ</td><td rowspan="4">NOx:5.0
PM:0.10</td><td rowspan="3">EPA1998</td><td rowspan="3">NOx:5.43
PM:0.14</td><td rowspan="2">JP97</td><td rowspan="2">NOx:4.5
PM:0.25</td></tr>
<tr><td>2002</td></tr>
<tr><td>2003</td><td rowspan="2">JP2003</td><td rowspan="2">NOx:3.38
PM:0.18</td></tr>
<tr><td>2004</td><td rowspan="4">国Ⅱ</td><td rowspan="4">NOx:7.0
PM:0.15</td><td rowspan="3">EPA2004</td><td rowspan="3">NOx:3.40
PM:0.14</td></tr>
<tr><td>2005</td><td rowspan="3">欧Ⅳ</td><td rowspan="3">NOx:3.5
PM:0.02</td><td rowspan="4">JP2005</td><td rowspan="4">NOx:2.0
PM:0.027</td></tr>
<tr><td>2006</td></tr>
<tr><td>2007</td><td rowspan="3">EPA2007</td><td rowspan="3">NOx:1.63
PM:0.014</td></tr>
<tr><td>2008</td><td rowspan="7">国Ⅲ</td><td rowspan="7">NOx:5.0
PM:0.10</td><td rowspan="5">欧Ⅴ</td><td rowspan="5">NOx:2.0
PM:0.02</td></tr>
<tr><td>2009</td><td rowspan="7">JP2009</td><td rowspan="7">NOx:0.7
PM:0.01</td></tr>
<tr><td>2010</td><td rowspan="13">EPA2010</td><td rowspan="13">NOx:0.27
PM:0.014</td></tr>
<tr><td>2011</td></tr>
<tr><td>2012</td></tr>
<tr><td>2013</td><td rowspan="10">欧Ⅵ</td><td rowspan="10">NOx:0.4
PM:0.01</td></tr>
<tr><td>2014</td></tr>
<tr><td>2015</td><td rowspan="2">国Ⅳ</td><td rowspan="2">NOx:3.5
PM:0.02</td></tr>
<tr><td>2016</td><td rowspan="7">JP2016</td><td rowspan="7">NOx:0.4
PM:0.01</td></tr>
<tr><td>2017</td><td rowspan="4">国Ⅴ</td><td rowspan="4">NOx:2.0
PM:0.02</td></tr>
<tr><td>2018</td></tr>
<tr><td>2019</td></tr>
<tr><td>2020</td></tr>
<tr><td>2021</td><td rowspan="2">国Ⅵ</td><td rowspan="2">NOx:0.4
PM:0.01</td></tr>
<tr><td>…</td></tr>
</table>

每一次排放升级切换，整车、发动机、系统、零部件等都要做全新的研发、试制、试验、认证等工作。建议面向未来10年，统筹规划安全、环保和节能等重大标准法规实施节奏，在法规实施时间上进行统一，以便整车企业确定本企业产品预研、开发、投放节奏，减少企业研发、试制、标定、试验、生产准备、认证等方面的人员、费用、资源等投入，实现精准、精益的集约化研发。释放企业潜力，激发企业活力，支撑企业构建预研一代、开发一代、生产一代的研发格局，引领中国品牌商用车企业加大技术创新与突破力度，扩大产品成熟与领先优势，突破关键核心技术，为中国品牌商用车迈向全球市场营造有利条件。

3. 新能源标准法规建设需要完善

根据公开报道的信息统计，2020年上半年国内共发生电动汽车起火事故20起，同比下降31%，涉及车辆28辆，同比下降22%，虽然起火事故较上年有所下降，但安全问题仍不容忽视。从事故发生的车辆状态来看，使用状态起火8起，占比40%；充电状态起火7起，占比35%；静置状态起火5起，占比25%。经系统分析，造成新能源汽车产品质量和安全性问题的原因分为以下两类。一类是新能源汽车安全标准不完善。充电安全标准缺失、新能源汽车碰撞安全等重要标准不完善。另一类是新能源汽车管理规范不健全。新能源汽车在注册、年检、事故处理、报废等环节的具体管理规范不健全，产品安全事故风险防控体系有待进一步完善，主要包含事前、事中、事后监管。

（1）事前监管

新车登记注册检测环节，尚未明确是否永久免检三电系统。

（2）事中监管

在用车年检及驾驶员管理培训环节，新能源车辆6年免检后检测的装备、方法、技术判定、结果输出物等管理规范尚未明确；新能源汽车老旧、损毁、报废的认定标准、处置程序尚未明确；新能源汽车司乘人员在使用、维护、应急处置、备灾方法设备等方面的培训、教育、检验尚未明确。

（3）事后监管

针对交通事故救援、现场处置与调查取证、责任判定与司法鉴定等环节，急需制定相应处置手册、行动规范、技术标准、执法司法准则。比如，新能源汽车事故处理工作缺乏具有针对性的操作规范，按照现有针对传统车事故的处理流程处理，存在发生二次伤害的风险。

（二）市场端存在的问题及挑战

1. 市场竞争秩序混乱

2020 年，与商用车运力需求直接相关的公路货运量和公路货运周转量 2 项指标同比降幅均超过 20%，但商用车销量首次突破 500 万辆，同比增长 18.7%。在活少、车多的情况下，安能、壹米滴答、中通快运、韵达快运、百世快运、商桥等商用车物流企业纷纷推出 5 ~7 折的优惠活动；占公路货运 70% 以上的小车队和个体运营商议价能力弱、空载率高，为提高单车运力和盈利能力，部分客户选择超载超限产品，为迎合客户需求和提升市场占有率，行业中部分企业通过低价销售一些法规“擦边球”产品，甚至“大吨小标”的违规产品，抢占合规经营企业的市场份额，导致商用车行业市场出现无序竞争的乱象。

部分货运场（站）和货车驾驶员为多拉货物、降低物流成本，对在用车进行非法改装，在完成车辆注册登记后私自改变车辆的尺寸、外形、功能、结构等。例如，自卸车增加货箱高度、长度和宽度，加强货箱结构强度，更改轮胎规格，增加钢板弹簧数量等；搅拌车更换罐体等；甚至还有的货车改变车辆主要总成部件，更换与原车型不一致的发动机、变速箱、车桥或者车架，擅自更换车身。这些非法改装车辆给交通安全带来隐患。行业主管部门对生产一致性主要通过通报、约谈、抽查等方式进行监管，针对严重违规问题，暂停或撤销相关产品公告，处罚力度相对较小，违法成本较低，不利于良好市场竞争环境的形成和汽车产业的高质量发展。

2. 市场需求增长内生动力不足

（1）法规升级延长了车辆更换周期

2020 年中国品牌商用车销量呈爆发式增长，主要来自国Ⅲ淘汰、国Ⅳ限行、超载超限治理以及按轴（车）收费等政策的强力支撑，需求呈透支状态。2021 年国Ⅵ排放标准、三阶段油耗、达标车型（匹配 ESC、AEBS）等法规实施后，整车价格增长 10% 左右，导致客户的购车成本增加，成本回收周期延长，车辆更换周期将由 3～5 年延长到 4～6 年，直接影响车辆更新需求，减少市场需求总量。

（2）国际品牌在国内建厂加剧竞争

商用车股比放开后，斯堪尼亚江苏如皋的全新工厂计划于 2022 年正式投产，产能为 5 万辆/年，未来将按照市场需求逐步调整产能，力求成为斯堪尼亚高端卡车的生产中心。沃尔沃 2021 年宣布国产化战略，通过收购江铃重汽，利用江铃生产线生产沃尔沃产品。中外车企“遭遇战”将在 2022 年国际车企第一批国产车下线后正式打响；2025 年后，随着国际车企国产化进一步深入，竞争将进入白热化阶段，对中国品牌商用车的市场空间形成进一步挤压。

（3）国际形势、经济状况制约海外市场突破

从宏观经济来看，通过实施“双循环”战略，2021～2025 年我国 GDP 将保持 5.0% 以上的中速增长，为商用车发展营造了良好的环境，同时，经济进入新的调整期，对商用车国内销量增长的支撑作用有限。在全球疫情影响短期难消、中美局势不明朗、全球经济复苏进程延迟、全球供应链重构等影响下，中国品牌商用车出口形势严峻。

目前我国商用车以国内销售为主，出口占比低于 7%。2018 年，中国品牌商用车出口 28.32 万辆，同比增长 12.5%，约占总销量的 6.48%；2019 年，中国品牌商用车出口 29.9 万辆，同比增长 5.7%，约占总销量的 6.91%；2020 年受疫情影响，中国品牌商用车出口 23.5 万辆，同比降低 21.4%，约占总销量的 4.6%。据不完全统计，近几年，商用车年均出口量为 30 万辆左右。商用车主要出口品种中，载货车占 80% 左右，客车占 20% 左右，亚非拉是我国商用车的主要出口地区。

在股比放开、国内竞争加剧，法规趋严、价格增长，运输结构优化、运

输效率提升、国内商用车市场增长乏力的背景下，需提升对海外市场的重视度，改变当前海外研发、生产、营销、服务等布局零散的现状，制定系统化、规模化的海外战略规划，加快“走出去”步伐，进一步提升海外市场销量。

（4）多式联运发展抑制商用车需求

2020 年我国公路运输占运输总量的 30.6%（见图 6），呈下降趋势，从长远来看，《国家综合立体交通网规划纲要》指出，到 2035 年，基本形成国内 1 天送达、周边国家 2 天送达、全球主要城市 3 天送达的“全球 123 快货物流圈”，大幅提升多式联运占比、换装效率（多式联运换装 1 小时完成率 90% 以上），运输结构更加优化，物流成本进一步降低。推动不同运输方式之间邮件快件装卸标准、跟踪数据等有效衔接，实现信息共享。发展航空快递、高铁快递，推动邮件快件多式联运，实现跨领域、跨区域和跨运输方式顺畅衔接，推进全程运输透明化。运输结构调整、运输效率大幅提升、运输成本降低都将带来公路运输货运周转量的减少，抑制商用车的市场需求增长。

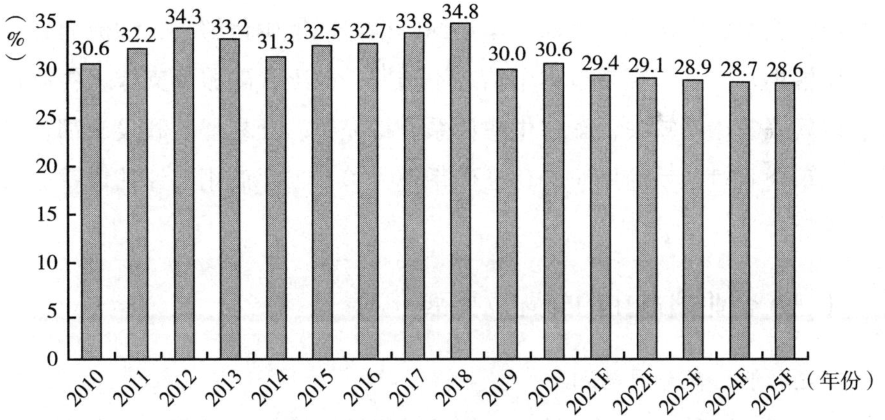

图 6　公路货运周转量占比变化趋势

资料来源：国家信息中心。

3. 经营性租赁市场占有率有待提升

商用车经营性租赁市场在欧美是比较成熟的，渗透率达到25%；与此相比，商用车经营性租赁在我国还属于新兴金融模式，渗透率不足1%。租赁模式可以在一定程度上消除货源、运价等波动带来的影响，可以进行风险分摊，结合租赁的方式灵活调整用车数量和租期安排。另外也可以减小政策给物流企业的货车资产配置带来的不确定性。因政策趋严，部分承运公司淘汰了大量车型，也实施了一些非理性的购车行为，带来资产错配和浪费。2020年，头部快递公司纷纷大规模购车，以应对1月1日开始实施的按轴（车）收费政策。全国开始实施黄标车淘汰、国Ⅲ排放标准车型淘汰，导致物流公司的用车成本不断飙升。经营性租赁模式下，物流企业只有车辆使用权，租赁期3～5年不等，能很好地规避政策带来的影响。2019年4月21日，国务院办公厅转发交通运输部等部门《关于加快道路货运行业转型升级、促进高质量发展意见的通知》，鼓励货车租赁、挂车共享与接驳甩挂。同时，物流公司开始向“轻资产”运营方向靠拢。未来物流企业对车辆管理解决方案的需求将会不断增加，经营性租赁作为车辆资产管理的一种方式，将会被越来越多的公司选择。

经营性租赁淘汰的二手商用车还面临诸多问题亟待解决，如流通企业整体规模偏小，二手车交易过程中信息不透明，缺乏金融服务支撑，再制造体系、售后服务体系缺失，配件供应体系有待完善，交易环境和设施都相对落后，整车企业对二手商用车的认证体系不完善，二手商用车评估体系有待建立，等等。

（三）企业端存在的问题及挑战

1. 盈利低，资金周转困难

汽车行业正处于传统领域向新兴领域过渡、跳转的时期，各企业为保证可持续、高质量发展，加大产品和技术研发、生产制造、营销推广等费用投入，同时人工成本逐年上涨，行业持续增长动能不足，企业净利润下滑，经营压力加大。

从资产负债率来看（见图7），2020年我国汽车制造业处于高位，亏损企业数量为3245家（见图8），也处于历史高位，在这个过程中，会有部分企业破产淘汰，行业将进一步整合，吸引优质资产进入，推动我国汽车工业做大做强。

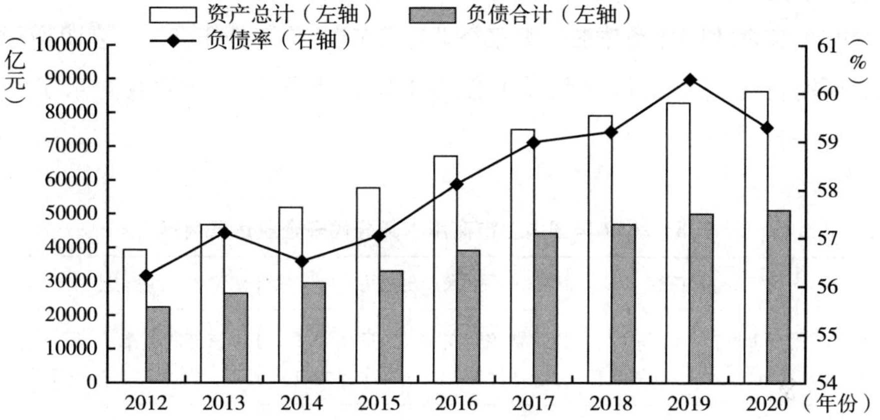

图7　我国汽车制造业资产负债变化

注：含乘用车企业。
资料来源：国家统计局。

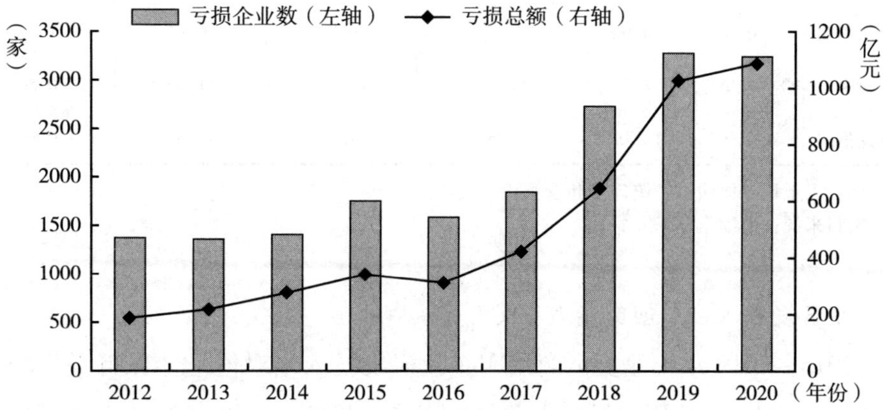

图8　我国汽车制造业亏损企业数量及亏损额

注：含乘用车企业。
资料来源：国家统计局。

从利润总额看，2019 年以商用车业务为主的 7 家上市企业中的 4 家企业同比负增长（见表 8），重汽、庆铃汽车、金龙集团利润总额同比降幅均在 10% 以上；从投入产出能力看，2019 年 7 家上市企业中出现 1 家企业同比负增长，5 家企业成本费用利润率在 7% 以下，反映出我国上市商用车企业将成本费用转化为利润的能力不足；从盈利能力看，2019 年 7 家上市企业中有 5 家企业同比负增长，4 家企业净资产收益率低于 7%，表明商用车企业运用自有资本获得净收益的能力下降，为股东创造的收益水平相对有限。

表 8　2019 年国内上市商用车部分代表企业运营情况

企业	利润总额		投入产出能力		盈利能力	
	本期（亿元）	同比（%）	成本费用利润率（%）	同比增长（个百分点）	净资产收益率（%）	同比增长（个百分点）
东风公司	638.8	-6.34	12.17	12.86	19.73	-2.00
江汽集团	0.6	—	0.13	-2.59	0.45	9.97
庆铃汽车	5.2	-14.43	6.21	6.68	4.58	-0.86
重汽	44.0	-32.45	3.98	6.26	10.71	-2.97
陕汽集团	6.8	49.00	0.93	0.72	4.95	1.43
宇通客车	41.9	2.74	12.63	12.65	11.52	-0.52
金龙集团	3.0	-12.19	1.60	1.80	4.89	-0.90

注：以上均以集团口径统计（包含乘用车板块）。
资料来源：中国汽车工业协会。

2. 研发投入低，创新能力不足

2015 ~2019 年行业上市商用车企业研发投入绝对值总体保持平稳增长态势（见表 9）。从研发投入占营收比例看，2015 ~2019 年行业上市商用车企业研发投入占比多数在 5% 以下。

表 9　2015～2019 年我国上市商用车部分代表企业研发投入情况

单位：亿元，%

企业	2015 年		2016 年		2017 年		2018 年		2019 年	
	研发投入	研发投入占营收比例	研发投入	研发投入占营收比例	研发投入	研发投入占营收比例	研发投入	研发投入占营收比例	研发投入	研发投入占营收比例
北汽福田	22.3	6.58	25.5	5.49	23.8	4.62	26.4	6.43	17.2	3.66
江铃汽车	18.3	7.46	19.4	7.27	20.5	6.56	17.3	6.14	19.4	6.64
东风股份	6.4	3.79	6.5	4.06	6.1	3.34	4.9	3.41	4.8	3.58
重汽	2.8	1.45	2.9	1.37	2.0	0.53	1.9	0.47	2.3	0.58
宇通客车	12.3	3.94	14.5	4.07	15.0	4.51	18.6	5.87	17.7	5.82
厦门金龙	6.2	2.32	6.0	2.74	6.2	3.52	6.6	3.63	6.9	3.87
中通客车	2.4	3.14	3.2	3.48	2.9	3.71	2.8	4.58	3.1	4.53
安凯客车	1.2	2.90	1.5	3.25	1.4	2.59	1.2	3.97	1.0	3.02

注：东风股份主营轻型商用车产品。

资料来源：上市公司年报。

虽然经过几十年的发展，中国品牌商用车企业仍存在整体研发创新能力不足、突破核心技术能力薄弱的缺陷。一方面产品同质化竞争严重，企业盈利能力低，导致企业对产品研发投入少；另一方面商用车零部件产业集群空间分布不集中，未形成整车配套的优势和产生专业化集聚效应，使得企业利润下降，进一步影响企业对产品研发的投入。商用车企业极易陷入“研发投入低—产品同质化—价格战—利润低—研发投入低”的恶性循环。同时，商用车零部件企业研发投入持续性差，整车协同开发能力弱。商用车整车及零部件协同创新开发处于初级阶段，整车及零部件企业协同开发与合作交流不足。商用车整车开发所要求的技术、品质不断升级，缺乏对零部件企业的有效的引导和支持，导致零部件企业技术滞后无法满足整车企业发展需求。商用车整车企业与零部件企业之间的配套关系不稳定，处于弱势地位的零部件供应商缺乏持续投入研发的动力和信心。

3. 自动化制造水平低，智能制造待建立

商用车自动化、智能化水平较低，驾驶室的焊装、喷涂采用自动化技术较多，但总装仍然主要靠人工。生产不均衡，存在较大的波峰波谷状态，造成人员的数量和技能水平极不稳定，工人队伍的技能状态很难适应长远的规划要求，产品制造质量状态不稳定。产品种类多、结构变化大，生产效率低，现场组织难度加大。新能源车、智能车的生产、试制、试验、检测等设备设施投入滞后，工艺技术人员能力不足，培养机制缺乏，严重影响了新能源车及智能车的技术进步。

4. 营销服务创新不足，缺乏价值驱动的商业模式

当前，中国商用车领先企业在营销领域的创新多倾向于通过电商化、数字化等手段，实现品牌线上传播声量的放大和销售线索的引流转化，意在提高新车销售和售后维保的客户价值点。但总体上，新车销售和售后维保的客户价值实现度不高，仅覆盖了客户全生命价值点的一部分，仍有待深入推进品牌传播、产品体验、二手车、汽车金融、数字化消费、移动出行等众多价值点的营销创新。通过与发达国家汽车产业价值链对标（见图 9、图 10）我国在汽车金融、售后维修、二手车等方面有待提升。

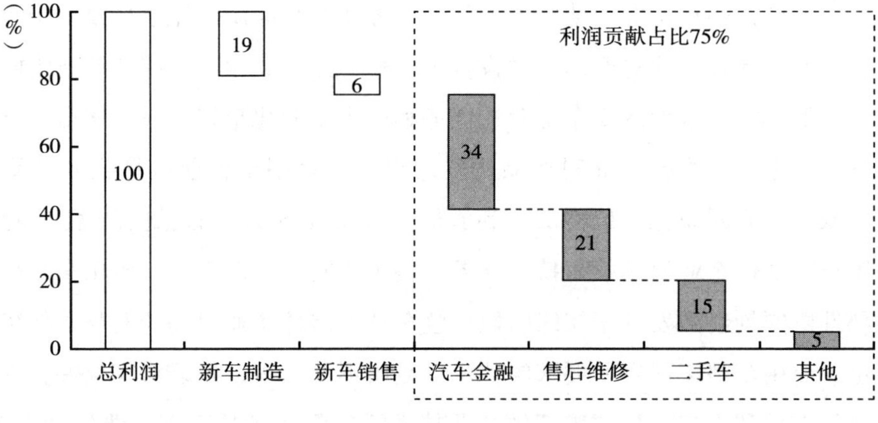

图 9　发达国家汽车产业利润分布

未来，商用车企业需加快通过升级客户、升级渠道、升级产品三大战略，实现从“销售产品”向“经营客户价值”的营销模式转变。其中，升级客户战略强调构建基于价值驱动的客户生态运营能力，涵盖品牌体系内的核心客户与品牌体系外的潜在客户（竞争对手、供应商、互补品等）；升级

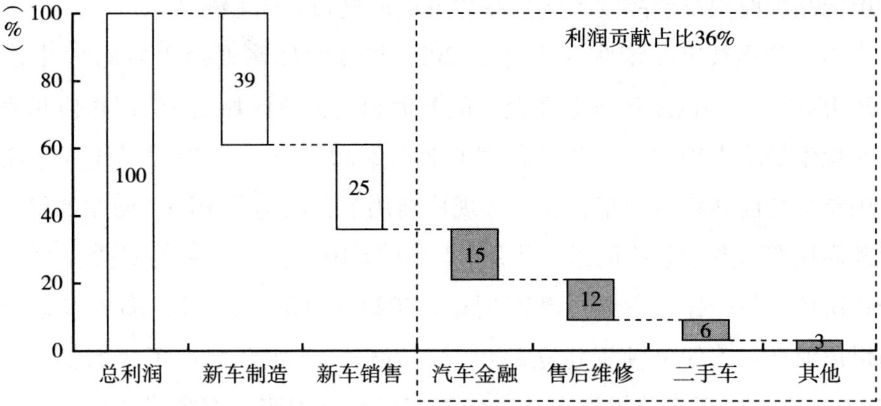

图 10　中国汽车产业利润分布

资料来源：公开资料整理。

渠道战略是指整体上传统经销商体系亟须改造升级，尤其是开拓线上经营渠道，形成全渠道的网络覆盖能力，以充分满足客户的产品需求和服务需求；升级产品战略是指从工程技术视角打造汽车转变为更多基于最佳客户体验的产品竞争。

（四）产品端存在的问题及挑战

1. 行业资源整合不够，阻碍产品创新进度

行业资源整合不够，高校、科研、企业缺乏产学研用合作，企业看重与销量有关的技术应用，对基础研究和关键技术的重视和投入不足。企业间的合作和共享渠道不畅通，缺乏技术交流、共创、共享，新技术获取速度慢、途径少、费用高等，一定程度上阻碍了产品创新速度。在市场增长乏力，新技术、新产品快速发展阶段，中国品牌商用车必将形成技术共创、共享的开发机制。

2. 面向国际化竞争，新技术应用受阻

国内商用车市场竞争激烈，在运价连年下行的态势下，价格成为客户购车时的重要关注点，很多高品质的新技术、新材料、新工艺应用受阻，限制

了中国品牌商用车产品技术向高端化发展的进程。

面对股比放开，沃尔沃卡车在2020年度媒体沟通会上宣布“中国自2020年起将成为沃尔沃卡车在全球的五大独立销售区域之一”，并公开表示正在探索加速中国本土化生产的可行性。2020年3月，韩国现代宣布成立中国首个外商独资商用车企业——现代商用车，明确了中国市场在现代汽车全球商用车事业中发挥的重要作用。2020年10月，比亚迪与日野正式签署合资协议，将合作开发纯电动商用车。2020年11月28日，瑞典卡车企业斯堪尼亚在江苏如皋独资建立的年产5万辆重卡生产基地正式揭幕。2020年12月2日，福田戴姆勒在北京怀柔工厂生产国产化梅赛德斯—奔驰品牌重卡的计划正式落地。

海外企业国内独资、合资建厂，使得国内市场国际化的竞争格局即将形成。行业人士分析认为，短期内外资品牌的进入并不会对中国品牌商用车企业造成严重冲击，但外资品牌抢占中高端市场，将对中国企业高端化发展形成较大的挑战。

3. 技术创新不足，关键核心技术掌控少

技术创新正在发力，由于企业研发投入不足，缺少研发人员及国际顶尖研发领军人才，缺乏技术经验积累，能力有待提升，关键核心技术需要突破。

柴油发动机电控系统及集成式后处理系统研发能力有待提升，在柴油机电控系统方面，仍严重依赖国际供应商的技术和产品支持，柴油机集成式后处理系统方面，核心技术被国际公司垄断。

缺乏燃料电池电芯和双极板技术、氢动力发动机的研发技术、混合动力的整车驱动及热管理控制技术、制动能量回收控制技术。

智能车的自动驾驶软件、感知、融合及规划算法，人机交互系统，一体化解决方案；基于5G的智能车路协同平台架构，5G基站与北斗基站共站地址的电磁兼容等关键技术；高精度定位系统，全天候、全覆盖的交通环境多元异构的融合感知系统；车载环境感知系统，车辆自主感知与智能决策技术等都亟待突破。

四　中重型载货车发展目标及路径

（一）发展目标

坚持创新、绿色、高质量发展，2030 年中重型载货车行业将全面迈入世界领先行列。

1. 加强全产业链自主创新，构建安全可靠的供应链体系

在未来汽车“新四化”发展的重大机遇下，汽车产业链将围绕电动化、智能化进行创新发展，努力攻克核心技术，破解“卡脖子”难题，加速产业间跨界融合，抢抓发展机遇。

构建安全、可靠的供应链体系的核心问题是加速发展零部件产业，补短板、强长板，推动其向价值链中高端环节迈进。商用车产业创新体系不断完善，企业创新能力明显增强。到 2025 年，核心零部件国产化水平大幅提升，在部分关键核心零部件技术领域具备较强的国际竞争力；到 2030 年，形成若干家在各自领域进入全球前十的中重型载货车零部件企业集团，中重型载货车产品竞争力达到世界一流。

2. 智能化基础上的新型产业生态基本形成

随着互联网的快速发展，中国商用车企业早已脱离粗放式发展阶段，实现从产品供应商向物流解决方案提供商角色的转变。在商用车企业股比放开后，国内企业需完成从传统生产制造到客户服务一体化的智能转型，实现“人、车、路”的智能互联和数据共享，形成商用车与信息技术、智能交通、能源、环保等融合发展的新型商用车智慧生态体系。到 2025 年，重点产业领域全面实现智能化，自动驾驶在特定场景商业化；到 2030 年，重点产业领域智能化达到国际一流水平，后市场及服务业在价值链中的比例达到 55% 以上。

3. 坚持绿色转型，实现可持续发展

为响应国家 2030 年实现碳达峰、2060 年实现碳中和的战略目标，在《节能与新能源汽车技术路线图 2.0》中，汽车行业提出力争于 2028 年前后

提前达到峰值，到2035年排放总量较峰值下降20%以上。这就要求汽车产业必须进行绿色转型，加大新能源产品开发力度，同时要求企业“绿色制造、绿色经营”，走可持续发展道路。到2025年，整车及零部件生产制造基本实现生产环节绿色化，实现碳达峰，到2030年，全产业链实现碳达峰。

4. 产品需具备国际竞争力，发达国家市占率超过5%

我国中重型载货车产品基于“一带一路”建设，逐渐进入了“一带一路”沿线国家的商用车市场，提升了国内商用车品牌的全球影响力，但仍需提高在发达国家的市场占有率。国内商用车企业需统筹利用国内外优质资源，形成从技术到资本、营销、品牌等多元化、深层次的合作模式，进而提升中重型载货车产品国际竞争力，同时显著提升企业国际化经营能力。到2025年，中国品牌的全球影响力将进一步提升，产品实现批量进入发达国家市场。到2030年，中国品牌在欧美等发达国家的市场占有率达到5%以上。

5. 提升中重型载货车产品品牌价值，打造世界一流企业集团

中重型载货车产品的品质明显提升，产品美誉度、品牌认可度及国际影响力显著提高，形成具有较强国际竞争力的品牌和企业集团，在全球产业分工和价值链中的地位明显提升，在新能源中重型载货车领域形成全球创新引领能力。到2025年，打造1家世界知名品牌，企业集团营业收入、利润等指标进入世界前三；到2030年，打造2~3家世界知名品牌，成为世界一流企业。

（二）实现路径

1. 政策方面

（1）政策推动经济转型升级，带动汽车行业发展

政府相继出台汽车产业中长期发展规划、智能汽车创新发展战略、新能源汽车产业规划等重大政策与法规，明确提出汽车强国战略，以新能源和智能网联为突破口，实现创新驱动发展。

（2）推进交通运输供给侧结构性改革，加快物流行业转型升级

国Ⅲ及以下老旧柴油货车淘汰加快，二手车交易及出口业务快速发展。排放及燃油限值法规升级加速将迫使企业加大技术研发投入，倒逼产业升

级。推动大宗货物运输“公转铁、公转水”，提升铁路、水路运输能力，促进全社会物流效率提升，促进降本增效，实现“物流大国”向“物流强国”转变。深化收费公路制度改革，取消省界收费站，大力推广ETC，全面执行按轴收费，这将影响车辆特性及结构需求。治超治限常态化、严格化，推动行业更新置换和车型合规化。

（3）创新驱动，掌握关键核心技术

随着国Ⅵ排放标准全面实施，企业向电动化、智能化、网联化、共享化方向发展，为此，掌握关键核心技术迫在眉睫。国Ⅵ系统关键核心部件如后处理器、尿素喷嘴总成、颗粒物传感器等都采用国际供应商产品，国Ⅵ燃料供给系统中的喷油泵、高压油轨、喷油器等均采用国际供应商产品。ESC和AEBS安全法规所涉及芯片都被国际供应商垄断。中国混合动力技术刚刚起步，整车驱动及热管理控制、制动能量回收控制、整车动力电池及电机控制等缺少自主电控技术。自动驾驶软件平台技术、车路协同系统技术、车载环境感知系统技术都亟待突破。这些“卡脖子”技术导致采购成本高、供应链紧张或断货风险等严重问题，制约了中国品牌商用车高质量发展。这些技术“要不来”“买不来”“讨不来”，唯一的出路是企业加大技术投入，吸引领军人才，勇于创新，上下求索，久久为功，不断突破，掌握关键核心技术。

2. 产业方面

（1）推进产业加速整合

随着生产一致性管理日益严格，企业必然依法合规经营，同时安全、环保、节能法规标准持续升级，商用车产业准入门槛大幅提升。新冠肺炎疫情存在不确定性和复杂性，技术壁垒增加，全球供应链风险加大。我国构建以国内大循环为主体、国内国际双循环相互促进的新发展格局，需要突破“卡脖子”技术，电动化、智能化、网联化、共享化是技术发展方向，竞争发展需要企业提高效率和降低成本，数字化转型是必然趋势。传统核心业务利润率出现结构性下滑，新兴领域需要大量持续性投资，企业成本压力飞速上升，需要通过规模化摊平研发成本，推动技术和规模领先企业发展，优胜劣汰、适者生存是客观规律。未来产业的集中度将进一步提高，单一工厂年生产规模在 2 万辆以下的传统企业的经营越来越难，将被整合或转型退出。比如，中国中重型载货车现有产能远大于 100 万 ~ 130 万辆年市场需求，产能过剩现象突出。

整合各种资源优势，采用“产学研用”相结合的方式，重点支持汽车电子和控制软件、新材料新工艺等领域的技术开发，形成国家、行业和企业的多级技术研发平台；大力发展新能源及节能、智能网联等领域的科技企业，形成形式多样化、投资主体多元化、管理服务网络化的科技体系；国家投资或组织骨干企业联合行动，构建多种形式的联盟，开展共性技术或产品的联合攻关。充分借鉴大众与福特合作开发皮卡、奔驰与沃尔沃成立合资公司开发燃料电池（沃尔沃斥资 6 亿欧元认购新合资公司的股份，戴姆勒方面则将现有的燃料电池研发团队全部整合到新的合资公司，双方将各占 50% 的股份，联手开发氢燃料电池系统）等模式，有效节约双方的研发成本。

（2）降本增效，创新发展，引领物流行业高质量发展

国家政策引导及物流基础建设带动整个物流行业向智能高效、绿色环保方向发展。智能网联等新技术应用到物流各环节，货物组织效率提升，对车辆运输效率及完好率提出更高要求。

（3）产品向高端化发展

随着国家物流枢纽的完善，高速公路按车（轴）收费实施，车辆通行效率提升，高速公路上平均车速提升，全社会物流效率将显著提升，对商用车性能和品质的要求也将更高，促进商用车向高端化发展；国内商用车客户结构发生变化，“80 后”“90 后”“00 后”成为驾驶员主体，对高品质车辆的需求提升；同时随着国家运输结构调整，持续推进“公转铁、公转水”，部分中低端商用车将被淘汰，高端物流载货车和专用车的市场将稳步增长。

3. 企业方面

（1）实施数字化转型

“十四五”期间需持续推进企业业务、产品、管理等的全面数字化转

型。制定数据标准、质量、元数据、安全、运营及服务等管理规定和工作指引，初步形成数据治理相关制度，满足基本的数据决策和业务系统需求。持续整合内外部数据资源，实现更大范围内的数据共享和业务协同，最终实现通过数据提升业务，拓展新业务，构建新业态。

（2）上下游协同，跨界合作

物流产业链上下游协同，跨界合作，为客户打造“一站式”智慧物流解决方案。不同应用场景下的定制化应用解决方案呈多元化发展趋势；开放合作+资源协同，衍生“智慧车辆和智慧物流服务平台”新模式，推动物流行业从分散走向集约。

（3）打造国际一流品牌

面对国际化竞争，继续巩固和强化需求把握精准、成本控制细致、产品定制灵活、渠道覆盖全面等优势。重点是开展自主创新，持续提升产品竞争力，打造高品质产品，抢占高端市场，打造中国制造品牌。电动化、智能化、网联化、共享化是汽车行业发展的方向，中国的环境更有利于“新四化”发展，要把握机遇，突破技术瓶颈，快速实现能源转型、智慧转型、数字化转型。营造开放合作环境，借鉴先进的经验，在技术、产品、生态等方面进行合作，与合作伙伴一起实现可持续发展和共赢。

（4）坚持绿色发展

为满足国家2030年碳达峰、2060年碳中和的战略目标要求，坚持绿色发展是国家的五大发展理念之一。商用车排放作为污染源之一，中国品牌商用车企业责无旁贷，应当率先示范加快绿色发展。

带头严格执行国家排放标准，开发应用环保材料，加大产品技术投入，持续推进节能减排，使柴油机热效率提升到接近50%，提高NG车产销比例，大力发展新能源车，纯电动、混合动力、燃料电池三条技术路线并举，探索多种商业模式。利用车联网加强生态创新，打造绿色生态。

加快制造技术创新，优化工艺，提升物流效率，提高劳动生产率，淘汰落后产能，发展智能制造，建设绿色智能工厂。

（5）全面深化改革

全面深化改革是国家四个全面战略布局之一，《国企改革三年行动方案（2020—2022 年）》明确了国企改革的目标、时间表、路线图，明确了国有企业市场化改革方向——建立现代企业制度。应坚持机构能增能减、干部能上能下、员工能进能出、收入能多能少的改革原则。中国品牌商用车国内竞争国际化，应加快“走出去”步伐，进行现有体制机制改革，使管理制度与国际接轨。攻克“卡脖子”技术，鼓励创新，激发活力，释放潜能，调动企业积极性和创造性，增强企业员工使命感、责任感，撸起袖子加油干，为企业做出新的更大的贡献，促进中国商用车行业高质量发展。

B.3
轻型载货车发展报告

摘　要：本报告介绍了2020年我国轻型载货车发展情况，阐述了轻型载货车市场发展现状及其存在的问题，综合分析了轻型载货车发展趋势及影响因素，提出了“十四五”期间轻型载货车发展根本路径是以创新为基因的核心能力建设，并从生产能力、数字化转型、产业生态圈、产业链升级等方面发力。

关键词：轻型载货车　产品结构　市场发展

一　轻型载货车发展现状

（一）市场稳中有增

2020 年中国汽车市场持续复苏，消费需求稳步增加，龙头企业业绩向好，轻卡市场呈爆发式增长。2020 年作为国务院《打赢蓝天保卫战三年行动计划》的收官之年，大量国Ⅲ车被淘汰，以及受到基建投资增长和国Ⅵ升级等因素的影响，我国卡车市场销量继续保持增长趋势。轻型载货车是货车市场最大的细分领域，在货车市场中的地位举足轻重。国内电商快递物流和冷链运输快速发展，国家取消低速货车产品类别，加上取消蓝牌车营运证、轻卡下乡优惠等多重利好政策出台，轻型载货车市场需求不断增加，轻卡销量平稳增长（见图 1）。

1. 政策环境引发产品升级和结构调整

2020 年，我国纯轻卡（LDT）销售 163.9 万辆，同比增长 23.8%，

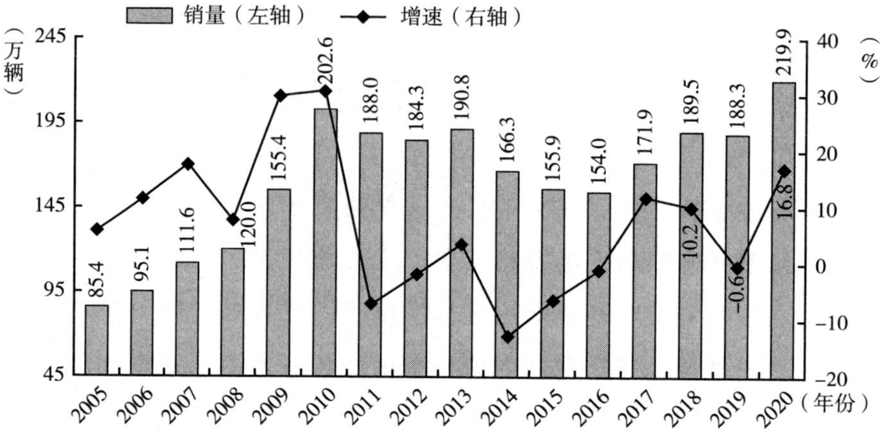

图 1　2005～2020 年中国轻型载货车销量

资料来源：根据中国汽车工业协会数据整理。

为近年最高水平。2019 年 1 月，国家发改委表示，将落实对国Ⅲ及老旧车辆置换的用户给予适当补贴等政策。交通部发布的信息显示，京津冀及周边地区、汾渭平原到 2020 年已淘汰国Ⅲ及以下排放标准的运营货车近 40 万辆。各地对国Ⅲ淘汰补贴时间制定明确的期限，国Ⅲ淘汰加快，国Ⅳ限行，全国有多省区市（如浙江宁波、上海、江苏南京、陕西西安、山西太原、海南省等）的国Ⅲ淘汰补贴政策都于 2020 年底到期，2020 年新的购车需求增加。2017～2020 年轻型载货车在政策、消费升级等因素的拉动下，销量快速增长。2019 年，受蓝牌轻型载货车“大吨小标”问题专项治理的影响，治超力度加大，客户转而购买合规和标载合规的轻卡车辆，促使轻卡存量和增量市场的双向增长。2020 年疫情防控形势向好，电商物流、邮政快递业务快速增长，轻卡车辆的需求增加，疫苗等运力需求的增加也致使冷链车市场需求猛增。国内经济迅速恢复，汽车市场产销自 2020 年二季度开始持续快速增长。2020 年，LCV 市场由农用车升级换购和电商物流、公路货运、冷链配送等因素拉动，销量同比增长 14.8%。

表1　2020年LCV市场销量情况

单位：千辆，%

项目	销量		同比增速
	2020年	2019年	
LCV合计	2543	2216	14.8
轻卡	2199	1883	16.8
轻客	344	333	3.5

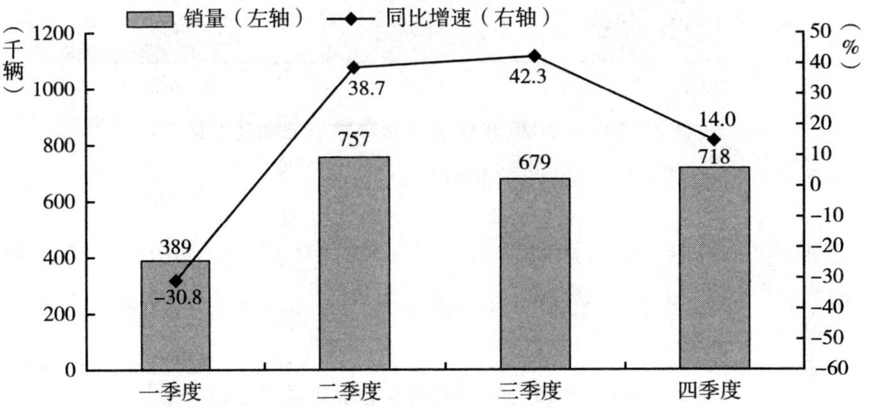

图2　2020年LCV市场销量情况

资料来源：根据中国汽车工业协会数据整理。

轻型载货车主要适用于城市内部以及城乡之间的物流运输，尤其是部分物流业务量大的大城市和特大城市。轻卡的每日平均运距在200公里以内。随着近年社区电商、社区生鲜的发展，“最后一公里”运输增多；轻卡运距比较短，6米以上车型运力稍有富余，4.5米以下车型空间则略显狭小。目前市场上4.5~6米轻卡车型性价比较高。

2020年皮卡市场在经济下行的环境中逆流而上，随着多地陆续松绑皮卡政策，加上众多车企在皮卡产品创新和汰换方面的集中发力，2020年皮卡销量展现出一片向好的局面（见图3）。

2. 行业集中度持续提升

2020年，轻型载货车市场中，北汽福田稳居第一，东风汽车、长城汽

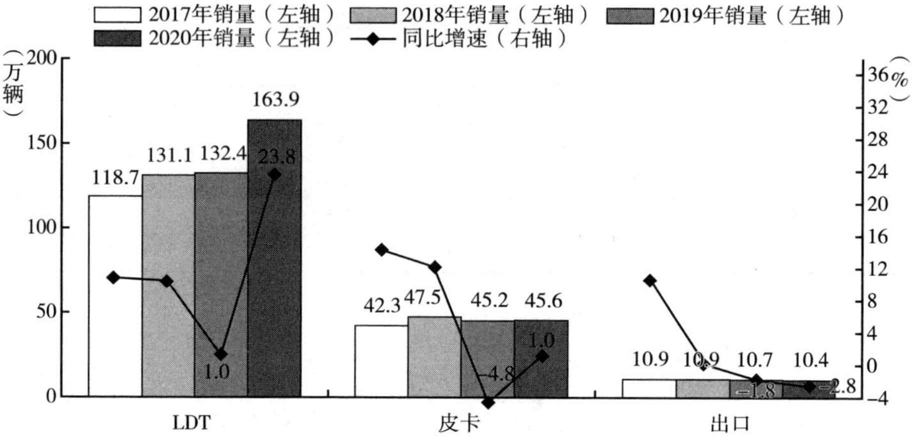

图3 2017~2020年轻型载货车市场结构及变化

资料来源：根据中国汽车工业协会数据整理。

车、江淮汽车、江铃汽车分列第二至第五位，TOP5和TOP10份额分别达58.8%、84.7%，集中度较上年进一步提升（见表2）。

表2 2019~2020年轻型载货车企业销量和份额变化

企业	销量(辆)		增长率(%)	份额(%)		同比增长(个百分点)
	2020年	2019年		2020年	2019年	
北汽福田	432087	364713	18.5	19.7	19.4	0.3
东风汽车	229275	195096	17.5	10.4	10.4	0.1
长城汽车	225002	148830	51.2	10.2	7.9	2.3
江淮汽车	213212	192809	10.6	9.7	10.2	-0.5
江铃汽车	192425	155451	23.8	8.8	8.3	0.5
TOP5小计	1292001	1056899	22.2	58.8	56.1	2.7
重庆长安	182067	210007	-13.3	8.3	11.2	-2.9
中国重汽	170278	95473	78.4	7.7	5.1	2.7
一汽集团	94419	65523	44.1	4.3	3.5	0.8
金杯汽车	71765	57461	24.9	2.4	3.1	-0.7
上汽	52000	33007	57.5	2.4	1.8	0.6
TOP10小计	1862530	1518370	22.7	84.7	80.6	4.1
其他小计	336218	364796	-7.8	15.3	19.4	-4.10

排前三企业中，北汽福田全年销售43.2万辆，同比增长18.5%，是唯一销量突破40万辆的企业。东风汽车销量跃居第二，连续12个月保持高速

增长，累计销售22.9万辆，同比增长17.5%，其主力车型多利卡、途逸等销量增速均跑赢大市。长城汽车销量也实现逆势向上。

3. 销售区域逐渐向头部市场集中

2020年轻卡主要流向山东、广东、河北、江苏、浙江、河南等经济或人口大省，山东、广东、河北居前三，TOP10市场份额接近七成，同比增加1.5个百分点，市场集中度进一步提高。

表3 2019~2020年轻卡TOP10区域市场份额排名

单位：%，个百分点

排名	区域	2020年市场份额	2019年市场份额	同比增长
1	山东	12.3	12.2	0.1
2	广东	10.9	10.7	0.2
3	河北	8.1	7.9	0.2
4	江苏	8.0	7.9	0.1
5	浙江	7.9	7.8	0.1
6	河南	7.4	7.1	0.3
7	安徽	4.9	4.6	0.3
8	湖北	3.8	3.9	-0.1
9	北京	3.2	3.0	0.2
10	四川	3.1	3.0	0.1
合计		69.6	68.1	1.5

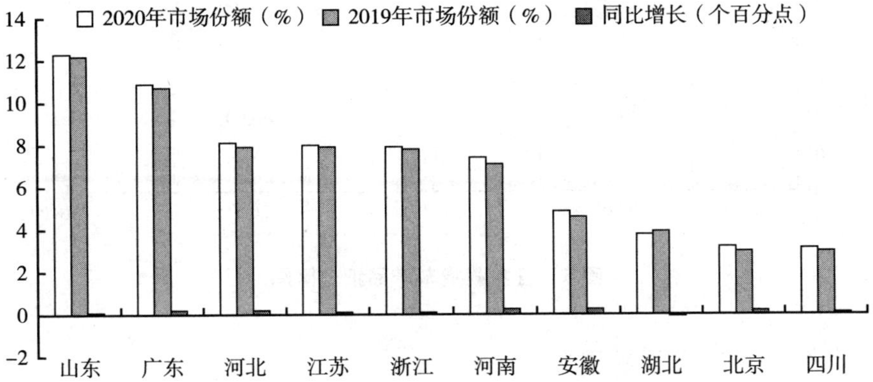

图4 2019~2020年轻卡TOP10区域市场份额排名

资料来源：保险数据。

（二）产品结构持续调整

1. 轻型载货车结构向两极化发展

2019 年上半年在“5·21”事件持续影响下，轻型载货车主流企业积极自查并严格按照国家相关法规标准对现有产品进行轻量化和合规化处理。各地车管所严查重载车型“大吨小标”以及非法改装，过去几年备受欢迎的蓝牌 825 车型面临上路和年检的困境。同时伴随货车 ETC 在全国范围内的加速推广与新版货车高速收费标准的发布，传统蓝牌重载货车向轻量化标载轻型载货车（取代重载车型，运力下滑，需求量增加）与 16t/18t 黄牌中卡两个方向转移。在此情况下，2020 年国内 N2 和 N3 类车辆销量增长形势更好，分别增长 33.12% 和 30.6%，多用途货车（皮卡）和 N1 类车型（含微卡和小卡）增幅略小，各类车型占比出现明显变化，N2 类份额增加 4.43 个百分点，N3 类份额增加 0.57 个百分点，N1 类车型受微型载货车下滑影响份额下降幅度较大。

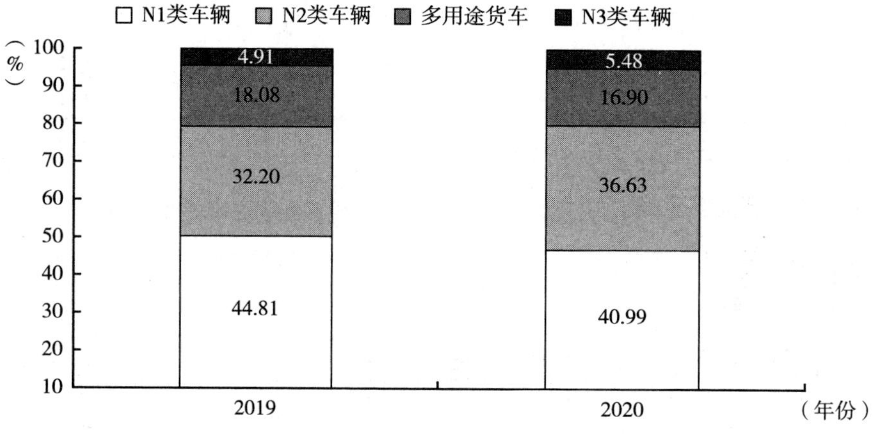

图 5　各类载货车产品细分区隔

2. 欧系大 VAN 持续增长

2020 年欧系轻客销量及其同比增幅为近年最高。城市配送用户对车辆要求提高，对过去使用的老旧客货两用 MPV、微型车以及日系窄体轻客等产品进行了更新换代，欧系宽体轻客成为换代购车的重要选项。国Ⅲ柴油车淘汰行动加速了2020年欧系宽体轻客市场增长。2020年初突发的疫情使得各地医疗救护车和负压救护车的订单大增，成为2020年欧系轻客销量增长的重要因素。新增的个体创业者、地摊经济和小店经济则刺激了客货两用、能载人载物的多用途欧系轻客销量增长。同时，受高铁等竞争，很多大中型客运公司纷纷转型，将大车改小车。从2020年初起，车长6米以下的8～9座轻客高速公路收费标准由二类车改为一类车，运营成本大幅下降，刺激了公路客运领域购买更多的欧系轻客车辆。同时欧系大VAN更符合453号法规，安全性更强，在上牌等方面更便利，因此客户购车时会优先考虑购买欧系宽体轻客，其抢占部分日系轻客市场份额，推动2020年欧系大VAN销量增长。

3. 自动挡产品加快推进

近几年随着自动挡技术逐步成熟、质量可靠性大幅提升，其成本也有较大幅度的降低，再结合当前物流效率提升的需求持续增加，自动挡应用环境也已完全形成，因此自动挡产品快速在商用车型上应用，如2020年自动挡重卡占重型商用车的比重从2019年的0.67%飙升到2020年的3%。

轻型载货车企业特别是中轻卡企业，紧跟重型商用车自动挡的发展趋势，尤其是头部轻型载货车企业以及行业领先变速器供应商基于技术实力、创新能力，已经完成了技术和产品的研发和布局及其商品化，为未来发展打下了较好的基础。

4. 新能源化探索中发展

目前新能源轻卡市场主要集中在二线以上城市，终端用户直接购买新能源轻卡的占比较小，运营商消化了新能源轻卡市场大部分的销量。财政部等四部委在2020年4月发布《关于完善新能源汽车推广应用财政补贴政策的通知》，将新能源国家补贴政策延期至2022年。对于符合要求的城市物流配送新能源车辆，2020年补贴标准不退坡。目前国家宏观层面的政策覆盖从购买到使用等多个环节，随着政策的落地实施，未来纯电动轻卡市场也将会同步放量。

由于环保及交通压力，各大城市都严格限制货车在市区内的通行时间，这给在市区从事物流配送的轻卡用户带来极大不便，而货车通行证也成为最稀缺的资源。2019 年，北京市政府办公厅发布的《北京市新能源物流配送车辆优先通行工作实施方案》明确，为贯彻落实《北京市打赢蓝天保卫战三年行动计划》中关于“到 2020 年，办理货车通行证的轻型物流配送车辆（4.5t 以下）基本为电动车”的部署，实现“到 2020 年底，除冷链和危险品运输车辆外，通过办理货车通行证方式允许日间通行五环以内道路的 4.5t 以下轻型物流车中纯电动货车比例力争达到 90%”。从北京发布的政策可以看出，通过增加纯电动货车通行证数量、减少柴油货车通行证数量，北京城配 4.5t 以下轻卡车辆将全面实现电动化。同时，不排除类似的政策会得到其他重点城市的响应。对于城市管理者和城配车辆使用者来说，通过更换纯电动轻卡，可同时解决城市环保压力和车辆进城难的问题，未来或将有效解决货车城市通行难的痛点。

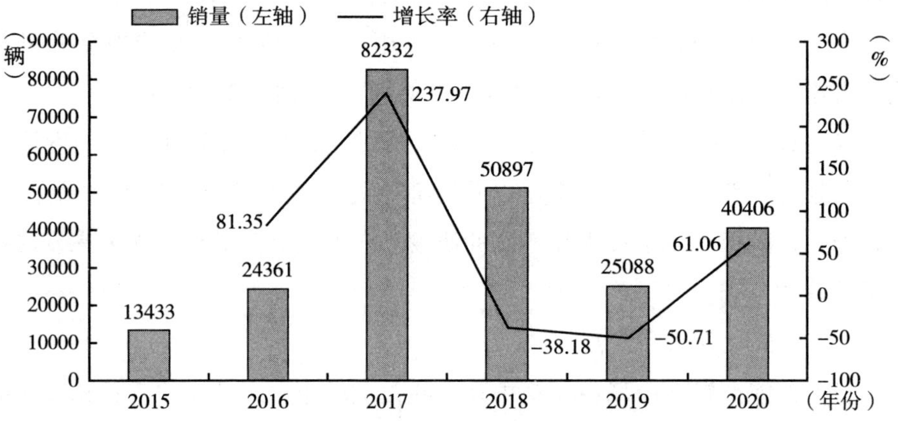

图 6 2015～2020 年新能源轻型车销量情况

（三）出口情况

1. 出口销量持续负增长

2020 年全球经济增速为 -4.4%，中国经济增速高于全球平均水平，

GDP 增长 2.3%。2020 年，我国轻型载货车共出口 10.4 万辆，出口量持续下降。2020 年全球疫情暴发，尤其是亚太地区、独联体国家疫情严重，导致轻型载货车需求量下降。本次疫情导致发展中国家、新兴经济体的经济呈现下行趋势，且菲律宾、越南、智利、巴基斯坦等国家都采取了不同的封锁措施，当地轻型物流行业的发展同样受到影响。同时，美元汇率不断贬值，各国家外汇压力大，加上原油、铜等原材料价格上涨，出口企业的总体成本增加，导致产品在出口终端市场的竞争力变弱。2020 年四季度以来，全球各地尤其是亚太地区的集装箱货运指数出现了 2 倍上涨，给整车和 KD 出口企业带来了巨大的成本增加压力。受疫情影响，外部需求下滑、企业生产成本上升、外部变动费用大幅上升等因来影响，相较于 2019 年，2020 年我国汽车出口形势更加严峻（见图 7）。

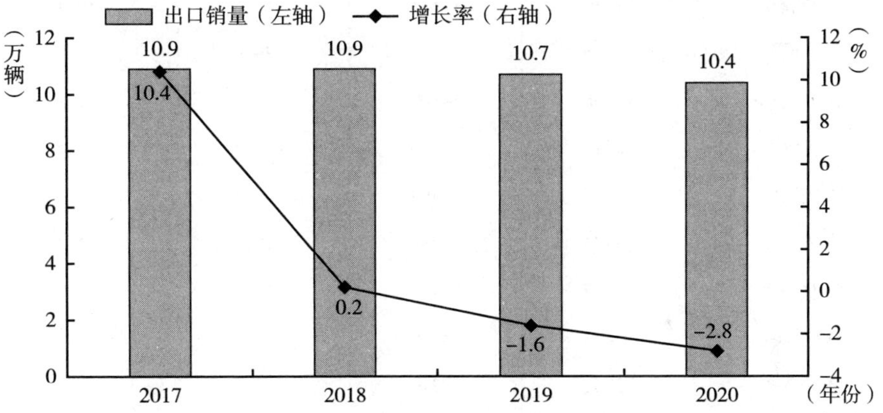

图 7　我国轻型载货车近年出口销量

资料来源：根据中国汽车工业协会数据整理。

2. 市场集中度提升

商用车行业竞争加剧，产业集中度不断提高。我国商用车市场结束高速增长态势，现有厂家众多，产能远大于市场需求，没有规模和技术优势的企业将逐步被淘汰，再加上国际竞争加剧等因素影响，促使行业集中度不断提高。

2020 年，轻型载货车出口份额主要集中在北汽福田、长城汽车、上汽、江淮汽车四家企业，约占 70%，集中度较 2019 年有所提升。受益于皮卡业务的长城汽车和深耕海外市场的上汽分别销售 1.99 万辆和 1.54 万辆，同比增长 12.8% 和 24.6%，表现优异。近年来轻卡行业的细分结构出现了变化，纯轻卡的比例相对下降，皮卡、小轻卡产品在轻型商用车出口产品序列中逐渐增加，同时轻卡产品的结构向 GVW 6 吨以下车型靠拢。

表 4　轻型载货车企业 2019 ~ 2020 年出口销量和份额变化

单位：辆，%

企业	2020 年销量	2019 年销量	同比增长	2020 年份额
北汽福田	22961	29104	-21.1	22.1
长城汽车	19880	17631	12.8	19.1
上汽	15415	12370	24.6	14.8
江淮汽车	14438	14109	2.3	13.9
江铃汽车	6749	7970	-15.3	6.5
重庆长安	4565	1493	205.8	4.4
东风汽车	4404	3980	10.7	4.2
河北中兴	4047	3468	16.7	3.9
江西昌河	3873	5239	-26.1	3.7
唐骏欧铃	2342	2210	6.0	2.3
山东凯马	1251	1119	11.8	1.2
金杯汽车	1116	491	127.3	1.1
上汽大通	878	238	268.9	0.8
一汽	606	419	44.6	0.6
以上小计	102525	99841	2.7	98.7
其他小计	1391	1505	-7.6	1.3

资料来源：根据中国汽车工业协会数据整理。

二　轻型载货车发展趋势

（一）影响因素

1. 宏观经济形势

2021 年是“十四五”规划的开局之年，国内政治环境稳定，以国内大循环为主体、国内国际双循环相互促进的新发展格局逐步形成，国内消费、投资市场潜力依然巨大，新经济、新业态、新模式不断涌现，新基建加快发展，人均可支配收入持续增长；传统的基建、地产投资对国内经济贡献边际下降，而以新型基础设施建设、新型城镇化建设和重大工程建设为代表的“两新一重”投资将显著促进经济发展。此外，区域集聚效应、协同效应日益明显，长三角、京津冀、粤港澳、成渝等区域一体化发展，将集聚新一轮发展动能。但受人口红利消失、居民负债高等不利影响，中国经济仍将面临诸多挑战。整体来看，我国经济迅速恢复并加速增长，这将利好国内商用车行业的发展。

2020 年全球经济受疫情影响出现停滞乃至负增长，虽已逐步恢复，但周期性回调趋势依然明显。此外，国际经济形势复杂多变，中美贸易摩擦影响深远，地缘政治博弈日益加剧，出口型经济受到部分抑制。短期内将对 LCV 市场总量造成一定的负面影响，轻型载货车市场由原来的高速发展期逐步进入成熟期（见图 8）。根据《交通强国建设纲要》，预计未来五年交通运输基础设施水平与公路货运量将呈现平稳增长态势。综合考虑经济发展、市场需求等因素，未来五年轻型载货车市场将会呈现较为稳定的发展态势，市场有一定增长空间，预计 2025 年轻型商用车市场销量将达到 250 万辆。

2. 政策环境

轻型载货车行业进入高质量发展阶段，政策、法规不断升级加严，一致性管理持续规范，对企业技术实力和上下游管理能力提出了新的要求。

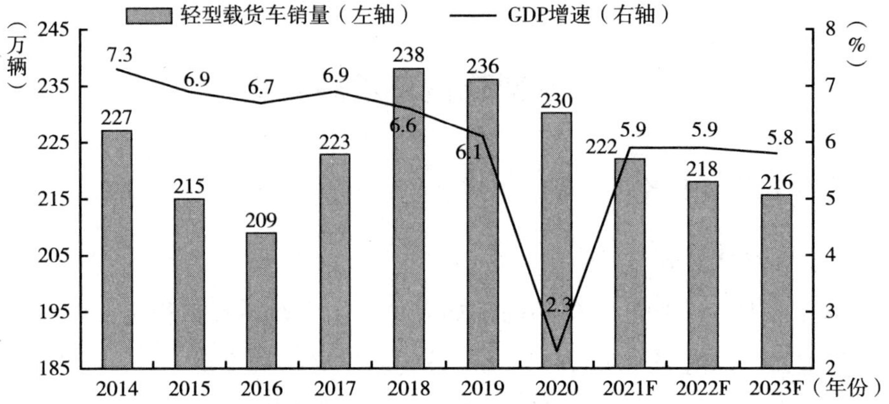

图 8　轻型载货车销量与 GDP 增速

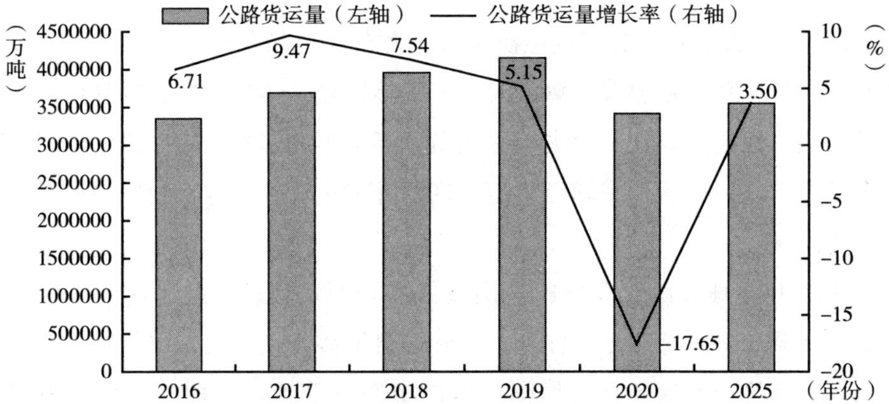

图 9　公路货运量及其增长率

资料来源：根据交通部数据整理及行业预测。

车辆一致性管理方面，一是上牌登记违规通报成常态，涉嫌违规通报车型调查、回复周期缩短，通报及时性和回复紧急性提高；二是注册登记核查加严，对销售车辆的防护、整备质量、车辆识别代号（VIN）等关键技术参数重点进行公告数据/照片的一致性、法规符合性校核。这些都对车企的生产一致性保障能力提出了更高的要求。

汽车排放方面标准升级加速引发上下游体系化管理难题，将成为行业整合的起点，载货车四阶段油耗限值将进一步加严，对企业技术实力要求越来越高。同时，新能源商用车积分政策也将带来新的挑战，预计2025年新能源商用车渗透率将大幅增长，传统燃油车性能加速提升成为传统车企必然的选择。

各项已实施或者准备实施的政策法规促使商用车行业产品结构调整，小卡、中卡和皮卡市场迎来利好，汽油机、清洁能源等细分市场潜力大，新能源商用车是未来行业发展趋势，除纯电动外，混动、氢动能等多种技术路线也将成为新的热点和竞争市场。

“十四五”时期，汽车行业技术不断推陈出新，5G+车联网推动物流业变革，商用车行业的商业模式也将不断创新，促进物流效率提升，对轻型商用车市场销量增长产生一定的抑制作用。

3. 国内消费与产业结构

2020年，国家与地方密集出台各项促进消费的政策，以提振国内消费市场，内需成为经济增长的主要动力，这将利好与居民消费密切相关的城市物流领域，尤其是快递快运、冷链物流的快速发展将带动货车市场的销量增长和结构调整。农村消费结构升级也将刺激物流业的发展。此外，汽车产业呈现结构性变化，服务业逐步超过工业成为驱动经济增长的主要动力，由此对城市物流及轻型载货车市场将是较大利好。

4. 城镇化率

“十四五”期间，我国将持续推进以人为核心的城镇化战略，以城市群、都市圈为依托促进大中小城市和小城镇协调联动、特色化发展，加快农业转移人口市民化，完善城镇化布局，全面提升城市品质，预计2025年常住人口城镇化率将达到65%。城镇化的加速以及城镇品质的提升，促使物流运输需求持续增长，对物流效率、成本提出更高的要求，物流业结构持续优化，而轻型载货车所承担的角色和任务也将发生变化，城际、城市、县域以及乡镇物流对货车的需求差异更加明显。

5. 人口老龄化

人口老龄化加速，劳动力供给持续下降。到2025年，预计我国60岁以上人口占比将达到20.5%，65岁以上人口占比将接近14.0%，劳动年龄人口将继续减少，比重下降至 61.5%。与之伴随的是，劳动力成本上升，居民储蓄率降低，养老、医疗等社会保障费用负担加重。货运司机生存压力加大，基于轻型货运行业物流效率的加速提升，企业将追求更具性价比的优势产品，寻求更具优势的金融服务，以提高盈利水平，并将产品全生命周期成本管理作为提升其竞争力的重要途径。

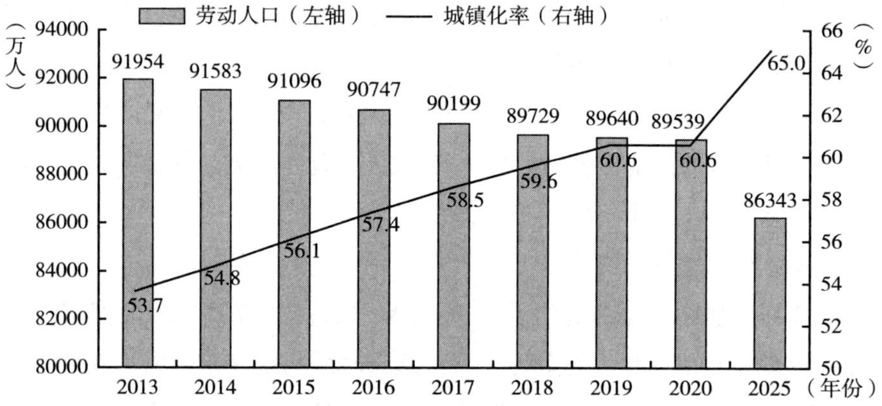

图 10　劳动人口与城镇化率

资料来源：根据历年统计公报预测。

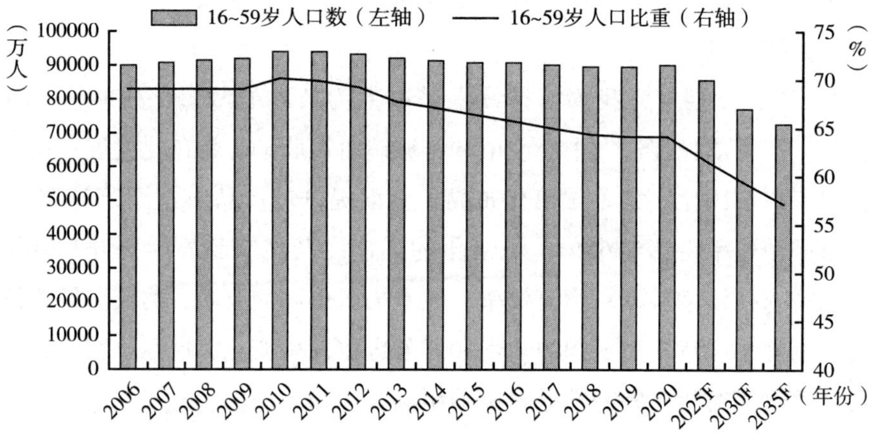

图 11　我国劳动年龄人口数量和比重变化趋势

资料来源：根据历年统计公报预测。

6. 公路货运量

人口老龄化加速，劳动力供给持续下降，运输效率提升趋势显现。2020年受疫情影响，公路货运量和公路货运周转量同比大幅下降，但下半年增长恢复，2021年受国内经济快速发展影响，货运量和货运周转量将持续增长，同时全球疫情得到有效防控后，进出口贸易将步入正轨，继续促进公路货运业的发展。

根据《交通强国建设纲要》，可以预见未来5年交通运输基础设施水平与公路货运量也将呈现平稳增长态势。

（二）发展趋势

1. 行业集中度将继续提升，车企间竞争加剧

随着排放法规升级、新能源汽车补贴的逐步退坡，政府部门对于“超载超限”治理的不断深入，以及市场竞争的持续加剧、线上营销的快速发展，轻型载货车市场对企业的技术水平、营销能力均提出了更高的要求。排名靠后的弱势企业具有较大劣势，在未来发展中将逐步被淘汰，而强势企业则可以借助相关优势不断提升市场占有率，“马太效应”日益明显，因此行业集中度仍将呈现继续提升的趋势。

商用车兼并重组再次成为风潮，外资股比放开，全球领先商用车企业加快本土化市场布局，使竞争进一步加剧。企业加大商用车领域的投入，如吉利收购唐骏和华菱星马，正式进军商用车行业，在吉利充足的资金优势下，唐骏的技术及资源劣势将获得弥补，具备了参与下一阶段竞争的实力，这将进一步加剧轻型载货车市场的竞争。

主要车企纷纷整合二手车、保险、金融、ETC、货源、备件等后市场，通过建立产业链战略联盟，增强价值链竞争力，实现盈利模式转型；技术水平、研发投入和资金实力等成为企业竞争的关键因素，模式创新将成为企业能否成功的核心因素，轻型载货车市场由原有的产品竞争逐步向综合实力竞争发展，竞争更加白热化。

2. 轻型商用车用车主体第三方化、平台化，购车集体化，用户组织化

（1）随着信息化的发展，第三方物流机构、物流平台快速发展，其不断采用更加科学的物流组织模式、先进的物流运营技术，使得物流效率持续提升，运价更加合理，并借此获取了大量的货运资源。与此相比，个体客户生存环境恶化，企业自备用车竞争力弱化，因此第三方供应链物流以及物流平台将逐步成为货源供应的主体。

（2）用户组织化趋势明显，个人用户将越来越多地依托物流公司或平台运营的同时，用户买车形式也将发生变化，个体出资购车的比例越来越小，通过物流公司或第三方进行团购的形式越来越多，平台公司将发挥更重要的作用。随着组织型客户和专业物流用户比例的增加，用户对车辆专属定制服务、个性化服务的需求明显增多。越来越多的用户需要厂家提供“选车支持服务”。

目前集中购车模式主要出现在以“服务”为本的全国性电商、快递、零担物流公司，如京东、顺丰、德邦。该类物流公司在一定时期内将有两种模式共存。

①外包 + 自营模式，企业在非关键环节采用外包模式，而在决定服务质量和品牌价值的关键环节则继续采用自营模式。

②物流社会化模式，部分强势物流企业和平台将自身较强的物流资源社会化，提升物流资源的盈利能力。

但不论采取何种模式，当集中购车能达成更低成本时，个人用户也将倾向于集中购车。

（3）伴随着第三方物流、平台物流成为货源供应的主体，个体客户面临的选择将大幅减少，只能采取以下措施继续从事物流行业，具体如下。

①加入物流公司，由物流公司提供货源，拥有更加固定的业务和稳定的收入。

②加入车队，相较于加入物流公司，更加灵活自由，同时也能抱团抵御市场风险。

③加入相关货运平台，由平台提供信息，车主提供运力，或货主通过平

台来满足其运货需求。

此外，整车企业以“租赁”的形式参与车辆运营的模式开始兴起，虽然在新能源领域遇到了一些问题和挑战，但随着这一模式逐步成熟，其将向多种车型渗透。

3. 用户需求加速升级

随着用户主体第三方化、平台化发展，轻型载货车产品使用强度大幅提升，对于产品的可靠性、网联化要求大幅度提升，同时对于购买价格的关注度则将有一定下降，转而更加关注 TCO 成本（全生命周期成本）。

随着年轻一代驾驶员群体占比的提升，新科技、新技术的吸引力将会显现，未来科技化配置也将伴随国家数字化战略的推进而进入普通购车用户的选择范围。尤其是在未来的 3～5 年，随着更多年轻用户加入物流行业，驾驶员对车辆的需求产生较大变化，更注重车辆品质和驾车体验，以便利化、人性化为特征的“车辆品质”诉求成为普遍需求，而以舒适、操纵简易等为特征的良好驾乘体验的产品需求将增加。伴随购车与用车群体的年轻化，用户对于新技术与智能化配置的接受度明显提升，特别是伴随着互联网原住民“90 后”成为主要的购车与用车群体，智能化、舒适化配置逐步成为各大整车企业和行业厂商技术储备和产品力提升的主要方向。

4. 车辆使用效率越来越高、强度越来越大

预计未来共同配送领域将继续扩大，配合共同配送的物流车辆效率也将越来越高。同时，先进物流企业的新技术、新管理经验也将大大提高物流车辆的运行效率。另外，夜间配送模式将持续发展，客观上使得物流效率进一步提升。

随着电商、快递的发展，以及城市限行政策的实施，未来城市的配送将向“小批量、高频次”方向发展，这在一定程度上导致车辆的使用强度越来越大。大中型城市陆续开始将物流中心向城市外环迁移，客观上导致物流车辆的每日运行里程增加，使用强度越来越大。

5. 应用场景更加细分，专业化诉求进一步提升

近年来，基于货主和购车用户对于物流效率的追求，不同细分市场在车

辆使用和车辆需求等方面均具有专业化的特征，应用场景差异更加明显，如高端城市物流客户偏好智能化、安全可靠的产品，仓库配送物流客户偏好高效、高性价比的产品，城乡物流客户偏好低成本、高性价比的产品等，因此，车辆的专业化将是未来重点发展方向。

城市配送业务的快速发展，将促进厢式车产品取代栏板车；治超持续加严，仓栅车持续向中重卡转化；轻卡自卸车与投资密切相关，呈现周期性变化，同时受“大吨小标”治理的影响，市场重心向中重卡转移；消费升级趋势持续，冷链产品市场持续增长。

各主流车企纷纷聚焦细分场景；各细分市场的需求不断变化调整，各车企不断调整产品策略，于变局中求发展，将满足不同用户的差异化需求作为提升自身竞争力的基本出发点，强调人、车、货、场的精准识别和匹配，基于用户思维的应用场景下的产品开发和推广将成为各车企构建核心竞争力的重要途径。

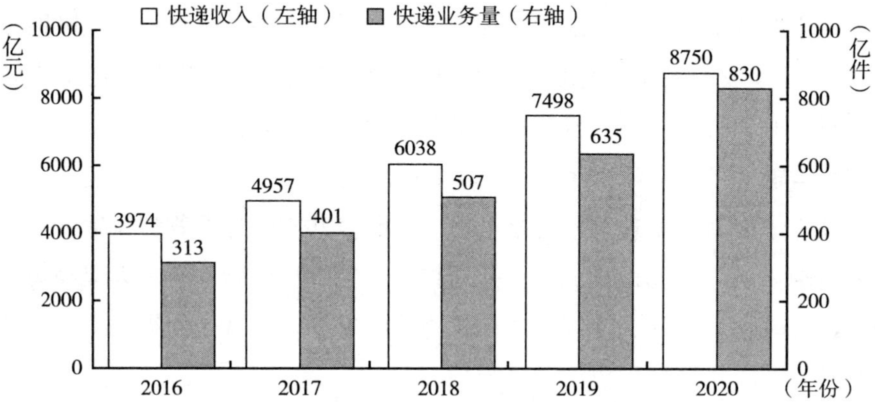

图12　快递业务增量趋势

资料来源：国家邮政总局数据。

6. 售后服务的现代化和标准化

随着集中购车的发展，整车销售价格进一步下滑，整车利润降低，促使整车企业将利润来源推后到售后服务领域。同时，随着物流公司和物流平台的兴起，车辆的使用强度大幅增加，将更加关注整车的TCO成本，使得车辆在使用过程中的保养和维护得以强化。这将推动轻型货车的售后服务向着现代化和标准化发展，不仅可以为整车企业带来更多的利润，也能提升车辆的运营效率、降低运营成本。

7. 物流运输新能源化

为减少城市污染、降低碳排放，政府大力支持新能源物流车发展。2020年11月国务院办公厅印发《新能源汽车产业发展规划（2021—2035年）》。规划明确要求，2021年起国家生态文明试验区、大气污染防治重点区域新增或更新公交、出租、物流配送等公共领域车辆，新能源汽车比例不低于80%。2020年底，新能源汽车补贴新政明确，2021年新能源汽车补贴标准在2020年基础上退坡20%，但为了推动公共交通等领域车辆电动化，城市物流配送等车辆补贴标准在2020年基础上只退坡10%。2021年2月，国家正式发文，明确支持城配货运市场使用新能源物流车。

同时，北京、郑州、苏州、重庆等地路权政策的出台，扩大了新能源商用车城市路权，增加了新能源商用车运行的便利性。在政策的支持下，各大车企顺势而为，扩大投资、持续申报新车、加速布局新能源物流车市场。

三　轻型载货车发展存在的问题

（一）企业运营效率低、盈利能力偏弱

2013年至今，随着轻型载货车行业销量的持续回升，由于轻型载货车的准入门槛较低，行业企业数量呈现上升态势，由2016年的29家增加到2020年的34家，并持续有新的企业和资本进入。与欧、美、日等先进国家相比，我国轻型载货车行业的企业数量远远超出前者。对2016年至今的轻卡年销量数据进行整理发现，部分车企年销量持续低于千辆，即使2020年轻型商用车市场销量达到历史最高峰时，仍有9家企业的年销量低于千辆。

随着国家环保排放法规和购车需求的持续升级，企业研发与经营成本也越来越高，在行业竞争回归理性的背景下，主流品牌为进一步抢占市场份额，通过主动或提前的产品升级来积极迎合行业环保排放法规升级，虽然一定程度上提高了市场占有率，但是频繁的产品升级与持续的研发投入，导致行业企业盈利能力普遍减弱。

虽然轻型载货车销量逐年攀升，但行业大多数企业处于盈亏平衡点上下，主营业务运营效率与盈利能力堪忧的现状并未改变，与国际竞争对手ISUZU、三菱等相比差距仍然较大。因此，现阶段我国轻型载货车行业存在的问题是行业企业众多，但运营效率不高、盈利性偏弱。

（二）违规成本低

我国轻型商用车行业的主管部门众多，国家层面与地方层面的管辖权限与职责范围存在交叉和重叠，导致行业企业有机会生产和销售、用户有动机使用一些不合格产品，扰乱了行业正常的生产经营秩序。

相较于中重型货车，从2013年起，轻型商用车行业长期存在“排放不达标”“大吨小标”“违规超载”等现象，其主要原因是企业数量众多，用户使用区域分散，作为主管部门的交通部、公安部等无法全面有效地对企业生产经营行为和用户使用行为进行持续监管，导致这些违规违法行为有了存在的空间。

（三）标准法规问题

第一，企业和社会完全适应国Ⅵ排放标准尚需时日。我国轻型载货车行业的环保排放法规近年来按照国家政策导向快速升级，相应的配套设施、油品质量仍没有完全统筹协调，导致企业研发生产准备的时间相对较短，企业和市场仍然需要较长时间来适应国Ⅵ排放标准的升级影响。

第二，引用、嵌套标准的适应性影响轻型载货车企业发展。乘用车与商用车在使用环境、发展速度上存在较大差异，商用车会引用乘用车标准，但难以兼顾商用车的实际情况，对轻型载货汽车企业发展产生了一些不良影响。

第三，标准修订相比技术发展滞后。为推进汽车行业转型升级，国家原经贸委于2001年引入“载质量利用系数”指标，对汽车的自重与载重的关联关系进行了约束。汽车现行产品登记注册的检验标准（GB 21861－2014）规定，在登记注册时允许轻型载货车自重存在±100kg的误差。近年来，国家对机动车排放和安全等指标的要求逐步升级，轻型载货车产品技术升级，传统燃油车增加后处理、尿素喷射系统、ABS等装置，自重增加超350kg。国内主流轻型载货车企业多年来投入了大量资源在发动机、悬架、底盘等多个模块上进行轻量化改造，但仍无法抵消因排放、安全要求升级所带来的必要的零部件重量增加。实物技术不断升级，但法规标准未能及时修订，制约行业发展。

第四，标准修订相比市场需求存在滞后。近年来，城市化发展取得巨大成就，2020年我国城市化率将超过60%。随着城市化率的提高，每年有1000多万人口进入城市，需要更多的城市物流配送车辆进行生活物资的转运。现行的各地载货汽车进城吨位限值标准不一且限值过低，与现实需求存在较大差异，呈现“高”“低”“难”问题。①“高”：载货汽车进城吨位限值低，使得单位运量耗油高、人力成本高，运营成本高，助推社会成本提高，同时需要更多的车辆加重了城市交通拥堵。如某城市进城吨位限制0.5t，若运输2t物资，则需运输4次或4辆车。②“低”：受载货汽车进城吨位限值标准限制，载货汽车运量少、运输效率低，运输业客户收益低，运营难以为继。③“难”:运输业客户在不同城市营运时，受到不同标准的限制；企业为确保产品能在全国各地正常销售，需设计开发多款车型、申报多个公告。急需统一调整城市配送车辆相关标准要求，如统一依据蓝牌车标准，以适应市场发展需求。

第五，各地市行业主管部门与执法人员的执法力度、执法标准不统一。如国家层面为促进绿色农产品流通，降低物流成本，出台了鲜活农产品绿色通道政策，但各地政策差异较大，尤其对绿通政策所要求的“所载鲜活农产品达到车辆核定载质量80%以上，或者达到车厢容积80%以上”这一标准，各地执行存在明显差异，如4.2米蓝牌轻卡，有的地区按车货总质重不超过行驶证标明的总质量方可享受，即车货总质量不超过4.5吨，而有的地区则要求车货总质量在18吨以内。

在这样的背景下，企业原本生产的合规产品为了能够在不同区域销售，往往需要申报多个公告，造成企业研发与法规申报成本的增加。

表5　国内蓝牌载货车进城载质量吨位限制

单位：%

类别	受限情况	全国区域	占比
蓝、黄牌影响	黄牌受限制（即蓝牌可进城）	大部分城市区域限行管理区分蓝、黄牌 黄牌车辆通行受限	90.17
受载质量影响	0.5t以上受限	福州、泉州、昭通、保定	0.61
	0.75t以上受限	宁波、舟山、玉溪、保山、开远、文山、邢台、兰州、固原、银川、吴忠	1.66
	1t以上受限	池州、铜陵、嘉兴、丽水、荆州、新乡、六盘水、佳木斯、沈阳、大理、昆明、曲靖、丽江、普洱、临沧、长治、西宁、南充、广安、娄底	3.03
	1.25t以上受限	湖州、金华、衢州、中山、肇庆	0.76
	1.5t以上受限	九江、杭州、台州、牡丹江、本溪、丹东、葫芦岛、锦州、辽阳、铁岭、抚顺、盘锦、济宁、东莞、佛山、广州、江门、拉萨、常州	2.87
	1.75t以上受限	惠州	0.15
	2t以上受限	大庆、鹤岗、青岛、晋中、太原	0.76

资料来源：企业公开资料整理。

四　轻型载货车“十四五”发展目标及路径

（一）发展目标

2020年各主要车企均发布了未来几年的战略目标，确定了产品策略、发展方向和经营策略，整体来看均十分积极乐观。预计2025年我国轻型载货车年销量将达到240万~250万辆，但在不断有落后车企被淘汰、新车企和资本加入的竞争格局下，“十四五”时期市场势必将会是优胜劣汰，那些核心竞争力弱、市场反应慢、发展质量低的企业必将首先被淘汰或被整合，在高度竞争的市场环境中，科学客观的指导思想、明确的战略导向、坚定不移的经营方针是企业继续生存并取得发展的根本。

（二）实现目标的根本路径

存量市场的竞争将一直持续，要在大浪淘沙般的竞争中赢得当下和未来，根本路径仍是以创新为基因的核心能力建设，并从生产能力、数字化转型、产业生态圈、产业链升级等方面发力。

1. 强化品牌经营

以客户为中心就是要以品牌为纽带建立客户认知，品牌资产是企业更有价值、更持久的无形资产，轻卡企业要聚焦细分市场并提升品牌价值，积极引领行业升级，不断提升品牌形象。

2. 大力推进企业数字化转型

数字化不仅仅是单一的数字化营销或者数字化制造，而且需要整车企业在研发、供应链、制造、物流、营销和服务等多环节同步推进，从理念、体系、方法和工具层面系统展开，做好数字化转型的全面规划，分步实施，迭代升级。综合考虑轻型载货车行业特点、用户特征及网联基础设施进展，聚焦用户 TCO，着力提升效率、降低成本、满足合规。

3. 顺应产业变革

加大“新四化”方面的投入。围绕节能和环保开展技术研发，整合内外部资源，开展混合动力研究并推出适应性产品；继续加大在三电领域的研发投入，保持技术领先优势。新能源商用车是一个全新的产业，目前我国企业在市场、配套产业链和政策等方面都取得了领先地位，要利用好这个历史性的有利占位，加快产品技术创新，以高质量、高效率、高可靠性的崭新姿态走向世界，打造让全球用户均认可的中国新能源商用车品牌。

4. 进一步强化、深化车企间合作及产业链合作

企业应深度对标学习国外优秀企业的品质、工艺、供应链、产品规划体系，同时积极拓展在其他领域的深度合作，掌握互联网思维，创新商业模式。布局新能源、智能网联，加深与货运平台的合作，提升产业链的安全性，并通过积极参与构建全球化经营机制，促进竞争力提升。鼓励和帮助产业链上游的原材料、零部件，中游的整车制造，下游的物流、客运、电池回收利用等相关的企业、科研机构、行业组织，通过创新合作模式，不断打破产业边界，凝聚共识，形成合力共振，迅速提升产品技术水平和成熟度，进而促进全产业链的市场化。

5. 产品专业化和多元化

轻型载货车购车主体将逐渐从第一方、第二方自备物流企业向第三方物流公司、车货匹配平台转变。与用户组织化趋势相同，用户买车形式也将发生变化，分散出资、集中购买将成为发展趋势。通过加入物流公司、车队和平台，使用环节组织化、规模化成为趋势。国家相关政策逐渐完善，加之在路权、通行证等方面给予政策支持，共同配送的物流车辆使用效率越来越高、强度越来越大，产品的专业化趋势愈发明显。随着物流行业组织客户比例不断提升，物流运输专业化程度上升。城镇化进程催生出旺盛的专用车需求，轻型载货车企业应立足于用户需求和作业场景，针对快递运输、冷链运输、绿通运输以及专用车等不同细分市场，为用户带来深度定制的物流运输装备及丰富的产品组合，打造完善的产品解决方案。同时，伴随着个性化需求增加，定制化产品将成为未来的发展方向。

B.4

客车发展报告

摘　要：　本报告分析了2020年客车市场发展情况，梳理了我国客车产业政策、标准和法规，阐述了客车技术应用，剖析了客车产业发展中存在的问题和面临的挑战，研判了客车产业发展趋势，提出“十四五”时期客车产业应坚持创新、协调、绿色、开放、共享的发展理念，以深化供给侧结构性改革为主线，以融合创新为重点，突破关键核心技术，提升产业基础能力，构建新型产业生态，推动我国客车产业高质量发展。

关键词：　客车　新能源　智能网联汽车

一　客车市场发展现状

（一）市场发展概述

从国内市场发展情况来看，国内客车行业自2005年以来经历了上升期、爆发期、平稳期、调整期四个阶段。

伴随着高速公路持续网络化发展和刚性运输群体的持续增加，客运行业蓬勃发展，2005～2007年客车市场处于上升期。2008年，金融危机爆发，客车市场受到严重影响。2009年，科技部等部门联合推出了“十城千辆”新能源车推广计划，开启节能与新能源汽车示范运行工作，并研究制定推广应用的优惠政策，加之2015年三季度新能源补贴政策正式落地，新能源技术和产业迅速发展，新能源车辆销量激增，促进了客车行业的发展，也减小了金融危机带来的影响。2009～2015 年客车行业进入爆发期，2015 年销量达到顶峰。2016 年，新能源汽车推广政策调整，新能源客车销量增速趋缓，客车行业进入平稳期。2018 年开始，受“补贴”退坡、经济增长放缓、高铁地铁快速发展等因素叠加影响，客车行业总体销量进一步下滑，市场步入调整期。

2005～2013 年中国大中型客车销量快速增长，主要需求来自公路客运车和校车；2014～2016 年中国大中型客车销量迎来新一轮增长，2015 年大中型客车销量达到历史最高水平，但增长驱动因素却发生了变化，主要是城市公交车，特别是在国家优先发展公共交通、大气污染防治等一系列政策的推动下，新能源公交车大幅增长；而公路客运车面临高铁、私家车的替代竞争，校车受私家车和公交车快速发展的影响，两者销量均呈现持续下滑的趋势。2019 年新能源补贴大幅退坡，公交车年销量由 2017 年的 9.8 万辆下滑到 2019 年的 7.5 万辆，并呈现快速新能源化趋势，新能源公交车占公交车销量的比重达 97%；公路客运车和校车需求持续减少，导致大中型客车销量持续下滑。

2020 年，除受经济增长速度换挡期、结构调整阵痛期、前期刺激政策消化期等因素影响外，疫情对公共出行的影响未得到有效缓解，中国客车销量出现大幅度下滑。根据中国客车行业上险数据库统计，2020 年客车销量达到 13.98 万辆，同比下滑 15.9%。

（二）客车市场现状分析

1. 公路客运市场

2011 年，公路客运车辆销量达到最高点，受到高铁、飞机、私家车、网约车及城间列车的影响，2011 年后销量开始下降，2020 年销量已降到不足 2011 年的 1/3；以租赁、通勤服务为主体的新能源客运车的销量受补贴政策影响较大，2016～2017 年在补贴退坡政策实施前期，销量增幅较大，2016 年达到最高点 20916 辆，自 2018 年起补贴退坡政策实施后期，新能源客运车销量大幅下滑，2019 年仅销售 3845 辆，2020 年进一步降低至 2137

辆（见表1）。未来随着高铁客运的发展、私家车的普及以及新能源补贴政策的逐步取消，公路客运市场将进一步萎缩。

表1　2010～2020年7米以上大中型公路客运车辆销量

单位：辆

项目	2010年	2011年	2012年	2013年	2014年	2015年	2016年	2017年	2018年	2019年	2020年
新能源客运车	43	35	196	164	2891	14471	20916	16204	6065	3845	2137
传统客运车	79501	82863	73051	69783	56187	52587	49829	40371	32704	33462	20392
总计	79544	82898	73247	69947	59078	67058	70745	56575	38769	37307	22529

资料来源：根据上险数据整理。

2. 公交市场

2009年，国家“十城千辆”推广政策发布，以鼓励投资、示范工程、开放市场为主，公交行业处于上升期，发展速度相对较慢。2015年三季度，新能源补贴政策正式落地，行业进入爆发期，新能源技术和产业迅速发展，新能源车辆销量激增，2016年达到顶峰；但随着2016年补贴政策调整，公交行业发展进入平稳期。2019年开始，补贴大幅退坡，行业进入调整期，受新冠肺炎疫情暴发、地方财政预算紧张、客户收入下降、存量公交更新缓慢等因素影响，2020年公交行业销量同比大幅下滑（见表2）。随着疫情逐步得到有效防控，预计2021年公交市场将出现恢复性增长。

表2　2010～2020年7米以上大中型公交车销量

单位：辆

项目	2010年	2011年	2012年	2013年	2014年	2015年	2016年	2017年	2018年	2019年	2020年
新能源公交车	2632	4913	6483	12481	17402	54191	88398	83425	84769	66893	53074
传统公交车	50920	52306	46866	59091	53667	30157	10465	10105	4301	1789	961
总计	53552	57219	53349	71572	71069	84348	98863	93530	89070	68682	54035

资料来源：根据上险数据整理。

3. 校车市场

为确保校车运营规范发展，2010 年国家颁布 GB 24407《专用小学生校车安全技术条件》，2012 年国务院发布实施《校车安全管理条例》。同时，部分省区市相继发布一系列校车运营的相关政策，校车市场进入快速增长期。2011 年校车市场销量增幅达到 113%，2012 年销量增幅为 261%，2013 年校车销量达到 2.9 万辆。2014 ~2016 年校车行业无政策出台，进入市场化的平稳推进阶段；2017 ~2019 年校车行业政策持续无变化，有政策支持的区域市场需求饱和，无政策支持的区域市场后续发展乏力，新增需求大幅下滑，市场销量出现 20%左右的降幅；2020 年疫情加剧了下滑态势，销量降幅达到 33%（见表 3）。

表 3　2010 ~2020 年 5 米以上校车销量

单位：辆

年份	2010	2011	2012	2013	2014	2015	2016	2017	2018	2019	2020
销量	3148	6706	24209	29420	25208	24806	24285	19533	15341	12005	7997

资料来源：根据上险数据整理。

从市场保有量来看，公路客运车辆保有量约为 59 万辆，其中新能源客车约占 8%；公交车保有量约为 63 万辆，其中新能源公交车约占 67.6%。校车保有量约 17.7 万辆。按照我国适龄学生数量，参考美国校车的配比标准，我国的校车市场规模预计在 80 万辆左右，还存在巨大的需求缺口。目前校车市场需求量持续下降，除了经济不景气等影响因素外，育龄人口减少及其生育意愿低、年新增人口数量持续走低导致刚性需求减少，也是重要的影响因素。

从客车品牌看，公路客运车行业集中度较高，2020 年销量前 10 位企业市场占有率达到 94.6%（见表 4）。

表 4　2015 年和 2020 年 7 米以上大中型公路客运车辆销量前十企业

单位：辆，%

序号	2015 年			2020 年		
	制造企业	销量	市场占有率	制造企业	销量	市场占有率
1	宇通客车	26937	40.2	宇通客车	11592	51.5

续表

序号	2015 年			2020 年		
	制造企业	销量	市场占有率	制造企业	销量	市场占有率
2	苏州金龙	7980	11.9	一汽丰田柯斯达	2045	9.1
3	厦门金龙	5469	8.2	厦门金龙	1951	8.7
4	厦门金旅	5157	7.7	苏州金龙	1492	6.6
5	安凯客车	2713	4.0	厦门金旅	1474	6.5
6	一汽丰田柯斯达	2497	3.7	中通客车	1105	4.9
7	中通客车	2141	3.2	安凯客车	531	2.4
8	福田客车	1690	2.5	江铃晶马	467	2.1
9	东风	1107	1.7	东风	334	1.5
10	江铃晶马	920	1.4	福田客车	284	1.3

资料来源：根据上险数据整理。

公交行业集中度不断提升，2020 年销量前五家企业占比合计达到 57.3%，较 2019 年提升 3.7 个百分点。

表 5　2020 年 7 米以上大中型公交车销量前五

单位：辆，%

整体行业			纯电动		
制造企业	销量	市场占有率	制造企业	销量	市场占有率
宇通客车	14530	26.9	宇通客车	13283	28.4
比亚迪	4817	8.9	比亚迪	4817	10.3
中车时代	4652	8.6	中通客车	3652	7.8
中通客车	3929	7.3	中车时代	3631	7.8
苏州金龙	3003	5.6	苏州金龙	2511	5.4
福田客车	2025	40.5	厦门金旅	287	21.4
中车时代	1016	20.3	飞驰客车	256	19.1
宇通客车	968	19.4	五龙客车	200	14.9
厦门金龙	275	5.5	吉利远程	114	8.5
苏州金龙	253	5.1	中通客车	101	7.5

资料来源：根据上险数据整理。

校车市场容量较小，销售市场呈萎缩态势，2012 年前后，共计 47 家企业生产销售校车，随着市场的优胜劣汰，校车行业集中度不断提升，2020

年生产销售校车的企业减少至 21 家。在这些企业中，销量前 6 名企业的市场占有率已接近 90%（见表 6）。

表 6　2015 年和 2020 年 5 米以上校车销量前十企业

单位：辆，%

名次	2015 年			2020 年		
	制造企业	销量	占有率	制造企业	销量	占有率
1	宇通客车	8579	34.6	宇通客车	4627	57.9
2	桂林客车(五菱牌)	2942	11.9	中通客车	1029	12.9
3	东风客车	2895	11.7	桂林客车(五菱牌)	606	7.6
4	中通客车	1174	4.7	东风客车	344	4.3
5	少林客车	1018	4.1	安凯客车	288	3.6
6	长安客车	945	3.8	长安客车	261	3.3
7	苏州金龙	926	3.7	福田客车	247	3.1
8	解放客车	763	3.1	厦门金旅	217	2.7
9	楚风客车	687	2.8	上饶客车	129	1.6
10	同心客车	679	2.7	无锡华策(华新牌)	101	1.3

资料来源：根据上险数据整理。

按营运和非营运划分，营运客车包含长途客车和旅游客车，非营运客车为团体客车。长途客车为客运班线运输乘客设计和制造，是用于运载乘客及其随身行李的客车；旅游客车为旅游班线设计和制造，是用于运载游客的客车；团体客车为通勤市场设计和制造，是用于单位、团体包车的客车（见表 7）。2017 ~2019 年营运客车销量占比逐年提升，2020 年受疫情影响，营运客车销量占比同比下滑。

表 7　2016 ~2020 年 7 米以上营运客车与非营运客车销量情况

单位：辆，%

细分市场销量	2016 年		2017 年		2018 年		2019 年		2020 年	
	销量	占比	销量	占比	销量	占比	销量	占比	销量	占比
营运	41213	58.3	31551	55.8	23896	61.6	25594	68.6	13320	59.1
非营运	29532	41.7	25024	44.2	14873	38.4	11713	31.4	9209	40.9

资料来源：根据上险数据整理。

按车辆长度划分，公路车额定载客要求 10～56 人（包括驾驶员在内），客运车按车长分为特大型（12m＜L≤13.7m，三轴客车）、大型（9m＜L≤12m）、中型（6m＜L≤9m）和小型（L≤6m）。其中，中型客车市场份额最大，2018～2020 年占比均超过 50%；大型客车市场份额有下降趋势，2019 年占比不足 30%；特大型客车市场份额虽然较低，但占比逐年提升（见表 8）。

表 8　2016～2019 年 7 米以上分类型公路车销量情况

单位：辆，%

分类	2016 年		2017 年		2018 年		2019 年	
	销量	占比	销量	占比	销量	占比	销量	占比
特大型	7796	11.0	6364	11.2	4646	12.0	6269	16.8
大型	27748	39.2	24881	44.0	11482	29.6	10306	27.6
中型	35201	49.8	25330	44.8	22641	58.4	20732	55.6
总计	70745	—	56575	—	38769	—	37307	—

资料来源：根据上险数据整理。

（三）海外市场情况

2020 年，新冠肺炎疫情冲击全球，对出行领域造成了巨大的冲击，对中国的客车出口也造成了巨大的影响。年初基于疫情防控需要，出口方面面临供应链不稳定的困难，客户的订单交付存在困难；3 月后国外疫情蔓延，各国陆续出台相应的管控措施导致客车需求急剧下滑，经济下行也进一步降低了海外客户的购买能力及偿债能力，部分已签订的订单被推迟或取消，新订单获取困难；同时物流方面的管控措施导致物流效率降低以及物流费用增加；还有人员海外出访限制等，这都在不同程度上影响了 2020 年的出口市场。面对重重困难，中国客车行业全体同仁众志成城、砥砺奋进。疫情暴发期间，中国客车的销售与服务人员逆行海外，解决客户运营与交付中的问题，服务于目的国大众交通。中国客车人用真情服务、专业技术和责任担当获得了一个又一个的好评、收获了海外客户一份又一份的信任，在极不寻常的年份交出一份极不寻常的成绩单。

根据海关出口数据，2020 年 1 ~ 12 月中国客车出口量约 4.2 万辆，同比下降 35%；出口额约 19.43 亿美元，同比下降约 23.1%。从座位数维度来看，2020 年，海外大、中、轻型客车出口量均大幅下滑。其中大型客车同比下滑 41.6%，中型客车同比下滑 14.2%，轻型客车同比下滑 38.0%。从区域上看，东南亚、非洲以及东欧、中亚等区域受到疫情影响，出口下降幅度较为明显，发达国家以及南美洲出口则实现了一定程度的逆势增长（见表 9）。

表 9　2020 年区域市场中国客车出口情况

区域	出口额（百万美元）	同比增长（%）	占比（%）	同比增加（个百分点）
南美洲、加勒比海区域	449	5.2	23	6
中东西亚	417	-20.6	21	1
西欧、澳洲、北美发达国家	359	19.4	18	7
东南亚、南亚、东亚与南太平洋国家	308	-47.6	16	-7
非洲	239	-37.3	12	-3
东欧、中亚等	171	-43.9	9	-3
合计	1943	-23.1	—	—

资料来源：海关数据。

2020 年中国内地客车出口至 145 个国家和地区，其中前十大出口市场分别为沙特、哥伦比亚、荷兰、智利、埃及、哈萨克斯坦、中国香港、墨西哥、挪威和韩国，占据全部出口额的 56.2%。多年来，位于中东的沙特是中国客车出口的主要目的国。值得注意的是，对哥伦比亚、荷兰、智利、墨西哥、挪威和韩国主要出口的为纯电动客车。

中国主要的客车出口厂家有郑州宇通、金龙客车、苏州金龙、金旅客车、比亚迪、扬州亚星、中通客车、上汽大通等。其中，金龙汽车集团旗下的金龙客车、苏州金龙、金旅客车共出口客车 1.61 万辆，出口额约 4.8 亿美元，稳居行业第一。

2020 年客车出口方面有以下四个亮点值得关注：

一是新能源客车出口逆势增长，中国客车引领世界新能源市场。根据海关出口数据统计，2020 年新能源客车出口量为 2559 辆，出口额约 6.3 亿美元，平均单价约 24.62 万美元。新能源客车出口额约占出口总额的 32.5%，其中 98.6% 为纯电动客车。中国新能源客车在国内大批量运行以及国外多年试运营基础上，在自主产业链的支撑下，获得了国外市场客户的认可，成为中国客车出口中的重要组成部分。由于新能源客车出口的增长，对南美以及欧洲区域的出口相较于 2019 年都实现了一定程度的增长。

二是支持全球抗疫，中国客车行业在行动。在国内疫情形势得到有效防控后，中国客车行业的厂家输出防疫经验，援助抗疫物资，帮助海外客户有效应对疫情。口罩产品、防疫工作站、救护车以及医疗检测车等都是抗疫物资输出的典型代表。

三是与发达国家大型公交运营商的合作不断深入，中国客车竞争力提升显著。在欧洲，中国客车厂商与欧洲公共交通运营商进行了深入合作，并在荷兰、挪威、英国、西班牙等国家进行批量运营，此类合作模式还被应用于部分南美国家。

四是海外投资不断加码，重资产运营模式有助于行业国际化水平提升。一直以来中国客车行业主要依靠授权经销模式进入目的国市场，通过轻资产运作协调当地资源，快速拓展市场。但近年来海外投资逐步增加，如在海外投资建设配件中心仓库、海外工厂等，本土化运营不断深入，成为中国客车企业在国际市场做大做强的新趋势。

随着国家"一带一路"建设的持续推进，中国与"一带一路"沿线国家的经济政策正在逐步对接，越来越多的国内客车制造企业与"一带一路"沿线国家达成长期战略合作意向，助力当地公共交通体系升级，国外客车市场逐渐被打开，出口潜力有待进一步挖掘。2020 年受疫情影响，各区域客车需求量大幅下滑。随着经济逐步恢复，预测各区域客车需求量将逐步回升。

二　客车发展趋势

（一）市场趋势

1. 国内客车行业趋势

（1）从细分市场预测来看，随着国内疫情得到有效防控，国内经济逐步恢复，抑制的需求得到释放，客车行业将呈现恢复性增长态势

公路客车市场方面，大、中型细分市场会有所好转，轻型细分市场销量持续增长。营运市场方面，2013 年前采购的国Ⅲ市场保有量在 17 万辆左右，受各地环保政策和行管趋严影响，预计 2023 年底前更新完成，但结合发展趋势及更新意愿来看，需求重点转向轻型产品；随后进入市场化更新期，预计未来几年市场销量呈现小幅增长态势，年销量预计会维持在 16000 辆左右。非营运市场方面，随着疫情期间被抑制的需求开始释放，国Ⅲ淘汰促使需求提前释放，2021 年达到小高峰，约 1.1 万辆，2022 年后受城市公共交通线路里程持续增加、自购转租赁趋势加剧等影响，销量持续下滑，2024 年市场保有的 2015 ~ 2017 年采购的新能源车到达更新期，释放部分需求，促使销量微增。

公交市场方面，大型公交需求逐渐减少，中型和轻型公交需求逐渐增多。2020 年公交需求量为 5.4 万辆，地方政府有公交采购决策权，但受经济下行及新能源补贴退坡影响，地方财政吃紧，公交整体销量将下滑。2021 年疫情影响减弱，2021 年公共交通领域补贴标准在 2020 年基础上退坡 10%。但为加快推动公共交通行业转型升级，地方政府可能会继续对新能源公交车给予购置补贴，预测 2021 年公交行业销量下滑趋势减缓。受补贴退坡和市场存量公交、经济整体下行压力等因素叠加影响，未来 1 ~ 2 年公交行业销量将持续下滑，之后逐步企稳回升。

校车市场方面，2019 ~ 2020 年，校车行业政策无变化，有政策支持的区域市场需求饱和，无政策支持的区域市场增长后续乏力，新增需求持续下

滑，2020 年疫情进一步加剧了该下滑态势。2021 年 2 月交通部发文要求限期彻底淘汰在用的非专用校车，疫情期间被抑制的需求将开始释放，外加校车市场进入更新窗口期的利好因素，预测 2021 年校车市场销量有所回升，达到 1.1 万辆，市场呈现小幅增长态势。

（2）纯电动市场由政策驱动向市场驱动转变，燃料电池将迎来增长机遇期

新能源客车行业发展迅速，在客车产销总量中占有较高的比重，得益于国家政策的支持。2001～2010 年，新能源汽车确立了“三纵三横”的研发布局，至 2020 年逐步掌握关键总成技术，在公共领域率先实现了大规模推广，未来新能源客车企业将持续提升产品品质并形成国际竞争优势。新能源客车作为新能源汽车行业发展战略的切入点，从 2012 年起国家和地方相继出台了多项推动公共交通电动化的政策，全方位支持新能源客车的发展。截至目前，我国的新能源客车整体推广数量已超过 55 万辆，稳居全球第一。

基于各地环保压力及新能源补贴政策的支持，自 2015 年开始，公交客车纯电动比重超越混合动力和传统燃料比重后一路飙升，2020 年已达到 86.5%，混合动力及传统燃料比重则一路下滑，三者结构呈“剪刀”形。2017～2020 年氢燃料电池产品商业化趋势明显加快，国家和地方纷纷出台鼓励氢能产业发展的政策，2020 年燃料电池占比已达到 2.5%（见图 1）。

基于人们对纯电动的接受度不断提高，8 年 LCC 较混合动力及传统产品均有一定优势，预计纯电动占比将进一步提升。但是部分地区充电基础设施建设相对滞后。混合动力及传统燃料产品不受充电设施的限制，因此仍将存在部分市场需求。天然气资源丰富的部分地区，加气方便，使用成本低，因此也会有部分需求。混合动力产品需求短期仍将呈点状分布，长期因资源限制以及基础设施的完善而逐渐被替代，传统燃料产品将逐渐被淘汰。燃料电池 2021 年起将实行为期 4 年的试点示范，首批入围 5 个区域（京津、上海、广东、河南、河北），预估 2021～2024 年燃料电池产品需求将呈现爆发式增

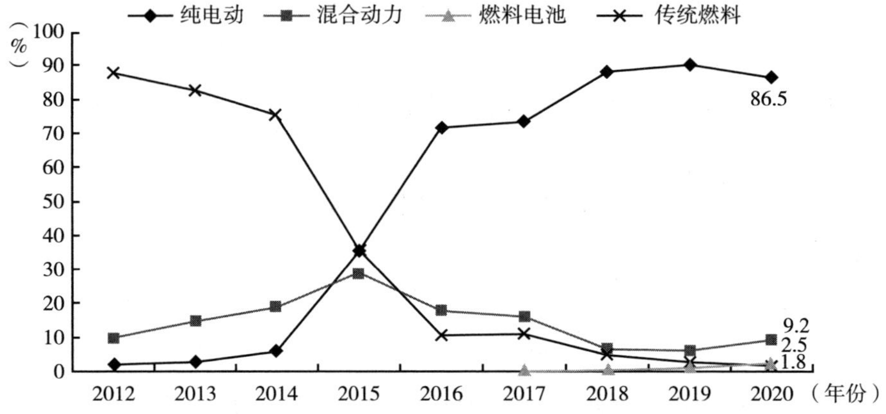

图1　2012～2020年公交客车燃料结构占比

长，主要集中在入围示范区域，非入围城市需求将大幅下降。

2. 海外客车行业发展趋势

随着国家“一带一路”建设的持续推进，越来越多的国内客车制造企业与“一带一路”沿线国家达成长期战略合作意向，助力当地公共交通体系升级，国外客车市场逐渐被打开，出口潜力有待进一步挖掘。

从燃料类型看，2020年，传统燃料车型出口量3.98万辆，仍是出口的主要车型，但同比下滑39.9%，随着经济逐步恢复，出口量会有所回升，但占比会逐步下降（见图2）。新能源车销量2018～2020年连续3年实现较大幅度提升，主要是国内企业抓住海外国家新能源政策利好的窗口期，未来销量仍会持续增长。

从车辆出口形式看，2020年整车出口4.05万辆，仍是主流，但同比下滑37.6%，未来出口量会有所回升。KD车出口量2018～2019年连续两年实现大幅上升，2020年受疫情影响，同比下滑39.8%，但随着国家“一带一路”建设的深入，未来国内企业的海外市场合作机会将增加，KD车出口量会逐步增加。

（1）亚洲市场

从车辆类型看，2020年，中型客车出口量同比上升13.4%（主要是

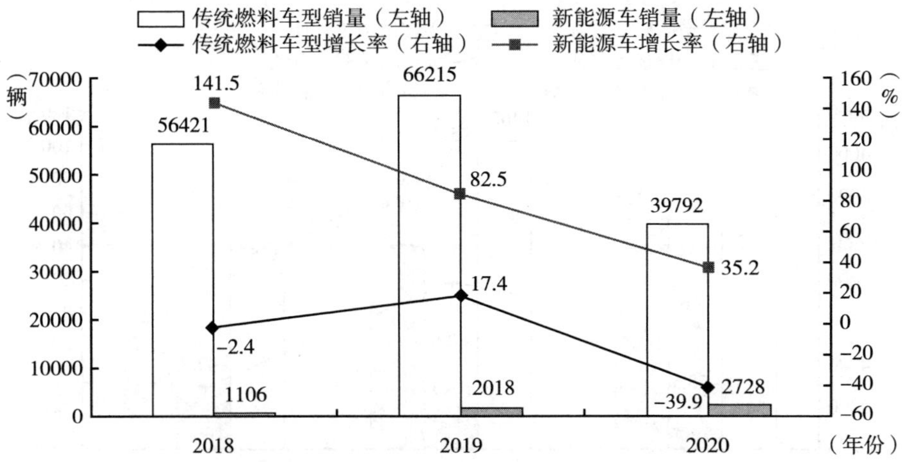

图 2　2018～2020 年海外客车行业燃料类型出口走势

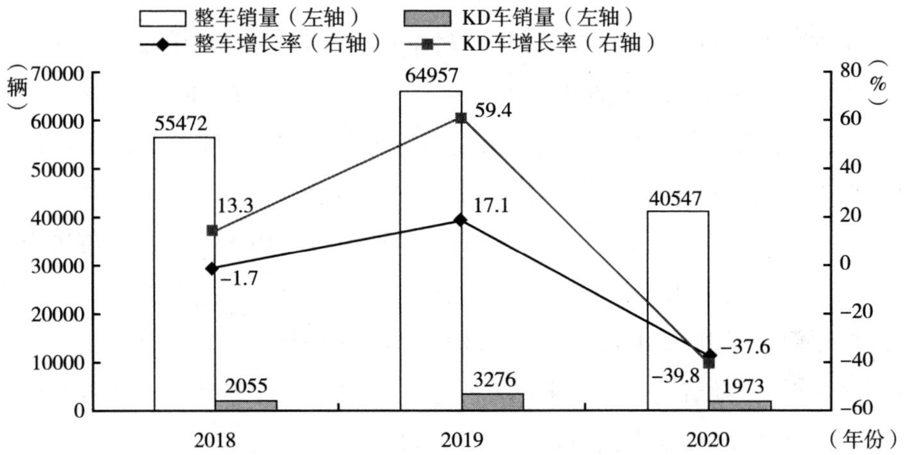

图 3　2018～2020 年海外客车行业出口形式出口走势

哈萨克斯坦、菲律宾、沙特、韩国、中国香港等市场项目执行，其他市场普遍同比下滑），大型客车出口量同比下滑 42.9%（各市场出口量普遍同比下滑），轻型客车出口量同比下滑 49.8%（各市场出口量普遍同比下滑）。未来 1～2 年随着疫情得到有效防控，经济逐步恢复，客车需求量会逐步回升。

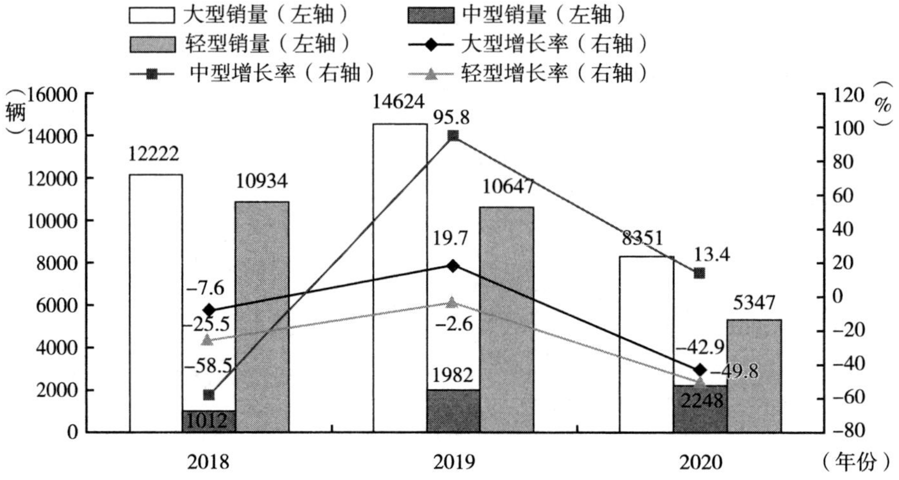

图 4　2018～2020 年出口亚洲客车车辆类型走势

从燃料类型看，2020 年，传统燃料车型出口量同比下滑 42.2%（各市场出口量普遍下滑），新能源车出口量近三年首次下降，同比下滑 16.2%（韩国和马来西亚同比上升，其他市场普遍同比下滑）。随着各国家经济恢复，未来传统燃料车型需求量将逐步回升，新能源车需求量将快速增长。

从出口形式看，2020 年，整车出口量同比下滑 40.6%（韩国市场出口量同比上升，其他市场出口量普遍同比下滑），但仍是主要出口形式，KD 车出口量同比下滑 52.1%（伊朗市场出口量同比上升，其他市场出口量普遍同比下滑）。随着各国家需求回升，整车出口量将逐步回升，随着国内厂家海外投资增加，KD 车出口量将增加较快。

（2）非洲市场

从车辆类型看，2020 年，大型客车出口量同比下滑 56.1%（埃及出口量同比略有上升，其他市场出口量普遍同比下滑），中型客车出口量同比下滑 24.5%（赞比亚出口量同比略有上升，其他市场出口量普遍同比下滑），轻型客车出口量同比下滑 2.4%（尼日利亚出口量同比有所上升，其他市场出口量同比略有下滑）。未来 1～2 年随着疫情得到有效防控，经济逐步恢复，客运和旅游市场恢复，大型客车和中型客车出口将恢复较快，轻型客车出口逐步增加。

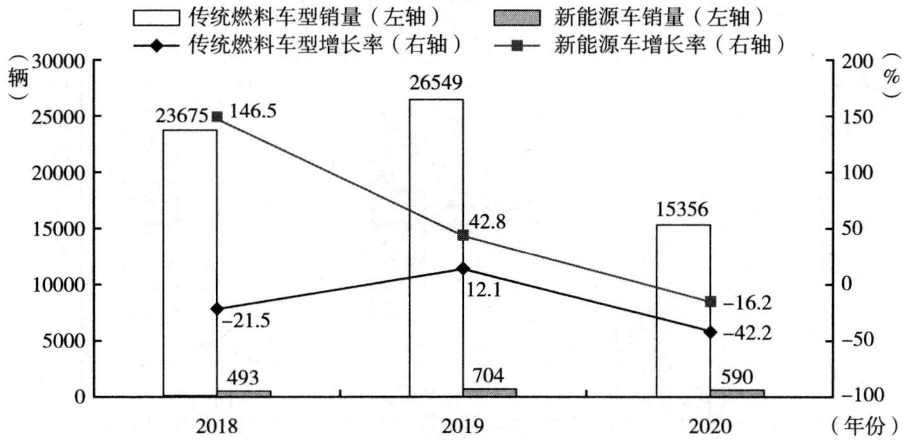

图5　2018～2020年出口亚洲客车燃料类型走势

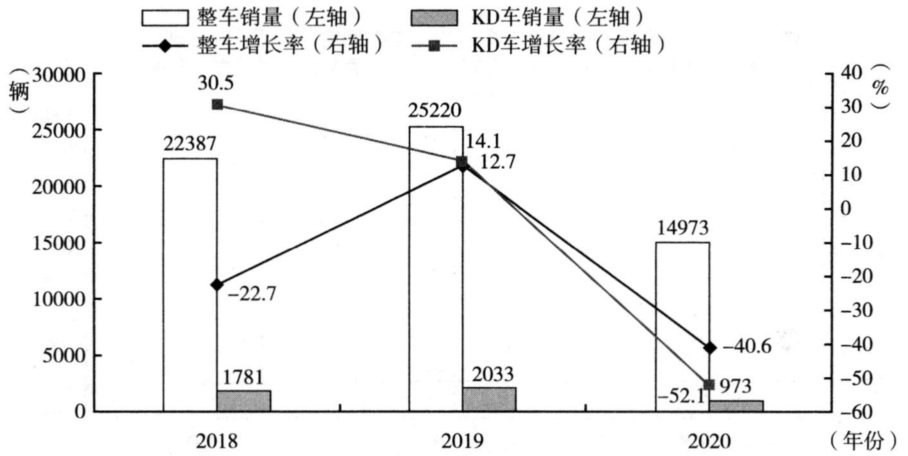

图6　2018～2020年出口亚洲客车出口形式走势

从燃料类型看，2020年，传统燃料车型出口仍是非洲市场的主流，但出口量同比下滑16.3%（各市场出口量普遍同比下滑），新能源车出口量近三年首次下降，同比下滑70.0%（新能源车需求国家较少，体量不大，不具持续性）。随着各国家经济恢复，未来传统燃料车型需求量将逐步回升，新能源需求量受政策影响大，但整体需求量呈上升趋势。

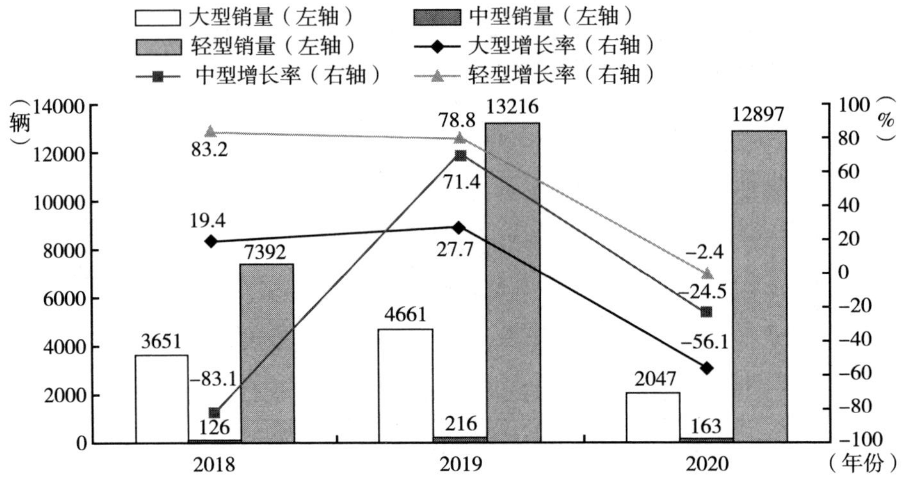

图 7　2018～2020 年出口非洲客车车辆类型走势

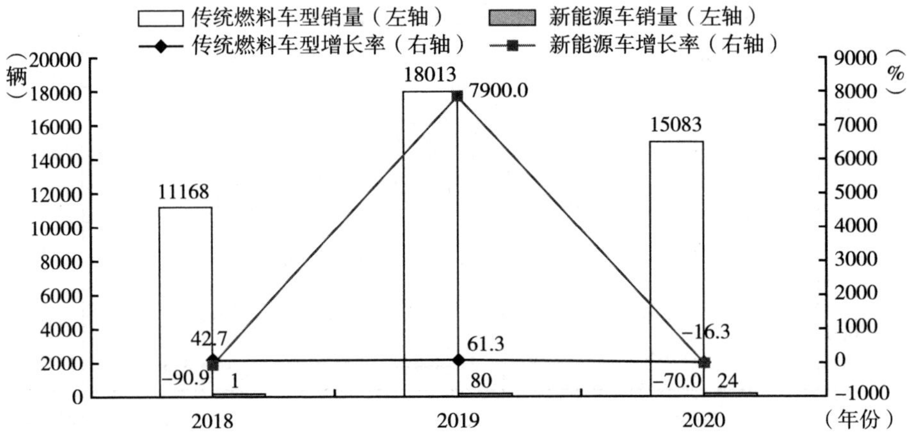

图 8　2018～2020 年出口非洲客车燃料类型走势

从出口形式看，2020 年，整车出口量同比下滑 16.6%（各市场出口量普遍同比下滑），但仍是主要出口形式，KD 车出口量同比下滑 15.5%（KD 车出口国家较少，主要是尼日利亚出口量同比大幅下滑）。随着各国家需求恢复，整车出口将逐步回升，随着国内厂家海外投资增加，KD 车出口量将增加较快。

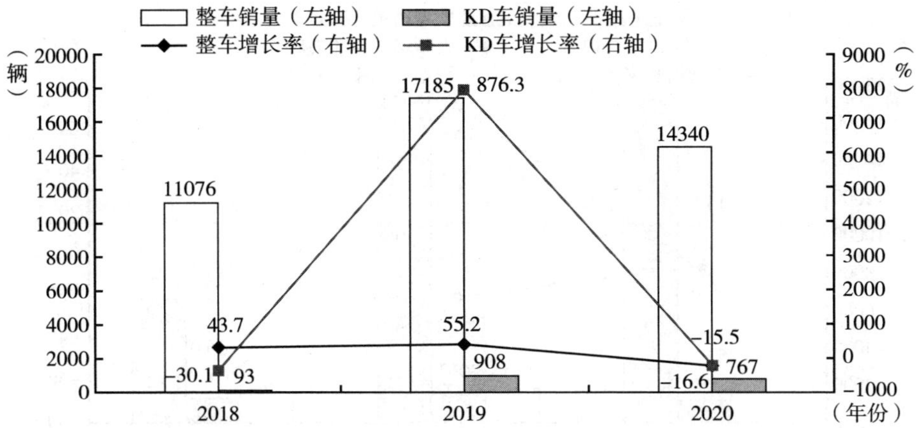

图9　2018～2020年出口非洲客车出口形式走势

（3）美洲市场

从车辆类型看，2020年，大型客车出口量同比下滑22.1%（哥伦比亚出口量同比上升，主要是纯电动项目执行，其他市场普遍同比下滑），中型客车出口量同比下滑36.0%（墨西哥出口量同比上升，其他市场出口量普遍同比下滑），轻型客车出口量同比下滑59.3%（各市场出口量普遍同比下滑，尤其是玻利维亚、秘鲁、智利、厄瓜多尔等同比大幅下滑）。未来1～2年随着经济逐步恢复，大型和中型客车需求量会逐步回升，轻型客车需求恢复较快。

从燃料类型看，2020年，传统燃料车型出口量同比下滑58.1%（各市场出口量普遍同比下滑），新能源车出口量持续高增长，同比上升90.1%（主要是哥伦比亚、智利、墨西哥的纯电动项目执行）。随着各国家经济恢复，未来传统燃料车型需求量将逐步回升，各国家公共交通逐步改善，促使新能源车需求量持续增长。

从出口形式看，2020年，整车出口量同比下滑53.5%（哥伦比亚出口量同比上升，其他市场出口量普遍同比下滑），但仍是主要出口形式，KD车出口量同比下滑47.8%（体量较小，主要是墨西哥、秘鲁市场出口量同比下滑）。随着各国家需求回升，整车出口量将逐步回升，随着国内厂家与

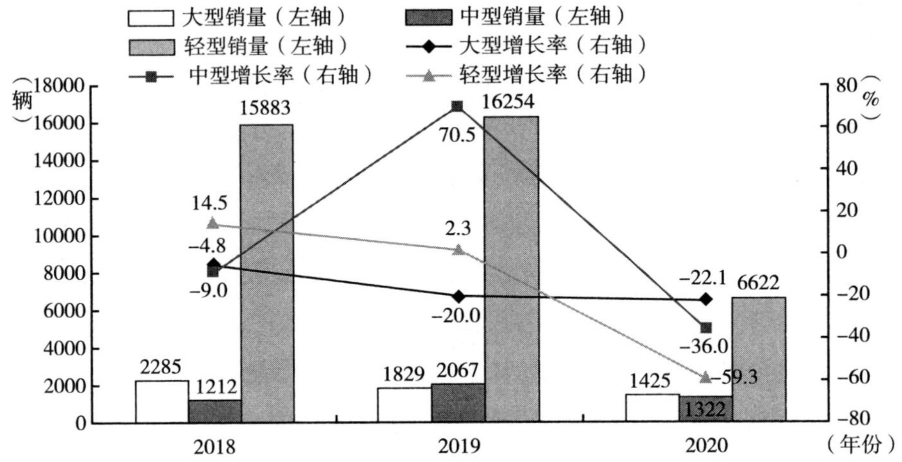

图10　2018～2020年出口美洲客车车辆类型走势

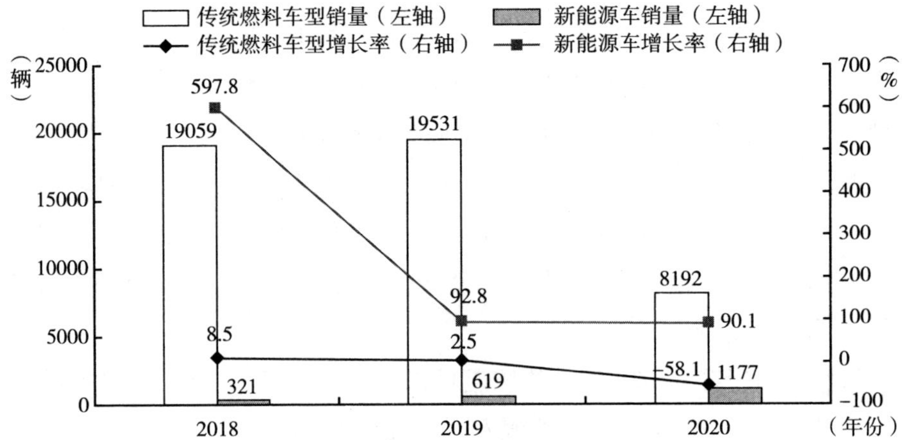

图11　2018～2020年出口美洲客车燃料类型走势

当地工厂合作深入，KD车出口量将增加较快。

（4）欧洲市场

从车辆类型看，2020年，大型客车出口量同比下滑8.4%（荷兰、塞浦路斯、挪威等市场出口量同比上升，其他市场普遍同比下滑），中型客车出口量同比下滑24.4%（出口国家较少，体量小，主要是荷兰出口量同比下滑），轻

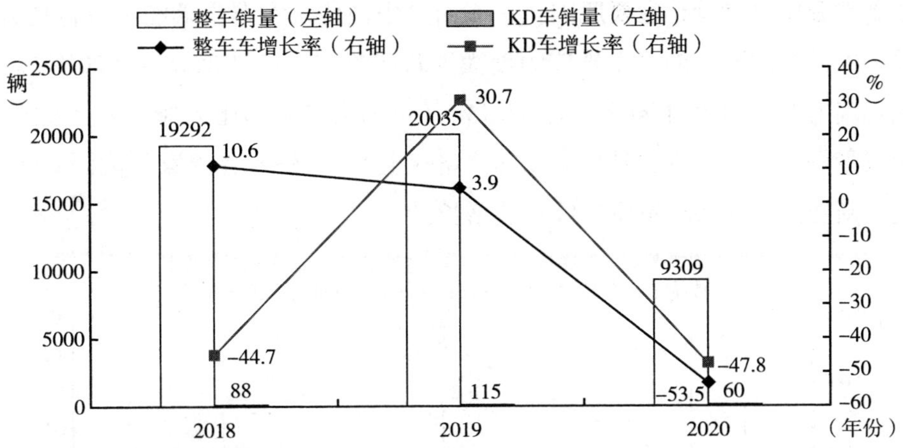

图 12　2018～2020 年出口美洲客车出口形式走势

型客车出口量同比上升 175.0%（出口国家较少，体量小，主要是荷兰、保加利亚、西班牙等市场出口量同比上升）。随着经济逐步恢复，大型车需求量会逐步回升，但中型车和轻型车需求量变化不大（主要是当地品牌覆盖）。

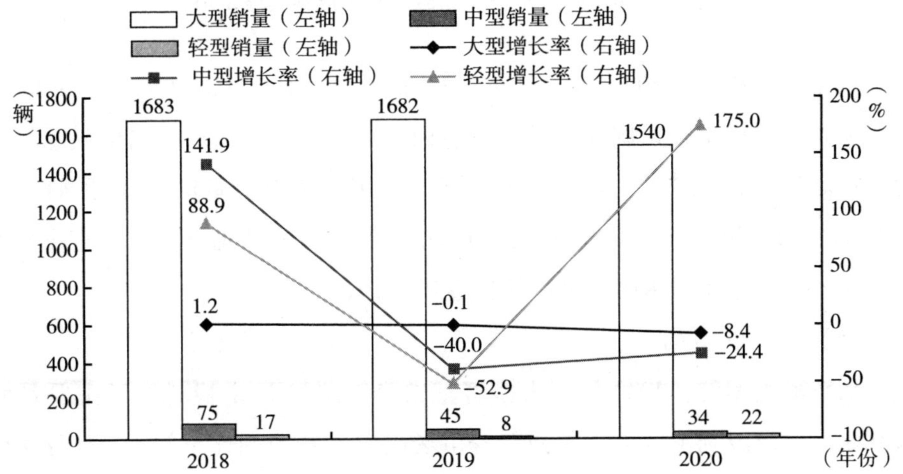

图 13　2018～2020 年出口欧洲客车车辆类型走势

从燃料类型看，2020 年，传统燃料车型出口量同比下滑 40.1%（塞浦路斯出口量同比上升，其他市场出口量普遍同比下滑），且是首次出口量低于新能源车出口量，主要原因：一方面是中国传统客车高端能力有待提升，另一方面是欧洲新能源车推广力度大。新能源车出口量2018～2020年持续大幅度上升，2020年同比上升57.1%（英国出口量同比下降，荷兰及挪威出口量同比大幅上升，其他市场同比略有上升）。随着各国家新能源政策落地，新能源车的需求量将持续快速增长。

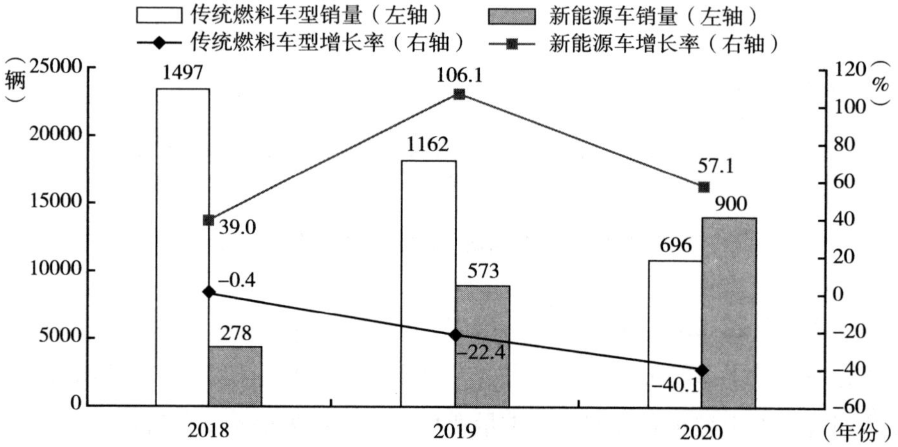

图14　2018～2020年出口欧洲客车燃料类型走势

从出口形式看，2020年，整车出口量同比下滑3.2%（荷兰、塞浦路斯、挪威等市场出口量同比上升，以色列、比利时、英国及塞尔维亚等市场出口量同比下滑），但仍是主要出口形式，KD车出口量同比下滑41.5%（KD出口国家仅4个，主要出口国英国的出口量同比大幅下滑）。随着各国家需求回升，整车及KD车出口量将逐步上升。

（5）大洋洲市场

从车辆类型看，2020年，大型客车出口量同比下滑49.4%（主要是澳大利亚、法属波利尼西亚、新西兰等市场出口量普遍同比下滑），中型客车出口量同比下滑60.0%（主要是澳大利亚、萨摩亚、新喀里多尼亚等市场出口量普遍同比下滑），轻型客车出口量同比下滑42.8%（主要是新西兰、澳大利亚、萨摩亚等市场出口量普遍同比下滑）。未来1～2年随着疫情得到有效防控，经济逐步恢复，旅游业逐步恢复，客车需求量会逐步回升。

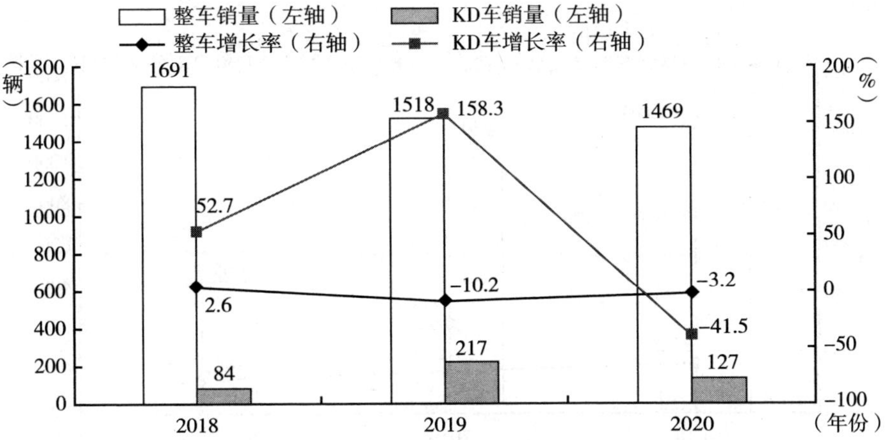

图 15　2018～2020 年出口欧洲客车出口形式走势

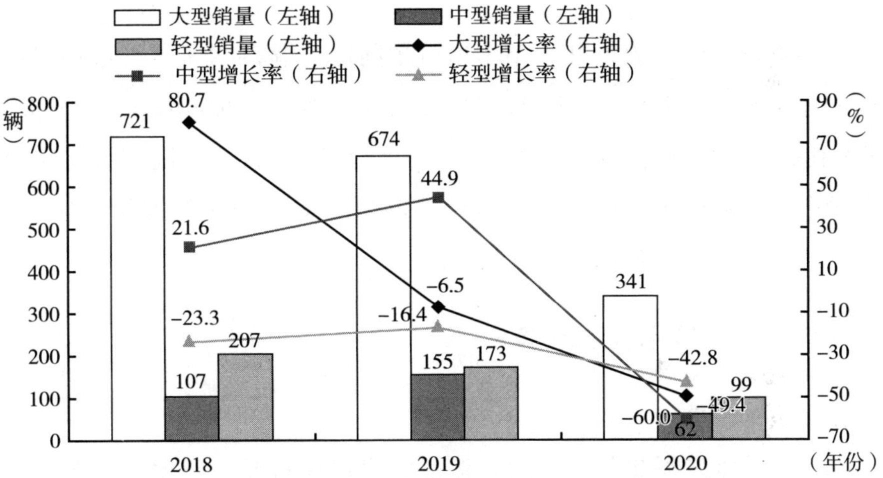

图 16　2018～2020 年出口大洋洲客车车辆类型走势

从燃料类型看，2020 年，传统燃料车型出口量同比下滑 51.6%（各市场出口量普遍同比下滑），新能源车出口量近三年首次下降，同比下滑 11.9%（体量较小，出口国少，澳大利亚、新西兰市场出口量同比上升，法属波利尼西亚市场出口量同比下滑）。随着各国家旅游业恢复，未来传统燃料车型需求量将逐步回升，新能源车需求量也将随公共交通改善项目落地而快速增长。

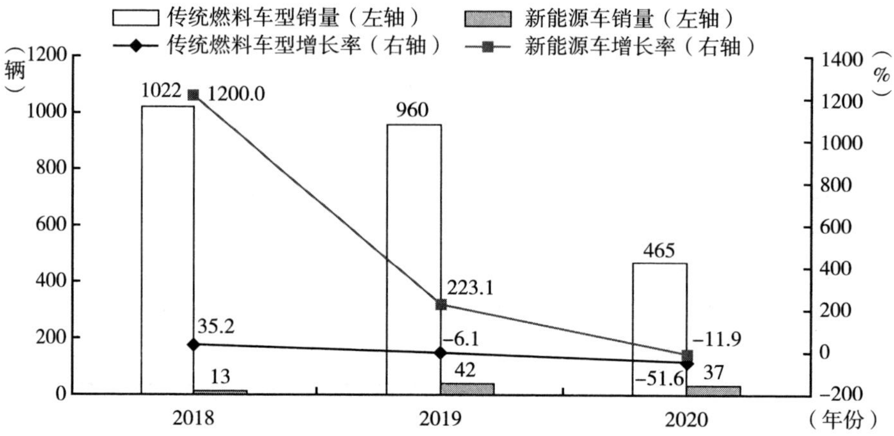

图 17　2018～2020 年出口大洋洲客车燃料类型走势

从出口形式看，2020 年，整车出口量同比下滑 54.4%（各市场出口量普遍同比下滑），但依然是主要出口形式，KD 车出口量同比上升 1433.3%（澳大利亚出口量同比大幅增加，主要是底盘项目执行）。随着各国家经济恢复及公共交通改善，整车出口量将逐步回升，随着国内厂家与当地工厂深入合作，KD 车出口量将有所增长。

（二）客车技术发展趋势

1. 传统车技术

结合新技术发展趋势和国内外竞品技术应用现状，对比分析客车行业“安全、节能、舒适”技术现状。

（1）安全技术发展分析

随着汽车智能网联技术发展，以驾驶辅助安全技术为核心的主动安全技术应用越来越多，主被动安全技术逐渐融合形成一体化的安全系统方案。在客车领域，国外标杆车企奔驰、沃尔沃等研发了正面碰撞防护结构、车内紧急逃生系统、AEBS 等先进主被动安全技术，覆盖事故的“前、中、后”各个阶段，形成一体化的安全体系。

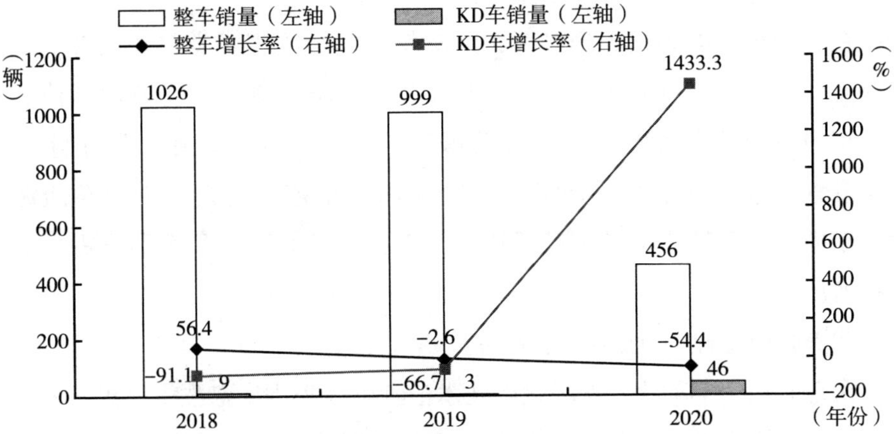

图18　2018～2020年出口大洋洲客车出口形式走势

（2）节能技术发展分析

随着智能化、网联化、轻量化技术的快速发展，基于智能网联的新型高效动力总成节能技术将成为整车节能减排的重要举措，持续提高整车动力传输效率，降低整车能耗水平。目前，实现轻量化技术主要有三种途径：结构的优化，部件薄壁化、中空化、小型化或复合化的应用；材料的使用，高强度钢、铝、镁合金及碳纤维等非金属材料的应用；工艺的改进，成形技术和连接技术等的应用。国外先进商用车标杆在高效动力总成、低风阻、低滚阻、热管理、替代燃料等技术方面较为领先，如超级卡车系列高效发动机热效率达到55%、高效变速箱（主流AMT技术）、低风阻造型（奔驰Tourismo整车风阻系数达0.33）、轻质材料应用（赛特拉玻璃钢底盘封板、VDL-Citea系列巴士复合材料部件）、智能网联节能技术应用（如奔驰/尼奥普兰等GPS巡航节油系统、沃尔沃I-Coaching、奔驰EDF节能驾驶反馈技术）、替代燃料（斯堪尼亚生物柴油HVO燃料）等。

（3）舒适技术发展分析

舒适技术主要包含震动与噪声（NVH）技术、操纵稳定性/平顺性技术等方向技术。各方向技术发展分析具体如下。

①震动与噪声技术发展分析

在智能化、电动化等趋势下，围绕驾乘人员主观听觉与体感舒适性能的提升，主动减震降噪已成为NVH前沿技术研究方向。行业内，传统车辆的车内主动动力系统/路噪主动降噪系统、主动减震座椅、主动/半主动减震悬置、进排气系统主动降噪等产品已有小范围应用，针对新能源车辆，车内动力系统主动发声模拟技术已成为满足驾驶人员个性化需求的重要技术应用。

②操纵稳定性/平顺性技术方面

在智能化、电动化、网联化的技术浪潮下，先进底盘技术以提升核心操稳、平顺性能为根本目标，充分利用多信息融合、智能控制、V2X等技术手段，提供更加安全、舒适便捷的驾乘体验。

2. 节能与新能源客车技术

（1）纯电动系统

我国《节能与新能源汽车技术路线图2.0》明确指出集成化、平台化、模块化、高效化、高可靠、低噪声、高性价比是新能源汽车动力总成未来的发展趋势。

①低地板化：随着人口老龄化的加快，城市客车低地板需求逐渐增加，低地板车辆2018～2020年销量6315辆，虽然整体销量占比较小，但销量逐年增加，增长趋势显著，公交车领域低地板化需求日益增加。

②高集成化：随着新能源公交补贴退出后8米以下公交需求回归、客车小型化后部分地区A3驾照司机难招聘、B驾照可驾驶5～6米车辆以及支线公交主要行驶在“背街窄巷”、地铁网约车发展导致公交车乘车人数减少等，客车小型化趋势加剧，车辆对动力系统的重量、安装尺寸等均有了更高的要求，因此需进一步提升动力系统集成化程度，降低系统重量。

③高效率：随着补贴标准等升级，对车辆Ekg等能耗的要求会进一步提升，电驱动总成系统作为新能源汽车能量转换及传递的关键部件，其性能表现直接影响着整车的能耗，因此需进一步提升动力系统效率，降低整车能耗。

（2）混合动力系统

高性价比化：未来新能源公交的技术路线将以纯电动为主。公路客运车运营工况不固定，且部分地区存在充电装置不完备的问题，市场上存在一定的混动需求。公路客运车多为高速行驶，其节油率无法满足新能源客车补贴要求，加之补贴逐渐退坡，新能源车辆售价方面的劣势进一步凸显，车辆制造成本和使用成本成为市场竞争的焦点，高性价比化将是未来发展的方向。

（3）氢燃料电池技术

依据国内外发展现状以及我国《节能与新能源汽车技术路线图2.0》，燃料电池客车技术发展趋势主要表现为大功率、高效率、高环境适应性、高质量比功率、长寿命、高储氢密度、低成本等。

①整车节能方面：基于整车运营大数据，研究不同道路工况、环境温度、司机驾驶行为等，对燃料电池整车经济性的影响；开发多目标优化的动力系统匹配和基于大数据分析的能量管理策略；开发燃料电池系统轻量化和高效系统技术以及基于工况预测的能量管理策略，实现燃料电池系统及主要零部件在高效区运行，提高燃料电池客车的经济性。

②可靠性提升方面：通过实车道路的路谱采集分析，制定燃料电池整车及零部件的振动谱，开展整车及零部件台架振动验证，结合CAE仿真分析，开发高可靠燃料电池系统和车载氢系统，提高燃料电池整车振动强度；结合大数据监控技术，重点开发大数据预警技术，实现燃料电池整车及主要零部件故障提前预警；开发燃料电池系统和车载氢系统免维护技术，降低整车运营维保成本。

③环境适应性方面：研究燃料电池整车在-30～45℃温度环境以及1000～3000m海拔下，燃料电池系统的失效模式，制定适应性解决方案；研究基于自加热的高效快速低温启动和智能化低温吹扫技术，提高燃料电池系统的低温自加热启动能力；同步研究开发两级增压系统和高温燃料电池系统技术，提高燃料电池系统海拔和宽温域的适应性。

④安全性方面：开发燃料电池动力系统安全保护技术，重点开发动力系统24小时全时域监控、火灾提醒装置、系统尾排氢浓度监测等技术，保证

燃料电池整车在停车过程中实时监测氢气泄漏浓度，在出现安全隐患时及时将氢气泄放，提高安全性；研究燃料电池系统在行车过程的尾排氢气浓度检测技术，提高整车氢泄漏安全防护能力；开发绝缘不着火燃料电池系统和车载氢系统关键材料，提高燃料电池动力系统的防火安全性。

⑤低成本方面：开发国产化电堆、双极板和空压机等核心零部件，提高燃料电池系统国产化率；开发国产化防冻液、高离子吸附性能离子罐等，降低维护成本；开发国产化氢气瓶阀及国产碳纤维氢瓶，降低氢系统购置成本；开发两级空气过滤器、电堆一致性检测技术、在线水含量监控技术、低温无损启动技术等，延长燃料电池系统使用寿命，降低系统购置成本；研究燃料电池客车的零部件通用化和模块化技术，进一步降低整车成本。

（4）动力电池技术

未来会重点进行安全防护技术、高效热管理技术、轻量化技术、智能化电池管理技术及大数据故障预警等关键技术开发与应用，实现动力电池性能的全面提升，并持续开展固态电池等新体系电池的研发，建立退役电池残余价值快速评价体系，开发回收再利用技术，完善动力电池回收再利用产业链，支撑智能新型电动汽车行业的发展。

考虑到寿命、安全性、成本等方面的需求，未来5年国内商用车仍将以磷酸铁锂技术路线为主，行业将重点提升磷酸铁锂电池的安全可靠性、环境适应性及智能化管理水平，同时持续提升其循环寿命、充电倍率等性能及经济性。

①电池安全防护方面：研究单体电池热失控的失效原因、机理和模式，重点研究电池系统热失控扩展路径和特性、热失控延缓和阻断控制机制，开发高安全防护的动力电池系统，实现电池热失控的快速报警和扩散抑制、热扩散的防护控制以及电池系统起火的应急消防处理。

②环境适应性方面：研究动力电池低温环境电性能变化趋势，研究新型电池加热/冷却方式，提升动力电池的快速温度调节性能并降低电池能耗。同时开展全气候环境条件下动力电池安全充放电和控制管理技术的研究，实现热管理系统设计和优化控制，降低电池系统内温差，提升热管理效率。

③智能化管理方面：结合大数据监控技术，重点开展高精度状态估算的

算法研究，并开发云计算技术、全时域监控技术、智能网联远程升级技术以及无线通信等先进智能管理技术。

④先进电池技术方面：重点开展固液混合、纯固态电解质的研究，开发新型固态锂电池，提升锂硫电池能力密度，同时开发锂空气电池、低成本钠离子电池等新体系动力电池技术，实现先进电池的示范及工业化应用。

⑤动力电池测试评价方面：开展动力电池关键材料、电池、系统等的评价技术研究，重点开展对产品全生命周期的综合性能、安全可靠性以及循环耐久性的测试评价研究，开发动力电池“机—电—热”在线测试技术，建立面向实际使用工况的全生命周期的电池安全快速评价体系。

⑥回收再利用方面：开展退役电池残余价值评估技术研究，建立退役电池残余价值评估体系，实现退役动力电池快速评价；开展退役电池残余寿命与安全性评估技术研究，健全梯次利用蓄电池标准体系，实现电池系统级、模组级的再利用，实现储能、电网等多场景的全产业链再利用。

（5）电机技术

①驱动电机：大转矩直驱电机和高速电机是新能源客车驱动电机的两个技术发展路线，驱动电机围绕“高效率、高密度、高可靠性、低震动噪声、低成本”进行开发，持续在新技术、新材料、新工艺、新构型方面对电机性能进行提升与突破。在新技术开发方面，加强共性关键技术攻关与产业化应用，建立有效的技术指标与评价体系。开展油冷技术、扁线技术、铁芯分瓣技术等先进技术的研究与应用，提升电机性能，降低电机生产成本。在新材料、新工艺应用方面，开展高导磁低损耗硅钢材料、高性能永磁材料、高电导率超级铜线、高强度高热导耐电晕耐油耐高温高性能绝缘材料等新材料的研究与应用，研究不同定子铁芯工艺的损耗影响，确定最优的电机材料、工艺组合，是提升电机性能和产品一致性、降低电机成本的有效途径。在新型电驱动系统拓扑结构开发方面，开发高集成度动力系统，通过共用壳体、转轴和油冷系统，降低系统重量，简化线束连接，提高电磁屏蔽效果。面向直驱构型，开发集成式刚性电驱桥，将电机、减速器等直接集成在桥壳上，提高传动效率，改善系统 NVH；面向分布式构型，开发轮边电机总成和轮

毂电动车轮总成，简化汽车结构，提升传动效率。

②电机控制器：后续会重点提升控制器的功能安全等级及智能化水平，通过对新型宽禁带半导体应用技术攻关继续提升控制器的功率密度、效率。功能安全方面，依据 ISO 26262 要求，按照 V 流程进行功能安全设计，完成危害分析及安全目标定义。基于系统安全目标，制定软硬件开发方案，通过认证完成电机控制器功能安全开发，进一步提升电机系统扭矩安全控制与监测功能，提高硬件冗余与软件容错能力，提升系统可靠性及安全性。智能化方面，基于大数据监控平台，构建由车用驱动电机（边缘端）和新能源汽车大数据平台（云端）组成的网联化智慧健康状态监测架构，开发电机系统健康管理系统，通过故障预警技术、健康评估技术、寿命预测技术，实现预判故障与智能维护；完成 OTA 技术推广应用，提高 OTA 升级速度与可靠性。新型功率器件应用方面，以 SiC 为代表的宽禁带功率半导体器件已在乘用车领域实现批量应用，但在商用车领域尚处于起步阶段，随着 SiC 芯片技术、封装技术的发展，通过联合 SiC 模块供应商推动商用车碳化硅功率模块的验证及产业化进程，逐步完成 SiC 控制器的批量推广应用，实现控制器功率密度、效率的大幅提升，降低整车电耗，延长车辆续驶里程。

（6）电控技术

为了适应新能源汽车行业向智能化、网联化转型的大趋势，提升开发效率，新能源客车电控技术正紧随乘用车行业朝着计算集中化、软硬件解耦、平台标准化以及功能定制化方向发展，各子系统控制器主导权从供应商逐渐向车企归集，域融合和跨域控制成为核心能力，车载以太网将取代 LIN/CAN 总线成为主干网络，软件功能集成化程度和迭代速度进一步提升，同时也对整车电控系统及其软件的安全性与可靠性提出更高要求，因此，围绕整车智能计算平台、服务导向的系统构架和高速车载通信总线构建高安全、高可靠性的整车域融合电控系统将成为国内客车企业新的阶段性目标，也是实现整车产品价值和品牌影响力提升的必由之路。

同时，随着政策强制标配叠加传感器、芯片等核心部件成本下降，高集成度、低成本的辅助驾驶系统市场渗透率有望加速提升，针对客车特殊运行工况和使用场景的主被动安全技术融合，覆盖事故“前、中、后”各个阶段的一体化安全系统方案将优先实现，助推新能源客车驾乘安全性进一步全面提高。由地理环境和智能交通大数据驱动、具备驾驶习惯及路况信息预测的多终端、可视化节能辅助驾驶技术也将成为客车领域的研究重点，整车节能潜力将依托 V2X 技术得到充分释放，从而有力支撑我国汽车产业低碳化和绿色发展。

此外，为适应未来更加高效、安全的智慧交通体系，整车功能安全、信息安全和云端服务也将是新能源客车电控技术的重要发展方向。值得注意的是，与传统汽车相比，智能网联汽车面临的电磁兼容问题更加突出，为满足趋严的法规要求，确保车辆行驶安全和驾乘人员安全，需要各厂商尽快制定高效经济的 EMC 集成设计和测试分析解决方案并落地实施。

（7）热管理技术

基于技术的进步革新，新能源客车的整车热管理技术发展趋势可总结为集成化、节能、智能化。

①集成化：集成化能够充分利用整车冷热资源，通过取消共用零部件实现热系统重量、体积、成本的降低，同时能够通过整车能源的梯次利用和余热回收实现整车经济性的显著提升，因此已成为大多数新能源客车企业研究的重要战略方向。

②节能：节能是热管理系统最核心的属性。良好的热管理不仅能够让热管理零部件能耗降低，还能够让电池等部件处于最优的工作温度范围，从而提升其工作效率。

③智能化：智能网联为纯电动汽车带来了新的机遇，智能化是保证与热管理系统智能网联汽车接轨的必然趋势。

（8）充电技术

电动汽车充电是将电网交流电能转变为车辆动力电池所需直流电能的过程，根据车辆获取电能的特性分为交流充电、直流充电、换电和无线充电。随着新能源汽车的快速发展，当前充电技术的充电速度和便利性已无法满足使用需求，因此，大功率、智能化、网联化逐渐成为充电技术的主要发展方向。

①大功率充电技术

目前中、欧两大充电标准体系正在推动大功率充电接口技术的提升，车企、充电连接器企业正在研发350kW（载流350A、电压1000V）充电接口，相关标准已在起草中。各商用车企业根据车辆运营特点和用户需求，在研究功率更大、自动化程度更高的新型受电弓充电接口，充电电流可提升至700A以上。

②自动充电技术

自动充电是指利用机械执行机构代替人工完成充电接口对接和充电，该技术集成了图像识别、定位识别、自动控制和无线通信等技术，大大提高了充电的方便性和安全性，同时也可配合无人驾驶电动汽车实现全过程无人化。

③充电智能化和网联化

通过对传统充电桩（站）的升级，建立云平台、监控中心、充电桩和用户手机终端的层结构。把人机互动和移动互联及云平台连接在一起，形成了一个从高压到低压、从交流到直流、从集控到调度、从人机到手机、从充电管理到云平台管理的大系统、大平台，成为电动汽车充电的大管家。

④无线充电

无线充电是指利用电磁感应原理，通过非电连接的方式传输电能量，对车辆进行充电。无线充电能适应雨雪等各种恶劣天气，减少人员触电事故的发生，没有导线磨损老化等问题。根据充电时车辆的运行状态不同，无线充电分为驻停式和行进式两种方式。驻停式无线充电可实现即停即充，不用人工进行充电枪插拔，便捷性高。行进式无线充电技术更为先进，可边走边充，没有充电等待时间，应用在固定运行路线的公交、轨道交通等场合，可提高其运营效率并大大减少电池装载量。

3. 智能网联技术

（1）车联网终端及应用

随着客车的智能化、模块化、集成化，车内网、车际网、车云网等网联化通信能力不断增强。车联网终端作为客车网联域的核心通信单元，已经由传统的数据采集、数据监控、位置监控、视频监控等单车网联化应用向高速数据传输、多车协同、车路协同、高精度定位、多传感器融合共享等协同网联化应用的方向发展。

基于客车智能化、网联化及自动驾驶技术发展趋势，车联网终端的应用正在向车、路、云、人之间的意图和感知共享方向发展，应用场景的用户视角也从单纯的车端向兼顾交通管理方、行人以及场站端方向发展，因此车联网终端应用将基于以下五个方面不断进行演进。

①数据分析类：通过车载 CAN、车载以太网等通信方式实现车身数据采集、存储和上报，如新能源监控标准要求的驱动电机、电池等数据，国Ⅵ排放标准要求的发动机、OBD 等数据，来源于车辆的加速踏板、制动踏板、车灯、车门等信号数据等，对此，整车工况数据高频实时采集并通过 5G 高带宽低时延通信链路传输到云平台，主要应用将基于整车大数据分析展开，如关键零部件预测性维护、智能远程车辆诊断等场景应用。

②安全监控类：主要体现在车载视频监控、智能安全监控、车车/车路协同安全三个方面应用，有车载监控高清视频远程监控应用、基于智能主动安全/AI 人脸识别/辅助驾驶等技术实现的驾乘安全监控应用、基于车车/车路通信技术实现的紧急制动预警、前向碰撞预警、盲区预警、逆向超车预警、左转辅助、交叉路口碰撞预警、异常车辆提醒、车辆失控预警、道路危险状况提醒、感知数据共享、协作式车辆变道提醒、协作式车辆汇入提醒、协作式交叉口通行提醒、弱势交通参与者安全通行提醒等场景应用。

③交通效率类：基于车路、车车、车云通信技术并结合车道级定位技术实现车辆通行交通效率的提升，具体的场景应用有公交车辆交通信号优先通行、绿波车速引导、紧急车辆通行提醒、道路拥堵提醒、车内道路标牌提醒、动态车道管理等。

④增强应用类：增强应用基于通信的低时延、高可靠特性展开，主要分为车辆编队行驶、高级驾驶、传感器扩展和远程驾驶四类，主要的场景应用有车辆编队信息交换、短距离分组自动驾驶协同、有限自动驾驶信息共享、

全自动编队信息共享、紧急通行车辆车道动态分配、城市交叉路口安全信息共享、自动驾驶车辆协同变道、遥控驾驶等。

⑤信息服务类：通过车路、车云等通信技术实现信息服务类场景应用，主要有停车主动支付（停车支付、加油支付、充电支付）、道路通行收费、道路救援、呼叫服务、高精度动态地图下发、场站路径引导、整车 OTA 等场景应用。

（2）智能网联技术

随着新一代信息通信及人工智能技术的快速发展，汽车作为这些新技术应用的重要载体，正在加速向智能化和网联化转型，智能网联汽车成为新一轮产业转型升级的重要标志和依托。

智能网联客车可以提供更安全、更舒适、更节能、更环保的交通出行综合解决方案，是城市智能交通系统的重要环节，是构建绿色汽车社会的核心要素，其意义不仅在于客车产品与技术的升级，更有可能带来客车及相关产业全业态和价值链体系的重塑。对此，美、日、欧等发达国家和地区均从战略高度上给予重视，加大对智能网联客车的研发和产业化推进的投入力度。而我国也在通过国家顶层规划、产业政策引导、法规标志修订、开放道路测试等方式，加快智能网联客车技术和产业化发展步伐。智能网联客车是我国汽车产业实现产业升级的重要战略契机，也是我国建设汽车强国的重要支撑。

最早的智能网联客车出现在欧洲，由戴姆勒集团于 2009 年在世界客车博览会上发布。经过十多年的快速发展，客车智能网联技术已取得显著进展，国外各主流整车厂、科技公司纷纷发布了新一代客车智能网联产品，各国也相继出台了以车辆智能化、网联化为核心的发展战略。在自动驾驶客车研发方面，国外主要有奔驰、丰田、Easymile、Navya、沃尔沃等主流传统车企以及造车新势力，其测试、运营区域基本处于景区、园区、校园等具有一定封闭性的区域，产品以微型巴士和自动驾驶公交车为主，主要用于“解决最后一公里”的短途运输或限定区域内的接驳服务。

我国智能网联客车技术虽然起步较晚，但发展势头猛烈，整车厂纷纷自主研发或与互联网公司合作布局智能网联客车产业，开发智能网联客车产品。国内的智能网联客车行业呈现百花齐放态势。在国家大力支持、5G 技术迅速发展的大背景下，各主流客车企业纷纷涉足智能驾驶客车领域，宇通客车、厦门金龙、厦门金旅、中车电动等企业在智能网联客车领域较早开展了布局，并取得了较为显著的成绩。总体来看，国内自动驾驶产品方面与国外相同，以微型巴士和自动驾驶公交车为主：微型巴士方面，有多家整车厂、科技公司发布相关产品，主要应用于景区、园区等封闭区域；自动驾驶公交车方面，整车厂、科技公司布局较少，可实现 L3 级自动驾驶，一般应用于城市快速公交线路。目前，国内自动驾驶客车基本进入路测和示范运营阶段。

从各国和地区研究成果来看，基本都预判在 2025 年前后 L3 级智能网联客车将得到规模化商业应用，L4 级智能网联客车开始进入市场。从技术路线来看，智能网联客车从单车智能化逐步向智能化与网联化融合的方向发展，各国加速“人—车—路—云”一体化的项目示范与技术规划。从落地场景来看，限定区域运营场景由于路况简单、线路相对固定、车速相对较低、交通参与者较少等因素，更有利于自动驾驶的实现。大范围不定线路运营的场景、交通环境复杂场景和极端恶劣天气下运营的场景，短时间内难以实现自动驾驶。因此智能网联客车的发展将经历封闭园区测试、半封闭园区测试、开放道路测试、特定路段运营、开放道路运营等阶段。智能网联客车会按照低速封闭场景—低速开放场景—高速开放场景的顺序实现商业化落地。

（3）大数据云平台信息安全

①大数据方面：围绕数据资源、基础硬件、通用软件等建立大数据产业图谱，推动大数据产品高端化。围绕数据清晰、数据标准、数据分析等相关需求，加速大数据服务的优质化。提高数据采集、传输、存储、计算和应用等产业链环节的创新发展水平。目前各大车厂利用大数据技术，在新能源电池健康诊断、驾驶行为、充电行为、零部件预测性维护等方面都开展了广泛的应用。

②云计算方面：云计算技术趋于成熟，为云计算行业提供了强大的技术支持。容器、微服务、中间件等云原生技术体系不断丰富，促进应用开发部

署敏捷化发展。云计算在并发编程技术、海量数据分布式存储技术、虚拟化技术、云计算平台管理技术领域，不断涌现出大量先进、可靠的产品和服务，云生态发展欣欣向荣，云计算与大数据、人工智能、5G 等新兴技术融合，推动传统企业数字化转型。

③信息安全方面：围绕车联网云平台数据安全、V2X 通信数据安全、智能网联汽车数据安全、车联网移动 App 数据安全打造车联网数据安全；大数据安全覆盖数据全生命周期管理各环节，涵盖对大数据平台运行安全功能保障及以数据为对象进行资产管理等。

（4）智能化技术

当前，汽车产业正迎来颠覆性变革，人工智能、大数据、云计算、5G 通信、移动互联网等新兴技术与汽车深度融合，推动新一轮汽车科技革命。在工业化和信息化融合不断深入的趋势下，汽车智能化成为世界车辆工程领域研究的热点和汽车工业增长的新兴动力。智能化作为汽车产业发展的重要方向之一，是产品竞争的重要支撑，智能化技术发展趋势与路线选择受到企业的高度关注。目前主流的整车企业均已开始关注产品智能化性能提升，并通过装配智能化技术来提升产品竞争力。互联网企业及其他人工智能企业积极布局智能汽车的研发、制造和服务，同样给传统车企提供了发展智能化技术的驱动力。

①环境感知技术

环境感知作为智能驾驶技术的重要一环，为车辆了解周边环境、制定驾驶决策提供了基本保障。多技术融合的感知系统很大程度上决定着智能驾驶发展的进程，间接影响着未来智能驾驶汽车的产品标准、试验测试方法、安全等级评价等产业市场规划，以及交通规则、车辆及司机管理等社会治理规则。

毫米波雷达：在毫米波雷达产业方面，国外企业在全球范围均占有比较明显的优势。国内毫米波雷达进展迅速，主要用于盲区监测的 24GHz 角雷达已实现量产，且已有较大出货量，前向 77GHz 长距雷达也已基本具备了量产条件，但出货量较小。国产雷达除保持性价比优势外，还需在产品性能稳定性及环境适应性等方面做工作。毫米波雷达因探测距离远、测距精度高、穿透力强、受环境干扰小而广泛应用于智能驾驶车辆中，目前应用的产品包括24GHz及77GHz两个波段，主要用于实现BSD、FCW、AEBS、ACC等功能。随着高分辨率雷达技术的发展成熟，可实现点云成像效果，其应用将进一步扩大。

激光雷达：车载激光雷达的产品及生产厂商主要集中于国外，国内的激光雷达产品以2D/3D激光雷达为主，多用于地形测绘、建筑测量、家用服务机器人等领域。不过，国内相关企业也开始尝试逐步进入车用激光雷达行业。激光雷达按有无机械旋转部件分为机械激光雷达和固态激光雷达。机械激光雷达分为转镜旋转雷达和发射器旋转雷达两类。转镜旋转雷达将率先出现在车规级应用上。固态激光雷达可分为微振镜MEMS、FLASH、相控阵OPA三种。短期内智能驾驶商用车将以机械旋转式雷达为主，而激光雷达固态化可弥补机械旋转式雷达自身缺陷，并且在装配调试环节实现自动化，因此，固态激光雷达被认为是未来的主流应用趋势。

摄像头：国外的EyeQ系列图像处理芯片在全球车载领域占比超过70%，并已与全球几十家主机厂达成合作协议，商用车主流ADAS供应商视觉方案均基于EyeQ系列芯片。国内厂家起步较晚，产业布局包括芯片、算法平台、产品级解决方案等方面，但其产品性能及市场份额与EyeQ系列芯片仍有较大差距。车载摄像头有单目、双目等类型，主要有两类功能：图像采集、图像识别。随着人工智能技术的发展，车载视觉感知系统逐渐从最初的基于规则的目标识别发展到基于深度学习的图像处理技术，可识别目标种类及识别准确率显著提升，也催生了专用芯片技术的发展和应用。

在复杂的交通环境下，雷达、视觉等传感器对行驶环境进行感知存在盲区，同时存在感知空间广度和时间纵向深度不足等问题，智能车的单车感知能力不足已经成为制约智能汽车进一步发展的瓶颈。车联网通信技术的出现，实现了信息在车车、车路、车人及车与互联网之间的传输，为提升车辆感知能力提供了新的科学技术手段和思路。可以预见，环境感知系统将从初期的以传感器感知为主，逐渐过渡到感知与通信融合发展，最终将越来越依赖通信。当前，车联网通信技术在感知系统中的应用还处于起步阶段，其能为汽车带来哪些感知能力的增强、如何基于联网通信消灭车辆感知盲区实现超视距视野、如何进行融合保障网络信息安全等还需要深入的研究。

②决策与规划技术

决策与规划主要指依据环境感知和导航信息，确定车辆安全行驶轨迹，主要包括路径规划、行为规划和轨迹规划三大核心部分。路径规划主要指依据用户给定的目的地，结合路网数据规划出一条能安全到达终点的有效路径。行为规划也被称为驾驶行为决策，主要依据路径规划信息，根据当前的交通场景和环境感知的信息，规划出合理的驾驶行为。轨迹规划的目标是获得一系列由路径点组成的车辆实际可行驶的路径。

随着我国汽车工业的发展和整体技术水平的提高，我国车辆动力学理论和研究取得了新的发展，同样，智能驾驶技术也取得了长足发展，但是二者的结合是相当脱节的。目前有相当一部分研究是将智能驾驶车辆当作一个质点，在特定场景下可以调试运行，现场的开放道路其实是相对开放，换句话说，不是真正意义上的完全开放。在真正意义上完全开放条件下，智能驾驶的决策控制不仅仅是加速、转向、制动和灯光等，还应包括对车辆自身动力学特性的响应。智能驾驶与车辆动力学的脱节，对智能驾驶的产业化会有影响，而且这种影响会越来越明显，研究这两种技术如何有机结合迫在眉睫。作为一门新兴技术，智能驾驶的决策与规划领域还有很多问题需要进一步探讨和研究。

③控制与执行核心零部件

智能驾驶的落地需要精准的控制系统参与，其与汽车底盘控制密切相关，涉及驱动控制系统、制动控制系统、转向控制系统、照明控制系统等。执行机构的电子化、线控化是实现智能驾驶的根基。

驱动系统：燃油车主要通过发动机 ECU 实现控制，由于燃油车驾驶系统的复杂性，模块间各自独立，难以做到数字化集成。纯电汽车动力源输出为线性，易于实现动力源的线性控制及数字化，具备驱动系统集成化可行性，具备轻重量、低空间占用及减轻整车布局困难的优势，驱动系统电动化是趋势。

制动系统：商用车制动技术沿着载感传感器 ABS—ABS/ASR—EBS，路线发展。目前 ABS/ASR 在我国商用车上应用较普遍。虽然 EBS 在技术上高度成熟，欧洲普遍应用，但我国商用车上应用较少。对于 EBS 技术和产品主要是欧洲 WABCO 和 KNORR 两个公司在研发和生产。我国在 EBS 的技术创新和研究方面基本处于起步阶段。商用车智能驾驶执行层面的制动控制以 EBS 为基础较为理想，我国相关技术较薄弱，这一问题将在很大程度上影响、制约我国商用车智能驾驶的发展。其他执行层面的电转向、加速控制等也存在类似问题，执行层面的产业布局需予以重视。

转向系统：目前常见的助力转向系统分为机械液压助力转向系统（HPS）、电子液压助力转向系统（EHPS）和电动助力转向系统（EPS）三类。商用车主要采用电子液压助力转向系统，电机主要分为两种安装模式（管柱式或转向器式）。线控转向系统技术还不成熟，但其能为智能驾驶控制提供便利，将是智能驾驶车辆转向系统未来的发展方向。

当前智能驾驶蓬勃发展，多是在功能实现层面发力。智能驾驶汽车本质上还是汽车，其安全问题不可忽视，而其控制与执行的可靠性直接关系着交通安全，有必要建立一套智能驾驶车辆的可靠性评价及风险程度分级体系。未来的智能驾驶汽车将基于网联技术实现车联万物，通过信息互联，实现出行信息打通，为构建智慧交通、智慧城市提供支撑，改变人们的出行方式，提高出行效率，改善城市交通拥堵。

（三）行业政策发展情况

2020 年随着疫情防控形势向好，复工复产迅速展开，汽车市场开始复苏和回暖；年终，汽车市场超乎预期。在此过程中，政府出台的诸多政策发挥了至关重要的牵引作用。2020 年 4 月，国家有关部委调整了新能源汽车补贴政策和免购置税政策，延长支持政策到 2022 年，有利于对冲疫情影响、促进汽车市场消费、提高综合竞争力、推动产业高质量发展。

1. 新能源汽车购置补贴和免税政策延长2年

2020 年 3 月 31 日，国务院总理李克强主持召开国务院常务会议时指出，为促进汽车消费，一是将新能源汽车购置补贴和免征购置税政策延长2年；二是中央财政采取以奖代补，支持京津冀等重点地区淘汰国Ⅲ及以下排放标准柴油货车；三是对二手车经销企业销售旧车的，从5月1日至2023年底减按销售额0.5%征收增值税。

2020年4月23日，财政部、工信部、科技部、发改委联合发布《关于完善新能源汽车推广应用财政补贴政策的通知》，明确了2020年新能源汽车补贴标准，同时还将新能源汽车推广应用财政补贴政策实施期限延长至2022年底，2020~2022年补贴标准分别在上一年基础上退坡10%、20%、30%，城市公交、道路客运、出租（含网约车）、环卫、城市物流配送、邮政快递、民航机场以及党政机关公务领域符合要求的车辆，2020年补贴标准不退坡。

2. 开展为期四年的燃料电池汽车试点城市群示范应用

2020年5月9日，财政部发布的《关于征求〈关于开展燃料电池汽车示范推广的通知〉（征求意见稿）意见的函》显示，示范期间，要推广超过1000辆达到相关技术指标的燃料电池汽车，平均单车累计用氢运营里程超过3万公里。被征求意见的有北京市、山西省、上海市、江苏省、河南省、湖北省、广东省、四川省等八个省份。

2020年9月21日，财政部、工信部、科技部、发改委、国家能源局五部门发布《关于开展燃料电池汽车示范应用的通知》，决定开展燃料电池汽车示范应用工作。示范期暂定为四年。示范期间五部门将采取“以奖代补”方式，对入围示范的城市群按照其目标完成情况给予奖励。通知明确表示，将重点支持燃料电池商用车示范应用。

3. 制定“十四五”发展规划，明确发展路线

2020年10月20日，国务院同意印发《新能源汽车产业发展规划（2021—2035年）》。该规划系统性地提出了新能源汽车产业的发展愿景和目标。同时，学术性文件《节能与新能源汽车技术路线图2.0》和《智能网联汽车技术路线图2.0》亦分别在2020年10月和11月发布。该规划是一份指导中国新能源汽车产业系统性发展的纲领性文件和蓝图，而两个路线图则

对行业技术发展具有现实的指导意义。它们对未来15年新能源汽车产业发展将产生深远影响，并为最终实现新型新能源汽车产业生态建设发挥统领性作用。

4. 促进新能源汽车消费组合政策

2020年2月起，国家及地方政府陆续推出了各类刺激政策。在国家层面，工信部发布《关于有序推动工业通信业企业复工复产的指导意见》，鼓励汽车限购地区适当增加汽车号牌配额；财政部发布《关于二手车经销有关增值税政策的公告》，激活二手车市场；商务部等12部门于2020年12月28联合印发《关于提振大宗消费重点消费促进释放农村消费潜力若干措施的通知》，推动新能源汽车推广向农村地区下沉；国家邮政局、工信部联合印发《关于促进快递业与制造业深度融合发展的意见》，鼓励快递企业加快推广甩挂运输和多式联运等先进运输组织模式，淘汰更新老旧车辆，提高新能源车辆使用比例。在地方层面，各省区市2020年也陆续出台了促进汽车消费的相关政策。比如，放宽限购限行、增加车辆号牌、推进老旧汽车报废更新、鼓励农村车辆消费升级、加大金融服务支持力度等。

5. 进一步开放合资准入，优化准入标准

2018年6月国家发改委和商务部联合发布《外商投资准入特别管理措施（负面清单）（2018年版）》，自当年7月28日起，汽车行业取消专用车、新能源汽车外资股比限制；2020年取消商用车外资股比限制；2022年取消乘用车外资股比限制，同时取消合资企业不超过两家的限制。2020年汽车行业的股比放开进入更大范围的实质性实施阶段。合资股比放开势必推动中国汽车企业融入更具竞争压力的市场环境，是中国车企从做大市场向做强市场转变的必然过程，也是中国汽车产业迈向高质量发展的重要标志。

2020年7月30日，工业和信息化部发布《关于修改〈新能源汽车生产企业及产品准入管理规定〉的决定》，自2020年9月1日起施行。新的准入规定删除申请新能源汽车生产企业准入有关“设计开发能力”的要求，将新能源汽车生产企业停止生产的时间由12个月调整为24个月，删除有关新能源汽车生产企业申请准入的过渡期临时条款。

2020年4月16日，工信部发布《2020年新能源汽车标准化工作要点》，提出将深入贯彻实施发展新能源汽车的国家战略，秉承创新、融合、开放、合作的理念，持续优化标准体系，加快电动汽车整车、燃料电池、动力电池、充换电领域相关标准研制，深化国际交流合作，发挥标准对技术创新和产业升级的引领作用，支撑我国新能源汽车高质量发展。

6. 实施电动汽车“三项强标”，提升安全水平

2020年5月12日，工业和信息化部组织制定的《GB 18384－2020电动汽车安全要求》、《GB 38032－2020电动客车安全要求》和《GB 30381－2020电动汽车用动力蓄电池安全要求》三项强制性国家标准（以下简称“三项强标”）由国家市场监督管理总局、国家标准化管理委员会批准发布，并于2021年1月1日起开始实施。

三项强标是我国电动汽车领域首批强制性国家标准，综合我国电动汽车产业的技术创新成果与经验总结，与国际标准法规进行了充分协调，对提升新能源汽车安全水平、保障产业健康持续发展具有重要意义。

三　客车发展面临的主要问题

（一）行业市场下滑，企业竞争加剧

随着大众出行方式的多样化，受铁路、民航、轨道交通和私家车等的影响，客车销量逐年下降。从行业发展周期看，客车行业发展已步入成熟期，企业对国内市场份额的争夺愈发激烈；行业产能趋于过剩，企业在组织、研发、制造和营销等方面都面临变革；行业洗牌和重组现象仍将持续，缺乏竞争力的企业将被边缘化、并购和重组。

（二）议价能力较弱，行业利润骤减

作为定制化程度相对较高的行业，企业的盈利能力受供需两侧的影响显

著。一是原材料成本大幅上升。2020 年以来，受多重因素影响，铜、铁、铝、有色金属、化工原料等大宗原材料价格均大幅上涨，成本上升已传导到上游汽车产业链企业。如国Ⅵ发动机后处理涂层贵金属价格（铑）较同期上涨 250% 以上，动力电池碳酸锂、隔膜、电解液等原料涨幅也在 30% 以上。同时，芯片短缺也导致部分关键零部件交付周期变长，个别芯片市场现货价格上涨 3 ~5 倍。二是下游客户盈利能力不足。除了受出行方式变革的影响，2020 年的新冠肺炎疫情加剧了传统道路客运行业的压力，客运企业的客源和收入均急剧下滑，人工、保险、燃油等运营成本不降反升，利润急剧压缩，加之国家针对客运车辆出台新规范、新标准，道路客运企业的生存面临诸多压力，对购车和售后服务的需求更加严苛。

（三）海外客车市场仍未恢复

疫情导致客车出口市场低迷。中国汽车工业协会数据显示，2020 年我国客车累计出口超过 4.1 万辆，同比下降 34.45%。海外疫情开始蔓延，多地开始封国封城、停航停运，对我国客车企业的海外订单造成较大冲击。一是人员外派、互访依旧受限，无法及时深入市场一线开展工作。二是许多国家和地区的客运、旅游市场需求受到压制，对经销商与终端客户的运营造成巨大影响。三是经营风险升高。“一带一路”沿线主要为发展中国家，局势波动、货币贬值、外汇储备短缺等情况一直存在，叠加此次疫情影响，市场购买力大幅下降，融资需求大幅增加，加大了出口企业融资回款压力，产生逾期、坏账等风险。海外市场的复苏与疫情的控制、疫苗的普及等息息相关。

（四）充电基础设施尚不完善

中国电动汽车充电基础设施促进联盟发布数据显示，截至 2020 年 12 月底，全国充电基础设施累计数量为 168.1 万台，其中，公共充电桩数量为 80.7 万台，私人充电桩（随车配建充电设施）数量为 87.4 万台，车桩比例约为 3∶1，充电基础设施的需求仍存在较大缺口。目前，充电设施运营企业参与众多，发展水平参差不齐。充电桩建设布局、充电技术路线与市场需求的不完全匹配制约着充电基础设施行业的发展。

（五）动力电池回收体系尚不完善

随着早期推广应用的新能源汽车产品逐渐进入报废期，产生的退役电池数量开始呈现规模化趋势，电池的回收利用难题已逐渐浮出水面。一是动力电池回收需要一定的资产投入，在行业盈利能力较弱的情况下，国内车企大部分采用委托回收的方式，整车企业、电池生产企业、拆解企业的责任界定未明确。二是动力电池的所有权归属终端用户，而回收主责却在整车，出现权责不对等的情况，存在现实困难。三是新增回收企业多，龙头骨干少。现阶段电池回收种类以磷酸铁锂电池为主，其不含钴、镍等价值量较高的金属材料，再生利用后难以盈利。再加上当前回收数量较为有限，难以形成规模效应，造成大量产能闲置，回收企业存在盈利困难。四是缺乏相应的年检或检测机制标准，电池数据难以全贯通，电池回收梯次利用可靠性难以保障，梯次利用率低。就目前而言，动力电池回收需要产业链各环节共同发力。

（六）氢燃料客车的商业化面临诸多挑战

目前，我国的氢燃料客车在逐步探索商业化，但仍面临氢能的制取、储运、车载储存以及加氢站等产业链的经济性及协同效应问题。一是产业链法规体系仍未完善；二是质优价廉的氢能供应和加氢基础设施建设不足；三是核心材料依靠进口，国产化程度较低；四是关键零部件的可靠性仍有待完善；五是商业化推广模式仍在摸索中。

四 “十四五”时期客车发展目标及转型路径

“十四五”时期，应坚持创新、协调、绿色、开放、共享的发展理念，以深化供给侧结构性改革为主线，以融合创新为重点，突破关键核心技术，提升产业基础能力，构建新型产业生态，推动我国客车产业高质量发展。

（一）发展目标

以产品优质化和高端化、产业结构战略转型为主线，加快融入全球客车产业创新体系，掌握客车产业链核心竞争力，引领全球新能源客车创新，培育国际一流客车企业，构建集研发创新、制造先进、服务迅捷于一体的客车产业高质量发展体系，并从以下几方面构建具体目标。

1. 产业体系完整自主可控

客车产业链关键零部件具备自供能力，核心技术自主可控。重点突破智能网联与自动驾驶技术、整车架构技术、燃料电池技术、车载超算技术、云控服务技术、驱动电机与电力电子技术、动力电池技术、芯片与传感器技术、充电/加氢技术、智能能量管理技术、整车轻量化技术等关键核心领域。到 2025 年，实现核心零部件国产化，在部分关键核心技术领域具备较强的国际竞争优势，中国客车企业在全球新能源客车市场的影响力和市场份额进一步提升，在新能源客车领域初步形成全球创新引领能力。

2. 品牌价值稳居世界前沿

形成具备较强国际竞争力、具有国际口碑的品牌，知名度、美誉度、忠诚度与世界一流客车企业相媲美，提高全球高端客车市场的份额和产业地位。到 2025 年，打造 2 家世界知名品牌。

3. 生态体系数字化发展

加强开放合作，充分利用新一代信息技术，高效贯通产品研发、生产制造、运营服务等环节，推进建设智能工厂，逐步完成企业内部各环节的数据互联互通，打造高效、节能、智能的客车企业生态体系。到 2025 年，重点领域全面实现数字化，1 ~2 家客车企业实现生态体系数字化发展。

4. 跨界融合态势基本形成

加快新能源客车领域与互联网、信息通信、能源、交通、环保、金融和智慧城市等领域的融合，培育客车行业新业态。加快推动客车由传统出行工具向智能移动空间升级，探索发展汽车共享经济，逐步实现车城互联，赋能城市精细治理。到2025年，部分领域实现融合示范，高度自动驾驶客车在特定环境下市场化应用。

（二）实现路径

1. 政策方面

（1）强化产业规范发展

贯彻落实国家发展改革委《汽车产业投资管理规定》，强化汽车投资项目技术要求、生产准入条件、市场公平竞争和政府审查监管，推进客车产业合理布局和有序发展，坚决防范盲目布点和低水平重复建设。支持汽车产能利用率低的地区和企业加大兼并重组力度，不断提高产能利用水平。

（2）加快新能源汽车产业发展

贯彻落实《国务院办公厅关于印发新能源汽车产业发展规划（2021—2035年）的通知》，对新能源汽车整车、动力电池、电机、电控、新能源材料以及充换电装备等关键核心技术予以扶持，在研发、项目建设及产业化等方面予以优先扶持。明确政策导向，鼓励市场自由竞争，支持客车产业链关键技术的突破，支持企业实施跨国兼并和重组关键技术零部件企业。加大财税支持力度，对关键技术零部件产业予以税收优惠。加大科技人才奖励力度，对产业链关键技术、关键技术零部件产业的科研人才予以具备竞争力的物质奖励。强化产研合作，大力支持高校、科研机构和重点客车企业开展深度技术合作。

（3）加大公共领域推广新能源客车和充电基础设施建设力度

优先在公共交通、旅游景区、环卫、物流、机场通勤等领域推广新能源客车，继续推动扩大新能源客车的路权使用范围。强化新能源汽车的基础设施建设，加快推进充换电设施建设，加大充换电设施用电支持力度。

（4）加快建设智能网联汽车测试基地，推动示范区建设

积极推动相关测试基地逐步由封闭试验区、半封闭场景到完全开放交通场景的进阶转变，完善相关法律法规和测试评价标准，推动智能网联汽车及相关产品的第三方测试评价。鼓励有条件的市、地区开放自动驾驶汽车试验区、试运营区等，支持自动驾驶汽车发展。

（5）鼓励创新商业模式

鼓励投融资创新，支持社会资本进入新能源客车产业链领域；鼓励金融创新，开拓新能源客车市场。鼓励金融机构对新能源客车、产业链关键技术等研发和产业化项目提供信贷、担保等支持。

（6）营造规范有序的市场环境

建议政府部门加强事中事后监管，在上牌环节、生产环节重点严查产品配置、车辆环保和安全相关的生产一致性，区分企业行为、代理商行为和用户行为，加大违法成本的处罚力度。严格治理公交等市场的客户点单行为，杜绝利用公共出行领域博弈地方利益的现象。加强客车运行监测和服务体系、组织体系保障等。

2. 产业方面

（1）推动新能源客车及动力电池技术创新发展

推动新能源客车及动力电池企业提升正向研发能力，在整车控制系统、动力电池技术、电池管理系统、电机控制技术等方面寻求新的突破，全面提升新能源客车的生命周期。同时，将新能源客车与智能化发展紧密结合，提升新能源客车产业的智能服务水平，逐步推出高端新能源客车产品。

（2）推动客车行业新业态发展

以5G、人工智能、工业互联网、物联网为代表的信息数字化新型基础设施建设将成为客车制造业转型升级的重要机遇。客车产业生态正由制造、销售、服务之间的“链式关系”逐步演变成汽车、信息通信、能源、交通等多领域多主体参与的“网状生态”，未来将实现深度跨界融合。作为电动化、网联化和智能化的先行行业，鼓励客车企业与互联网、信息通信、能源、交通等领域的企业跨界合作，推动行业新业态的发展。

（3）推动完善动力电池回收利用体系

完善新能源客车电池拆解回收利用体系，严格执行动力电池回收利用管理办法，推动电池合理回收利用。支持创新商业模式，完善电池回收服务网络。

（4）加快培育燃料电池汽车产业链

加强顶层设计，重视氢能在能源消费领域的地位，引导公众形成对氢能和燃料电池汽车的正确认识，加快基础设施建设。支持制氢、膜电极、燃料电池发动机、燃料电池电堆、整车控制技术、加氢系统等关键核心技术的发展，以技术发展推动产业链的建立与完善，实现关键零部件的国产化。坚持开展燃料电池汽车的示范应用，以规模化促进成本下降。组织制定氢能及燃料电池汽车的相关标准法规，完善监管制度，加强安全性管理。

3. 企业方面

（1）坚持驱动创新，突破技术短板

一是完善自主研发能力，做好基础研究，聚焦核心关键技术的突破和应用，通过参与国际零部件企业并购、重组、合资等，补齐短板，实现关键零部件的研发和制造能力自主可控；二是加快创新成果转化，以智能网联、自动驾驶的发展为引领，探索商业化运营；三是建设和完善新能源汽车实验室，全面提高研究、测试和检验能力；四是与核心零部件企业、跨领域企业、高校、科研院所展开战略合作，围绕产业发展瓶颈，深度合作和利益分享，实现高效创新。

（2）实施质量工程，培育工匠精神

全面提升客车产品的生命周期，把提高产品质量作为企业发展的关键任务，根据国内外市场变化趋势，制定实施质量发展战略，健全从产品设计到售后服务全过程的质量管理体系，推动质量管理信息化系统建设，用信息化来推进质量管理的标准化、数据化、制度化。严把原材料、外协件、外购件的进厂关，严格生产流程和过程质量控制，确保产品出厂品质。围绕品质提升，增强自主创新氛围，加速技术进步。增强员工质量意识，培育工匠文化，树立工匠典范，让“中国制造”的客车真正成为优秀品质的标志。

（3）加强品牌战略，打造一流企业

加强品牌战略是行业处于成熟期间企业的重要举措。企业要做好品牌架构（多个品牌）、品牌价值、品牌形象、品牌传播、品牌体验等体系的构建，一是专注科技创新和产品品质，增加品牌科技含量；二是扩大产品的延展服务，增强品牌客户美誉度；三是探索国内外资产兼并、重组等，增强品牌影响力；四是积极参与各种国际展会、国际交流、国际产业合作等，增强品牌国际化。通过多维度的深化布局，打造世界一流企业。

（4）做好细分市场，推动业务转型

“十四五”期间，市场需求仍以纯电动公交车为主，燃料电池公交快速增长，公交新能源化比率持续提高。国内消费信心提振、客车“大改小”的趋势促使轻型客车迎来较快增长；疫情促使轻型医用车需求激增，专用车市场前景广泛；新能源物流车市场处于发展初期，城市物流细分市场前景看好，增长迅速；智能网联汽车快速发展，将与智慧城市协同发展。企业要聚焦细分市场机遇，推出符合新发展需求的高质量产品，探索产业融合发展，推动企业转型升级。

（5）深化海外发展，拓展增值服务

积极推进各种国际合作模式，深化国际化发展战略，加大国际市场开拓力度，推动行业发展模式逐步由市场营销向技术研发、生产制造等核心链条延伸，重点面向“一带一路”沿线国家建立国际营销网络。抓住海外推广补贴新能源汽车的契机，加快国内新能源客车“走出去”的步伐。同时，与上下游国际供应商联合建立高效的售后服务体系，并逐步拓展零配件销售、金融服务、维修和保养、车辆改装升级等业务，发展后市场增值业务。通过产品和服务，全面提升企业在国际产业分工的地位。

B.5
皮卡车发展报告

摘 要： 我国皮卡车产业已发展30余年，拥有20余个皮卡车品牌，随着政策管理的逐步放宽，企业开始加大产品研发、生产、试验验证、技术升级、市场服务升级等方面的投入。本报告综合介绍了2020年国内外皮卡车市场发展情况，重点分析了皮卡车市场发展中存在的问题，并对皮卡车的发展趋势做了研判，提出了随着进入市场的皮卡车产品品质明显提高，以及品牌认可度、产品美誉度及国际影响力显著增强，未来力争打造2～3款引领全球的皮卡车品牌。

关键词： 皮卡车 市场发展 汽车企业

一 皮卡车发展综述

2020年，皮卡车市场全年销量42.55万辆，同比增长7%。相对于乘用车市场的负增长，皮卡车市场是2020年汽车市场抢眼的细分领域。由于年初的疫情影响，皮卡车市场销量呈现前低后高的走势，1～3月分别同比下降32%、75%、16%。但是随着国内疫情得到有效控制，复工复产大规模展开。4月皮卡车市场销量便实现了正增长，5月累计销量追平上年，下半年一直保持强势增长态势。

2021年第一季度皮卡车市场销量同样延续2020年的增长态势，3月甚至达到52120辆的历史最高水平。从销量表现来看，皮卡车市场的前景值得看好。

（一）市场现状

随着市场变化和产业政策的不断完善，皮卡车产业正在进入一个新的发展阶段。随着近几年皮卡车解禁政策的逐步落地，如皮卡车取消车身喷字及不用贴反光条、可以办 ETC、双证取消（道路运输证和驾驶员从业资格证）以及越来越多的城市取消皮卡车进城限制等，皮卡车细分市场的活跃度及销量表现不俗。针对皮卡车产品，国家发改委、工信部等多部委多次发文，从政策导向方面，促进皮卡车解禁、拉动皮卡车消费。2019 年 1 月 29 日，国家发改委、工信部、民政部、财政部等多部门联合印发《进一步优化供给推动消费平稳增长　促进形成强大国内市场的实施方案（2019 年）》，其第四条内容提到“稳步推进放宽皮卡车进城限制范围。在评估河北、辽宁、河南、云南、湖北、新疆 6 省区放开皮卡车进城限制试点政策效果基础上，稳妥有序扩大皮卡车进城限制范围”。2019 年 11 月，国家发改委再次提出推进汽车行业发展政策，在“发布宏观经济运行情况并回答记者提问”的例行发布会中，针对新华社记者提出的“提振消费举措”问题，回复“切实稳住传统领域消费。稳住汽车等消费大头。破除汽车消费限制，探索推行逐步放宽或取消限购的具体措施，推动汽车限购政策向引导使用政策转变”。

地方政府也陆续出台鼓励皮卡车消费的政策，重庆、济南、武汉等城市出台皮卡车解禁的交通管理政策，皮卡车解禁的政策呈现出遍地开花的态势。

基于政策的向好以及市场需求增加的双重叠加，皮卡车市场持续走高，虽然 2019 年由于国Ⅵ排放法规的提前实施，市场产品供给出现一段时间的短缺，但是 2020 年各企业的产品陆续完成产品线的补位，市场销量达到 40 万辆以上，在疫情影响的大背景下，仍实现了微增长。

（二）市场格局

皮卡车市场格局的“马太效应”增强，头部企业的占比不断增加。销量前五的企业长城汽车、江铃皮卡、郑州日产、江西五十铃和上汽大通占据超过八成的市场份额。相比于 2019 年，前五家的市场份额总和增长 12.46 个百分点。

表 1　皮卡车主要企业销量

单位：辆，%

企业	2020 年销量	2019 年销量	2020 年市场占有率	2019 年市场占有率
长城汽车	225002	148830	45.83	32.91
江铃皮卡	65204	59366	13.28	13.13
郑州日产	43849	45788	8.93	10.13
江西五十铃	37874	31325	7.71	6.93
上汽大通	27861	26495	5.67	5.86
江淮皮卡	22223	21383	4.53	4.73
中兴皮卡	16459	23941	3.35	5.29
福田皮卡	16379	15649	3.34	3.46
长安皮卡	11687	15575	2.38	3.44
庆铃皮卡	9267	10558	1.89	2.33
黄海皮卡	7488	19037	1.53	4.21
北汽制造	1243	1487	0.25	0.33
福迪皮卡	560	3817	0.11	0.84
卡威皮卡	326	504	0.07	0.11
一汽皮卡	191	270	0.04	0.06
东风皮卡	149	1415	0.03	0.31

资料来源：根据中国汽车工业协会数据整理。

皮卡车领域头部企业长城汽车，连续 23 年销量居第一，2020 年长城炮的持续发力，使得销量实现了一个大步跨越，2020 年销量同比增长 51.18%，企业占有率从 30% 左右提升至接近 46%。江铃皮卡、江西五十铃和上汽大通等都实现了销量的同比增长。郑州日产市场表现欠佳，市场销量和占有率都有小幅的降低，但是由于销量基数大，仍然占据第三的位置。

尾部企业的市场销量进一步萎缩，传统皮卡车企业如中兴皮卡、黄海皮卡、庆铃皮卡等的销量都出现了大幅下滑。

（三）地域分布

皮卡车市场分布有着明显的地域差异，华北和西南地区的皮卡车销量分别占整体市场的22%和21%，远远领先于其他区域，华中、华南和西北三个地区的销量属于第二梯队，销量相当。华东和东北属于皮卡车的弱势区域，分别仅占整体市场的8%和7%。

华北地区主要销量贡献来自河北、山东，主要原因是两个省份对于皮卡车的政策相对宽松，同时，这两个省份也是人口大省，皮卡车的整体销量表现最好。

西南地区销量最大的省份是四川和云南，除了政策宽松外，西南地区山多地少的地理环境，是皮卡车能发挥既拉货又越野长处的有利环境，所以皮卡车在西南地区表现优异。

华东地区虽然经济发展强势，但是由于近些年环保治理的力度不断加大，原来的皮卡车客户都是一些小微企业主，由于环保不达标不得不停业整顿，或者是考虑搬迁，广东地区皮卡车销量持续下降。

东北地区的皮卡车销量持续低迷，与该地区经济和人口有密切关系。

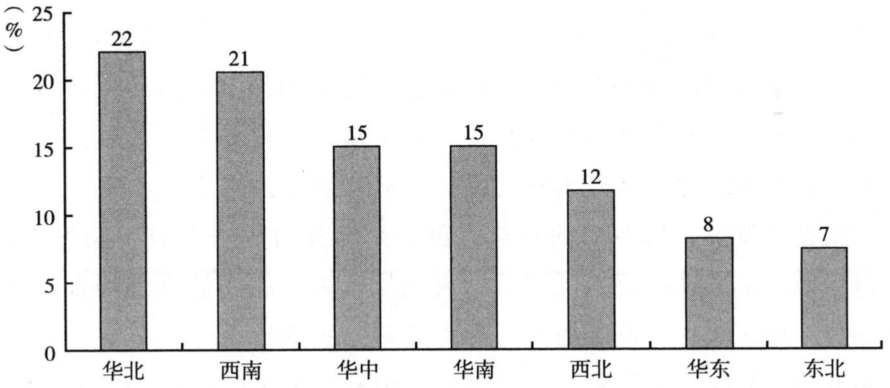

图1　皮卡车销量分区域占比状况

资料来源：根据中国汽车工业协会数据整理。

（四）重点企业发展情况

1. 长城汽车

2019 年实现皮卡车销量 148830 辆，市场占有率为 32.91%，同比增长 7.85%。2020 年实现皮卡车销量 225002 辆，市场占有率 45.83%，同比增长 51.18%。

长城皮卡自 2019 年品牌独立以来，陆续推出风骏 7 和长城炮两个系列产品。同时，在产品的高端化、乘用化方面加大投入，分别推出乘用炮和越野炮。长城皮卡的产品线实现了 8 万～20 万元各个功能领域的全产品线覆盖。凭借多年积累的市场口碑，长城皮卡在 2020 年销量实现了升级跨越。

针对低端工具市场，长城汽车坚持以紧凑、务实为原则，风骏系列主打高性价比，在 10 万元以下的细分市场，形成风骏 5 和风骏 7 的错位组合。由于皮卡车天生具有工具属性，10 万元以下工具车需求始终维持在一个相对稳定水平，长城皮卡凭借风骏 5 和风骏 7 的高性价比，牢牢占据该细分市场一半以上的份额。这也是长城汽车销量能够实现突破的基盘。

风骏 5 经典版定位清晰，就是一台工具型皮卡车。无论是低廉的价格，还是朴素的外观，都能看出风骏 5 经典版的准确定位。正是因为它的坚持和专注，才使得并不算时髦的风骏 5 经典版能在强手如林的市场中屹立不倒。

从风骏 7 身上，我们可以看出未来中端国产皮卡车的发展方向，在保留实用性的同时，提升车辆的品质。从外观和内饰上，风骏 7 努力向乘用化设计看齐。风骏 7 的目标人群，是那些对皮卡车有实用性需求，且对车辆品质有更高要求的用户。因此，风骏 7 能凭借自身特点，吸引这部分用户群体。风骏 7 的车型种类繁多，配置组合十分丰富，可以更加精准地满足用户的需求，形成类似于定制化购车的效果。风骏 7 同样提供了汽油和柴油发动机的动力选项，能够满足不同用户的需求。可以说，风骏 7 是一款以用户为本的皮卡车，它的使命就是让用户获得最佳用车体验。

长城炮自2019年上市以来，得到了市场的充分认可，迅速补齐了长城皮卡10万元以上产品不足的短板。长城炮作为新一代产品，在产品的功能配置、用材用料和品质做工等方面都是以乘用车的标准打造，率先引领行业高端化、乘用化的发展趋势。为了满足更高端的需求和越野爱好，长城炮陆续推出了乘用炮和越野炮，形成多版本的皮卡产品系列。

长城炮开创了国产皮卡车按属性划分车型的先河。长城炮共分为三个车系：乘用版、商用版、越野版，顾名思义，它们针对的主要人群分别是有通勤需求的用户、有功能性需求的用户、有越野爱好的用户。

针对高端乘用和越野细分市场，长城皮卡除了提供差异化的产品以外，也在积极地倡导休闲娱乐、越野自驾的皮卡车流行文化，先后组织了全国各地的皮卡车客户建立当地的皮卡群。这些皮卡群能够自发地组织越野、自驾等活动。同时，长城皮卡与路亚、机车等其他领域实现了异业联盟，将皮卡车的使用场景具体化，让更多的人知道怎么用皮卡车、玩皮卡车。

2. 江铃皮卡

江铃汽车2019年实现皮卡车销量59366辆，市场占有率为13.13%，同比下降18.43%；2020年实现销量65204辆，市场占有率为13.28%，同比增长9.83%。

江铃汽车作为国内最主要的轻型商用车厂商之一，皮卡车一直是其核心业务。多年来，江铃汽车不断的努力为消费者提供高品质的车型，同时将皮卡车进取和务实的品牌精神诠释得淋漓尽致。

江铃皮卡从2019年形成域虎3、域虎5、域虎7及更加高端的域虎9，在产品定位上同样顺应市场发展趋势，采用了高定位的策略。江铃宝典在市场上具有较高的知名度，在老款产品退市后，企业迅速上市全新一代的新宝典，使得江铃皮卡快速占领低端市场。截至2021年第一季度，江铃宝典销量占江铃皮卡总销量的一半。

江铃宝典可以说是江铃皮卡的“功勋元老”，上市之初，新车便凭借着出色的质量稳定性获得了广泛认可。因此，江铃宝典车系可以在市场中奋战近二十年，成为中国皮卡车领域的经典车型之一。

江铃域虎3是域虎家族的入门产品。从定价和定位来看，江铃域虎3的主要用途是工具型皮卡车。而与同级别工具型皮卡车相比，江铃域虎3显得更加时尚，也更加符合时下的潮流。受制于价格定位，江铃域虎3的配置较为基础，不过，全系标配的多功能方向盘、多媒体中控屏使得该车型档次有所提升。

江铃域虎5在域虎车系中起到了承上启下的作用。在实用性方面，江铃域虎5与江铃域虎3的车身尺寸差不多，也提供了长短货箱两种车型。在配置上，江铃域虎5比江铃域虎3有了一定的升级，如全系支持蓝牙电话功能、前后均采用盘式刹车。因此，江铃域虎5可以兼顾部分乘用需求。

江铃域虎7的定位更加高端，车身尺寸比域虎3、域虎5略短，证明了其更加偏重于日常道路驾驶。而在配置方面，皮质座椅、胎压显示、大灯高度调节、电动后视镜调节功能均为全系标配，更多舒适性配置的加入，进一步提升了江铃域虎7的整体驾乘质感。

江铃域虎9是域虎家族最新的旗舰产品，厂家也将其定位为美式风格高端皮卡车。无论是整体设计还是功能配置，江铃域虎9都达到了目前国产皮卡车的最高标准。从驾驶质感来说，江铃域虎9与SUV的行驶体验已经有了诸多相似之处。

3. 郑州日产

郑州日产2019年实现皮卡车销量45788辆，市场占有率为10.13%，同比下降4.55%；2020年实现销量43849辆，市场占有率为8.93%，同比下降4.24%。

郑州日产实施双品牌发展战略，拥有NISSAN、东风两大品牌，多年来稳居国内皮卡车市场前三。郑州日产是首批（河南首家）获得国家“新能源汽车生产资质”的整车生产企业，为适应“清洁城市、绿色交通、舒适出行、便捷物流”的城市管理新要求，持续开发多款宜商宜乘的新能源车，其中锐骐系列纯电动皮卡车多年来稳居电动皮卡车销量冠军。

锐骐6从2018年上市后，迅速承接老款锐骐的销量，最近两年销量一直维持在一个稳定的水平。2020年郑州日产对老款锐骐进行升级改款，推出新一代锐骐，主打低端工具市场。新锐骐是郑州日产阵营中的入门车款，主打实用性与经济性。而作为一款工具型皮卡车，锐骐提供了两种货箱规格。外观上，其整体设计比较时尚，粗犷的车身轮廓以及平直的车身线条，都为车辆整体的气势加分不少；内饰造型则更加张扬，中控台布局很有层次感，中控面板的配色也十分新颖；由于定位是入门级皮卡车，车辆配置并非锐骐的主打项目；空调、大灯高度调节、电动后视镜调节等功能为全系标配。

锐骐6的定位高于锐骐，并且与纳瓦拉出自同平台，更加亲民的售价为其带来了更高的性价比。锐骐6的外观中加入了更多的镀铬装饰，同时车身造型更加饱满，内饰设计较为夸张，大胆的造型风格更加符合年轻人的选择。

纳瓦拉是合资皮卡车型中最受欢迎的产品之一，在皮卡车向乘用化发展的过程中，纳瓦拉起到了不可忽视的作用。它在造型上沿袭了日产乘用车家族的设计风格，为车辆带来了精致、豪华的质感。

4. 江西五十铃

江西五十铃2019年实现皮卡车销量31325辆，市场占有率为6.93%，同比下降10.52%。2020年实现皮卡车销量37874辆，市场占有率为7.71%，同比增长20.91%。

江西五十铃成立于2013年，2014年引进五十铃最新第7代皮卡车型D-MAX，并秉承着五十铃汽车一贯坚持的“耐久、可靠、安全、低使用成本”等特点，使得江西五十铃在皮卡车市场迅速立足，并进入快速发展阶段。

2020年江西五十铃快速成长，产品系列不断扩充，从最初的D-MAX系列到瑞迈，再到瑞迈经典款、五十铃铃拓，在国Ⅵ阶段基本形成了覆盖8万~20万元价格区间的产品供给。同时，江西五十铃的渠道快速扩张带来库存容量的扩大。江西五十铃在轻型商用车领域的溢价能力为五十铃的产品多样化提供了充分的空间。

瑞迈 S 是江西五十铃的入门皮卡车型。它的目标用途十分明确，就是能干活的工具型皮卡车。不过，这款定位于干粗活的皮卡车，长相倒是完全不“粗鲁”。由于与 D-MAX 出自同平台，瑞迈 S 在外观上同样保持了很强的线条感，饱满的车身设计让它看上去显得非常精壮。在内饰上，瑞迈 S 中控台用料非常扎实，并且配备部分软性材质，有效地提升了车内的质感。在配置方面，瑞迈 S 后视镜电动调节、中控大屏、倒车影像均为全系标配。

在江西五十铃皮卡家族中，铃拓定位于中端车型，主打铃拓宜家宜商。在颜值上，铃拓比瑞迈 S 更精致，比 D-MAX 更收敛。铃拓的内饰风格更加偏向于乘用车，铃拓内饰半悬浮式的中控屏幕或中控面板，使车辆具有很强的科技感。在功能配置上，铃拓与瑞迈 S 的差异并不算大，但是作为更高级别的车型，全系配备车身稳定控制系统。

D-MAX 是国内最为原汁原味的五十铃皮卡，也是一款全球车型，其第四代产品五十铃 TF 以及衍生车型曾经在我国风靡一时。由于主打高端路线，D-MAX 在保持大气外观设计的同时，通过精致化的细节处理，让车辆具有豪华气质。

内饰设计方面，D-MAX 的造型与铃拓如出一辙。目前，江西五十铃旗下的 D-MAX、铃拓以及 mu-X 牧游侠均采用了相似的内饰设计风格，此种造型将成为江西五十铃产品的家族化特征。在配置上，D-MAX 表现出旗舰车型的水准，并在中高配车型上配备了车身稳定控制系统。

5. 上汽大通

上汽大通 2019 年销售皮卡车 26495 辆，市场占有率为 5.86%；2020 年销售 27861 辆，市场占有率为 5.67%，同比上涨 5.16%。

上汽 MAXUS 旗下产品线十分丰富，包含 SUV、MPV、轻客、皮卡等车型。得益于上汽集团的深厚实力，上汽 MAXUS 的产品在品质方面的表现得到了广泛认可，其产品的整体质感自然也是主流水准。

上汽 MAXUS 产品的设计和定位比较模糊，整体来看，上汽 MAXUS T60

和上汽 MAXUS T70 的外观十分相似，价格的重叠度也很高。上汽 MAXUS T60 造型很硬朗。它的用途也很多样，既能当工具车，又能当通勤车。

车辆的内饰造型同样中规中矩，由于车辆定价区间很大，上汽 MAXUS T60 的配置跨度也很大。与此同时，上汽 MAXUS T60 还提供了 2.0T、2.4L 的汽油发动机，以及 2.8T 的柴油发动机，并匹配手动或自动变速箱，动力组合丰富。可以看出，上汽 MAXUS T60 的定位能够满足用户的多种需求。

上汽 MAXUS 皮卡车的优势比较明显，来自上汽的高要求品控，让车辆获得了更好的品质感，其整体工艺水准非常不错。然而，上汽 MAXUS 皮卡车需要解决的问题也不少，如让外形更加符合潮流、增强这对“双胞胎”的配置差异等。有实力的同时，如果能够增加新意，那么上汽 MAXUS 皮卡车销量还将再上一个台阶。

6. 江淮皮卡

江淮皮卡 2020 年销售皮卡车 22223 辆，市场有率为 4.53%，同比上涨 3.93%。

江淮汽车拥有多款商用车和乘用车产品，皮卡车型也包含在其中。在国内的市场中，江淮皮卡的综合表现一直可圈可点，并且获得了较为稳定的销量。

帅铃 T6 是江淮汽车的入门皮卡车型，主要锁定 10 万元左右的皮卡车市场。虽然帅铃 T6 定位于一款工具型皮卡车，但是它并非毫无设计感，帅铃 T6 的造型有着同级车型中少见的柔美腔调，圆润的线条很容易给用户带来亲切感。

帅铃 T8 的车型定位高于帅铃 T6，车辆的整体配置也有所升级，拥有更大的车身、更豪华的内饰，以及更丰富的配置。帅铃 T8 不仅能够满足商务需求，还能满足通勤、越野等需要。

（五）客户需求分析

最近几年，皮卡车的市场逐渐向好，获得了主流企业的持续关注。2020 年主流皮卡车企业纷纷加大中高端乘用型、商用型和越野型皮卡车领域的资金投入，消费需求逐步回归。

皮卡车型与普通轿车和 SUV 相比，不管是在实用性还是通过性上都有不小的优势，并且很多皮卡车的乘坐舒适性和豪华程度不输高端品牌乘用车。除了当作工具用车外，皮卡乘用化的趋势越来越明显。基于客户的需求和用车场景，各制造商也相继推出了乘用化皮卡，如长城炮乘用版和越野版、江铃域虎 9、上汽大通 T70、长安凯程 F70、郑州日产锐骐 6 等，也刺激国内皮卡车市场进入了新的上升期。比如，长城皮卡的乘用炮和越野炮 2019 年底上市以来，销量达到了近 3 万辆，可见客户对乘用版皮卡车的需求增加。多项皮卡车利好政策推动了国内皮卡车市场以及旅游休闲经济的发展。但部分解禁的皮卡车市场只能算是小步快跑，要大踏步实现销量与走势的双赢，还需政策空间更加宽松。由于没有专门针对皮卡车的技术标准，该类车辆属性尚不清晰，政府鼓励政策难以有效实施，皮卡车仍有一些枷锁捆绑在身上，如一年一检、高速节假日不免费、高速公路限速、15 年强制报废等给客户带来不少困扰。

10 万元以下的低端工具市场虽然需求相对稳定，但是能够提供该价位产品的企业越来越少，随着排放法规的不断升级，阶段油耗限值进一步加严，整车成本持续增加。未来该细分市场销量将继续走低。

10 万 ~15 万元的皮卡车型成为市场的主力，相比 2019 年，其市场占有率提高 13 个百分点。该价位段皮卡车的客户为私营业主和中小企业主。皮卡车作为辅助主营业务的工具车，日常满足业务上的物资配送和工具运输需求，但由于产品本身宜商宜家，客户平时也会将其作为代步工具使用。该类客户基本上都会从商务社交的角度考虑自身的身份认同，所以在选择产品的时候希望产品能够彰显自身经济实力。

15 万元以上的皮卡车型市场原来都是被合资品牌占据，随着各车企的高端车型上市并在市场上得到了一定的认可，该细分市场也呈现百花齐放的发展态势。但是客户主力需求还是越野需求。由于企业能够提高更加专业的越野升级方案，并且能够得到厂家的售后保障，有越野需求的客户会直接选择这个价位的产品。

二　国际皮卡车发展现状

（一）市场概述

2020 年全球皮卡车市场销售总量 621 万辆，首次突破 600 万辆大关，受到全球疫情的持续影响，同比降低 11.18%。全球前十家皮卡车企业销售 483.69 万辆，长城以 20.8 万辆的总销量跻身全球前十品牌销量榜。

表 2　2018～2020 年全球皮卡车前十销量排名（按品牌）

单位：辆

品牌	2018 年	2019 年	2020 年
福特	1351388	1424034	1273584
雪佛兰	925489	876250	825732
丰田	928792	918877	786302
Ram	649842	767621	681118
GMC	321858	333610	328057
五十铃	246234	245052	234810
日产	386791	343381	226877
长城	147849	160881	208026
菲亚特	148465	157017	145955
三菱	164757	163030	126466

资料来源：根据 IHS 数据整理。

2020 年销量前十的车型主要是全尺寸大型皮卡，排名前三的车型均为全尺寸大型皮卡。福特 F150 凭借长期以来在北美市场的优势，继续占据全球皮卡车销量第一的位置。丰田 Hilux 作为丰田的全球车型（除北美外），一直以坚实可靠得到各个国家客户的认可，虽然 2020 年销量大幅下滑，但是凭借着长期的积累，仍然是紧凑型皮卡车中销量最好的车型。

除了在北美市场凭借 F150 的销量收获颇丰外，福特另一款紧凑型皮卡车 Ranger 的销量表现也是可圈可点，最近三年市场表现非常优异，已经超越老牌皮卡品牌五十铃，成为紧凑型皮卡车中销量第二名。

老牌皮卡品牌五十铃的 D-MAX 虽然在全球的销售历史最长，但是销量增长乏力，整体销量没有任何的起色。

表 3　2018～2020 年全球皮卡车前十销量排名（按车型）

单位：辆

车型	2018 年	2019 年	2020 年
F150	769622	776864	658491
Silverado	505828	504065	488999
1500	453328	539154	485120
Hilux	529682	524806	413545
Ranger	272290	357351	320442
F－250/350 Super Duty	308338	289036	294606
D-MAX	279427	276548	261569
Tacoma	268492	271995	255203
Sierra	212955	229447	228113
Wingle	147799	160839	207997

资料来源：根据 IHS 数据整理。

全球皮卡车市场主要分布在美洲和亚洲的大多数地区，占总市场份额的 80% 以上。2020 年皮卡车销售量达 20 万辆市场容量以上级别的有美国、中国、东南亚地区、大洋洲地区以及中南美和西北非等地区，其中大型和中型皮卡车市场容量主要集中在北美，小型皮卡车市场容量主要集中在东南亚、中南美、西亚、北非、大洋洲、中国和印度。

表 4　2020 年国际皮卡车市场分析

单位：辆

项目	欧洲	中国	日韩	中东、北非	北美	南美	南亚
小型皮卡	1019	—	—	27851	21333	140409	—
紧凑型皮卡	143348	416106	45673	182471	732205	295704	712643
大中型皮卡	5401	23072	85	43203	2675914	14373	4562

资料来源：根据 IHS 数据整理。

全球皮卡车型数据显示，2016～2020年，全球皮卡车年均销量在600万辆左右。从车型来看，2020年小型皮卡车销量稳定在19万辆左右，约占全球皮卡车总销量的3.4%；大型皮卡车销量缓慢增长，2020年销售约277万辆，市场占有率约为50%。

大型皮卡车以美系福特F150、雪佛兰Silverado、道奇1500为主；中型皮卡车以丰田Tacoma、日产Frontier、雪佛兰Colorado北美版为主；小型皮卡车以日系丰田Hilux、五十铃D-MAX、日产Navara，美系福特Ranger，中系长城风骏、江铃域虎、江铃宝典，印系马恒达NC为主。

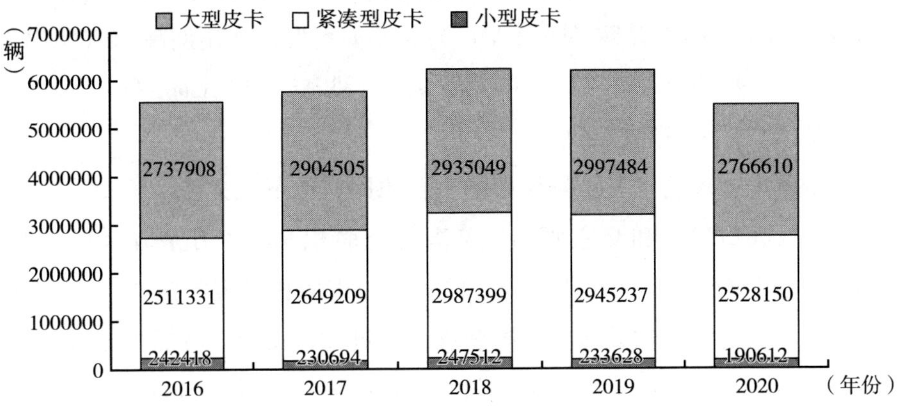

图2　皮卡车全球车型分析

资料来源：根据IHS数据整理。

（二）市场与品牌分析

调研表明，国际皮卡车市场以美国和泰国较为典型，皮卡车渗透率较高。

1. 美国皮卡车市场

皮卡车全球第一大市场为美国，2020年销量293万辆，汽车销量前十的品牌中前三均为皮卡车品牌，美国皮卡车市场前五的皮卡车企业销量为276万辆。

皮卡车型的热销与美国的文化密不可分。在经历了漫长的汽车史变迁后，皮卡车型几乎已经成为“美国精神”的唯一象征，或者说是最重要的象征之一。从美国汽车发展史来看，这种“美国精神”在二战后的美国汽车工业被推向了高潮，反映在采用航空风格流动设计的车型风靡以及肌肉车在那个时代的风靡。而后，随着石油危机和经济衰退，上述车型消失殆尽，这种赋予在汽车上的精神意志开始转移至以皮卡车型为主，当然也包括 Jeep Wrangler、Ford Mustang 和 Corvette 继承了“美国精神”的车型。

从数据上，也能反馈出一些端倪。比如从皮卡车型的族群比例可以看到，以 Caucasian（高加索人种，即白人）为主要消费群体，比例高达 70% 以上，而 Hispanic（西班牙裔）、African-American（非裔）和 Asian-American（亚裔）族群人口购买比例极低。

分析发现美国皮卡车市场繁荣的主要原因有以下三方面。

第一，人口稀疏和交通便利。美国国土面积 937.3 万平方公里，人口 3.3 亿。人口密度与中国相比，较为稀疏。城市居住环境与中国一、二线城市较相似，但是美国的城市并不限制皮卡车进城，皮卡车既能满足载人需求又能满足进城购物、载货的需求，非常适合成为住在城市、郊区和乡下的用户的用车选择。并且，美国的交通网络发达，基础设施健全，皮卡车的载人功能、载货功能以及部分牵引功能可以满足大部分家庭和小企业的需求，如木材、建筑装修材料、小型机械及农具、农作物的运输等。

得益于美国在 1956 年就开始搭建的高速公路网络（Interstate Highway System）和广袤的地域以及宜人多变的自然风光，“公路旅行”是美国人一种重要的生活方式。这种生活方式的流行也间接地促进了皮卡车的发展。公路旅行对旅途的舒适性提出了很高的要求，而皮卡车作为能运能拖的公路最强交通工具，也毫无疑问成为家用出行的首选。所以，现在皮卡车变得越来越舒适、越来越豪华。

换个角度来看，皮卡车型功能全面，许多皮卡车主在有条件使用其他车型代步的情况下，也会使用油耗更高的皮卡代步通勤，甚至出现一家几台皮卡的情况。对于这些使用功能上的冗余，就可以说明皮卡车型受欢迎也并不是因为单一的满足使用需求，还包括满足情感需求。

第二，在房屋修理以及工程承包方面，针对私人及小型个体户，皮卡车较其他车型具有更多优势，在美国人工成本高昂，私人及个体户在考虑性价比等经济因素之后，购买皮卡车成为其最经济的选择方式。因此具备高强度牵引能力和较大载货量的美国全尺寸皮卡车受到市场的极大欢迎。

第三，独特的皮卡车文化的发展。随着皮卡车的发展，已培育出成熟的皮卡车改装和皮卡车越野等市场，市场上的皮卡房车、皮卡牵引或者运输皮划艇、沙滩车等颇具特色的改装车型吸引了郊游、水上娱乐等方面的爱好者购买。中型皮卡更偏向于功能型车。因此，中型皮卡的消费者更看重可靠性、油耗和性价比，也使得日系皮卡占据了相当比例的市场份额。这个细分市场包括了一大批“刚需人群”，包括北美广大农村使用皮卡车进行农业活动的用户、学校、通信公司、电力公司等。但中型皮卡的市场份额十分有限，约为全尺寸皮卡的1/7。换句话说，刚需是有限的。

全尺寸皮卡则偏向于满足豪华车的使用需求。美国消费者对于全尺寸皮卡有两大诉求：第一个是更强的多功能性，即更能拖和更能装。第二个是豪华与舒适。像福特F150车型的售价范围达到49880～90530美元。这个价格足够购买大多数主流豪华品牌的非顶级车型。

美国人对皮卡车的需求量这么大，原因是多方面的。从价格来看，福特F系列皮卡车起售价为22670美元，这个价位只能买到凯美瑞、雅阁等中型车。在用途方面，皮卡车可谓超过凯美瑞等中型车。例如皮卡车非常符合美国自建房主的运送材料、拉割草机或铲雪机等机械工具。另外对于爱好度假的美国人来说，皮卡车还能拖载移动房车、游艇或水上摩托等。总而言之，皮卡车几乎是美国车的代名词，轿车、旅行车、越野车、SUV、箱货、小型卡车等用途，皮卡车都能代替。反观中国，基于政策限制、车位限制、昂贵地价等原因，皮卡车更多的是用于商务运输。

表 5 2020 年美国皮卡车销量排名

单位：辆

品牌	车型	销量
福特	F150	531601
雪佛兰	Silverado	433941
RAM	1500	398425
福特	F250/350 Super Duty	274621
丰田	Tacoma	234406
GMC	Sierra	179618
RAM	2500/3500	166012
雪佛兰	Silverado HD	144113
丰田	Tundra	108866
福特	Ranger	103908
雪佛兰	Colorado	98475
Jeep	Gladiator	79037
GMC	Sierra HD	63592
日产	Frontier	36488
本田	Ridgeline	32421
日产	Titan	27232
GMC	Canyon	25044

资料来源：根据 IHS 数据整理。

2. 泰国皮卡车市场

2020 年泰国 1T 级别皮卡车销量 361139 辆，居世界皮卡车市场第二的位置，市场占比超过 40%。相较于中国的面积和人口，泰国国土面积仅 51.3 万平方公里、人口 7000 万左右，相当于中国一个较大的省份，然而皮卡车销量已超过中国市场。

在泰国的皮卡车市场上，1T 级别的皮卡车为市场主流，市场占有率在 95% 以上。近几年泰国皮卡车市场一直保持增长趋势，2020 年受疫情的影响，泰国本土的支柱旅游产业受到冲击，皮卡车销量大幅下滑。

泰国汽车工业的建立由外资主导，泰国政府以开放的态度与外商合作。在泰国政府的政策支持及日系车企的长期布局下，泰国汽车产业蓬勃发展，全球各大知名车企相继在当地设厂。目前丰田、日产、五十铃、福特等企业均在泰国建有生产线。从2019年泰国1T类型的皮卡车品牌份额来看，日系车型占据85%的市场份额，其他系品牌如福特、雪佛兰等分享剩余的市场份额。

泰国的皮卡车以日系车型为主，还有少量的美国皮卡车，而满大街的日系皮卡车中又以丰田的海拉克斯数量最多，日产、五十铃、三菱紧随其后，数量不相上下。以泰国普吉岛为例，约90%的车型都是皮卡车，而其中90%都是日系品牌，而这些日系品牌中90%都是丰田的海拉克斯。

泰国人认为皮卡车是生活中必不可少的，他们选择皮卡车的理由非常简单——实用。的确，皮卡车不仅具备了越野车性能还兼具货车的承载能力，更不失轿车的美观性。

表6　2020年泰国皮卡车销量排名

单位：辆

品牌	车型	销量
五十铃	D-MAX	154522
丰田	Hilux	131151
三菱	Triton	26213
福特	Ranger	23415
日产	Navara	15110
MG	Extender	4828
马自达	B-Series	2939
雪佛兰	Colorado	2691
双龙	Xenon	270

资料来源：根据IHS数据整理。

泰国皮卡车需求旺盛有其特殊原因，一方面，泰国的地形较为复杂，冲积平原、丛林、山地等互相交叉，再加上泰国的产业主要是制造业、城市服务业与旅游业，并且不少制造工厂和旅游景点都集中在路况比较复杂的地方，既可以适应复杂路况又耐用的皮卡车型成为部分泰国人的刚性需求。另一方面，得益于泰国政府对于皮卡车的税费较低，同时对皮卡车的管理较为宽松，并不限制古董车与改装车上路，相应的皮卡文化与改装文化也非常发达。泰国皮卡车经过简单的改装后，便载人、拉货无所不能，甚至替代了出租车与公交车的功能。经过简单的实用性改装就能使皮卡车型在各行各业发光发热。从这可以看出泰国汽车文化与美、日存在明显差别，更注重实用性改装。

3. 其他皮卡车市场

除美国、泰国和中国这类典型的皮卡车市场外，国际上还有其他颇具特色的皮卡车市场，如亚洲的印度、西亚地区，非洲的北非地区，大洋洲的澳大利亚和新西兰，南美洲地区等。此类地区中、小型皮卡车为市场主流。2020 年皮卡车销量前 20 国家或地区市场体量在 155 万辆左右。

表 7　2020 年部分国家或地区皮卡销量情况

单位：辆

序号	国家或地区	销量
1	Canada	351714
2	Brazil	284761
3	Australia	168798
4	Mexico	139938
5	South Africa	87493
6	Argentina	66890
7	India	53072
8	Iran	50428
9	Chile	42036
10	Philippines	40776
11	South Korea	40153
12	United Kingdom	37224
13	Saudi Arabia	37150
14	New Zealand	28675
15	Malaysia	28109
16	Egypt	25173
17	Vietnam	19406
18	Germany	19347
19	United Arab Emirates	18360
20	Colombia	14237

资料来源：根据 IHS 数据整理。

（三）国际皮卡车有关政策法规

近年，全球环保问题严峻，环保压力加大，全球各国或地区政府越来越重视汽车污染物排放管理，并对汽车污染排放标准的管理持续加严。2019年，部分地区已出台并实施第六阶段的排放标准，同时也开始对第七阶段排放标准的技术条款进行研究。

目前，从各国或地区实施排放标准的节点和进度看，美国、欧盟、日韩等于2016年开始实施第六阶段排放标准，其中欧盟、日本、韩国排放要求持续加严，2021年欧盟将升级欧6－D。澳大利亚、智利、阿根廷、巴西和伊朗等2016年均已经实施欧Ⅴ，预计将在2022年实施欧Ⅵ；2020年墨西哥实施欧Ⅴ，泰国、哥伦比亚、秘鲁、菲律宾、越南、马来西亚、印尼、GCC、阿尔及利亚、南非、肯尼亚、埃及等实施欧Ⅳ及以下排放标准（见表8）。

表8　主要地区排放标准实施时间（除中国之外的重点区域）

排放标准	市场	2016年	2017年	2018年	2019年	2020年	2021年	2022年	备注
欧Ⅵ	欧盟	欧6－B		欧6－D TEMP			欧6－D		升级欧6－D
	美国	US EPA Tier 3(2017－2025)/California LEV III							无升级趋势
	日本	JC08(欧6)		WLTP					WLTP
	韩国	欧6－B		欧6－D(2018.09)					升级欧6－D
欧Ⅴ	澳大利亚	欧5						欧6	升级欧6
	俄罗斯	欧5						欧6(全面实施)	升级欧6
	智利	欧5						欧6	升级欧6
	阿根廷	欧5							无升级趋势
	巴西	L6(欧5)				L7			升级L7
	伊朗	欧5(CBU欧5,KD欧4)			欧6－B(CBU欧6－B,KD欧5)				无升级趋势
欧Ⅳ	泰国	欧4							无升级趋势
	墨西哥	欧4				欧5			升级欧5
	哥伦比亚	欧4							无升级趋势
	菲律宾	欧4							无升级趋势

续表

排放标准	市场	2016年	2017年	2018年	2019年	2020年	2021年	2022年	备注
欧Ⅲ	秘鲁	欧3		欧4					升级欧4
	阿尔及利亚	欧3							无升级趋势
欧Ⅱ及以下	越南	欧2		欧4				欧5	升级欧5
	GCC	欧4							无升级趋势
	马来西亚	欧2		欧4					升级欧4
	南非	欧2				欧4			升级欧4
	印尼	欧2					欧4		升级欧4
	肯尼亚	欧2							无升级趋势
	埃及	无排放要求							无升级趋势
	其他国家	欧2							无升级趋势

我国皮卡车企业主要出口东南亚、海湾地区、南美洲、澳洲地区和非洲部分国家或地区，这些区域排放标准普遍为第四阶段和第五阶段标准，多数地区采用欧盟的排放标准，部分东南亚国家如越南等也承认中国排放标准。

受全球温室效应影响，各国在制定污染物排放标准的同时，同步启动了碳排放标准的制定工作，逐步加强对温室气体排放源的控制。

欧盟最早制定汽车碳排放标准，随后各国也开始制定汽车碳排放标准。从表9来看，欧盟、韩国、泰国、南非、澳大利亚、GCC等地均出台了有关碳排放的政策要求，并与税费关联，原则上对超出标准限值要求的车辆征收超额税费。阿尔及利亚针对销售的柴油车型，2.5L及以上排量的柴油车的税额是2.5L排量以下的3倍，因此，小排量汽车和新能源汽车更具竞争优势。

受碳排放政策影响，全尺寸皮卡车的销售在已出台碳排放标准的地区受到很大的限制，中小型皮卡车则成为当地更具优势的产品，如在泰国、澳大利亚等，以日系皮卡为代表的中小型皮卡为当地市场的主流产品。

表9　主要市场碳排放标准（N1类皮卡）分析

<table>
<tr><td colspan="7">各国N1类(皮卡车)燃油限值对比</td><td rowspan="2">对车企影响</td></tr>
<tr><td>国家或地区</td><td>2015年</td><td>2016年</td><td>2017年</td><td>2018年</td><td>2019年</td><td>2020年</td></tr>
<tr><td rowspan="2">欧盟</td><td colspan="5">100%满足175g/km(6.7L/100km)</td><td rowspan="2">147g/km
(5.6L/
100km)</td><td rowspan="2">增收税费</td></tr>
<tr><td colspan="5">欧盟考核企业平均 CO_2 排放量,2020年前是175g,之后是147g,计算方法是(超出值×95欧元)×销售车的总数量</td></tr>
<tr><td>韩国</td><td colspan="5">在销售时贴碳排放标签(km/L)<table><tr><td>5级</td><td>4级</td><td>3级</td><td>2级</td><td>1级</td></tr><tr><td>≤9.3</td><td>11.5~9.4</td><td>13.7~11.4</td><td>15.9~13.8</td><td>≥16</td></tr></table></td><td>待定</td><td>影响销售</td></tr>
<tr><td>泰国</td><td colspan="5">200g/km(7.6L/km),超出限值双排按泰国终端售价多征收3%的消费税</td><td>待定</td><td>增收税费</td></tr>
<tr><td>南非</td><td colspan="5">双排:排量≥3000cc,{[175+(0.05×排量)]-120}g×R90;排量<3000cc,{[120+(0.05×排量)]-120}g×R90;单排皮卡车商业运营用途,可向SARS税务局申请返还二氧化碳税费用</td><td>待定</td><td>增收税费</td></tr>
<tr><td>澳大利亚</td><td colspan="5">在销售时贴碳排放标签,184g/km为平均值</td><td>待定</td><td>影响销售</td></tr>
<tr><td>GCC</td><td colspan="5">粘贴油耗标签并以车队为单位计算燃油消耗量(km/L)<table><tr><td>Poor</td><td>Average</td><td>Very Good</td><td>Excellent</td></tr><tr><td>≤9.99</td><td>10.5~11.09</td><td>11.6~12.09</td><td>≥12.1</td></tr></table></td><td>待定</td><td>影响销售</td></tr>
</table>

中国汽车标准主要分为强制性国家标准GB、推荐性国家标准GB/T、汽车行业标准QC/T，下文重点对强制性国家标准进行说明。强制性国家标准主要分为主动安全、被动安全、一般安全、节能与环保。下文针对排放限值、能耗、碰撞安全较为重要的三个方面进行国内外对比说明。

表10　国内汽车强制性标准明细

分类	主要项目
主动安全	照明与光信号装置、操控制动转向轮胎
被动安全	约束系统、碰撞、防火
一般安全	视野、指示器、结构与防盗
节能与环保	排放、噪声、燃料经济性、电磁兼容、回收再利用再制造

与国外先进国家相比，我国汽车尾气排放法规起步较晚、水平较低，根据我国的实际情况，从八十年代初期开始采取了先易后难分阶段实施的具体方案，共分6个阶段（见表11）。

表11　国内汽车尾气排放法规

排放阶段	实施时间
第一阶段:GB18352.1－2001《轻型汽车污染物排放限值及测量方法(Ⅰ)》	2001年4月16日
第二阶段:GB18352.2－2001《轻型汽车污染物排放限值及测量方法(Ⅱ)》	2004年7月1日
第三阶段:GB18352.3－2005《轻型汽车污染物排放限值及测量方法(Ⅲ、Ⅳ阶段)》	2007年7月1日
第四阶段:GB18352.3－2005《轻型汽车污染物排放限值及测量方法(Ⅲ、Ⅳ阶段)》	2012年7月1日
第五阶段:GB18352.5－2013《轻型汽车污染物排放限值及测量方法(Ⅴ阶段)》	2017年1月1日汽油 2018年1月1日柴油
第六阶段:GB18352.5－2016《轻型汽车污染物排放限值及测量方法(Ⅴ阶段)》	2021年1月1日

国Ⅵ排放标准a阶段将于2021年1月1日开始实施，重点地区已于2019年7月1日实施，b阶段将于2023年7月1日开始实施。国Ⅵ a相当于国Ⅴ与国Ⅵ b的过渡阶段，而国Ⅵ b是真正国Ⅵ排放标准。6a阶段相比国Ⅴ标准限值仅CO下降，其他均无变化；6b的排放标准比6a更严格了，6b阶段相比国Ⅴ标准限值除了PN之外，各指标均有下降。新标准的实施主要是为了限定催化转化器中的催化剂、改进燃油系统密封性等。

表12　国Ⅵ标准较国Ⅴ标准排放限值变化

标准	CO(g/km)	THC (g/km)	NMHC (g/km)	NO_x (g/km)	N_2O (g/km)	PM (g/km)	PN (个/km)
国Ⅴ标准	1.0000	0.1000	0.0680	0.0600	无此项	0.0045	6×10^{11}
国Ⅵ标准(6a)	0.7000	0.1000	0.0680	0.0600	0.0200	0.0045	6×10^{11}
国Ⅵ标准(6b)	0.5000	0.0500	0.0350	0.0200	0.0030	0.0030	6×10^{11}
6a与国Ⅴ相比	↓30.00%	无变化	无变化	无变化	新增	无变化	无变化
6b与国Ⅴ相比	↓50.00%	↓50.00%	↓48.53%	↓41.67%	新增	↓33.33%	无变化

对于汽车企业而言，国Ⅵ b排放标准成为史上最严格的排放法规要求，主要表现在以下八个方面。

第一，测试循环不同。对车辆冷启动、加减速度以及高速负荷状态下的排放进行全面考核，覆盖了更大的发动机工作范围，对车辆的排放控制性能进行更严格的要求。

第二，测试程序要求不同。测试要求更加严格，避免实验室测试数据与实际使用不一致，但是在实际使用中却有不尽如人意的现象发生。

第三，限值要求加严。相比国Ⅴ排放，国Ⅵ标准的限值更加严格。另外国Ⅴ阶段汽柴油车不限值，而国Ⅵ标准根据燃料中立原则，对汽柴油车采用相同的限值要求。

第四，新增实际道路行驶排放要求。首次将排放测试转移至实际道路，要求汽车不仅要在实验室测试达标，还要在市区、郊区和高速公路上以正常行驶状态利用便携式排放测试设备进行尾气测试，能够有效避免排放作弊行为。

第五，加严蒸发排放控制要求。国Ⅴ标准下，估计汽油车单车年平均汽油挥发 8.8kg 左右，国Ⅵ标准对汽油蒸发排放控制提出了严格要求，同时要求车辆安装 ORVR 油气在线回收装置，增强对加油过程的油气控制。

第六，增加排放质保期的要求。在 3 年或 6 万公里内，如果车辆的排放装置出现故障，导致排放超标，由汽车生产企业承担相应的维修费用，保障车主权益。

第七，提高了低温试验要求。国Ⅵ标准较国Ⅴ的一氧化碳和碳氢化合物限值更加严格，同时还增加了控制氮氧化合物的要求，有效控制冬天车辆冷启动时的排放。

第八，引入了严格的美国车载诊断系统 OBD 控制要求，全面提升对车辆排放状态的监控能力，能够及时发现车辆排放故障。

国Ⅵ与欧Ⅵ标准对比如表 13 所示。

中国实施排放标准的进程比发达国家滞后，而国Ⅵ标准是基于全球技术法规并引入了欧洲标准和美国标准的先进内容，形成的一个全新的技术标准。国Ⅵb 比国Ⅴ严苛了 50% 以上，也是国内排放标准第一次超越欧盟标准。

在汽车排放污染物中，我们可以看到国Ⅵb除了一氧化碳（CO）标准与欧Ⅵ持平以外，碳氢化合物（THC）、氮氧化合物（NOx）和固体颗粒物（PM）排放标准均高于欧Ⅵ标准。

表13　国Ⅵb与欧Ⅵ排放限值对比

项目	CO(mg/km)	THC(mg/km)	NO_x(mg/km)	PM(mg/km)	PM(个/km)
国Ⅵb	500	50	35	3.0	6.0×10^{11}
欧Ⅵ	500	100	60	5.0/4.5	—

除了排放限值外，国Ⅵ与欧Ⅵ标准的试验方法也不同，主要体现在欧Ⅵ汽油车使用老式的NEDC测试方式（测试排放结果会比实际排放结果低），欧Ⅵ柴油车使用新式的WLTP（测试结果更为精准）。而国Ⅵ柴汽油车均同欧Ⅵ的柴油车使用同样严格的测试方法。

全球汽车油耗法规不断加严的背景下，轻型商用车油耗的加严也势在必行。最新版《轻型商用车辆燃料消耗量限值》于2018年1月起开始实施，只针对新认证车型（在产车型2020年1月1日）。新标准的发布与实施将有助于实现我国2020年轻型商用车新车燃料消耗量水平较2012年至少下降20%的目标。

新修订的标准分别对以汽油、柴油为燃料的不同类型的轻型商用车按整车整备质量设定了64个燃料消耗量限值。其中，N1类（轻型货车）汽油车型燃料消耗量限值最低为5.5L/100 km，柴油车型燃料消耗量限值最低为5.0L/100km。

表14　轻型商用车第三阶段单车油耗限值

整车整备质量(CM)(kg)	汽油(L/100km)	柴油(L/100km)	整车整备质量(CM)(kg)	汽油(L/100km)	柴油(L/100km)
CM≤750	5.5	5.0	1090<CM≤1205	6.7	6.1
750<CM≤865	5.8	5.2	1205<CM≤1320	7.1	6.4
865<CM≤980	6.1	5.5	1320<CM≤1430	7.5	6.7
980<CM≤1090	6.4	5.8	1430<CM≤1540	7.9	7.0

续表

整车整备质量(CM)(kg)	汽油(L/100km)	柴油(L/100km)	整车整备质量(CM)(kg)	汽油(L/100km)	柴油(L/100km)
1540 < CM≤1660	8.3	7.3	2000 < CM≤2110	10.1	8.7
1660 < CM≤1770	8.7	7.6	2110 < CM≤2280	10.6	9.1
1770 < CM≤1880	9.1	7.9	2280 < CM≤2510	11.1	9.5
1880 < CM≤2000	9.6	8.3	2510 < CM	11.7	10.0

我国的油耗测试方法主要参照欧盟法规，由 4 个城市循环和 1 个高速循环组成，整个过程历时约 20 分钟，市区的最高车速是 50km/h，高速路上最高速度达 120km/h。

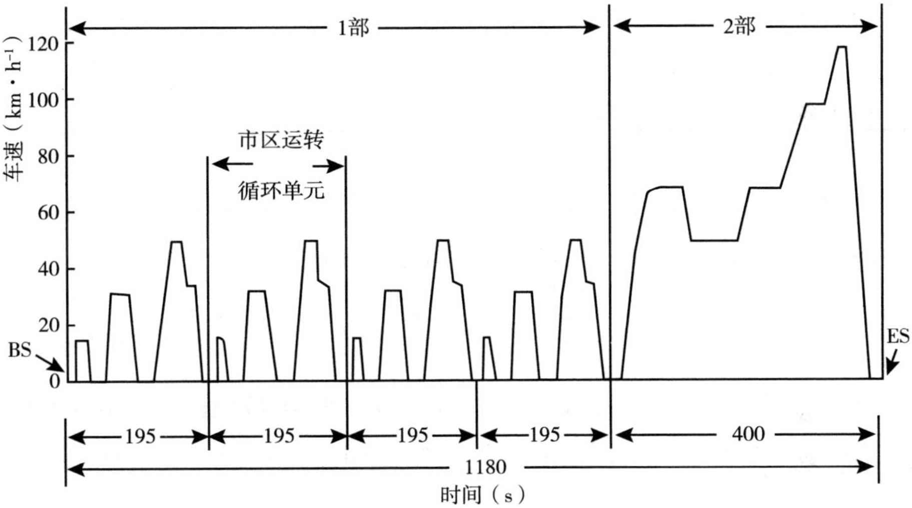

BS：取样开始；ES：取样结束

图 3　取样车速图示

据能源与交通创新中心介绍，中国、欧盟及日本的油耗标准都是基于车重，油耗标准随着车重增加而降低。而美国标准是基于脚印面积（四车轮之间的面积），油耗标准随着车身变大而降低。欧盟于 2015 年开始向以脚印面积为基础的标准过渡，后续中国也有可能改变标准。

美国油耗法规的评价方法是 CAEF 综合的评价燃油经济性，以英里/加仑为单位，包括55%的城市道路循环（FTP75）和45%的高速公路行驶巡航（HFET）。每个制造企业每年销量的各车型，以其所占总销量的百分比作为加权系数，乘以该车型车辆的燃油经济性，再将各车型的加权燃油经济性总和加起来，得到该企业的总平均燃油经济性，此值应满足当年相应的CAEF限值要求。

表15 CAEF油耗标准

单位：g/mile

年份	油耗标准 CAEF	年份	油耗标准 CAEF
2012	346	2019	277
2013	337	2020	268
2014	326	2021	249
2015	312	2022	237
2016	298	2023	225
2017	295	2024	214
2018	285	2025	203

欧盟油耗法规的评价方法是消减二氧化碳排放，目前皮卡油耗指标 CO_2 限值为147g/km。汽车燃油经济性计算方法如下：

$$FE = \frac{0.866 \times HC + 0.429 \times 0.429 \times CO + 0.273 \times CO_2}{K}$$

其中，FE为车辆燃油经济性；汽油车 K = SG/0.1154；柴油车 K = SG/0.1155（SG为燃油的实测比重，单位为g/ml）；HC、CO和 CO_2 单位为g/km。

国内汽车皮卡安全法规主要对标欧洲的ECE法规，欧盟ECE法规具有严谨、全面的特征，再根据我国道路和车辆的实际情况进行完善。

表16 中国与欧盟、美国等国家的碰撞安全法规项目清单

国家	主要碰撞安全项目(强制性)
中国	GB 11551 - 2014 正面碰撞乘员保护(100%) GB 20071 - 2006 侧面碰撞乘员保护(90°) GB 11557 - 2011 防止汽车转向机构对驾驶员伤害的规定

续表

国家	主要碰撞安全项目(强制性)
欧盟	ECE R94 正面碰撞乘员保护(40%) ECE R95 侧面碰撞乘员保护(90°) ECE R127.02 机动车辆对行人碰撞保护 2019/2144/EU 前部保护系统 ECE R12.04 碰撞中转向装置对于驾驶员的保护 ECE R29.03 商用车驾驶室强度 预计后期实施项目: ECE R135.01 侧面柱碰乘员保护(75°) ECE R127 扩大的头部碰撞区域 ECE R34 后碰 2019/2144/EU 倒车检测
美国	FMVSS 203 驾驶员免受转向控制系统伤害的碰撞保护 FMVSS 204 转向控制装置的向后位移 FMVSS 208 正面碰撞乘员保护(100%,40%,±30°) FMVSS 214 侧面碰撞乘员保护(27°)、侧面柱碰乘员保护(75°)、侧门静压强度 FMVSS 216a 车身顶板抗压强度 FMVSS 219 风窗玻璃区的干扰 FMVSS 226 弹出缓解 FMVSS 301 燃料系统的完整性(正碰、侧碰、后碰、静态翻滚后考核) FMVSS 305 电动车辆电解液的溅出和电击保护(正碰、侧碰、后碰、静态翻滚后考核) 预计后期实施项目:行人保护
澳大利亚	ADR 72/00 动态侧碰(90°) ADR 85/00 侧面柱碰(75°) ADR 10/02 转向保护

目前中国皮卡主要碰撞安全法规包括《正面碰撞乘员保护（100%）》《侧面碰撞乘员保护（90°）》《防止汽车转向机构对驾驶员伤害的规定》。预计2024年《汽车对行人碰撞保护》《商用车驾驶室乘员保护》也将纳入碰撞安全法规。目前最新版《C-NCAP中国新车评价规程》只针对乘用车有要求，并未提到皮卡车。

GB 11551－2014《正面碰撞乘员保护（100%）》主要参考欧洲法规制定，其中没有采纳速度为56km/h下的40%偏置碰撞，而是采用美国的56km/h±2的100%重叠正面碰撞。碰撞车辆行驶路线与壁障夹角为0°，Hybird Ⅲ

50 百分位男性假人放置在前排驾驶位及其外侧位置，Hybird Ⅲ 5 百分位女性假人放置在驾驶员座位之后的后排座位的左侧位置，P 系列儿童假人放置在后排座位最右侧，车辆行驶速度为 50km/h，规定的碰撞伤害指标如下：

头部性能指标 HPC 应不大于 1000，并且头部合成加速度大于 80g 的时间，累计不应超过 3ms，但不包括头部反弹；

胸部压缩指标 Thcc 应不大于 75mm；

大腿性能指标 FPC 不大于 10KN。

《乘用车正面碰撞的乘员保护》同样对汽车的结构、整备质量、乘员舱的空间尺寸、汽车制作工艺及材料等各方面做了严格的规定，同时也规定了安全带的安装使用规则和安全气囊在身材矮小乘员及妇女、儿童身上的使用规则。

欧盟的 ECE R94《正面碰撞乘员保护（40%）》相对于中国的 GB 11551－2014《正面碰撞乘员保护（100%）》更加科学与谨慎，主要体现在以下几方面：

碰撞方式：我国碰撞试验是完全性的刚性壁面碰撞，欧盟是各种材料堆层碰撞，由上到下各部分的碰撞壁面的硬度不同，更好地模拟实际过程中汽车与汽车的碰撞。此外欧盟的正面碰撞还包括环柱碰撞和斜面碰撞，而这些在我国正面碰撞安全法规中未提及。

碰撞伤害指标：我国规定的腿部指标为大腿压缩力指数 FPC 不大于 10KN，而在欧盟法规标准里规定的是小腿压力指标不超过 8KN，且膝关节滑移不超过 15mm。

儿童乘坐安全：我国法规对于儿童乘坐安全只提到安全气囊在儿童身上的使用规则，对其他并未进行说明。在欧盟法规中，非常详细地规定了儿童安全座椅的安装方式及相关注意图标不可缺少。

车辆合格认证要求：我国对于车辆正面安全碰撞，只要求有国家出示的安全保证书即可。欧盟法规中要求对车辆进行定期抽检，一旦发现相关的安全隐患，就必须出示相关的证明。

GB 20071－2006《侧面碰撞乘员保护（90°）》参考欧盟标准制定，两者主要区别在于欧盟安全法规相比中国更全面，考虑到非对称的车型应该额外增加侧面安全碰撞。GB 20071－2006《侧面碰撞乘员保护（90°）》主要的性能指标具体如下。

头部性能指标 HPC 应小于或等于 1000；当没有发生头部接触时，则不必测量或者计算 HPC 值，只记录“无头部接触”。

胸部性能指标：肋骨变形指标 RDC 应小于或等于 42mm；黏性指标 VC 应小于或等于 1.0m/s。

骨盆性指标：耻骨结合点力峰值 PSPF 应小于或等于 6KN。

腹部性能指标：腹部力峰值 APF 应小于或等于 2.5KN 的内力（相当于 4.5KN 的外力）。

FMVSS 214《侧面碰撞乘员保护（27°）》与 ECE R95《侧面碰撞乘员保护（90°）主要对比如表 17 所示。

表 17　标准对比

项目	美国标准 FMVSS 214	欧盟标准 ECE R95
碰撞方式	移动变形壁障运动方向与静止的试验车辆横向成 270°，碰撞表面与试验车辆纵向中心面垂直	移动变形壁障运动方向及碰撞表面均垂直于试验车辆纵向中心面
碰撞速度	53.9km/h	(50 ±1)km/h
移动变形壁障	1356kg	(950 ±20)kg
假人类型和位置	在撞击侧的前后排座椅上各安放一个 SID 侧面碰撞假人，均系安全带	在驾驶员侧的撞击侧前排驾驶员座椅上安放一个 Euro SID 侧面碰撞假人，系安全带，推荐使用 ES－11 型假人
伤害指标	胸部伤害指标 TTI 小于等于 85g（四个侧门的乘用车，任何多功能乘用车、卡车和客车）或是小于等于 90g（两个侧门的乘用轿车），骨盆峰值横向加速度小于等于 130g	与 GB 20071－2006《侧面碰撞乘员保护（90°）》指标相同
试验车重	空载质量 +136kg	空载质量 +100kg

三　我国皮卡车发展存在的问题

中国皮卡车产业的发展历经起步期、高速发展期、稳步发展期、快速扩张期等。皮卡技术从无到有，管理逐渐有序，服务质量全面提升，产业链逐步完善。但皮卡车市场面临的各种复杂难题，严重影响了我国皮卡车行业的健康发展。

（一）皮卡车消费限制多

当前，我国皮卡车在消费使用端存在多种限制，如上牌、车辆年检、进城、车辆报废等。皮卡车在我国标准 GB/T 3730.1 和 GB 7258 中的定义为“多用途货车”，在很多情况下统一将皮卡车与货车一同管理，而在产品准入标准方面又基本向乘用车看齐，皮卡车在使用性能、安全性能、高端配置、产品质量上与乘用车没有太大差异，但在消费使用端与乘用车差异明显。

首先，皮卡车无法进城，大中型城市施行的是限制皮卡车进城的政策。在路权管理方面，我国皮卡车等同于货车的管理路权，对此，在多数省份施行限行政策；当前，部分三、四线城市以及乡镇地区对皮卡车的路权管理比较松懈，多数允许进城，因此该区域的皮卡车消费需求旺盛；而在一线、二线城市和部分三线城市对皮卡车施行进城通行限制的管理政策，抑制了皮卡车的消费需求。

其次，我国皮卡车在车辆上牌和年检方面与乘用车差异明显。我国政府发布的《中华人民共和国道路交通安全法实施条例》规定，“载货汽车和大型、中型非营运载客汽车 10 年以内每年检验 1 次；超过 10 年的，每 6 个月检验 1 次”，因此，我国皮卡车是纳入载货汽车进行车辆年检的；皮卡车的上牌环节也比乘用车复杂。年检环节的成本和时间环节的增加，一定程度上抑制了皮卡车的消费需求。

再次，我国皮卡车按货车的报废年限要求进行管理。根据我国商务部发布的《机动车强制报废标准规定》，载货车使用年限为 15 年/60 万公里，一定程度上抑制了高端皮卡车的消费需求，同时也影响了二手皮卡车交易的活跃程度。

最后，我国针对皮卡车的其他方面也有很多限制，如节假日皮卡车高速出行不免费等。

（二）产品质量参差不齐

从整个发展过程来看，皮卡车的产品质量是制约其品牌影响力的关键因素之一。

在早期的无序竞争中，皮卡车是各个企业通过各自已有的整车产品改装过来的，因此有卡车改装的皮卡车、轿车改装的皮卡车，以及部分越野车改装的皮卡车，重点企业有河北中兴、长城汽车、长丰扬子、一汽红塔、福迪汽车等；国产品牌皮卡车在外观、内饰配置、乘坐舒适性、操作性能等方面与国外的品牌相比存在明显的劣势。由于皮卡车与乘用车在质量上差距大，初期的皮卡车主要用于拉货，而作为家庭用车的非常少，因此早期消费者对皮卡车的印象就是小货车和工具车的代名词。

近几年，我国试行皮卡车进城通行的政策，由于早期皮卡车质量较差的印象深入人心，中高端皮卡车市场需求低迷；通过长城汽车、江铃汽车等皮卡车企业持续多年对皮卡车品牌和市场的细心经营，消费者逐步改变了对皮卡车的固有认知；当前，皮卡车质量大幅提升，皮卡车品牌深入人心，皮卡车产品逐渐回归本来属性。

（三）消费理念有待回归

皮卡车是以乘用为主，兼具少量载货功能的多用途车型；在国际主流皮卡市场，皮卡车在家庭用车、旅游休闲、商务等领域都极受欢迎。

在我国多数三、四线城市以及乡镇的道路上，我们常常见到载着工具的皮卡车，并且都贴着反光标识，侧门喷涂了“载重”；然而，很少见到有人开着皮卡车在郊区越野，也很少遇到开着皮卡车旅游的人，甚至在城市的超市停车场，基本看不到用于采购生活物资的皮卡车。在我国一、二线城市，皮卡车的踪影基本消失，仅有用于电力等城市维护的黄色皮卡车工具车在事故点、维修点、电线站附近可见。由此可见，我国消费者对皮卡车的消费观念亟待更新。

近几年，随着皮卡车市场体量的逐步扩大，整车企业对皮卡车领域逐渐重视，对皮卡车的研发投入不断增加，皮卡车产品质量也不断提升，市场上出现一大批品牌，如长城风骏系列、江铃宝典系列、郑州日产引入的纳瓦拉皮卡车等；在中低端市场，配置的升级、科技元素的增加等对皮卡车口碑的改善起到了明显作用，消费者对皮卡车作为工具车的观念逐渐淡化，商用皮卡车受到青睐。

随着皮卡车产品质量的提升，市场上出现较多的高品质皮卡车需求。由于消费观念的变化，中高端皮卡车市场也迎来了春天，长城汽车、江铃汽车、上汽大通、江西五十铃、郑州日产等企业加大对中高端皮卡车市场的投入；2019 年，长城汽车推出了高端乘用皮卡和商用皮卡“长城炮”，江铃汽车推出了美式高端皮卡车域虎 9，郑州日产、上汽大通、北汽福田等企业也推出了高端品牌。皮卡车市场上出现了“百花争艳”的景象，皮卡车开始逐步回归以乘用为主兼具载货用途的汽车属性。

四　皮卡车行业发展趋势与展望

近几年，新技术在皮卡车领域的应用加快，市场需求升级，促进皮卡车产品向乘用、越野、改装等多元化方向发展。皮卡车产品质量的快速提升带动了市场消费升级，进而促使皮卡车政策放开，刺激优质的皮卡车企业加大人才培育与技术研发投入。企业、消费者与政府对皮卡车的关注提升，促使中国皮卡车产业茁壮成长。

（一）价格变化趋势

从我国皮卡车发展历程来看，2015 年以前可以称为皮卡工具车时代，这时期的皮卡车用户群体多为工具需求类，皮卡车在农牧市场、家庭用途市场以及其原本的越野市场的影响微乎其微。这一阶段，皮卡车的性价比和商用性能是消费者选车时的主要参考指标，10 万元以下的皮卡车产品占据近80% 的市场份额。

2015 年之后 10 万元以上级别的皮卡车占据了约 30% 的市场份额。这一变化表明，在未来，我国的皮卡车消费者开始看重产品配置和质量，10 万元以上级别的皮卡车市场将快速发展。

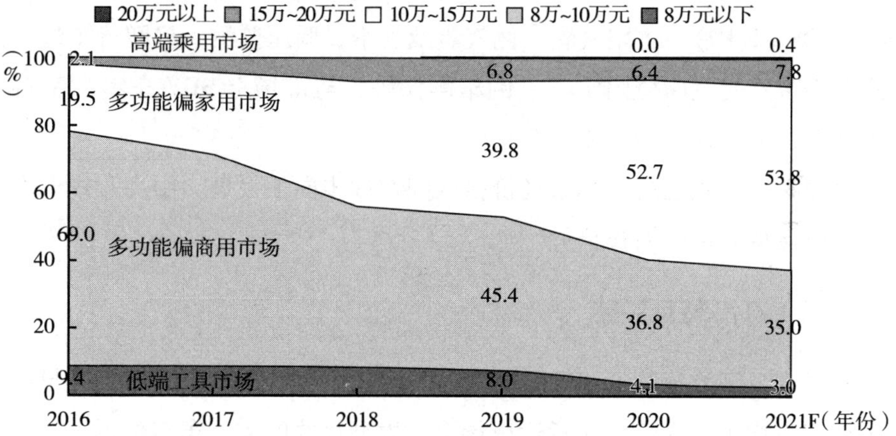

图 4　市场分区

将皮卡车主要作为工具车的消费群体，往往更注重价格低廉；小型企业、私人作坊以及农牧市场的顾客主要关注性价比和车辆性能，10 万 ~ 12 万元的皮卡车受到此类顾客的喜爱；在家用市场会更加注重车辆配置和质量，在越野市场注重的是车辆性能和质量，因此 12 万元以上的皮卡车是这部分消费者的选择。

2016 ~ 2020 年可以称为商用皮卡车时代，“90 后”和“00 后”消费者已成为皮卡车产品的消费主力之一，新生代消费者对皮卡车的定位为高端、舒适，不只是追求单一的廉价运货工具，更多的是兼有家庭用途和工具载货用途，对皮卡车的乘用化和动力性等要求提高；受此消费偏好影响，2018 年，我国 10 万元以下皮卡车份额已下降至 52%，较 2015 年份额减少约 27 个百分点，12 万元以上的中高端皮卡车销量占皮卡车市场的 11%。

2020 年，皮卡车进入乘用皮卡车时代，皮卡车逐渐回归乘用为主、载货为辅的功能属性；随着汽车行业智能化、网联化、电动化等，皮卡车产品升级也刻不容缓。2020 年长城汽车、江铃汽车、郑州日产、北汽福田等代表性的皮卡车企业纷纷推出了高端皮卡车产品，普遍配备导航、定速巡航、平均油耗/瞬时油耗显示、自动大灯、自动雨刷等，在安全配置上也增加 ESP（ABS + EBD）、主副气囊、侧气囊及气帘、胎压监测、昼间行车灯、预紧式安全带、儿童座椅固定点、倒车影像等，与市场上 SUV 车型的配置无太大差距，价格在 12 万 ~25 万元。

总体来说，我国皮卡车市场价格区间在逐步向上发展，中高端皮卡车市场销量将保持稳定的增长趋势。

（二）产品特征特点

我国皮卡车政策的特殊性，决定了初期皮卡车产品的发展方向。早期皮卡车被归入货车管理，而在货运市场上，大型尺寸的皮卡车与栏板车的性价比差距明显，中小型尺寸的皮卡车在市场上受到更多消费者的青睐；至今，这一政策还在影响着皮卡车市场的发展。从近几年我国的皮卡车车身宽度变化趋势看，2015 年以前，我国车宽≤1800mm 的皮卡车占主流；但在之后几年，皮卡车车身宽度变化呈现如下三个特点：车宽≤1800mm 的市场容量占比持续减小，车宽 >1800mm 的市场容量占比超过 50%，其中，1800mm < 车宽 <1850mm 的市场容量占比最高。

从国内皮卡车的货箱长度变化趋势看，我国皮卡车的货箱尺寸变化趋势如下：1.6 ~1.7m 区间销量相对稳定，1.5 ~1.6m/1.8 ~1.9m 两个区间销量快速增长；已经形成了 1.5 ~1.6m、1.6 ~1.7m、1.8 ~1.9m 等主流货箱长度区间。

表 18　2014～2020 年货箱长度尺寸分布

单位：%

货箱长度尺寸(mm)	2014 年	2015 年	2016 年	2017 年	2018 年	2019 年	2020 年
1300～1399	18.0	15.0	11.0	8.0	5.0	2.9	1.4
1400～1499	27.0	24.0	24.0	21.0	18.0	15.1	13.6
1500～1599	7.0	11.0	13.0	16.0	19.0	18.7	16.5
1600～1699	26.0	26.0	26.0	26.0	25.0	31.7	26.7
1700～1799	5.0	2.0	2.0	4.0	7.0	8.4	21.9
1800～1899	13.0	16.0	19.0	21.0	23.0	19.6	17.7
≥1900			2.0	2.0	3.0	2.7	1.4

资料来源：根据上险数据整理。

从柴汽油占比变化趋势看，我国柴汽油皮卡车占比相对稳定，但后续汽油皮卡车产品的销量占比将有可能提升，主要原因如下：柴油发动机升级国Ⅵ排放的技术难度和升级成本显著高于汽油发动机，市场上供给侧汽油占比以及价格差将对销量产生影响。当前，我国乘用车需求中对汽油车型的需求和接受度显著高于柴油车型。未来，随着皮卡车乘用化使用场景越来越普遍，我国汽油皮卡车占比将持续增长。

从皮卡车的两驱四驱占比变化趋势看，我国四驱皮卡车占比呈现稳步上升的态势，主要原因如下：从地域上分析，西南省份的皮卡车需求增长；从需求场景看，皮卡车由原先只作为工具车向商乘两用转变。

（三）产品高端化

伴随我国皮卡车政策的实施，皮卡车产业迎来了消费升级，皮卡车在产品动力、产品配置、产品质量和可靠性等方面均有所提升，同步带动产品价格上涨，皮卡车企业产品逐步向高端化发展。

2019 年，市场上出现多款高端皮卡产品，如长城汽车的“炮”系列皮卡车、江铃域虎 9 皮卡车、上汽大通 T70 等，皮卡车产品配置的舒适性、安全性增强，产品单价也从 12 万元提升到 20 万元左右，未来 5 年高端皮卡车产品单价或将达到 30 万元左右。

（四）企业品牌化

近几年，我国皮卡车产品质量明显提升，皮卡车品牌认可度、品牌影响力不断提升，主流皮卡车企业逐步加大对皮卡车品牌形象的培育力度，积极打造具有全球影响力的皮卡车品牌。同时皮卡车企业不断丰富皮卡车产品家族，并加速布局高端市场，产品向智能化、乘用化发展，新技术、新材料、新理念不断被应用到产品中，产品市场服务品质提高。

我国皮卡车市场的主力消费群体逐渐向“00后”转移，市场消费观念转变加速，由性价比消费需求逐步向品质享受和品牌消费需求转变。未来，品牌影响力和产品质量将是皮卡车企业决胜市场的关键因素。

（五）产业国际化

我国多家主流皮卡车企业产品出口海外欠发达地区，主要出口至东南亚、海湾地区、南美洲、澳洲地区和部分非洲国家和地区，良好的性价比和产品质量赢得了海外客户的一致好评。代表性企业有中兴皮卡、长城汽车、上汽大通、江铃汽车以及北汽福田等。

在皮卡车“走出去”方面，各企业通过与所在国开展商务合作，在当地建立组装工厂，并通过兼并优质整车和零部件企业，实现国际化发展。

在皮卡车“引进来”方面，我国主流皮卡车企业在产品研发阶段，通过在海外市场布局研发中心、引进国际人才等吸收国际先进管理经验，借鉴国际产品标准体系，不断提升产品质量和品牌形象，为提升我国皮卡车的国际市场竞争力奠定了坚实的基础。

五　皮卡车发展目标及路径

（一）发展目标

1. 市场规模达到150万辆级

我国皮卡车产业发展至今已拥有20余个皮卡车品牌，随着政策的逐步完善，企业开始加大对产品研发、生产、试验验证、技术升级、市场服务升级等的投入。

2018 年，我国皮卡车市场容量接近 50 万辆，仅占我国汽车市场容量的 1.67%，虽然与美国、澳大利亚、泰国等皮卡车市场相比有很大差距，但是我国皮卡车市场发展潜力巨大是毋庸置疑的。

在我国一、二线城市以及广大的乡镇市场，皮卡车普及率仍然较低，主要分布在三、四线城市和一、二线城市的郊区市场，皮卡车用途主要为工具车和部分小企业的商业运输，皮卡车乘用功能的开发仍有很大的潜力，我国皮卡车市场上 10 万元以下级别的保有量仍较大。伴随着我国皮卡车的全面进城解禁，20 万元价格以上级别的高端皮卡车将形成 20 万辆左右的市场容量，10 万 ~20 万元价格区间的皮卡车市场容量将增长到 50 万辆左右，10 万元以下级别的皮卡车市场容量将增长至 80 万辆，未来 5 ~10 年我国皮卡车市场容量能达到 150 万辆。

2. 打造2 ~3家国际一流的皮卡车企业

未来 5 ~10 年内，培育 1 家企业皮卡车销量、企业营业收入、利润等指标排名进入世界前 5；同时，培育 2 ~3 家企业进入皮卡车行业世界第一阵营。

随着进入市场的产品品质明显提高，皮卡车企业品牌认可度、产品美誉度及国际影响力显著增强，形成具有较强国际竞争力的品牌，打造 2 ~3 款引领全球皮卡车市场的品牌。

3. 新能源皮卡车市场占有率达到15%

新能源皮卡车的使用性能与传统燃油皮卡车的操作性能相当，随着充电桩等基础设施的普及，未来 5 ~10 年内纯电动皮卡车等新能源车型将占皮卡车市场容量的 15% 以上。

（二）发展路径

1. 全面解禁皮卡车进城限制

从我国试点皮卡车进城政策的六省的皮卡车销售数据来看，皮卡车进城限制解除后，六省皮卡车销量大幅增加（见图 5）。

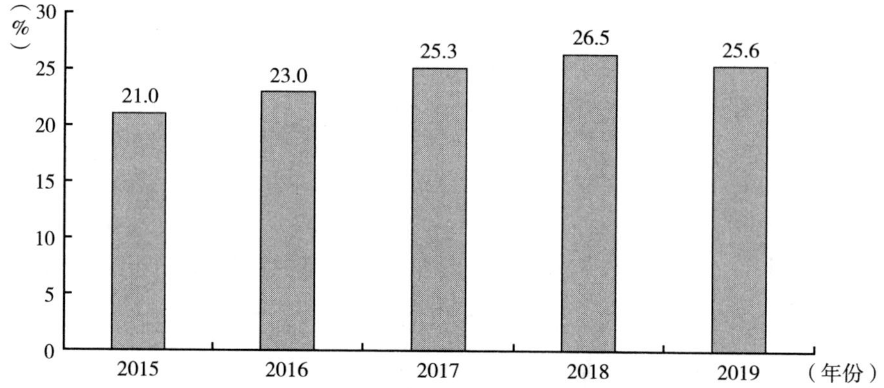

图 5　进城限制解禁试点省份皮卡车销量占比

资料来源：根据皮卡网数据整理。

皮卡车进城限制的全面解禁，将缓解私人拉货压力，极大减少人货混装的情况，降低人货混装出现的风险。

放宽皮卡车进城限制，将推动产业发展，刺激消费，带动微小企业发展。受政策的影响，皮卡车产品将越来越受到欢迎。车企也将提升皮卡车品质，皮卡车亦轿亦卡的多用途功能将得到全面发挥。城市配送行业小商户和创业者大量购买皮卡车用于拉货，普通消费者则购买皮卡车用于出行等，在二、三线中小城市及经济条件较好的农村地区消费者则购买皮卡车作为农用车和微型客车、微型卡车的更新替代车型，皮卡车消费将大增。随着皮卡车进城限制的放开，市场会诞生出更多针对不同需求的多用途车型，如皮卡房车、皮卡越野、皮卡改装等，带动周边配套服务产业的发展，同时也会对城市周边旅游、城市与郊区经济生态圈、城市与农村经济生态圈的发展带来新的增长点，极大地推动整个皮卡车产业的发展。

2. 实施皮卡车乘用车化管理

皮卡车本质属于乘用为主的车型，少数皮卡车主将皮卡车用于运载少量材料、家具以及生活用品。将皮卡车参照乘用车进行管理，实行年检制度等，符合我国皮卡车现阶段以及未来发展阶段的实际需求，有利于我国皮卡车产业的发展。

我国皮卡车主要分为商用类型、乘用类型、越野类型三种。商用型皮卡车消费市场主要分布在农牧地区以及部分城市偏远郊区；乘用型皮卡车的消费市场主要在大中型城市。最近几年，我国公告申报的多用途货车（皮卡车）长度均在6m以下，载质量均在1吨以下，对城市交通与城市道路承载压力影响较小。同时随着国家排放标准的升级，我国加速淘汰国Ⅲ、国Ⅳ车型，市场上的国Ⅴ和国Ⅵ车型将成为主要流通车型；皮卡车型的排放标准要求应与乘用车一致，皮卡车对城市环境的影响较小，因此放开皮卡车进城限制对城市的影响并不大。

皮卡车参照乘用车进行管理，将极大地刺激大中型城市皮卡车的消费需求，加速新农村市场和主流城市皮卡车市场的发展，推动我国特色汽车市场的形成，为我国打造皮卡车行业国际领军企业提供坚实的后盾，从而实现我国汽车行业高质量发展的目标。

3. 不断提升产品质量和可靠性

抓住科技革命和产业转型升级的重大机遇，加大对新产品、新技术、新材料等的投入，建立健全我国皮卡车可靠性、智能网联、新能源、关键核心零部件等领域的创新体系，推动皮卡车市场份额向高端和优势企业聚集，全面提升皮卡车产品质量。

积极构建以企业为主体、以市场为导向、产学研用相结合的技术创新体系，健全产品质量标准体系与全生命周期的质量控制和追溯机制。只有提升我国皮卡车的产品质量和可靠性，才能在未来与欧、美、日等跨国企业竞争中取得优势。

4. 不断优化品牌形象

建立现代企业管理制度，以自主创新为主，吸收引进和开放合作相结合，加速从传统制造向以新兴科技研发为主的企业转型，在我国建设交通强国的过程中发挥重要作用，提升企业品牌形象和影响力，构建以消费者为中心的价值品牌服务体系，培育具有国际影响力的皮卡车品牌。

5. 推动企业国际化发展

支持优势企业以相互持股、战略联盟等方式强强联合，不断提升产业集中度，同时鼓励兼并、收购、控股、参股国内外皮卡车公司，全面提升企业的综合能力，打造世界级整车企业，助力皮卡车企业参与国际市场竞争。

B.6

专用车发展报告

摘　要：　2020年，尽管受到疫情的影响，我国专用车行业仍保持较大幅度增长，达到新的历史峰值。本报告综合介绍了2020年我国专用车产业发展情况，分析了专用车产品和技术现状，研判了产业发展趋势，剖析了专用车产业发展中存在的问题和面临的挑战。我国专用车行业经过多年的发展，已经由粗放型发展模式向精细化发展模式转变，正在朝着轻量化、新能源化、智能化、网联化的方向发展，与此同时，市场对专用车产品提出了越来越高的要求，专用车产业发展路线开始向做“精”、做“专”的高质量路线转换。

关键词：　专用车　市场发展　产品

一　专用车发展现状

（一）专用车行业发展概况

2020 年，尽管受到疫情的影响，我国专用车行业仍保持较大幅度增长，达到新的历史峰值。专用车（含普通自卸车）累计实现销售 201.60 万辆，同比增长 23.20%（见图 1）；实现销售的专用车企业达 929 家，31 个省区市均实现专用车产品销售；截至 2020 年 12 月（《车辆生产企业及产品公告》339 批次），全年新增道路机动车辆生产企业共计 233 家，新增的车辆生产企业仍以专用车企业为主。我国专用车、半挂车及普通自卸车八大类公告内企业达到1800余家，在整个汽车产业中的地位日益重要，并逐渐成为专用车的生产和需求大国。

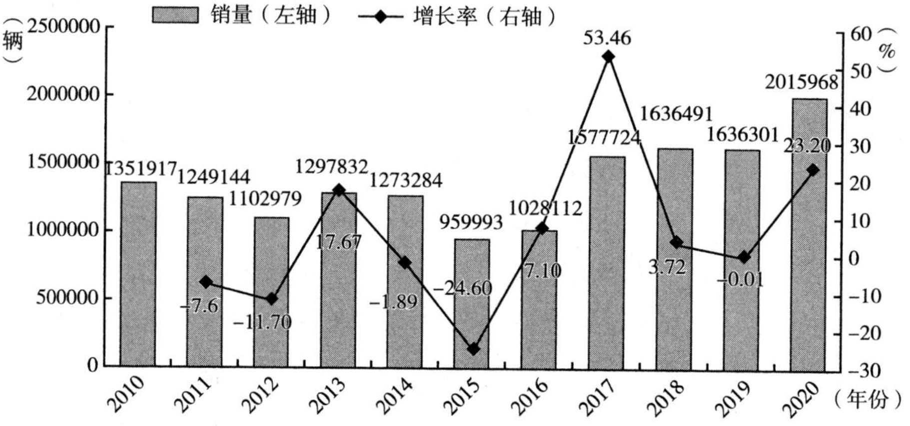

图1　2010～2020年我国专用车（含普通自卸车）销量情况

资料来源：中国汽车工业协会专用车分会数据统计。

从各月销量情况（见图2）可以看出，一季度受疫情影响，国内专用车企业生产经营活动大多停滞，市场需求也受到抑制，专用车销量大幅下滑，

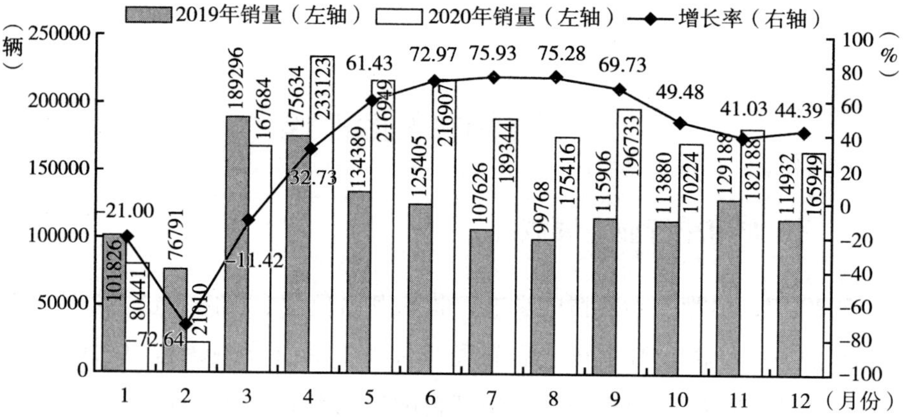

图2　2019～2020年专用车（含普通自卸车）销量情况

资料来源：中国汽车工业协会专用车分会数据统计。

尤其是2月大幅下降72.64%，4月疫情防控形势向好，逐步开始复工复产，同时，国家基建投资力度进一步加大，大批基建类项目在复工后集中开工，专用车市场需求出现井喷式增长，6～8月增幅均在70%以上。

（二）专用车行业细分市场情况

专用车具有小批量、多品种、个性化等特征，与各行各业的联系都十分紧密，产品呈现多元化的特点。按照结构型式分类，专用车可分为普通自卸类、厢式类、罐式类、专用自卸类、起重举升类、特种结构类、仓栅类等。

据统计，2020年全国社会物流总额达到300.1万亿元，同比增长3.5%。在我国专用车产品构成中，作为物流运输载体的厢式类、仓栅类专用汽车销量占比超过80%。在细分领域中，厢式类专用车全年累计销售77.66万辆，同比增长23.23%，占比38.52%；仓栅类专用车累计销售46.61万辆，同比增长42.31%，占比23.12%；罐式类专用车累计销售17.08万辆，同比增长25.15%，占比8.47%；起重举升类专用车累计销售8.26万辆，同比增长24.58%，占比4.10%；特种结构类专用车累计销售7.92万辆，同比增长19.34%，占比3.93%；普通自卸类专用车累计销售36.52万辆，同比增长123.06%，占比18.12%；专用自卸类专用车累计销售7.54万辆，同比下降19.78%，占比3.74%（见图3）。从车型吨位上分，重型车占37.69%，中型车占4.15%，轻型（包括微型）车占58.06%。

1. 厢式类专用车

厢式类专用车细分产品中以物流运输类产品为主，其中厢式类运输车作为主力车型需求一直保持高位，产品以轻型、微型为主，主要负责城市内物流配送。随着物流运输行业的快速发展，厢式类汽车的安全、快捷、环保等性能，也使之成为公路运输的主要工具。

2020年，物流行业发展迅速，与物流运输密切关联的厢式类专用车累计销量达77.66万辆，同比增长23.23%。产品需求以轻型、重型为主，主要应用于城市内物流配送和各城市间长途货运。从各月销量情况

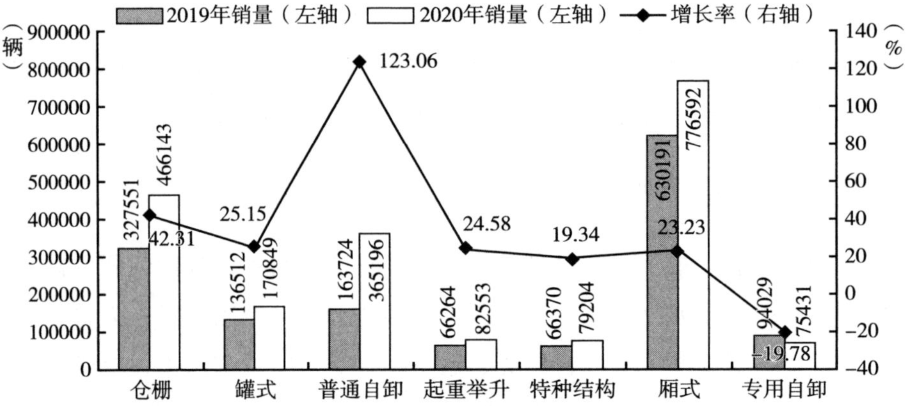

图3　2019～2020年专用车（含普通自卸车）销量按类别统计

资料来源：中国汽车工业协会专用车分会数据统计。

（见图4）可以看出，受疫情影响，2月市场需求基本停滞，销量大幅下滑，3月逐步恢复，3月以后同比增长率在24%～58%波动，增速较快。

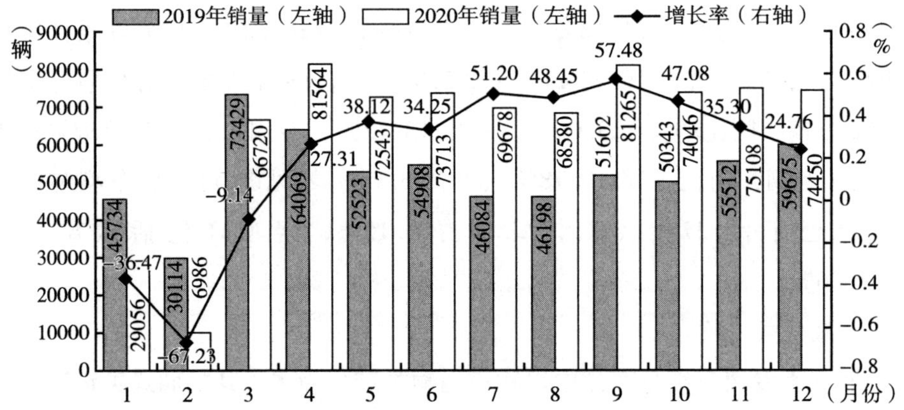

图4　2019～2020年厢式类专用车各月销量情况统计

资料来源：中国汽车工业协会专用车分会数据统计。

2020年，厢式类专用车实现销售的企业515家，在厢式类专用车细分产品中（见图5），厢式类运输车销量占据首位，达59.96万辆，同比增长31.94%，这主要是由于快递行业的迅速发展，城市间和城市内配送环节逐步完善，对厢式类运输车需求旺盛。受疫情影响，在厢式类专用车中涨幅最大的为救护车，销量达1.5万辆，同比增长110.75%。居民对鲜果、蔬菜、肉类与海鲜的品质要求提升，同时政府对食品、药品安全的监管力度也逐渐加大，冷藏车的销量达到4.79万辆，同比增长50.05%。在旅居车运管方面，我国旅居车市场还处于起步阶段，受疫情影响居民出行减少，2020年旅居车销量0.87万辆，同比下降4.45%。但是随着居民生活水平的提高，受各部门出台政策的刺激，以旅居车为导向的旅游市场需求将会进一步被释放。

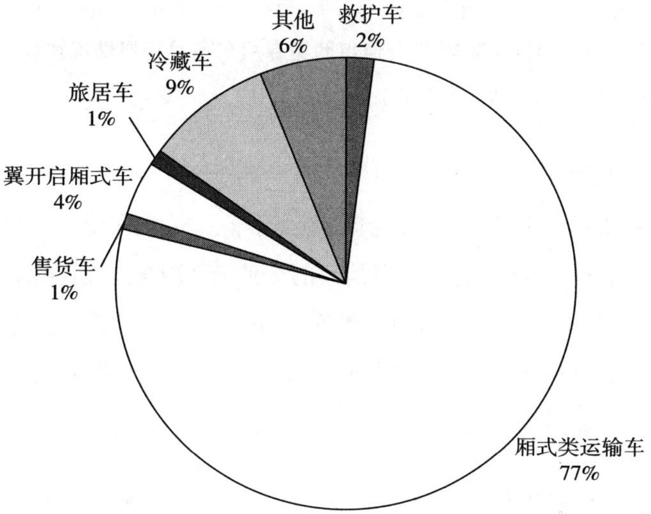

图5　2020年厢式类专用车主要车型销量分布

资料来源：中国汽车工业协会专用车分会数据统计。

2. 普通自卸类专用车

据统计，2020年，普通自卸类专用车实现销售的企业有102家，合计销量达36.52万辆，同比增长123.06%。从各月销量情况（见图6）可以看出，1~3月，受疫情影响，普通自卸类专用车的销量较2019年均出现大幅度下滑，4月开始，疫情得到有效控制，企业积极安排复工复产，为拉动经济增长，中央及各地方政府纷纷加大基建投资力度，大量基建项目集中开工，普通自卸类专用车销量大幅增长，6~8月涨幅达到90%以上。

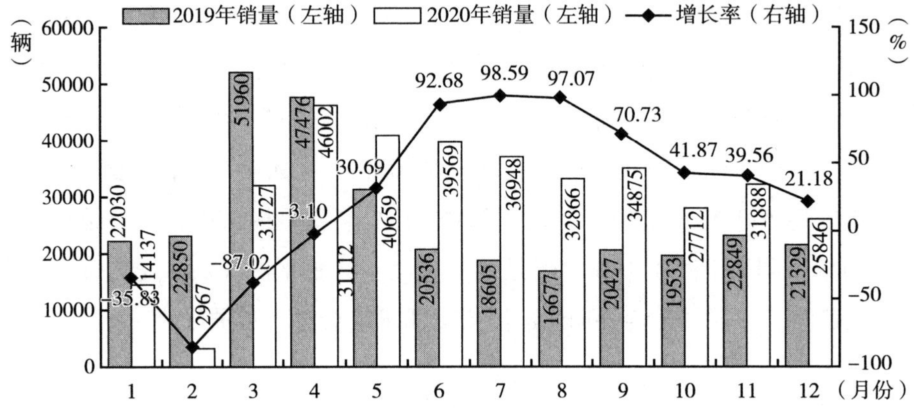

图6　2019～2020 年普通自卸类专用车各月销量情况统计

资料来源：中国汽车工业协会专用车分会数据统计。

3. 仓栅类专用车

仓栅类专用车主要产品包含仓栅式运输车、畜禽运输车、桶装垃圾运输车等。2020 年，仓栅类专用车实现销售的企业有 120 家，累计销量达 46.61 万辆，同比增长 42.31%。从各月销量情况（见图 7）可以看出，除了 1～2 月受疫情影响，销量有所下滑之外，其他月份销量均出现不同程度的增长，其中 5～8月的增长幅度最为明显，均为 70% 以上。

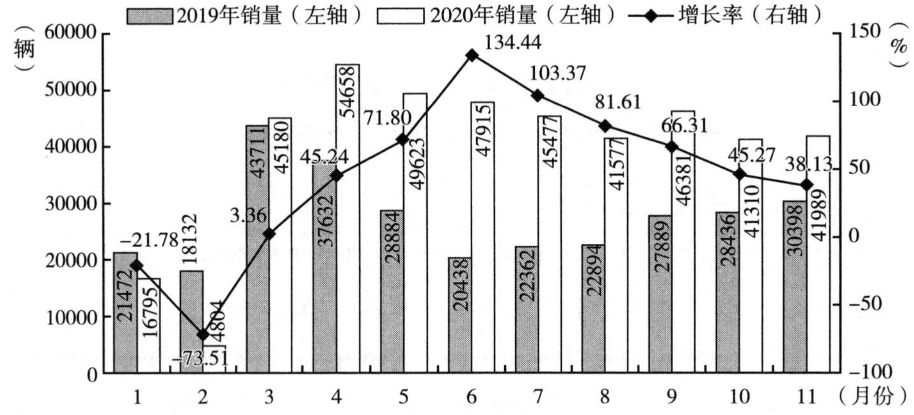

图 7　2019～2020 年仓栅类专用车各月销量情况统计

资料来源：中国汽车工业协会专用车分会数据统计。

2020 年，仓栅式运输车销量达 44. 96 万辆，同比上涨 41. 82% ，在仓栅类专用车中占比高达 96% 。尽管仓栅类专用车产销量一直居高不下，但因受国家政策和法规影响，更安全、高效的专用车将逐步代替和置换仓栅类专用汽车，畜禽运输车正是仓栅类汽车专用化发展的趋势之一。2020 年，畜禽运输车的销量达 1. 29 万辆，同比增长 133. 91% 。

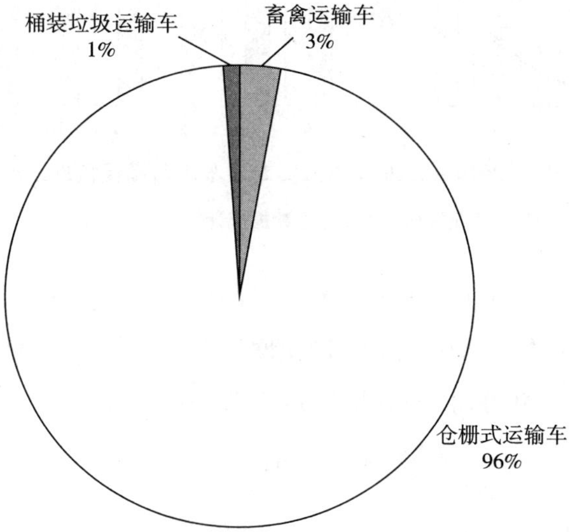

图 8　2020 年仓栅类专用车主要车型销量分布

资料来源：中国汽车工业协会专用车分会数据统计。

4. 罐式类专用车

罐式类专用车主要用于基础建设和城市养护方面，其产销量与各地方政府基础设施建设投入以及经济发展水平有关。2020 年，罐式类专用车实现销售的企业有 339 家，累计销量 17. 08 万辆，同比增加 25. 15% 。从各月销量情况（见图 9）可以看出，5 ~9 月销量保持大幅增长趋势，尤其是 8 月，出现 121. 64% 的增长幅度，这与疫情稳定之后，基建类项目纷纷开工，工程类罐车销量大幅上涨有关。此外，可作为防疫防控车辆的环卫罐车销量大幅上涨也是 2020 年罐式类专用车销量大幅上涨的主要原因之一。

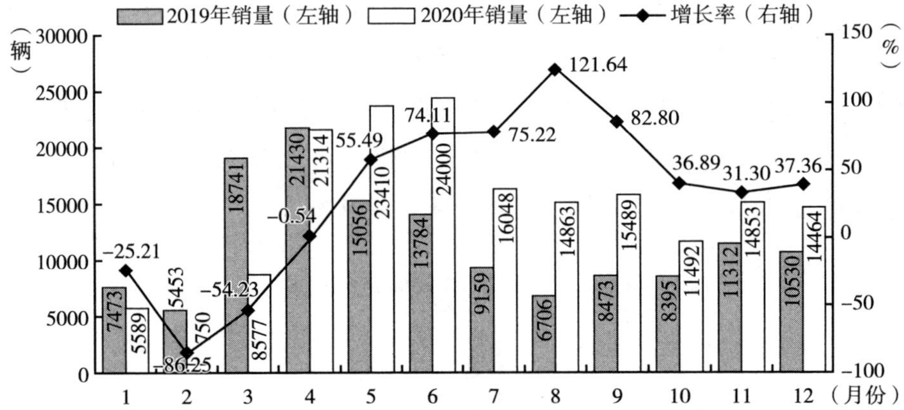

图9　2019～2020年罐式类专用车各月销量情况统计

资料来源：中国汽车工业协会专用车分会数据统计。

在细分产品方面（见图10），2020年混凝土搅拌运输车依然是罐式类专用车的主要车型，销量达9.90万辆，同比增长42.20%，占比58%；其次是绿化喷洒车，销量达2.00万辆，同比增长19.35%，占比12%。

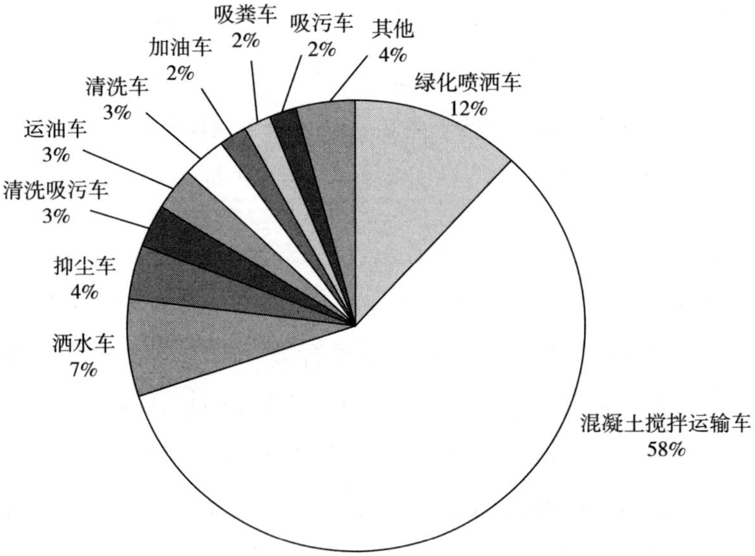

图10　2020年罐式类专用车主要车型销量分布

资料来源：中国汽车工业协会专用车分会数据统计。

5. 专用自卸类专用车

2020 年，专用自卸类专用车实现销售的企业有 301 家，累计销量 7.54 万辆，同比下降 19.78%。从各月销量情况（见图 11）可以看出，不仅 2～3 月受疫情影响销量大幅下滑，其他大部分月份的销量也出现不同比例的下滑，幅度都在 20% 以上，这主要是由于汽车排放要求升级，汽车电动化需求进一步提升。燃油类自卸式垃圾车的销量大幅下滑，幅度达到 41.72%，而自卸式垃圾车在专用自卸类专用车中占比较大，超过 40%，虽然纯电动自卸式垃圾车在 2020 年出现了大幅度的增长，涨幅达到 117.15%，但专用自卸类专用车的整体市场销售还是下降了近 20%。

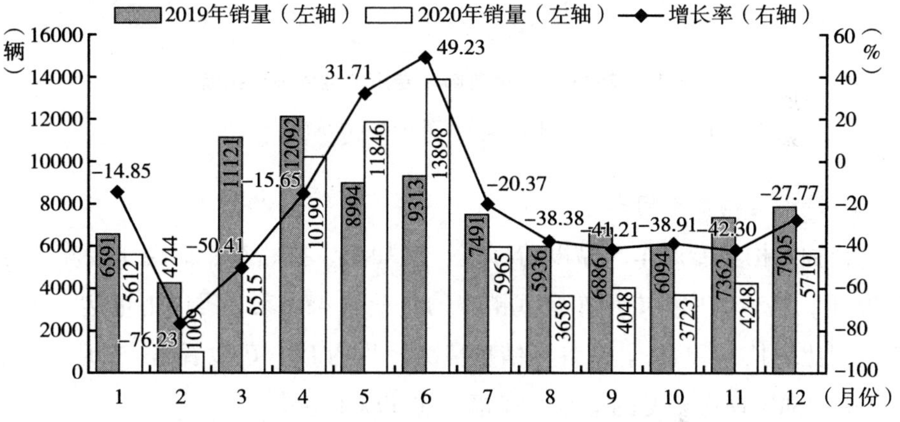

图 11　2019～2020 年专用自卸类专用车各月销量情况

资料来源：中国汽车工业协会专用车分会数据统计。

在细分产品方面（见图 12），2020 年散装饲料运输车销量达 2447 辆，同比上涨 119.66%，这主要是因为 2020 年猪肉持续供不应求，产品价格持续走高，在政策红利刺激下迅猛发展，散装饲料车需求也呈现倍增的趋势。此外，随着环保压力增大，严禁在垃圾转运过程中出现二次污染，车厢可卸式垃圾车、摆臂式垃圾车这两类车型的销量出现大幅度下滑，分别下降 37.17%、25.99%，垃圾转运类车辆也将向高端专用、零污染的方向发展。

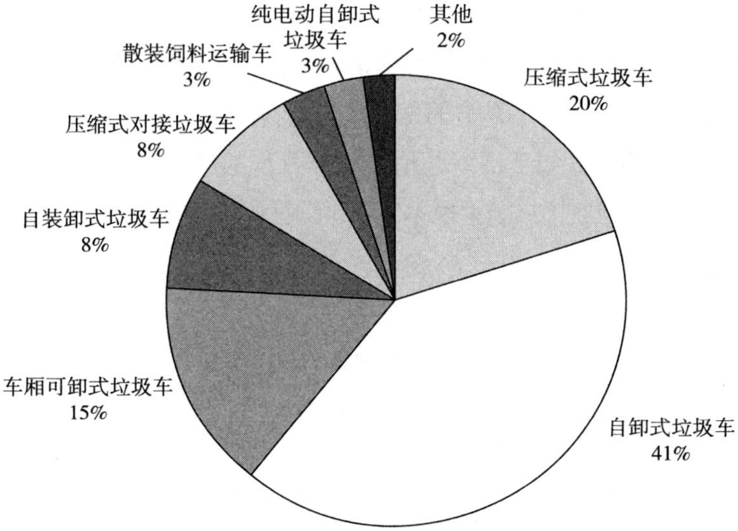

图 12　2020 年专用自卸类专用车主要车型销量

资料来源：中国汽车工业协会专用车分会数据统计。

6. 特种结构类专用车

特种结构类专用车产品以清障车、洗扫车、扫路车、混凝土泵车为主。2020 年，特种结构类专用车实现销售的企业有 480 家，累计销量达 7.92 万辆，同比增长 19.34%。从各月销量情况（见图 13）可以看出，6 月、8 月、9 月销量都出现大幅度的上涨，涨幅均在 50% 以上。

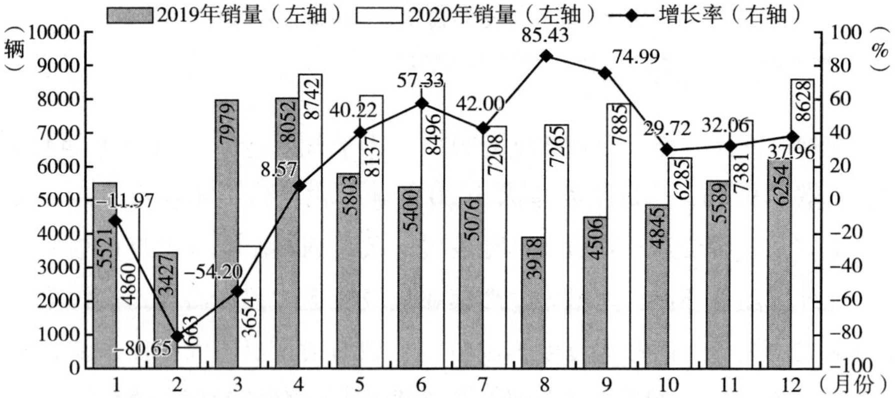

图 13　2019 ~ 2020 年特种结构类专用车各月销量情况统计

资料来源：中国汽车工业协会专用车分会数据统计。

在细分产品上（见图 14），混凝土泵车出现 76.84% 的涨幅，在疫情防控取得阶段性进展之后，基建类项目纷纷开工，促使混凝土泵车需求达到历史新高；2020 年清障车的销量也出现大幅上升，年销量达 2.17 万辆，同比上涨 52.50%。

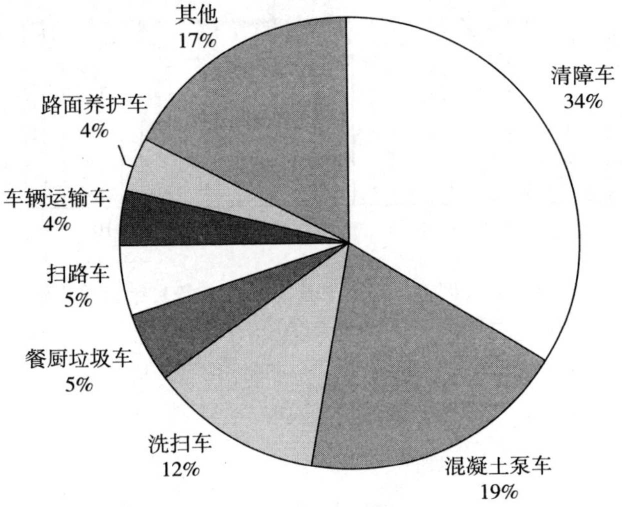

图 14　2020 年专用自卸类专用车主要车型销量

资料来源：中国汽车工业协会专用车分会数据统计。

7. 起重举升类专用车

2020 年，起重举升类专用车实现销售的企业有 150 家，累计销量达 8.26 万辆，同比增长 24.58%。从各月销量情况（见图 15）可以看出，从 3 月开始，起重举升类专用车销量持续增长，尤其是在 4～5 月，年初被抑制的基建类项目需求释放，汽车起重机车、随车起重运输车销量大幅上涨，单月销量均突破 10 万辆。

在细分车型方面（见图 16），起重举升类专用车产品以汽车起重机车、随车起重运输车、高空作业车为主，三类车型占总车型比例高达 99.59%；2020 年公路桥梁建设规模快速增长，刺激了桥梁检测的市场需求，桥梁检测车出现大幅度的增长，增幅达到 72.36%。

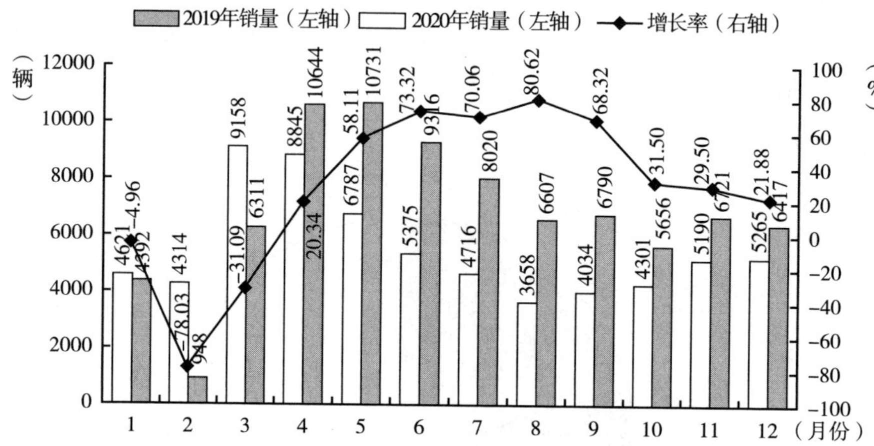

图15　2019～2020年起重举升类专用车各月销量情况统计

资料来源：中国汽车工业协会专用车分会数据统计。

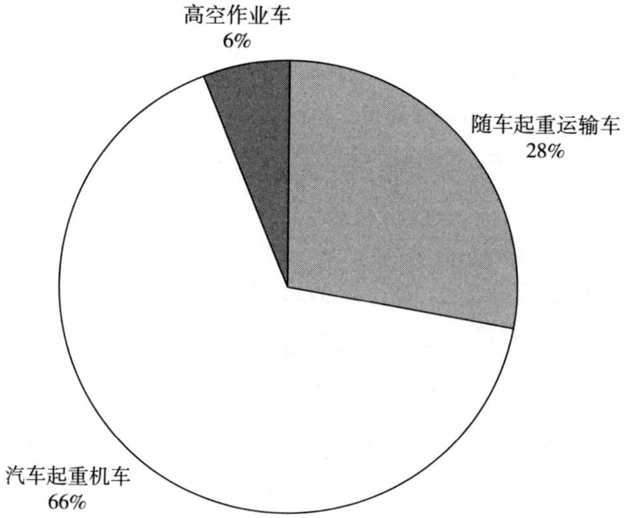

图16　2020年起重举升类专用车主要车型销量分布

资料来源：中国汽车工业协会专用车分会数据统计。

（三）专用车区域格局分布

2020 年，专用汽车产品在 31 个省份均实现销售，专用车（含普通自卸车）销量同比增长 23.20%，如表 1 所示。

2020 年，全国销量排名前五位的省份分别是广东、山东、江苏、河北、河南，销量占比分别为 12.25%、8.10%、6.84%、6.81%、6.50%，前五位占整个销售市场 40.5% 的份额，保持较为稳定的销售地位。全国销量增长率排名前五位的省份分别是天津、上海、河北、江苏、重庆，增长率分别为 47.05%、43.72%、43.58%、41.68%、37.68%，市场销量占比均有较为明显的提升。陕西、西藏呈现负增长，分别为 -9.22%、-46.30%。

表 1　2019～2020 年专用车（含普通自卸车）销量统计

单位：辆，%

省份	2019 年		2020 年		增长率
	销量	占比	销量	占比	
广　东	215382	13.16	246975	12.25	14.67
山　东	133002	8.13	163224	8.10	22.72
江　苏	97266	5.94	137810	6.84	41.68
河　北	95598	5.84	137255	6.81	43.58
河　南	98825	6.04	131021	6.50	32.58
浙　江	96255	5.88	119233	5.91	23.87
云　南	83255	5.09	103849	5.15	24.74
四　川	73556	4.50	93889	4.66	27.64
湖　北	78115	4.77	85426	4.24	9.36
湖　南	58609	3.58	75052	3.72	28.06
安　徽	58174	3.56	72706	3.61	24.98
广　西	55763	3.41	67500	3.35	21.05
福　建	49326	3.01	55445	2.75	12.41
江　西	47055	2.88	51497	2.55	9.44
贵　州	39034	2.39	49767	2.47	27.50
山　西	39960	2.44	48720	2.42	21.92
陕　西	53165	3.25	48264	2.39	-9.22
辽　宁	31539	1.93	42790	2.12	35.67

续表

省份	2019 年		2020 年		增长率
	销量	占比	销量	占比	
重　庆	30135	1.84	41491	2.06	37.68
北　京	34616	2.12	36975	1.83	6.81
新　疆	27645	1.69	35324	1.75	27.78
甘　肃	18824	1.15	24312	1.21	29.15
天　津	16378	1.00	24084	1.19	47.05
上　海	15360	0.94	22075	1.10	43.72
吉　林	18482	1.13	21624	1.07	17.00
黑龙江	17149	1.05	21134	1.05	23.24
内蒙古	17626	1.08	20679	1.03	17.32
海　南	11099	0.68	13334	0.66	20.14
宁　夏	7940	0.49	10711	0.53	34.90
青　海	5506	0.34	7539	0.37	36.92
西　藏	11662	0.71	6263	0.31	-46.30

资料来源：中国汽车工业协会专用车分会数据统计。

（四）政策法规环境

2020 年，专用车多项标准法规开始实施与修订，对产业结构调整起到了积极作用，规范和引导着行业持续健康发展，对行业影响较大的标准法规主要有以下几项。

2020 年 1 月 1 日起，GB7258－2017《机动车运行安全技术条件》C 阶段开始实施，其中要求三轴栏板式、仓栅式半挂车的所有车轮应装备盘式制动器，总质量大于或等于 12000kg 的危险货物运输货车的后轴，所有危险货物运输半挂车，以及三轴栏板式、仓栅式半挂车必须安装空气悬架。

2020 年 2 月 11 日，工信部对《道路机动车辆产品准入审查要求》相关内容进行调整，增加部分强制性标准检验要求：将 GB 34660－2017《道路

车辆　电磁兼容性要求和试验方法》列入公告产品准入审查要求，并取消 GB 14023－2011 强制性检验项目；将 GB 38262－2019《客车内饰材料的燃烧特性》列入公告产品准入审查要求，并取消 GB/T 32086－2015 强制性检验项目；将 GB/T 37706－2019《车用起重尾板安装与使用技术要求》列入公告产品准入审查要求；罐式车辆在开展 GB 7258－2017 侧倾稳定角项目检验时，应按照 GB 28373－2012《N 和 O 类罐式车辆侧倾稳定性要求》进行检验，侧倾稳定角限值应符合 GB 7258－2017 的要求。

2020 年 3 月 4 日，JT/T 1284－2020《低平板半挂车技术规范》发布，针对目前大板车运费低迷、车型滥用等问题提出了技术规范，可规范低平板半挂车的生产设计，加强产品检验和使用过程中的规范性管理。

2020 年 4 月 1 日，JT/T 1285－2020《危险货物道路运输营运车辆安全技术条件》开始实施。该标准的制修订充分考虑了危险货物运输的实际需求，立足行业安全生产现状，并对典型事故进行案例分析，确定车辆技术中存在的问题，并从行业管理及引导发展的角度，提出我国危险货物道路运输营运车辆安全技术要求，提高车辆的安全性能。并且明确了车辆与货物的匹配标准，补充完善危险品技术管理体系，重点解决了危化品车辆分类等内容，推动了我国危化品运输车的技术升级，引领和带动我国危险货物道路运输行业进入规范、有序、健康的发展轨道。

2020 年 7 月 1 日起，基于 GB 17691－2018《重型柴油车污染物排放限值及测量方法（中国第六阶段）》要求，相关城市车辆产品要求应满足国Ⅵ阶段排放要求，对部分专用车产品排放提出了升级要求，在一定程度上刺激了产品更新换代需求。

二　专用车产品和技术发展现状

（一）产品发展特征

我国专用车产品是基于军用改装车、消防改装车而发展起来的，1995

年全国专用改装汽车有 149 个种类，含轻型、中型、重型不同底盘 800 多个品种。近年来，专用车产品种类推陈出新，新产品不断出现。目前，我国专用车有效公告数量超过 4 万个，产品品种齐全，能够满足我国市场需求。

随着需求市场的进一步细分，专用车产品也更加专业化。例如，智能抑尘车，实现高空定点喷雾，并可扩展多维度操作视角，有效治理城市雾霾问题；分类垃圾车，兼具垃圾分类、收集、投放及多方位垃圾上料方式等功能，能真正实现垃圾分类；隧道清障车，吊臂既可纵向滑动又可 360°旋转，更能保持在 30°~45°的低变副角度，解决隧道高度空间限高的难题；挖掘抽吸车，采用高压射流技术切割泥土，利用真空负压将污泥抽吸进罐体内，对地下管网完全不造成损坏。

（二）新技术发展特征

专用车安全、高效、节能、环保等理念通过政策推动和市场拉动得到一定的融合发展，特别是轻量化、新能源化、智能化、网联化等技术得到局部应用。

1. 轻量化技术应用范围进一步扩大

在轻量化技术的应用方面，专用车轻量化离不开结构的轻量化设计和轻量化材料的使用。结构的轻量化设计，一方面通过整体结构优化实现，另一方面通过处理结构上的冗余实现。专用车轻量化领域的新材料、新技术呈现全面开花的局面。K450 高强耐磨、铝合金材料 + 防滑板、碳钢 + 不锈钢（不锈钢复合板）、耐腐蚀合金材料（耐候钢）和耐腐蚀涂层等专用车轻量化的材料等这些轻量化材料越来越多地应用在专用汽车上，如车轮、板簧、集装箱等。轻量化对于提高车辆运输效率、发展循环经济非常有好处。

2. 新能源底盘技术进一步推动专用车电动化

随着新能源汽车政策体系逐步完善，新能源专用车目录及补贴政策越来越明朗，新能源专用车市场也呈平稳发展态势。同时，新能源专用车产品数量和企业数量快速增长，关键性能指标稳步提升，生命周期成本优势逐步显现，能较好满足用户基本用车需求，为新能源专用汽车持续健康发展打下了坚实的基础。新能源底盘的专用化技术水平进一步提升，有助于深化专用车电动化发展，而新能源底盘与专用上装的匹配性、适用性将是行业需要重点解决的共性技术问题。

3. 上装自动化控制，有助于推动专用车智能化发展

专用车智能化功能分为两大类，一类是实现行驶功能的智能化，另一类是实现作业功能的智能化。相比于乘用车，专用车所特有的就是作业功能的智能化（即上装的自动化控制），实现操作自动化、作业管理智能化，其作业区域相对封闭与固定，工作场景与环境相对简单，特别是对于园区内清洁、码头运输等内部场景，更利于智能化技术的应用与落地。例如，混凝土搅拌车在运输和作业过程中，智能化技术能够有效监测与调整搅拌罐和叶片转速以及加水量；洒水车在园区作业过程中，智能化技术能够监测与调整洒水量等。

4. 网联化技术的应用，有利于提高管理水平

专用车网联化是随着运行模式的变化而诞生的，运输公司、运营管理公司、城市管理部门等为提高车辆运行效率、加强运行监管，利用网联化技术对专用车进行实时监测管理、对专门运输货品进行实时监测管理、对专项作业过程进行实时监测管理、对车辆的工况进行实时监测管理、对司乘人员的驾驶行为进行实时监测管理，以及对其他远程服务进行实时监测管理。例如，冷藏保温车在运输过程中对车辆箱内温度进行实时监测，危化品运输车生产企业在运输过程中对罐内压力及油品温度的监测等。

总体来说，专用车在专业细分市场获得消费者的认可，与其专业的功能和技术可靠性密不可分。轻量化技术能有效提高车辆利用率；新能源化技术可降低车辆使用成本、减少污染物排放；智能化技术能提高车辆工作精度和效率，节约使用成本；网联化技术可助力企业建立运营平台，提高管理水平。

（三）生产和管理特征

1. 工艺管理不断提高

生产制造工艺是保证产品质量的关键，随着专用车生产品种的增加，其功能需求也不断细化，为满足产品生产的需求，对工艺管理的要求也在不断提升。如今，已有专用车生产企业应用自动化生产工艺技术，生产线融入PLM、MES等数字化的管理手段，实现从前期产品配置、产品设计、结构化工艺设计到现场生产执行整个过程的信息化、数字化管理。通过模块化产品设计、结构化工艺、自动柔性装备、制造管理系统，打通全价值链体系，全面提升企业的数字化运营能力。同时，专用车企业涂装工艺也在逐步提升，从地摊喷涂到自动喷涂、从简单的废气吸附装置到吸附脱附一体化系统逐步升级；涂装材料从油性漆到水性漆、从溶剂型喷涂到粉末涂装；还有一些头部企业开始尝试先进的涂装工艺，如采用轿车级的阴极电泳防锈工艺、喷纳米陶瓷环保前处理配合静电粉末喷涂工艺等，在工艺过程中无任何有毒重金属及化学成分物质排出，真正做到绿色环保。

2. 生产装备加快升级

生产效率的大幅提升关键在于生产装备的升级换代，随着专用车行业的飞速发展，企业通过生产装备的升级，实现车间自动化、产品模块化以及工艺数字化。现阶段，智能化生产装备已经被广泛应用在厢式车、自卸车、半挂车、环卫车等主流企业，如焊接机器人、激光切割工作站、下料成型设备、自动化的喷涂设备等，已基本实现产品流水线化生产，将智能化制造贯穿于专用车生产制造的各个环节。利用自动化生产线提升智能生产水平，提高产线效率和产品质量。

3. 零部件及系统标准化发展

我国专用车行业发展迅速，市场竞争越来越激烈，专用化、个性化的需求导致零部件及系统成本居高不下，使得专用车企业在激烈的竞争环境下生存困难，更难以提升产品技术与质量水平。为了降低生产成本，同时满足客户个性化、专用化的需求，企业开始建立产品的通用性、互换性标准，提高零部件的标准化、通用化程度，消除各企业产品间零配件差异化壁垒，满足不同层次车辆配置的需求。

三　专用车行业发展趋势及面临的问题

2020年，尽管受到疫情与国际形势的影响，专用车行业仍呈稳定增长的态势。随着经济规模持续扩大，专用车行业在发展过程中，将继续引进、吸收、融合高端技术，向“精”“专”发展，提升行业整体的技术水平。

（一）专用车行业发展趋势

1. 新技术多元化

专用车行业正向着精细化、专用化方向发展，随着法规政策的完善，用户需求的不断提升，越来越多的新技术将被应用到专用汽车产品中。在行业关键的转型升级期，龙头企业应抓住机遇，打破传统理念，立新求变。

互联网技术、大数据技术开始应用在专用车远程监管平台上。例如，车辆工况监控、视频监控、货品状况监控、专项作业状态监控、超速和超载预警等开始在环卫车、油罐车、混凝土搅拌运输车、混凝土泵车上得到应用。混凝土车辆远程服务平台、智慧环卫信息管理平台也正在推广运用中。智能控制技术也逐步在高空作业车、油田车、电源车、混凝土泵车、混凝土搅拌车、洗扫车、自装卸式垃圾车等专用车上应用。专用车也逐步将控制技术加入芯片，通过传感器、数据处理器、通信系统等建立数据采集、处理、传送的网联系统，提升专用车的先进辅助功能，从而服务于用户设计管理新模式。

2. 用户需求多样化

目前已进入了智能化阶段，智能化产品逐步进入人们生活的方方面面。随着行业的高速发展，用户对专用车“智能化”的需求逐步增加。用户对专用车产品工况监测、故障诊断、货品状况监测、专项作业过程监测等的需求增加。

在专用车的细分领域，用户需求也在变化，呈现跨领域细分特征。在物流运输车领域，催生出了以地方为特色的支线物流公司，这类运输公司的市场特征也将促进运输类专用车产品结构变化，在大数据、互联网技术支撑下，用户将更加关注产品全生命周期的运行经济性。在旅居车领域，专业旅游公司、旅居车营地的介入，使得旅居车需求市场出现许多新特征。在环卫车领域，用户对环卫车辆的需求更加专业化和精细化，在许多中小型城市，承包城市环卫服务的运营管理公司已出现，并正在向一线城市渗透。在特种作业车领域，出现个体和集团采购两种方式。在工程车领域，工程承包商通过注册成立工程车辆管理支队来提供服务，使得市场对车辆运转和管理效率提出了更高的要求。

3. 质量管控体系化

专用车行业受市场竞争激烈、研发能力有限等影响，产品质量难以保证，而产品质量的提升是一个长期的过程，需要企业不断加强自身体系能力建设，提高自身的研发能力和技术水平。在质量管控方面，专用车企业可以通过四种方法进行提升：建立健全企业质量管理制度和质量保证体系，通过完善的管理制度和体系，提高企业的质量管理水平；完善过程质量控制手段，确保流出产品质量达到设计要求，严格执行国家标准或行业标准，进行出厂检验，保证每一台出厂的车辆质量达到一致性控制要求；改进传统的车、锻、焊等工艺，采用智能化、柔性化的生产装备及先进的智能化工艺，提升产品质量；鼓励技术创新和质量创新，对技术上有重大创新和对质量提升有重大贡献的创新给予激励，为增加产品的附加值。

4. 产业结构升级化

目前，专用车行业存在供给侧结构性矛盾，各地方专用车企业逐渐增多，众多企业仍把运输类专用汽车作为重要产品，市场竞争激烈，企业产能严重过剩。随着市场供大于求，国内知名品牌专用车企业面临存量市场的竞争，外加地方保护主义，调整生产格局不可避免，一部分企业将会在市场竞争中被淘汰出局，一部分企业通过采取兼并重组的方式形成新的竞争优势。在企业内部，竞争会带来企业战略的调整，会导入新的技术应用，以适应市场多样化的需求。企业需尽快调整产品布局，加快推动产品转型升级。

（二）专用车行业发展面临的问题

2020 年在疫情和国际环境双重影响的大背景下，汽车行业受到极大冲击，但我国专用车行业仍保持较大幅度增长，达到新的历史峰值。我国提出了制造业高质量发展目标，但距离“高质量”还有一定差距，未来专用车行业应不断引进和吸收高新技术，提升行业整体的技术水平。

1. 产品质量良莠不齐

在产品专用化方面，国内专用车行业企业往往是以市场为导向，出现扎堆现象，造成行业竞争激烈，制约产品技术的发展；而国外专用车注重产品的专用性，专注于生产某特定产品或者特定应用场景下的产品，并且坚持长期的积累；国外的专用车产品专用化程度较高，一种车型只在特定场景内使用，这有利于市场健康发展。

在产品标准化方面，国外专用车行业经历了长时间的发展，产品结构和形式趋向于标准化。而国内的专用车行业由于用户需求复杂，为了满足市场需求，往往倾向于制造市场需求旺盛的产品，而忽略产品标准化的设计和生产。

在产品技术方面，国外专用车行业基于其发达的工业基础和长期的技术积累，能利用前沿先进技术，基于市场需求开发和制造功能完善、质量可靠、附加值高的产品；而国内专用车行业的技术不发达，很多改装企业自主研发力量相对薄弱，自主创新能力不强，前沿技术应用不足。

2. 产能过剩，产能利用率偏低

目前，除消防车外，其他由二类底盘改装的专用汽车核准和准入均由地方发改委负责，国家工业和信息化部只负责备案和现场技术审查，据统计，2020 年专用车、半挂车及普通自卸车八大类在产企业约为 1353 家，实现销量的企业为 929 家，在专用车行业内产量过剩的企业比比皆是。截至 2020

年12月（《车辆生产企业及产品公告》339批次），我国专用车、半挂车及普通自卸车八大类公告内企业达到1800余家，新增专用车企业233家，新增企业的不断涌入将加大行业产能过剩的风险。

专用车行业产能预估在500万辆以上，大部分调查数据显示，专用车产能总体利用率在60%左右，个别细分领域该比例更低，半数以上企业面临停工或半停工的局面，其最直接的后果是产量低、质量和服务欠佳，企业面临被淘汰的危机。

3. 产品分散，市场集中度低

我国专用车行业整体集中度不高。在细分领域中，2020年，洗扫车实现销售企业107家，前4家企业市场集中度为64%，另外有近60家企业年销量不足10辆；电源车实现销售企业34家，总销量近900辆，前4家企业市场集中度为57%。清障车实现销售企业79家，总销量21000辆左右。市场集中度在专用车细分领域都不太高，质量和服务难以跟进，产品技术进一步受到制约。

4. 规模经济效益差

专用车行业因产品类型多、企业数量众多，单一车型的需求有限，产品相对小众，相较于乘用车，行业总体规模不大。以厢式类、罐式类专用汽车为例，尽管这两大类车型产量历年来都处于行业前列，但产量需达到数万辆以上，才可能具有相对较好的规模经济效益，行业内能够取得良好规模效益的专用车企业不多；特种结构类、起重举升类产品就更加达不到规模经济的要求，2020年这两类产品产量排名前三的企业，年产量仅为千辆左右，整个行业规模经济不明显。

5. 企业研发能力有待加强

尽管专用车行业技术在不断进步，但整体上新产品研发能力仍然较弱，同质化、低质化产品较多，产品附加值较低，更多技术为互相沿用，自主创新能力不足。此外，国内的专用车市场需求复杂，为了满足不同市场需求，企业往往重市场、轻研发，对产品研发投入不足，没有形成产品的核心竞争力。例如，旅居车在核心的、高端的系统零部件方面，以及新材料和新工艺方面，相对于国外的同类产品还有待提升，企业缺乏研发试验验证能力，在保证整车和零部件的安全性、实用性和兼容性上存在困难。

四 “十四五”时期专用车发展目标及路径

我国专用车行业经过多年的发展，已经由粗放型发展模式向精细化发展模式转变，并正在朝着轻量化、新能源化、智能化、网联化的方向发展，与此同时，市场对专用车产品提出了越来越高的要求，专用车产业发展路线开始向做“精”、做“专”的高质量路线转换。

（一）“十四五”时期专用车发展目标

专用车以新发展理念为指导，结合“新四化”，依托政策标准动向，从新能源、自动驾驶、大数据、技术创新等重构专用车生态界，推动汽车产业高质量发展。预计 2025 年专用车行业产能可达 500 万辆，总产量可达 400 万辆，在产企业可达 2000 家。

鼓励发展区域集中化模式，形成完善的上下游产业链配套服务体系，建立完整的售前—售中—售后服务体系，为企业产品开发提供便利，降低流程成本，促进区域内整车及零部件企业做大做强。

鼓励生产企业产线升级，提质增效，倡导合理化工艺工装生产模式，优化涂装工艺，建立健全绿色、有序、高效的专用车行业生产经营模式。

鼓励专用车企业之间及其上下游之间形成资源共享，建立有效的合作共赢机制，一方面促进行业建立公平、公正的竞争环境，另一方面优化资源配置，充分发挥各企业之间的优势资源。

鼓励专用化、个性化产品开发，提高专用车的专业化程度；促使产品标准化、系列化，鼓励产品规模化生产；解决专用车行业产品同质化问题，改变产品低质低价现象。

鼓励行业企业加大高附加值产品的研发力度以及轻量化、新能源化、智能化、网联化技术在专用车上的应用，提升行业产品整体技术水平。

（二）“十四五”时期专用车发展路径

1. 协同行业上下游产业发展

专用车行业与上下游市场发展的关联性相对较强，汽车底盘的技术水平及更新换代、钢材技术质量和供货资源、液压技术和机电系统等配套件行业的技术水平、市场半径和供应成本等因素都会直接影响到专用车行业的技术研发、质量保证、生产规模。因此建立健全专用车行业上下游运营体系，加强上下游企业之间的联系，协同行业上下游标准化发展，可有效促进专用车行业的发展水平提升。

2. 推动专用车标准化管理

标准化管理是以企业的目标、方针为中心，以国家的法律、法规及国家标准、行业标准为依托、以技术为主体，以管理标准为支持，以工作标准为保障的系统组成，其中技术标准是核心，管理标准和工作标准是实现技术标准的保证，必须围绕技术标准进行并按照标准化的要求，使用科学合理的方法建立标准化管理体系。

实施专用车标准化管理，对于促进专用车技术的全面进步、提升专用车的管理水平、增强专用车市场的竞争力和产品的市场占有率等具有极其重要的作用，推动专用车标准化管理，有利于规范专用车企业内部的管理行为，降低生产成本，提高产品质量，提升生产效率，推动专用车制造的专业化和规模化发展。

（1）产品系列标准化

努力推动专用车产品系列标准化、模块化发展，建立规模化车型标准模块，形成系列化车型谱，在一定程度上避免市场恶性竞争。

（2）生产过程标准化

提倡标准化生产流程，以精细的工艺铸就精致的产品，鼓励各生产企业建立健全生产工艺流程以及标准化管理体系。

（3）售后服务标准化

引导建立科学规范的售后服务标准，尤其是探索不同企业产品之间的互通服务，提升售后服务的时效性。

3. 加快跨行业新技术融合

以市场为中心加快新产品开发和技术创新步伐，不断优化设计，提升设计水平和创新能力。以跟随创新和集成创新为主，提高技术整合能力，丰富产品品种，提升产品质量档次，增强自主开发能力，增加产品的抗风险能力。借助互联网、智能网联技术，推进专用汽车的技术融合。

多方面建立各相关行业之间的沟通渠道，促进行业新技术有效融合，积极投入研发力量进行相关资料的搜集及研究，攻克行业技术难题，加快相关行业新技术应用及成果转化。

4. 创新研发—生产—运营—服务发展模式

一直以来，专用车行业面临着低价竞争、低利润、同质化等问题，需要企业改变原有的经营模式，从关注产品转向关注客户需求，从寻找市场空白机会转向创新商业模式，企业竞争重点从价格竞争向非价格竞争转移、从产品向服务延伸，形成研发、生产、运营、服务等环节的全方位竞争。

建立“研发—生产—运营—服务”全链条系统化监管体系，从而保障专用车质量，体现先进的技术能力和稳定的质量水平。维护品牌形象，完善的售后服务体系对于维护品牌是至关重要的。“研发—生产—运营—服务”全链条的建设需要专用车企业通力配合。同时，需要专用车企业建立相关机制来规范相关行为。

5. 推动资本和技术融合

资本和技术是企业发展中的两大关键因素，对于专用车企业来讲更是如此，技术先进性是企业能够实现长远发展的关键，现代社会技术更新速度加快，迫使专用汽车企业不断改进技术以研发新产品，而新品研发离不开大量资本投入，但技术研发不可能在朝夕间就可以看到成果，需要企业有持续的研发资金投入，要平衡资本投入与技术研发之间的关系，推动行业企业的技术发展。

6. 加强标准法规一体化建设

在各种资源的推动下，加快专用车行业政策标准法规一体化建设，在互联网思维方式下，建立行业大数据资源数据库，在企业准入与管理、产品准入与管理、产品一致性监督与管理、市场运营管理、产品标准化、相关政策法规等方面形成联动管理机制，简化管理流程，提高管理效率，加强监督职能，推动行业管理新思维的形成。

此外，行业标准一体化建设需要不断提高国家强制性标准同国际标准的接轨程度，使国内专用车产品能够顺利进入国际市场。

7. 区域化产业集中发展

专用车区域化发展优势越来越明显。我国现有的专用车区域化发展的成因主要有三种：第一种是依托大型汽车整车制造商，为其提供相应配套的产业集群逐步发展壮大起来；第二种是自发组织生产和贸易而形成区域性的产业聚集；第三种是在龙头汽车企业的发展带动下，地方政府有意识地引导和扶持专用车企业的聚集。专用车区域化发展有利于充分利用行业集聚优势，发挥政府职能作用，加强区域内行业管理，提高区域内企业整体生产制造水平以及产品附加值。对于可规模化生产的专用车产品，应高技术、高效率地标准化生产，周边上下游产业协同发展。完善的零配件配套体系，能够进一步保证专用车产品质量的稳定性及可靠性。

专题篇

Special Topic

B.7

轻型商用车辆治理研究

摘　要：　我国轻型货车发展至今已有60余年历史，其诞生之初就承担着城市物流配送的职责，“载重两吨”的特性也一直延续至今。随着城市配送行业集约化、专业化和规范化发展，对单车运力的要求也将进一步提高。但是基于标准法规、城市通行管理政策等，轻型货车总质量一直未突破4.5吨的上限，轻型货车“大吨小标”问题普遍出现。为此，必须要多层面系统解决，行业企业、主管部门共同研讨解决方案。

关键词：　轻型货车　管理政策　车辆治理

一　轻型货车的发展历程和现状

按照 GA 802－2019《道路交通管理机动车类型》规定，轻型载货汽车（本报告特指普通货车和自卸车，以下简称“轻型货车”）为车长小于

6000mm、总质量小于4500kg的载货汽车，但不包括微型载货汽车和低速汽车（三轮和低速货车的总称）。在我国经济发展的进程中，轻型货车在城市物流配送体系中占有举足轻重的地位，主要用于城市生活垃圾、日常生活用品、绿通蔬果、搬家零担等短距离货物运输，是小微企业和个体商户赖以生存的生产资料。

（一）轻型货车发展历程

我国轻型货车起步于苏联“嘎斯51”。该车搭载了6缸发动机，发动机排量3.485L，载重2.5t，长5725mm，宽2079mm。在苏联的许可下，我国对其进行了技术引进和批量生产。在此基础上，南京汽车制造厂（现跃进汽车股份有限公司）于1958年3月10日生产出第一辆yuejin NJ－130（南京跃进130型轻型货车，见图1），是第一款批量生产的轻型货车，也是继一汽解放CA10之后第二种国产载货汽车。

图1　南京跃进130轻型货车

20世纪60年代初，北京市为改变落后的运输面貌，提出了“马车不进城、黄土不露天和路桥要立交”的城市管理要求。因此急需一款轻型货车来替代马车作为市区运输的主力，并要求轻型货车的总重量不超过4t（载重2t，空车质量不超过2t）、技术既要先进又要符合我国国情等。在这种情况下，北京市第二汽车制造厂（已破产）于1966年4月22日试制出两辆BJ－130样车，并于1973年正式投产。BJ－130重量轻、性能先进，仅在外形上借鉴了丰田Dyna轻型货车，独立设计了发动机、底盘和附件等，特别是使用的后轮双胎设计，更是我国首创。该车采用4缸汽油发动机，型号为492Q，发动机排量为2.4L，整备质量为1880kg，总质量为4075kg，长4710mm、宽1850mm、高2100mm。BJ－130（见图2）制造工艺性适合中小批量生产，车辆性能适合城市地区使用，一经问世便受到青睐。1975年原第一机械工业部要求，2t轻型汽车向BJ－130靠拢，按照该车型的统一图纸进行生产，全国逐渐发展了20多家“BJ130厂”。1970～1996年，各地BJ－130车型的总产量超过了50万辆。除了载货车，BJ－130还开发出了道路工程车、绿化喷灌车、洒水车、电力工程车、消防车等特种车和专用车，成为中国汽车工业史上最重要的成员之一。

图2　BJ－130轻型货车

1984年，原国家物资局和刚成立的中国汽车工业进出口公司，以技贸结合的方式，从日本购进了3万辆日本五十铃N系列轻型货车（日本五十铃第四代 ELF，见图 3），每辆车附带 100 美元的技术转让费，相当于花费 300 万美元，买来了全套日本五十铃 N 系列轻型货车的设计图纸。以 NKR 为例，该车采用 4 缸柴油发动机，型号 4JB1，发动机排量 2.771L，载重 1.5 ~ 3.5t，长 4775mm、宽 1690mm、高 1985mm。江西汽车制造厂（现江铃汽车股份有限公司）于 1985 年 6 月 18 日率先下线五十铃 N 系列轻型货车。同年，重庆汽车制造厂（现庆铃汽车集团有限公司）也开始正式生产五十铃 N 系列轻型货车。日本五十铃第四代 ELF 对国内轻型货车市场影响深远，国内轻型货车生产企业纷纷效仿 ELF 进行国产化设计，衍生出了许多的“国产 ELF”车型。

时至今日，日本五十铃第四代 ELF 还在间接影响国内轻型货车市场，而日本五十铃第五代和第六代 ELF，更是直接影响了国内轻型货车驾驶室的外观。

图 3　五十铃第四代 ELF

我国轻型货车发展至今已有 60 余年历史，其诞生之初就承担着城市物流配送的职责，“载重两吨”的特性也一直延续至今，在特定一段时间内，轻型货车完美地完成了其车型使命。进入 21 世纪后，随着国内经济的快速发展，居民的消费水平大幅提升，城市的货运量快速增长，对货物运输效率的要求也越来越高，导致对轻型货车单车运力的需求大幅增加，“载重两吨”已经无法满足城市物流配送的需要。由于便利店连锁化趋势明显，大型商超也在快速整合，共同推动城市配送行业集约化、专业化和规范化发展，后续对单车运力的要求和效率也进一步提高。但是基于标准法规、城市通行管理政策等，轻型货车总质量一直未能突破 4.5t 的上限，然而在车辆的实际使用过程中，大部分车辆的实际总重已到 7.5t，造成了轻型货车“大吨小标”问题普遍出现。

（二）轻型货车现状

1. 销量现状

随着我国经济的高速发展和城镇化率的快速提升，轻型货车进入快速发展期，销量整体呈上升趋势。2019 年受“5·21”事件的影响，各地严查“大吨小标”问题，轻型货车销量同比下滑 15%，2020 年轻型货车销量突破 152 万辆，同比增长 22%。普通货车作为轻型货车的主力军，其销量一直保持两位数的增长速度（2019 年除外），2020 年销量达到 129.5 万辆，同比增加 23.1%。如今轻型货车市场竞争激烈，呈现百花齐放局面，2020 年北汽福田、东风汽车、江淮汽车、江铃汽车、中国重汽列市场销量前五。

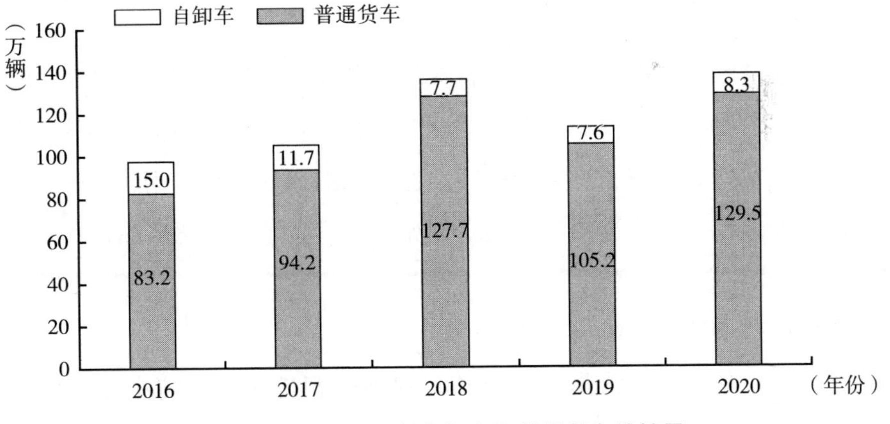

图 4　2016～2020 年自卸车和普通货车的销量

资料来源：中国汽车工业协会。

2. 产品现状

从车型参数看，我国轻型货车普遍存在“大吨小标”问题，其产品公告的总质量均小于4.5t，但是用户在实际使用过程中，仅有少部分从事快递运输的车辆符合要求（特殊使用场景也存在超载现象），大部分车型的实际总重为4.5～7.5t，个别车型的实际总重达到10t以上。改革开放以来，日本五十铃ELF一直是我国轻型货车的模仿对象，其最新的车型参数与国内实际总重7.5t的车型参数基本一致（见表1）。

表1　轻型货车车型技术参数

实际总重	4.5t	6t	7.5t	10t	五十铃第六代ELF
长×宽×高(mm)	5995×2050×3035	5995×2240×3220	5995×2440×3420	5995×2440×3420	6480×2215×3090
货箱尺寸(mm)	4200×1900×1900	4200×2100×2100	4200×2300×2300	4200×2300×2300	4480×2080×2150
实际整备质量(kg)	2600～2800	3000～3100	3200～3300	4050～4150	3330
载重(t)	2	2～4	4～6	>6	4～6
发动机排量(L)	2.0～3.0	2.5～3.0	3.0～4.0	>4.0	3.0
轮胎型号	6.50R16	7.00R16	7.50R16	8.25R16	225/70R16

资料来源：企业提供。

国内主流轻型货车生产企业一直在研究产品的轻量化技术，多年来投入了大量人力、物力，在高强度钢、铝合金等轻量化材料、结构优化等方面进行了轻量化改造，取得了良好的成效。但是伴随而来的是车辆成本的大幅增加，因此企业仅针对快递物流、高端物流领域开发了轻量化产品，约占轻型货车市场的20%。

3. 实际总重结构现状

随着城市货运需求的爆发式增长，我国轻型货车“大吨小标”问题日益严重，普通货车的合规车型占比由2012年的46.8%快速下降至2020年的11.7%，实际车货总重6.0～7.5t的车型占比却呈逐年上升的趋势，由2012年的53.2%上升至2020年的81.2%（见图5）。

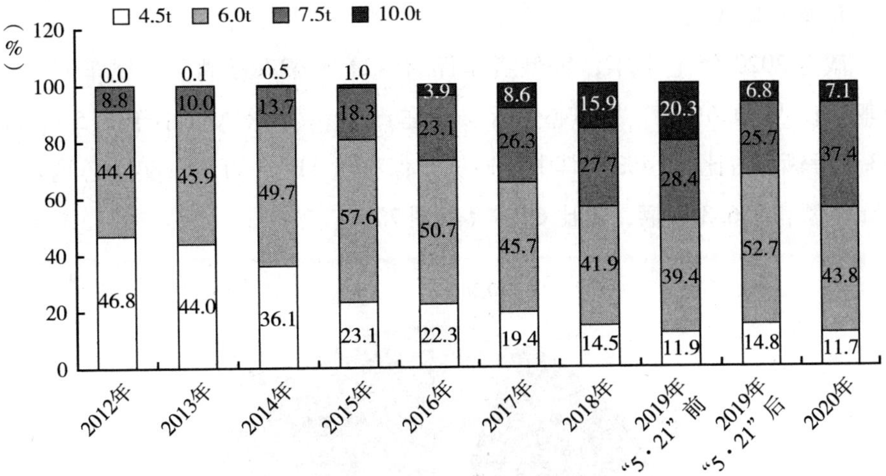

图5 普通货车实际总重结构

资料来源：保险数据。

自卸车的“大吨小标”问题更为突出，几乎百分百违规，是重灾区。2019年“5·21”之前，实际总重12t及以上的自卸车占比达到72.8%，“5·21”之后，占比有所下滑，但仍在60%以上。

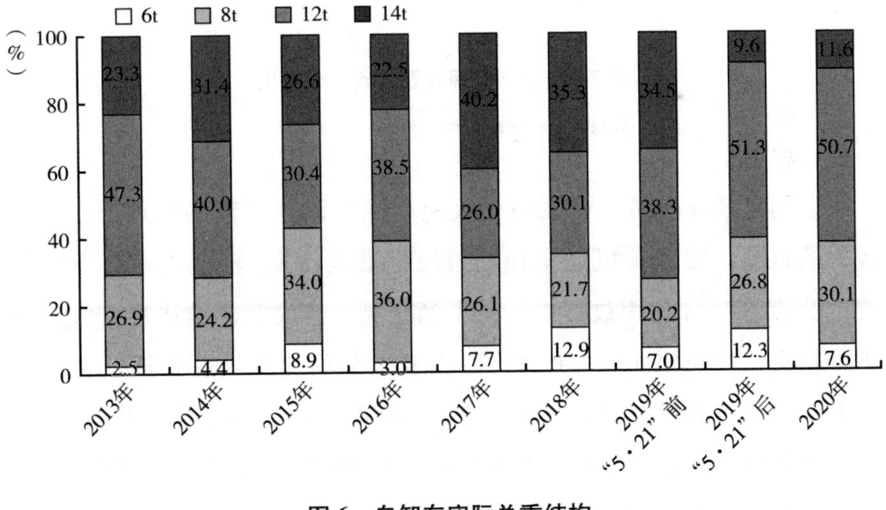

图6 自卸车实际总重结构

资料来源：保险数据。

4. 保有量现状

截至2020年上半年，轻型货车保有量高达637万辆，合规车型131.5万辆，仅占20.6%，“大吨小标”问题严重，实际总重小于7.5吨的有493.2万辆，占比77.4%。其中普通货车保有量517.8万辆，实际总重6.0～7.5t车型有356.3万辆，占比69%（见图7）。

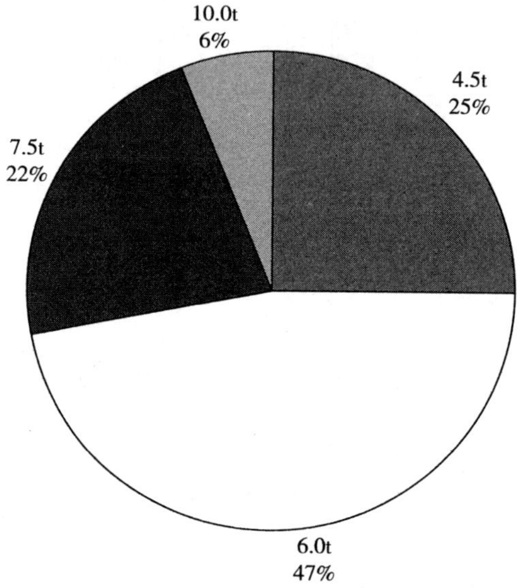

图7　普通货车保有量实际总重结构

资料来源：保险数据。

巨大的市场保有量，使在用“大吨小标”问题车辆的处理工作，成为最棘手的难题。按照《机动车强制报废标准规定》，轻型货车报废年限为15年，但是在实际使用过程中，受车辆状况、排放等标准法规升级、限行政策等影响，在使用5～8年后，逐步进入车辆的淘汰更新期（见图8）。如果不进行政策引导，让在用车自然完成淘汰更新，将至少需要10年的时间。到2020年底，预计“大吨小标”轻型货车的保有量为600万辆，巨大的保有量给企业的生产经营带来很大的风险，国家政策要求在2022年彻底解决“大吨小标”问题，淘汰600万辆在用车必然是其中的一项工作，企业应尽早行动，研究合理的解决方案，避免面临政策强制要求的被动局面。

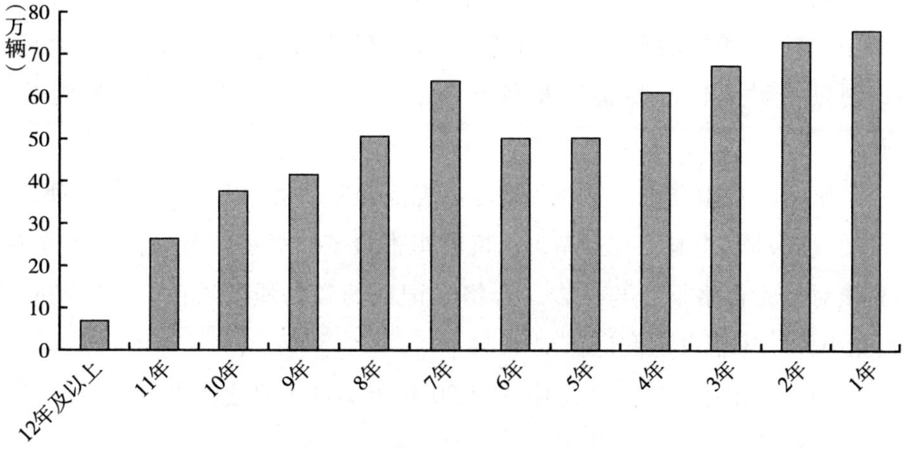

图 8　轻型货车保有量年限分布

资料来源：保险数据。

（三）管理政策

2019 年 5 月 21 日，央视《焦点访谈》播出了“空车超载　轻卡不轻”的节目，曝光了轻型货车存在严重的“大吨小标”违规生产、违规通过检测、违规予以注册登记等问题，拉开了治理轻型货车“大吨小标”问题的序幕，此后主管部门陆续发布政策、文件，清理整顿轻型货车。尤其是针对近几年发生的多起“大吨小标”轻型货车参与的群死群伤道路交通事故，公安部先后多次开展轻型货车“大吨小标”嫌疑车辆集中排查整治工作，要求各地公安交管部门全面排查“大吨小标”轻型货车等重点隐患车辆登记检验情况，对嫌疑违规车辆全面调查车辆销售、改装等情况，严格新车登记准入把关，对于违规生产、非法改装等车辆，一律不得办理注册登记。

1. 开展轻型货车检验登记集中排查工作的通知

2019 年 5 月 22 日，公安部交通管理局紧急发布《中华人民共和国公安部关于开展轻型货车检验登记集中排查工作的通知》，规范机动车检验登记管理，严厉打击非法生产、销售、改装机动车等违法行为。

严格车辆检验监督。各地要会同市场监督管理部门督促检验机构严格按照国家标准《机动车安全技术检验项目和方法》规定检测车辆整备质量，对轴荷明显超过整备质量等异常情形的，列入重点嫌疑车辆进行调查。

严格车辆查验登记。各地要进一步规范轻型载货汽车注册登记管理，严格按照《机动车查验工作规范》《机动车查验工作规程》等规定查验车辆，认真核对检验合格报告与公告、合格证记载的整备质量数值，坚决防止为“大吨小标”车辆办理登记。

组织开展集中排查。各地组织对2019年1月1日之后办理轻型载货汽车注册登记情况进行一次集中排查，对违规生产的轻型货车，一律由生产企业无条件收回、更换，保障车主合法权益。

严格违规责任追究。对在检验登记、集中排查中发现的违规生产车辆，要深入调查车主购车情况，确定违法违规证据，将涉嫌违规车辆及企业通报当地工信、市场监督管理部门，对发现车辆管理所民警或工作人员内外勾结、参与违规检验和违规办理登记的，依法依纪从严处理，构成犯罪的，一律依法追究刑事责任。

2. 全国安全生产专项整治三年行动计划

2020年4月1日，国务院安全生产委员会印发《全国安全生产专项整治三年行动计划》，在全国部署开展安全生产专项整治三年行动。专项整治三年行动从2020年4月启动至2022年12月结束，到2022年底，力争实现切实消除一批重大隐患、形成一批制度成果，建立健全公共安全隐患排查和安全预防控制体系，扎实推进安全生产治理体系和治理能力现代化，实现事故总量和较大事故持续下降、重特大事故有效遏制、全国安全生产整体水平明显提高，为全面维护好人民群众生命财产安全和经济高质量发展、社会和谐稳定提供有力的安全生产保障。

（1）动员部署。公安及相关职能部门联合部署，细化实施方案，明确

“大吨小标”治理工作的目标、措施和责任。

（2）排查整治。公安等部门对“大吨小标”问题进行全面排查，建立问题隐患和制度措施两个清单，制定时间表路线图，治理工作取得初步成效。

（3）集中攻坚。公安等部门针对重点难点问题加大专项整治攻坚力度，落实完善治理措施，“大吨小标”治理工作取得明显成效。

（4）巩固提升。公安等部门深入分析“大吨小标”问题的深层次矛盾和原因，梳理出需要建立健全的具体标准法规、政策措施，逐项推动落实。

3. 关于开展货车非法改装专项整治工作的通知

2020 年 7 月 24 日，工业和信息化部、公安部、交通运输部和国家市场监督管理总局四部门联合发布《关于开展货车非法改装专项整治工作的通知》，决定自 2020 年 7 月至 2021 年 5 月组织开展货车非法改装专项整治工作，预防和遏制货车非法改装行为，保障道路运输安全。通知总体要求：贯彻落实习近平总书记关于安全生产的重要论述，动员各地落实《行动计划》和《实施方案》工作机制的力量，通过集中排查、重点检查、突击抽查、专项治理等方式，严把车辆生产制造源头质量关，落实货运企业对车辆安全监管的主体责任，严厉打击“大吨小标”等违法违规行为，依法严肃追究相关违法违规企业和人员法律责任，完善货车生产改装监管机制，到 2022 年基本消除货车“大吨小标”等违法违规问题。

4. 关于开展轻型货车“大吨小标”嫌疑车辆集中排查整治工作的通知

2020 年 11 月 6 日，公安部交通管理局发布《关于开展轻型货车“大吨小标”嫌疑车辆集中排查整治工作的通知》，指出“10·4”事故暴露出货车“大吨小标”等问题仍很突出，要认真吸取事故教训，举一反三，强化交通安全源头把关。各地要认真贯彻公安部“10·21”全国道路交通事故预防“减量控大”视频推进会精神，深入开展秋冬季交通安全整治百日会战，迅速开展隐患车辆排查整改，深入推进货车非法改装专项整治，坚决打好清剿源头安全风险隐患“歼灭战”，全力预防重特大道路交通事故。

立即排查事故隐患车型。各地迅速组织开展事故隐患车辆排查，认真对照清单，逐车逐企排查，并将隐患车辆信息全部录入缉查布控系统，加强路面预警拦查，配合生产企业收回、检测车辆。

集中排查违规嫌疑车辆。各地要组织开展“大吨小标”嫌疑车辆集中排查，对车长、总质量接近轻型货车限值的重点车型，倒查检验记录和登记档案，组织对嫌疑车辆进行免费整备质量检测，深入排查是否存在“大吨小标”问题。

严格车辆登记查验把关。各地要结合深入开展机动车登记查验集中整治，规范轻型货车等重点车辆登记查验，严禁为“大吨小标”货车、非法改装客车办理登记。

健全违规货车治理机制。要积极会同工业和信息化、市场监管等部门推动落实四部门办公厅《关于开展货车非法改装专项整治工作的通知》，深入推进货车非法改装专项整治，严厉打击“大吨小标”“百吨王”等货车违法违规生产销售问题，从严查处曝光严重违法违规生产、销售和维修企业，严厉打击非法改装“黑窝点”。要推动建立健全违法生产改装货车联合治理机制，对登记查验、路面执法中发现的违法生产改装车辆的行为，要深入调查非法生产、非法改装的具体情形，重点排查“大吨小标”等违法违规问题，通报工业和信息化与市场监管部门依法严肃追究责任。

5. 关于优化和改进城市配送货车通行管理工作的指导意见

2020 年 12 月 31 日，公安部交通管理局发布《关于优化和改进城市配送货车通行管理工作的指导意见》，为贯彻落实国务院办公厅关于降低物流成本、推动物流高质量发展的部署要求，深入推进公安交管“放管服”改革和城乡高效配送专项行动、城市绿色货运配送示范工程，进一步优化和改进城市配送货车通行管理工作。

总体要求：积极适应推动物流高质量发展促进形成强大国内市场形势要求，统筹平衡城市物流与治污、缓堵、安全的关系，优化改进城市配送货车通行管控、停车管理、安全监管等工作，不断提高配送货车通行管理规范化、精细化、便利化水平。基本原则：分类管理，分级配送，统筹配送货车与普通货车、长期运行车辆和临时进城车辆通行管理，分类细化通行政策，推动完善城市配送网络，构建城市分级配送体系；放宽限制，便利通行，坚持夜间运输为主、白天平峰为辅、早晚高峰严格控制，放宽配送货车通行限制，预留配送时间窗口，有效满足基本配送需求；放管并重，规范高效，合理保障特定场景配送需求，优化服务，强化监管，做到安全有序配送。

优化通行管理政策：通过明确城市配送货车范围、加快构建分级配送体系、科学制定通行管理政策、合理设定货车禁限行范围、规范设定车辆禁限行标准、分类施策便利货车通行等措施，优化和改进城市配送货车通行管理工作。

开展专项治理：2021 年 6 月底前，省级公安机关要组织对所有城市的货车禁限行政策进行全面梳理，建立禁限行时段、路段基础台账。9 月底前，各城市要对群众反映强烈的货车禁限行政策进行评估论证，调整不合理的禁限行政策；一时难以调整的，要研究改进措施，明确完成时限。建立城市货车禁限行政策定期评估机制，城市每年至少开展一次评估，动态调整管理政策，持续优化城市货车通行管理工作。

随着轻型货车“大吨小标”问题治理工作的深入开展，公安、工信等部门将会陆续出台一系列政策文件，从车辆的产品准入、注册登记到市场监管、车辆年检等方面全面管控，杜绝“大吨小标”问题，引导轻型货车的发展方向。目前，轻型货车的发展已逐渐由市场导向转变为政策导向，轻型货车将回归“载重两吨”的状态，行业企业应与主管部门通力合作，主动引导用户采购和更换合规车辆，共同制定满足管理部门、企业和用户的城市物流配送车通行政策，合理释放市场需求。企业需要把握轻型货车发展脉搏，领悟政策措施，深耕产品技术，以优质的产品引领市场，引导用户需求。

二　轻型货车“大吨小标”原因分析

轻型货车“大吨小标”问题的根源是轻型货车的单车运力无法满足城市物流配送需求，而城市通行政策不完善、用户和企业为追逐经济利益进行违规使用和生产等造成了轻型货车“大吨小标”问题。

（一）轻型货车发展与经济发展严重失衡

城镇化的快速推进是中国经济高速发展的重要驱动力。1958 年我国城镇化率只有 16.25%，国内生产总值仅有 1312 亿元，而到了 2020 年，我国的城镇化率已超过 60%，初步核算国内生产总值高达 1015986 亿元（见表 2），居民消费水平大幅提升。然而，轻型货车的车载质量一直维持在两吨左右，无法满足城市物流配送量和运输效率的要求，因此不得不通过“大吨小标”来提升轻型货车的装载率。按照工业化国家的发展经验，预计到 2035 年我国城镇化率将超过 70%，2050 年将上升到 80% 左右。这将意味着城市物流配送量和运输效率的进一步提高，城市物流配送车辆的实际载重需求可能进一步增加。

表 2　轻型货车车载质量与经济指数

年份	事件	城镇化率(%)	GDP(亿元)	轻型货车车载质量(t)
1958	yuejin NJ－130 下线	16.25	1312	2.5
1973	BJ130 正式投产	17.20	2756	2.0
1985	五十铃国产化	23.71	9016	2.0
1994	第六代牌照实施	28.62	48197	2.0
2000	—	36.22	99215	2.0
2010	—	47.50	401513	2.0
2020	—	>60	1015986	2.0

资料来源：国家统计局。

（二）城市通行管理政策与实际需求不统一

我国城市具有人口密度大、红绿灯多、地面交通压力大的特点，重点城市尤为突出，为解决城市居民的“菜篮子”“米袋子”问题，保障道路交通安全，多数城市在货车进城法规制定过程中，粗放式的以蓝牌作为车辆进城的限制条件，与实际的城市物流配送需求严重不符，造成轻型货车“超载”。如北京采用通行证的方式进行进城管理，95%的通行证配发给蓝牌货车，剩余5%的仅配发给危化、邮政、电力等相关部门的黄牌货车；济南则禁止中重型载货车进入二环（市区）道路，轻微型货车市区有20条限行道路，早7时至9时、晚17时至20时禁止通行。

表3　主要城市载货汽车进城要求

单位：%

类别	受限情况	区域	占比
通行证+蓝黄牌	通行证+蓝黄牌+区域	北、上、广、深等一线城市，部分省会城市，蓝牌+通行证	8.0
蓝、黄牌影响	黄牌受限制（即蓝牌可进城）	大部分城市区域限行管理区分蓝、黄牌，黄牌车辆通行受限	82.2
受载质量影响	0.5t以上受限	福州、泉州、昭通、保定、达州、西昌、乐山、宝山、文山、凉山	0.6
	0.75t以上受限	宁波、舟山、玉溪、开远、邢台、兰州、固原、银川、吴忠、楚雄	1.7
	1t以上受限	池州、铜陵、嘉兴、丽水、荆州、新乡、六盘水、佳木斯、沈阳、大理、昆明、曲靖、丽江、普洱、临沧、长治、西宁、南充、广安、娄底、广元	3.0
	1.25t以上受限	湖州、金华、衢州、中山、肇庆	0.8
	1.5t以上受限	九江、杭州、台州、牡丹江、本溪、丹东、葫芦岛、锦州、辽阳、铁岭、抚顺、盘锦、济宁、东莞、佛山、广州、江门、拉萨、常州	2.9
	1.75t以上受限	惠州	0.2
	2t以上受限	大庆、鹤岗、青岛、晋中、太原	0.8

注：现阶段“92式”牌照依据GA 36－92《机动车号牌》标准，依据GA 802标准，按总质量将货车分为微（<1.8t）、轻（1.8～4.5t，车长<6m）、中（4.5～12t，车长≥6m）、重（≥12t）四类，其中微型、轻型为蓝牌，中型、重型为黄牌。

资料来源：企业市场调研。

（三）为了追逐经济利益

城市物流配送行业中，70%的从业者为个体（小于等于5辆）城配车队，竞争激烈，议价能力差。2010年我国CPI为103.1，2020年为102.4，

10年时间CPI基本保持稳定，但原材料价格大幅上涨，因此压缩中间成本是唯一选择，而物流成本恰恰是中间成本的重要组成部分。2015年运价指数为101.5，2020年只有98.6，物流运费逐年下降，大大压缩了从业者的盈利空间，为了获取足够的经济利益，城市物流配送从业者被迫加大单次载重，客观上造成了“被动超载”的事实。

蓝牌车从业门槛和经营成本低，司机仅需持C1驾照，无须普通货运从业资格证和车辆营运证，保险费、高速通行费、车船税等各项费用较低，兼顾载货能力、通行优势和使用成本，相较于黄牌车，能节约1万元的增驾成本和2.4万元的年度使用成本（见表4），因此城市物流配送从业者为了获得更多的利润而主动选择蓝牌。

表4　黄牌车成本增加明细

序号	成本增加项	内容	数额
1	办理营运证及从业资格证问题	黄牌车必须办理营运证，办理营运证费用每年400元左右，每季度做一次二级维护，每次约100元，合计400元	800元/年
2	车辆保险费用增加问题	①货车保险按照载重吨位核算，有营运与非营运之分 ②蓝牌货车保险：交强险，非营运，载重0～2t，1200元/年，100万元三者险（以人保财险为例），2676元/年 ③黄牌货车保险：交强险，营运，载重5～10t，3450元/年，100万元三者险（以人保财险为例），10160元/年	10000元/年
3	挂靠运输公司	①可以办理营运证，可以协助办理通行证 ②55%的用户反映，办理营运证必须挂靠物流公司。年服务费约1200元，地区有差异	1200元/年
4	驾照增驾	①增驾要求：3年C1驾龄 ②成本支出，区域不同价格差异大，最低4000元，最高20000元，均值11000元左右，中位数为10000元，增驾成本在8000～12000元的占比超过40%	一次性成本10000元
5	高速收费	黄牌按照2类车收费标准收费；以北京为例，城市物流轻卡用户每年高速里程约1.5万公里，成本增加1.2万元，占其年收入的10%	12000元/年

资料来源：企业市场调研。

三　轻型货车问题解决方案

治理轻型货车“大吨小标”问题已经刻不容缓，吉林松原“10·4”重大道路交通事故发生后，各部门陆续出台文件开展轻型货车“大吨小标”的治理工作。随着后续政策文件的出台，“大吨小标”车型的生存空间被挤压殆尽，若进城吨位限值不变，严格执行，必然导致单车运力断崖式下滑，为保障城市物资所需，城市物流配送车辆的保有量至少增长140%，才能满足现有的货运需求，进而造成城市交通拥堵加剧、道路安全隐患增加和节能环保压力增加。同时从业者为保障收入，势必要运费上涨，预计涨幅高达300%，进而引起物价的大幅上涨。

对于轻型货车“大吨小标”问题，要多层面系统解决，行业企业、主管部门共同研讨解决方案。由中汽协会组织企业研究制定《城市物流配送车辆技术要求》，规范城市物流配送车辆技术参数；车辆生产企业加强自律，保证车辆的生产一致性；同时公安部、工信部等部委加强监管，联合制定城市物流配送车辆进城管理规范性文件，将进城货车吨位调整至7.5t，在全国范围内统一执行。

（一）制定《城市物流配送车辆技术要求》

由中国汽车工业协会牵头，会同汽车行业主管部门，组织行业企业，共同制定《城市物流配送车辆技术要求》团体标准（总质量分为4.5t、7.5t等），规范城市物流配送车辆技术参数，定义城市物流配送车，并逐步推动团标向国行标转换，为主管部门制定相关管理政策提供支持。

车辆生产企业加强自律，切实承担安全生产的主体责任，《城市物流配送车辆技术要求》团体标准制定后，严格按照标准要求生产，保证车辆生产一致性。主管部门加强监督管理，由市场监督管理局强制召回处理不符合技术要求的车辆；由工信部加强“双随机、一公开”检查，加大轻型货车生产一致性检查力度，加大公告产品准入样车和试验过程的检查力度；由公安部设立全国统一的通行证信息监管平台，推进 7.5t 货车进城；交管部门在车辆注册登记、年检等环节严格执法，切实做到执法一致性（不同执法人员、不同执法区域、不同车辆产品），同时严查用户使用过程中的超载行为，加大处罚力度；有条件地区设立非现场执法设备，便于实时监控，对使用过程中的超载行为严格治理，加大处罚力度；交通部研究取消总质量小于 7.5t 货车营运证以及高速公路按照一类货车收费的可行性，切实减少城市物流配送从业者的运营成本。

（二）制定城市物流配送车通行政策

由中国汽车工业协会组织行业企业，与行业主管部门、地方政府开展城市物流配送车便利化研究，共同研究城市物流配送车辆在城市物流体系、国家经济以及便民服务中的作用，分析城市物流配送车辆现状和管理方式，为制定科学合理的城市物流配送车辆通行政策提供支持，逐步实现 7.5t 货车进城，合理释放城市物流配送需求。同时为落实碳达峰、碳中和的国家发展战略，对新能源城市物流配送车辆给予政策倾斜，推动全国范围内的新能源物流配送车辆不限行。

（三）制定在用车解决方案

由公安部、工信部、行业协会、车辆生产企业等向公众进行宣传，引导用户更换合规车辆。研究制定在用车淘汰的政策和措施，如国家相关部门制定置换、购置税等补贴政策，加速在用车淘汰。城市物流配送车通行政策制定后，给予在用车 3~5 年过渡期，过渡期内享受与合规车辆相同的进城政策，过渡期过后严格执法，基于路权推动在用车加速淘汰。

B.8

商用车产业链安全研究

摘　要： 商用车主要是用于生产经营的车。因此，从宏观层面来看，商用车作为生产资料，其销量与宏观经济密切相关，具有较强的敏感性。宏观经济的发展水平决定了商用车的新增需求与更新节奏，是影响商用车销量的核心因素，体现为GDP增速与商用车销量同步波动。随着商用车功能组成日益复杂，本报告主要从商用车后处理、芯片系统供应链风险、主动安全及自动驾驶产业链风险等方面展开阐述，梳理产业链风险，关注产业痛点，以期提升行业发展水平。

关键词： 商用车　产业链　后处理　芯片　主动安全

一　商用车后处理系统研究

催化剂资源无法保证。现阶段后处理系统中的催化剂基本完全采用BASF、庄信、优美科等国际供应商的产品，国Ⅵ标准实施后，国Ⅵ产品的大批量装车可能会导致后处理系统催化剂供应不足，引起成本上涨，甚至影响OEM厂商的生产和交付，使市场被欧洲竞品蚕食。

尿素泵、尿素喷嘴资源无法保证。现阶段国内OEM厂商的SCR喷射系统中尿素泵、尿素喷嘴基本上都采用博世产品，而国内供应商的相关产品技术方案尚未成熟，国Ⅵ标准实施后，国Ⅵ产品的大批量装车可能会导致后处理系统产能不足，影响OEM厂商的生产和交付，导致市场被欧洲竞品蚕食。

柴油车从国Ⅴ排放升级到国Ⅵ排放，国Ⅵ增加了PM（碳烟颗粒）、PN（颗粒数量）两项指标，同时提高了国Ⅴ中的HC、CO、NO_X、NMHC的排放标准，提高了催化器贵金属含量。除了发动机本身需要进行大量的技术升级达到国Ⅵ的技术门槛外，后处理系统需要在原有的SCR选择性催化还原技术的基础上增加DOC柴油氧化催化器、DPF颗粒捕捉器和ASC氨过滤器等，同步提升了国Ⅵ车辆售价，预计比国Ⅴ车辆每辆高2万~3万元，用户购车成本明显增加。

国Ⅵ后处理催化剂比国Ⅴ催化剂对硫更敏感，因此国Ⅵ车型对油品要求极高，一般要求含硫量最高不超过10ppm，如采用不满足国Ⅵ标准的高硫柴油，会导致后处理系统硫中毒失效；劣质柴油还会引起高压油泵、喷油器等高压共轨系统零部件的损坏，导致DPF堵塞，后处理堵塞后维护成本高昂，更换成本更是高达数万元。

国Ⅵ排放实施，叠加2030年实现碳达峰、2060年实现碳中和的目标，新能源车型和清洁能源车型市场将进一步发展，未来新能源领域和清洁能源领域势必会快速发展，我国新能源汽车企业将迎来重大发展机遇。

在日趋严格的排放法规影响下，新能源城市专用车未来会逐步取代成本日益增高的传统能源车型。基于新能源购车补贴、节油效果明显等优势，未来城市配送车辆和中短途物流车辆会逐步转向新能源车型。并且，在排放法规压力之下，整车生产企业未来必定将清洁能源和新能源车型的研发作为重中之重，未来新能源车型将快速发展。

考虑到行驶里程、充电便利性、运营成本等要素，纯电动轻卡、混动重卡、氢燃料重卡是发展趋势，目前短途运输/环卫作业等柴油车电动化技术较为成熟，部分整车厂在相关细分市场（如典型港口市场等）实现批量销售，长途运输仍以混动和燃料电池车型为主。

根据目前汽车排放标准的实施进度来看，排放标准升级以及环保治理的趋严，意味着对高排放车辆的治理步伐将会加快。从当前各地发布的政策来看，淘汰老旧车辆的趋势不可逆转，随着环保治理的持续深入，未来可能会有越来越多的地区和企业加入限行国Ⅳ柴油车的行列，未来国Ⅳ柴油车的生存空间将进一步缩小。截至2020年10月市场上还有约130万辆国Ⅲ车辆和110万辆国Ⅳ车辆。国Ⅳ限行在各地的逐步推开，也会推动部分国Ⅳ车辆退出市场。这些必将推动卡车市场的发展，对主机厂来说是一次机遇。

催生后处理产业变革。国Ⅵ的实施，将对商用车及后处理产业结构带来变化，特别是后处理市场进一步扩大。SCR、TWC、EGR、DPF、DOC市场将迎来产业变革，其中，TWC（成为国Ⅵ燃气车标配）和EGR在燃气车中的比重加大，DPF、DOC、EGR在重型商用车中的比重加大，DPF和EGR在轻型商用车中的比重加大，综合来看，DPF是最具增长空间的后处理技术。因天然气重卡具有较高的经济性，其在重卡中的市场占有率或将逐步提升，中重型柴油车后处理市场国Ⅵ阶段在DPF、DOC、EGR后处理技术上的增量较大，且单个后处理器/后处理系统的价值量大幅高于轻型商用车，是国Ⅵ后处理扩容增量最大的板块。

品牌间竞争更加激烈，用户黏度增加。不同厂家国Ⅵ发动机在不同技术路线下表现各异，也促使终端用户对发动机品牌黏度增加，同时售后问题更加难以处理，也要求各厂家服务体系不断完善，通过服务来赢得客户认可。

刺激经济发展。标准的提高，催生了淘汰危机，国Ⅵ全面普及后，首当其冲的是淘汰国Ⅲ、国Ⅳ车辆，这势必会造成一大批用户转购国Ⅵ车型，作为劳动密集型集产业，商用车行业将新增大量的就业。

二　商用车汽车芯片短缺问题及其对策

（一）商用车控制器及芯片产业链分析

越来越多的商用车依赖各种控制器来实现车辆功能，电控化、智能化已经是大势所趋。在智能化方面，各项功能的实现需要强大的算力支撑，目前主流方案供应商都采用了高级算法与人工智能算法来实现。海量的数据是机器学习以及人工智能算法的基础，通过传感器、外部环境等所获得的数据，以及收集到的驾驶行为、驾驶经验、驾驶规则、案例和周边环境的数据信息，不断优化的算法能够识别并最终实现功能、操纵驾驶。未来汽车数字化转型，促使汽车从交通工具向智能移动终端升级，基于车端数据的获取借助机器学习、AI 算法，要求从底层有效感知车辆、行人、车道线、交通标识、红绿灯等多种目标。人工智能芯片及解决方案的设计与开发，可面向智能驾驶以及更广泛的智能物联网领域，提供包括高效能边缘 AI 芯片、开放工具链、丰富算法样例等在内的全面赋能服务。推动智能驾驶时代的到来。

应用较广的主动安全控制器芯片供应商情况如下。

（1）地平线是全球首家基于深度学习技术的汽车智能芯片创业公司。公司成立于 2015 年 7 月，面向高级辅助驾驶、自动驾驶及智能座舱等汽车智能驾驶场景和更广泛的通用 AI 领域，提供基于强算力 AI 芯片的多场景化解决方案，是当前国内唯一实现车规级人工智能芯片量产前装的企业，已经实现超过 16 万片的芯片前装出货。

（2）Mobileye 是自动驾驶等城市智能解决方案 AI 芯片的全球领导者。目前，全球已超过 6000 万辆汽车安装了 Mobileye 高级驾驶辅助系统（ADAS）。奥迪、宝马、菲亚特克莱斯勒、通用汽车、本田、现代/起亚、日产、大众等全球各大汽车制造商的上百个车型均采用了 Mobileye 高级驾驶辅助系统。

（3）英伟达是全球顶级的 AI 芯片制造商。公司成立于 1993 年，专注人工智能计算和 AI 芯片研发。产品体系为基于 GPU 的云端和边缘端人工智能芯片。作为老牌芯片公司，GPU、CUDA 并行计算架构拥有很强的技术壁垒，拥有完善的开发生态和广泛的规模应用。

（4）寒武纪是全球领先的人工智能芯片设计公司，是国内 AI 芯片市场龙头企业。公司成立于 2016 年，代表性产品包括中国首款高峰值云端智能芯片思元 100、全球首款商用终端智能处理器 IP 寒武纪 1A 等。产品体系为云端、边缘端、终端通用智能芯片和 IP。随着 5G 的发展，边缘端应用行业车联网、工业物联网等进入发展新阶段。

（5）中科创达是全球领先的智能操作系统产品和技术提供商。公司成立于2008年，主要三大业务线分别为智能软件业务、智能网联汽车业务、智能物联网业务。2016年收购国内的爱普新思和慧驰科技；2017年收购芬兰的Rightware，导入Kanzi系列产品，使智能车载业务结构得到大幅优化；2018年收购保加利亚的公司MM SolutionAD，增强操作系统、软件和算法综合解决能力。

（6）千方科技是国内智慧交通与智慧安防产业龙头。公司成立于2000年，业务覆盖智能基础设施、智慧路网、智慧航港、汽车电子、智慧城市等先进领域，具备完整的产品序列、丰富的解决方案经验和极强的项目资源能力。公司在智慧交通领域形成了从产品到解决方案、从云端到前台、从硬件到软件的全产业链，产业布局涵盖智慧高速、智慧城市、智慧轨交、智慧民航。

（二）商用车汽车芯片短缺影响及原因

1. 短缺影响

2020年11月底，部分国内商用车整车、零部件企业表示车用芯片供应不足，存在缺供风险。2021年1月初，海外汽车整车、零部件等企业接连被曝因芯片短缺问题而被迫减产或停产。伴随着商用车汽车芯片供应不足，芯片短缺问题蔓延至各行各业，手机、电脑、智能家居等产品的生产也受到了较大影响。

汽车行业影响：根据牛津经济研究院的报告，福特、菲亚特克莱斯勒、大众、通用和本田都已宣布在第一季度临时关闭在美国、加拿大和墨西哥的工厂，这将导致该地区第一季度汽车产量减少23万辆，占比5.8%。报告预计芯片短缺将造成欧洲汽车市场轻型车生产量减少20万辆，占比4.1%。根据咨询公司AlixPartners的预测，芯片短缺或导致全球汽车产业损失1100亿美元，并将让2021年全球汽车产量减少390万辆。

其他行业影响：芯片短缺问题目前是一个全球性问题，不只是汽车芯片短缺，整个芯片行业也都存在不同程度的短缺，包括消费电子、通信系统、医疗仪器等领域。据了解，短缺问题造成各类芯片价格大幅上涨，2020 年 6 月以来，电视用大尺寸面板价格平均上涨 79% 左右。韩国三星也发出警告称，受芯片短缺影响，或在 2021 年暂停生产 NOTE 系列。

2. 短缺原因

（1）成熟制程产线产能不足

2008 年以前，8 英寸晶圆厂作为主流，逐步被 12 英寸晶圆厂替代。从 2008 年到 2016 年，至少超过 30 座 8 英寸晶圆厂被关闭，同时超过 10 座厂转为 12 英寸晶圆厂，2015～2017 年全球 8 英寸晶圆厂产能增速仅为 7%，到 2019 年全球 8 英寸晶圆厂数量低于 200 座。2010～2016 年，约超过 20 座 6 英寸晶圆厂被关闭，如分立器件、功率器件、MEMS、模拟芯片等产品需求切换至 8 英寸晶圆，额外的加重了 8 英寸晶圆厂产能的负担。

（2）疫情造成行业间信息错配

受疫情影响，2020 年第一季度汽车产销量大幅下滑，车用芯片需求骤减，车企迫于经营压力撤销了部分汽车芯片订单。同期，消费电子市场火热，半导体产业部分车用芯片产能向消费电子领域转移。4 月后国内疫情得到一定控制，汽车产销迅速提升，汽车芯片库存快速消耗，市场恢复情况远超半导体行业预期。12 月初供需不足矛盾开始出现。

（3）消费电子企业囤货可能是芯片紧张诱因

受美国实体清单制裁影响，华为在制裁时效之前超额下单，采购大量芯片专供手机生产，储备了超长周期的货源，随后大型消费电子企业纷纷效仿，加大储备量，挤占了当年大部分芯片产能。初步推测，消费电子 2020 年开始的大范围、大批量扫货囤货可能是造成整个半导体行业芯片产能不足的另一诱因。

（4）芯片代理商囤货

由于当前汽车芯片的供应缺口、恢复周期等信息尚不明确，外加媒体的过度宣传，加剧了市场恐慌，市场上不乏出现芯片分销商囤货居奇、漫天要价的情况。同时，企业也选择大量囤货扫货，增加芯片库存，以抵御未来的风险，进一步加剧了当前的芯片短缺困境。

（三）商用车汽车芯片发展应对策略

1. 对芯片企业

（1）加强行业自律

半导体企业加强代理商管控。基于特别的代理商、分销商营销体系，半导体代理商、分销商容易出现囤货的行为。在特殊的供应短缺背景下，半导体行业更应该加强行业自律，做好对营销体系的管控。

（2）分类别、分阶段应用推广

考虑到功能安全验证等因素，在动力总成控制芯片方面，国内芯片短时间内替代的可能性较小。在控制芯片、功率芯片、信息安全芯片、驱动芯片、模拟芯片、自动驾驶 AI 芯片等方面，国产化芯片短时间内替代的可能性较高。建议将近期有可能国产化替代的产品类别优先推广应用，同时储备一些将来有可能替代的产品类别，并在后续工作过程中逐步提出。

（3）联合汽车企业创新研发

在智能汽车感知、通信、新能源汽车功率处理等重点领域，与整车企业成立联合实验室，集聚产业链资源，融合发展，协同创新，分领域进行制造能力和配件水平提升，实现国产车规级半导体产品的核心突破和高端化升级。

2. 对整车企业

（1）加强供应链管理

车企加强供应链管理。整车厂商和 Tier1 给半导体厂商下单只会提前 3 个月，而半导体交货周期较长，汽车半导体生产周期最快的交货期为 4 个月，正常情况下是 6 个月。这是一个容易造成需求误判的隐患，也是一个巨大的矛盾点。汽车行业零库存的精益管理方式避免不了芯片短缺情况的再次出现。芯片行业较为特殊，生产制造周期长，从下订单到拿到产品至少需要 6 个月的时间。汽车行业应当加强渠道管理，在芯片库存储备和供应商管理方面做出相应调整。

（2）带头营造良好的产业链生态

整车厂和电子系统供应商要对上游担负培育的责任，汽车、tier1、芯片和元器件设计公司、代工厂、设备制造厂、原材料厂要逐级培育形成良好的生态环境，营造愿意用、敢于用、主动用国产芯片和元器件的氛围。同时，培育国内核心汽车电子零部件企业，打通上下游连接通道，掌握核心零部件生产环节。

（3）加强市场研判工作

提前与 Tier1 锁定供货计划，并同步协调重点芯片企业。芯片的生产制造周期较长，从下订单到最终拿到产品需要半年甚至更长的时间。整车企业应提高对未来芯片需求的预测能力，提早下单与 Tier1 及芯片企业锁定供货计划，并针对目前短缺情况积极协调重点芯片企业。

3. 对政府及行业组织

（1）保证稳定的市场环境

当前，短期时间内，政府、行业协会应当通过多种渠道平抑芯片价格，组织半导体行业开展自律，稳定市场环境，杜绝囤货居奇、恶性竞价、抢夺资源等行为，积极引导社会舆论，消除误解，避免市场恐慌，适当缓解芯片短缺困境。

（2）注重政策和资金的支持持续性

芯片代工制造行业具有投入金额巨大、回报率较低等特点，需要长时间的技术沉淀才能实现技术的突破和占领市场。在政策支持和车厂需求的推动下，芯片厂家投入生产线进入车规芯片领域。一旦市场需求减少，产线不能稳定生产，企业就会面临巨大经营压力。

（3）构建国内标准和认证体系

车规级芯片认证主要依据由美国汽车电子协会提出的 AEC-Q 认证标准，其认证周期长、费用高昂，应当加强整车厂商、零部件供应商、半导体企业之间的信息互通，适时建立国内车规级芯片标准体系，提升认证测试能力。

（4）将汽车芯片纳入首台套重大技术装备目录

加快推出首台套保险补偿政策，将汽车芯片纳入首台套重大技术装备目录，解决整车厂“不敢用”的问题，同时地方政府也可以尽快出台配套政策。

三　商用车主动安全及自动驾驶产业链研究

主动安全和自动驾驶是汽车与人工智能、物联网、云等技术融合的产物，是汽车智能化的重要发展方向，自动驾驶技术涉及交通、通信、电子等多个领域的融合，其发展离不开多产业的协同，是一个从L0、L1、L2向L3、L4、L5渐进的过程；不同等级自动驾驶代表性功能和普及时间不同。2020年L3级自动驾驶开始普及已成为行业共识，对于商用车L1、L2级功能的大规模配装也开启了新征程。2021年作为自动驾驶技术进入L3等级的元年，是商用车自动驾驶技术发展的重要节点，其发展与5G、交通基础设施、传感器等息息相关。目前，已形成大规模商用车主动安全功能示范及小规模自动驾驶运营工作的良好开局。2020年发改委、网信办、工信部等11部委联合发布的《智能汽车创新发展战略》指出，要从多个维度确保2025年实现L2级自动驾驶规模化生产，L3级在特定环境下实现市场化应用。

2020年之前的商用车主动安全功能的落地主要依托于法规推动，2020年之后由于产业形势变化，主机厂将智能网联功能赋能到新型商用车上，可以大大增加车型竞争力，提高车品附加值。

（一）商用车ADAS及自动驾驶市场特征

商用车的主动安全产品供应商模式区别于乘用车，产品供应商的来源更加集中，功能产品与部件供应商强相关，也在一定程度上形成了供应链风险。商用车主动安全产品经历了快速发展阶段，早期商用车ADAS市场产品要求较低，技术门槛低，高度割裂的市场给了国内方案商与供应链企业各类机会。

2017年政策法规开始执行，2019年4月起，对9米营运类客车强制安装 AEB 功能的法规也正式落地。产品形式也从早期的 ADAS 预警类转换到控制类，在横纵向车辆控制方式的角度上，重点关注软硬件控制方法及开发验证工作。国内商用车 ADAS 市场已初具规模，但在市场结构和准入标准及产业链稳定性等方面都存在很大的不足。

其中，商用车 ADAS 市场正面临应用升级，从后装市场向前装市场转移，且 ADAS 功能升级已经开始，AEB、ACC、DMS 等新功能加速落地。2021 年 5 月 1 日要求 12 吨以上重卡 AEB 功能的强制实施，目前国内几大商用车巨头开始着手布局，从部分车型入手定点项目。商用车作为最早的法规强制要求车型，对于整个交通体系的安全性、经济性都有着较高的要求，在量产化推进中，应逐渐建立头部企业，在产品供应链稳定性、产品验证与成长迭代、成本与溢价能力等方面都亟待业界供应商取得突破。同时，主动安全功能的升级速度已经远远超过传统功能，客户接受度也在快速提高，这对整个产业链从规划到产品实现提出了更高的要求。

后装市场现阶段产品鱼龙混杂、标准不一、价格混乱，在销售渠道和终端也没有绝对优势的供应商；亟须升级 ADAS 技术与功能，传统 ADAS 单品可能已经无法满足一些主机厂的需求，其对多功能附加和性能融合都有更高的要求。而对技术要求较高的前装市场，现阶段处于国外成熟产品落地和国内主流供应商拓展的发展阶段。国外商用车主动安全系统供应商以威伯科、克诺尔等为主，其依托原有制动及转向控制系统的匹配优势，积极拓展 ADAS 功能，2018 年至今明显加大对中国商用车市场的布局力度。同时，博世中国首次发布其产业链中应用于商用车自动驾驶的雷达和摄像头，其在中国首个 ADAS 商用车项目也将陆续投入量产。国内的智能驾驶企业在感知层面能力突出，但在执行层面能力较弱。真正有实力跨过这一技术壁垒的公司实属少数。在转向和制动方面，商用车底盘系统 Tier 1 主要有威伯科（被采埃孚收购）和克诺尔，其占据了商用车底盘控制系统的绝大多数市场份额，国内供应商主要有潍柴清智、世宝科技、科密、万安等，国内已经初步形成了商用车的供应商集群。

新的前装主动安全功能的快速普及使 ADAS 产品功能提升到了汽车安

全控制级别；在感知层面，对传感器的要求就高了许多，另外决策与执行的可靠性、安全性等技术要求都呈阶梯式提升态势。由于前期预警类功能不涉及决策与执行类，对车企和车队来说，安全风险尚在控制范围内，无论是前装市场还是后装市场，都留给了国产供应商不少机会。DMS、盲区预警、紧急制动等功能在融合方案中不断提升，这就要求核心零部件企业能尽快量产上车，进入车企供应链，在市场爆发前进行充分的验证迭代，否则很容易沦为低附加值供应商或者直接被淘汰。在未来商用车 ADAS 产品从 L2 到 L3 的市场升级蓝图中，商用车 ADAS 落地的路径已经逐步被打通，基于感知融合的线控底盘能力逐渐成为国产商用车供应商和主机厂突围的关键。

（二）商用车主动安全产业链分析

商用车主动安全产品是多技术融合的产物，是车辆驾驶拟人化的重要功能部分，基于关键技术可以将商用车主动安全的产品体系分为传感系统、决策系统、执行系统，如图 1 所示。

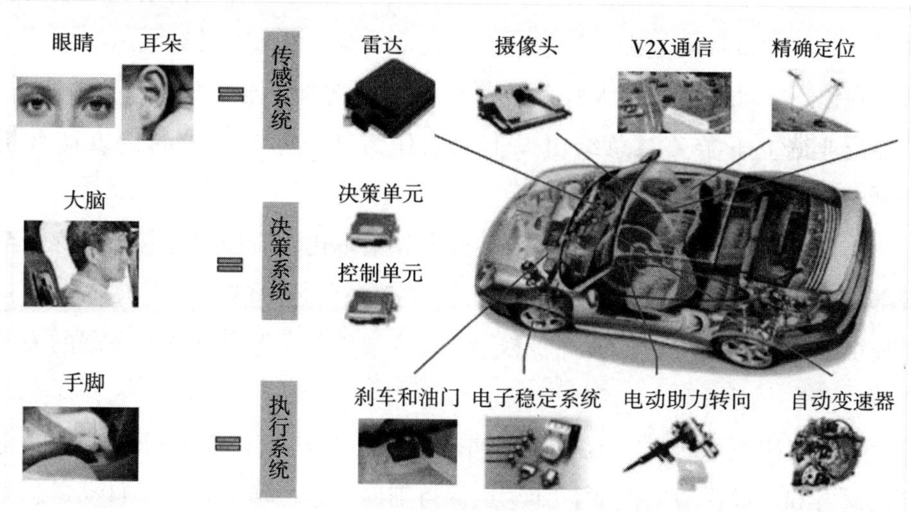

图 1　主动安全关键部件示意

基于核心功能及技术要点，可将各层级细分为以下 6 种。

①环境感知技术，包括机器视觉、雷达（激光、毫米波、超声波）感知、数据融合技术、感知冗余设计技术、场景数据化技术等。

②决策与控制技术，包括控制优先级划分、区域轨迹拟合、人机共驾多样性决策、目标决策和协同控制技术、横纵向运动控制、底盘一体化控制技术、多车协同和车路协同控制等。

③高精度地图与高精度定位技术，包括高精度地图数据化、交换格式和物理存储的标准化技术、基于各类型卫星及定位特征的高精度匹配技术、多元融合辅助定位技术等。

④V2X 通信、云平台及大数据技术，包括车辆通信安全及数据安全、车间信息与协同控制技术、动态车群组网技术、通信信息融合技术、数据存储和检索技术、汽车云平台架构与数据交互规范、基于云特征的操作系统技术、大数据的关联分析和深度挖掘技术等。

⑤信息安全技术，包括汽车信息安全统筹技术、数据安全体系构建、汽车信息安全测试评价技术、安全漏洞响应机制等。

⑥标准法规及测试评价，包括汽车/交通/通信标准体系构架、功能构建评估方法、测试环境建设、场景数据化技术以及各领域的关键技术标准。

在以上主动安全产品大链条中，可以再次梳理功能开发流程的产业链，按照产业链上下游关系总结出以下四点作为基于关键技术的代表性分析部分。

①外部感知系统传感器供应商，开发和批量化供应稳定可靠的传感器系统部件，包括机器视觉系统、雷达系统（激光、毫米波、超声波）等，其中环境感知系统芯片、车辆反馈芯片、总线通信芯片等也是技术发展的关键环节。

②汽车决策系统（主动安全、自动驾驶）供应商，能够提供主动安全产品研发和集成供应的企业，如车道保持辅助、紧急转向辅助、自动紧急避障、全速域自适应巡航、V2X 车路协同系统、高精度定位支持等。

③整车企业，能够提出产品规划和需求，可以提供汽车线控底盘，能够

图 2　交通环境感知系统示意

开放控制接口和决策指令，能够进行集成验证和测试保障。

④智能网联开发及运营监管平台，能够提供开发服务、提供车辆数据管控与大数据分析服务，包括线上内容服务、高精度地图校验、信息反馈服务、大数据分析服务等。

综上所述，针对主动安全及自动驾驶的产业链架构涉及多交叉领域，形成了网格状、多联控的整体架构，是交叉学科融合的典型产品，对于其中重要功能和产品研究是未来产业发展的热点，其中摄像头、雷达、高精度地图、V2X、信息平台等是重要的节点链接。

1. 车载摄像头供应链分析

车载摄像头是 ADAS 系统的主要视觉传感器，在镜头采集图像后，由摄像头内的感光组件电路及控制组件对图像进行处理并转化为电脑能处理的数字信号，从而实现感知车辆周边的路况情况。进一步，根据识别目标情况开发 AEB、ACC、FCW、TJA、APA 等绝大多数的主动安全功能，并可以结合雷达信号进行信息融合，实现功能冗余和融合决策，更加可靠地实现主动安全功能。

商用车载摄像头按不同的安装位置分为前视、后视、环视、侧视、内视摄像头等类型。摄像头系统产业链环节包括：摄像头模组、芯片、视觉方案提供商（算法）、传统 Tire1 等。在芯片环节，目前用于 ADAS 摄像头的芯片多数被国外垄断，主要供应商有恩智浦、富士通、赛灵思、瑞萨电子、意法半导体、飞思卡尔、英伟达、德州仪器等，提供包括 ARM、DSP、ASIC、MCU、SOC、FPGA、GPU 等芯片方案。进一步讲，摄像头模组附加上内部的算法和芯片更是产品实现的核心。以 Mobileye 为代表的视觉算法及硬件算法芯片集成公司已作为二级供应商在产业链中发挥了更大的作用，与 Tier1 配合形成全套 ADAS 解决方案供应商；因其掌握核心的视觉传感器算法，Mobileye 也同时为下游客户提供模组，并输出包括 EyeQ 芯片以及软件算法在内的整套方案。

结合先进的摄像头方案，大陆集团的摄像头可以提供从路端到云端的多样解决方案，便于车辆进行感知、定位和决策；博世为拓展商用车业务，也将第三代摄像头于 2019 年量产到商用车系统，将博世在各 OEM 的汽车摄像头形成一个感知网络，提高整体识别能力，实现性能在线升级。

表 1　主要国外供应商摄像头性能表

产品类型	厂商	型号	参数水平
前向视觉摄像头	Mobileye	EyeQ4	摄像头像素:彩色 150w 分辨率:1280 × 960 测量距离: > 150m 水平视角:52° 垂直视角:43. 4° 车道线数量:4 目标个数:10 目标纵向速度误差: < 0. 2m/s 目标横向速度误差: < 0. 2m/s 目标纵向距离误差: < 10m/100m 横向误差: < 0. 1m 车道线识别长度: > 60m CAN 通道:2 路

续表

产品类型	厂商	型号	参数水平
前向视觉摄像头	Bosch	MPC2	图像分辨率:1280×960 像素 视场角(水平):50°(标称值) 视场角(垂直):28°(标称值) 分辨率:25 像素 帧率:30 帧/秒 动态范围:110Db 波长:400~750 纳米 功耗:<5.0 瓦(0.35A,14V) 工作温度:-40 至 +85℃(至 +105℃时仍可进行 CAN 通信) 接口:2XCAN 或 CAN + Ethernet
	Continental	MFC430TA	CMOS 彩色成像器 1280×960 像素 高动态范围成像 高灵敏度

商用车摄像头方面，国内企业也有很大的市场份额，得益于商用车法规的推动，起步于主动安全预警系统的国内供应商发展迅速。国内供应商主要专注于算法实现、功能落地，基于摄像头供应商模组已经开发了一系列前向、侧向、环视、内视等方面的应用。国内供应商的积极拓展，大大推动了国内商用车功能的快速落地，对于我国交通安全环境的优化做出了重要的贡献，主要供应商如表 2 所示。

表 2　国内主要摄像头供应商列表

自行科技	杭州海康	径卫视觉
上海柯美	厦门蓝斯	Momenta
武汉极目	中物汽车	Minieye
东莞正扬	中天安驰	吉旗物联
南京天安	北京开易	浙江鼎奕
车卫士	浙江鼎奕	北京初速度
武汉极目	杭州海康	深圳车米云图
武汉中原	河南卓安伟业	

随着智能驾驶、智能座舱的技术快速成长，国内视觉 ADAS 公司也在积极转向内视系统，投入研发 DMS 系统。采用近红外技术的主动式 DMS 系统实时监测驾驶员表情及动作，针对驾驶员疲劳和分神状态（包括闭眼、低头、打哈欠、左顾右盼、抽烟、打电话等）进行识别。由于红外光可以穿透墨镜镜片，即使在夜间、逆光、戴墨镜和反光等条件下，被遮挡的眼部信息也能够正常成像，可以作为主动安全及自动驾驶的人因安全冗余决策，这对于商用车安全体系是至关重要的。由于国标及行标的进一步要求，预期商用车 DMS 市场会成为下一个开发热点，同时从 DMS 向 OMS 转换也将是下一个技术风口。

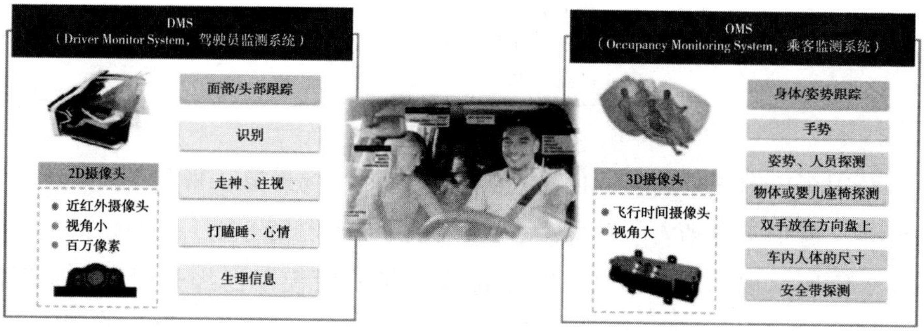

图 3　DMS、OMS 系统功能

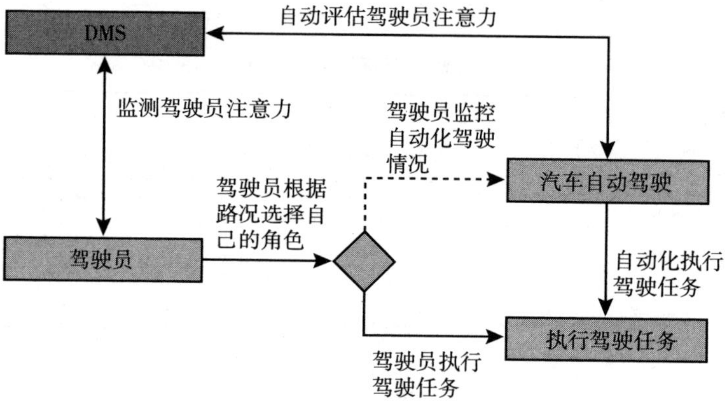

图 4　DMS 感知系统控制框

图5　DMS、OMS 功能示意

2. 商用车雷达供应链分析

现阶段商用车雷达应用以毫米波雷达、超声波雷达为主，激光雷达的应用场景主要集中于高级自动驾驶。77GHz 雷达与 24GHz 雷达的出货量实现反超，实际出货量的超越时间提前到了 2019 年，超出了预期。

国外毫米波雷达供应商以大陆、博世、采埃孚、安波福、维宁尔、电装、法雷奥、海拉等为主。其产品有着基本同向的发展趋势，从 24G 向 77G、81G 雷达转化发展。同时各大供应商也依托自身在其他控制系统的技术优势，把毫米波雷达识别能力（车辆目标、行人目标、障碍物目标、其他目标等）与控制系统算法结合起来，形成系统的控制优势和功能优势，进而提升主机厂的产品黏性。

中国毫米波雷达芯片厂商包括厦门意行、清能华波、上海矽杰微、上海加特兰、南京问智微、杭州岸达等，同时这些公司在芯片封装和模组生产方面也取得了较大进步。在国内供应商产品开发方面，主要涉及森思泰克、行易道、智波科技、木牛科技、纳雷科技、莫吉娜、苏州豪米波、隼眼科技、安智杰、凌波微步、川速微波、轩辕智驾、理工雷科、Oculii、楚航科技、莫之比智能、华域汽车等。各企业都在 77－81G 雷达方面加大投入，并兼顾角雷达、超声波雷达等产品。随着各雷达厂商的积极布局，国内外产业链齐聚发力，商用车主动安全产业必将快速发展。

在激光雷达方面，最新发展方向以固态激光雷达为热点，不过，车用激光雷达的主动权仍然掌握在行业领先者手中。Velodyne 自开始生产以来，已经发运了 30000 个 Lidar，累计销售额达 5 亿美元。Velodyne 将继续扩大自动驾驶 Lidar 的生产，也会生产用于 ADAS 的短程 Lidar，以监控道路状况、盲区和障碍物。不仅初创公司纷纷布局车用激光雷达，博世、大陆、安波福、法雷奥、Veoneer 等领先 Tier1 也纷纷加大 Lidar 研发投入，其产品将在近两年投放市场。

VALEO LIDAR
ScaLa

	SCALA 1		SCALA 2
SOP	2017		2021
Technology / v Layers	Rotating Mirror（vertical 4 layers）	×4	Rotating Mirror（vertical 16 layers）
Wavelength	905nm		905nm
Detection Range（vehicles）	Ca. 150m		Ca. 150m（improved vs. ScaLa1）
FoV / Resolution（horizontal）	145° / 0.25°（horizontal 580 points）		133° / 0.25°（± 15° /0.125°）（horizontal 580 points）
FoV / Resolution（vertical）	3.2° / 0.8°	×3	10° / 0.6°
Update Rate	25 fps		25 fps
Points per Second	43, 500（x3 Echo）	×6	260, 800（x3 Echo）
Interface	FlexRay		BroadR-Reach Ethernet
Package Size	106 × 100 × 60mm		107 × 94 × 65mm

图 6　VALEO 激光雷达技术参数

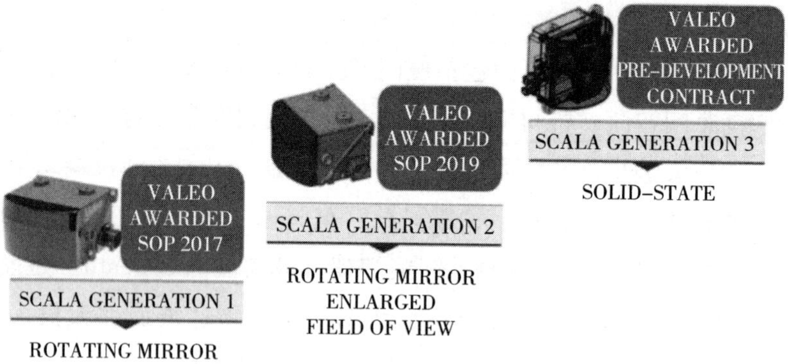

图 7　激光雷达发展计划

国内激光雷达企业在建厂、量产、出货、融资等方面都取得了巨大的进展。例如，镭神智能通过半导体化和芯片化实现模组激光雷达来降低机械式激光雷达成本，同时改进了自动化校准生产线以提高产量。镭神智能的1550nm 光纤激光器已经在量产，同时努力将 128 线激光雷达推向车载应用。光珀智能展开基于图像传感器半导体工艺的研究和固态激光雷达的开发，主要专注于半导体、Flash 激光雷达方面的工作，在图像传感器先驱薛博的带领下组建了芯片设计团队，很快芯片将进入流片阶段。禾赛科技推动硅谷无人驾驶公司 Nuro 推出无人驾驶汽车送货服务，搭载禾赛科技的激光雷达。近两年已有更多的国内外无人驾驶车队大规模采用禾赛的激光雷达。五年内，因为 MEMS 微振镜在投影领域的应用使得技术成熟，禾赛更看好 MEMS 激光雷达；但随着单光子面阵探测技术的快速发展，Flash 激光雷达实现长距离探测的时代即将到来；速腾聚创在 CES 2018 上发布了基于 905nm 激光源的 MEMS 激光雷达；2018 年 5 月，速腾聚创与阿里菜鸟联合发布应用固态激光雷达的无人物流车 GPlus；CES 在 2019 年正式发布一款 MEMS 激光雷达。速腾聚创的 16 线/32 线机械式激光雷达出货量在 2018 年迎来了爆发，居国内首位。德赛西威作为国内自主研发型雷达企业，产品指标同海外竞品相差无几。

产业链的不断发展和整合既有机会也有风险，对主机厂来说，更好地平衡国内外供应商应用比例、关注产业链安全至关重要。

3. 高精度地图及高精定位产业链分析

当越来越多的自动驾驶厂商从单车智能转向车路协同路线时，高精度地图的重要性愈发凸显。传统地图行业经过多年的发展，活跃图商数量不断下降。近两年，自动驾驶的发展使高精度地图的潜在需求增加，因此高精度地图相关企业数量不断增加。以高精度地图为核心，产业链在扩展中。由于高精度地图是链接人、车、路等各种交通参与者的纽带，车企、Tier1、图商、创新企业、芯片供应商等多学科企业围绕高精度地图达成一致，通力合作，共同推进高精度地图产业发展。

高精度地图的应用不仅在汽车领域，还包括地理探测、农林牧业、机器人、物联网等领域。高精度地图在自动驾驶领域的作用如下：车载传感器之外的感知能力、定位、辅助决策、减轻车内计算压力、自动驾驶仿真；可帮助传感器缩小检测范围，节省感知系统算力，提高感知系统精度，对自动驾驶功能预估提供感知数据支撑。

目前，共有四维图新、高德、灵图、长地万方、凯立德、易图通、国家基础地理信息中心、江苏省测绘工程院、北京初速度、江苏晶众、江苏智途、立得空间、腾讯大地通途、武汉光庭、滴图科技、武汉中海庭、贵州宽凳、浙江省第一测绘院、江苏省基础地理信息中心等单位获得我国导航电子地图制作甲级资质。这些单位大多数都在参与高精度地图的制作。整个高精度地图产业快速发展，初创公司以各种创新技术和业务形态切入 HD MAP 市场，地图企业和车厂、Tier1、芯片公司等也在探索各种合作模式。

四维图新在车载导航领域市场占有率较高，是列中国第一、全球前五的导航电子地图厂商。公司通过一系列外延合资 + 并购的方式开启多元化扩张，当前业务涵盖导航、车联网、汽车电子芯片、自动驾驶和位置大数据服务等，实现“五位一体”的业务布局。在技术方面，四维图新与工信部等政府部门以及产业联盟携手制定多项行业技术标准，是入驻国家级智能网联平台国汽智联的唯一高精度地图厂商。国资与互联网企业实现跨界股东融合，前两大股东中国四维（隶属航天集团）和腾讯，分别持股 9.96% 和 8.76%，国资背景有利于公司获得资质牌照、参与行业标准制定；腾讯的互联网基因有利于为公司提供流量与资本助力，加速图商产业发展。在客户资源方面，客户涵盖乘用车、商用车、系统商、互联网/政企、高校等领域，构建起完善的合作伙伴生态。

高精定位与高精度地图是链条的两个重要环节，现有的定位技术可分为室外定位技术和室内定位技术。室外定位技术包括传统的卫星定位、雷达定位、惯导定位（IMU）、蜂窝移动网络定位等。室内定位技术则包括 WLAN 定位、Zigbee 定位、蓝牙定位、UWB 定位、红外定位、计算机视觉定位、超声波定位等。要实现车辆的自动驾驶，要解决“在哪里”（初始位置）和“要去哪里”（目标位置）的问题，因此自动驾驶离不开定位，要实现高级

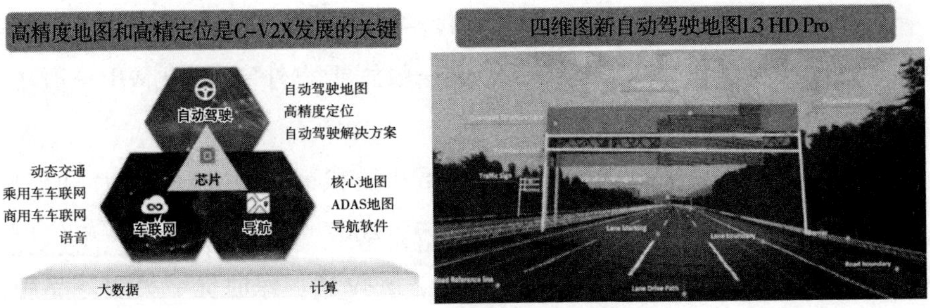

图 8　高精度地图及功能架构示意

别自动驾驶还需要定位达到厘米级精度。高精度定位技术对于 L3 以上自动驾驶的实现至关重要。

自动驾驶高精度定位按方式可分为三类：第一类是基于信号的定位，代表性技术有 GNSS、UWB、5G 等；第二类是航迹推算，依靠 IMU 实现位置和方位预测和人工智能推断；第三类是环境特征匹配，基于 Lidar、视觉等传感器的定位，用点云或视频特征和外部特征库里存储的位置特征进行拟合匹配，得到现在车辆的位置和姿态。

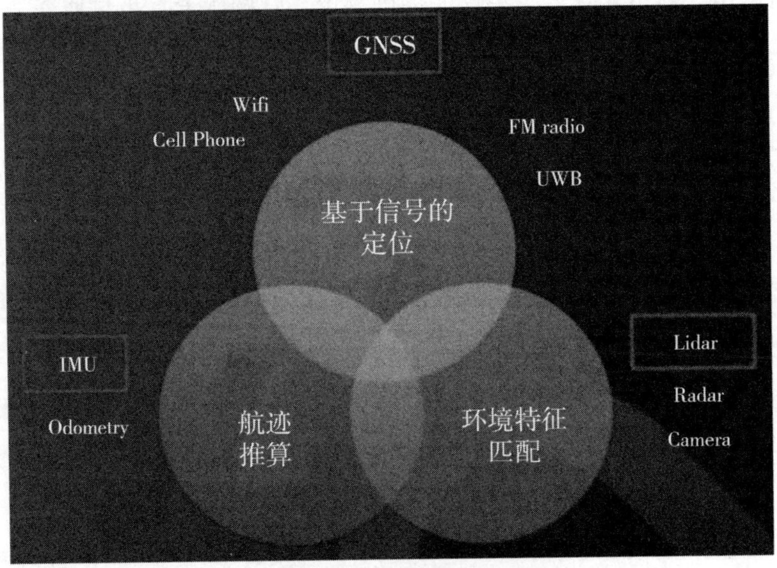

图 9　基于定位的感知系统融合示意

商用车定位技术与乘用车基本共用，可以摆脱车型和环境的限制，在基于信号的定位技术中，GNSS 和 4G/5G 一般用于户外定位，UWB 一般用于室内定位。

国外定位系统供应商中，U-blox 主要开发和销售 GNSS 的芯片和模块，在全球超过 66 个国家拥有 5900 多个客户，2007～2017 年 U-blox 单位出货量从 450 万增加到 9000 万。奔驰、宝马、法拉利、保时捷、奥迪等品牌的 GPS 前装市场，大多都采用 u-blox 芯片。U-blox 最新的 F9 定位技术平台支持和提供主流的 GNSS 校正服务（包括千寻位置），同时也提供开放接口，接收传统 GNSS 校正服务商提供的服务。博世在自动驾驶产业链的绝大多数环节都有布局，博世本身提供惯导传感器，2016 年对外发布了六轴惯性运动传感器 SMI130；InvenSens 是惯导传感器的行业领袖之一，长期独家为苹果 iPhone 提供运动传感器组件。三菱电机开发了“厘米级增强服务”（CLAS）的定位技术。它基于日本 QZSS 系统实现，CLAS 从卫星获取数据，基于地面传感器识别车辆位置，然后再利用“位置增强”算法进行一些误差纠正，CLAS 的算法能够将这个定位精度优化到厘米级。Starlink 具备高精度、高可用、高可靠优势，不仅能提供宽带互联网服务，进行通信，也能用作厘米级定位增强、导航服务，因此可用于高精度定位，服务于自动驾驶等行业。

中国也有类似 Starlink 的项目——航天科技集团的“鸿雁”系统，由 54 颗核心骨干卫星组成，同时由 270 个小卫星进行补网，合计形成 300 个以上规模的卫星网络。鸿雁系统也具备卫星定位增强功能，可以为北斗导航系统进一步提高定位精度。鸿雁系统在 2020 年前发射 6 颗卫星，实现局域网链路验证，到 2023 年将发射 54 颗骨干卫星。从 2018 年起，L2～L3 成为当前发展重点。L4 以上自动驾驶的大规模应用，需要等通信网络从 C-V2X 到 5G-V2X 的落地，卫星定位从大规模地基增强（千寻位置等）到大规模星基增强（星链、鸿雁等）的落地，亟待产业系统技术爆发。

4. 车路协同产业链分析

智能网联汽车的发展路径是从单车智能到车路协同升级，其中以单车智能为主、车路协同为辅。单车智能主要依赖于摄像头、激光雷达、毫米波雷达等环境感知传感器进行道路场景识别，车路协同是单车智能的功能延展和补充，基于 V2X（Vehicle to Everything）技术开展。

（1）车路协同的应用有望降低单车成本

从原理上讲，车端传感器的功能可以通过道路端传感器来补偿实现，道路端通过 RSU（路测单元）将获取到的环境数据传递给车端，通过坐标系变换将路端环境信息转化成车端环境信息，发送至计算平台进行数据融合。这样一来，只要能保证道路端数据的实时性、完整性和可靠性，就可以通过降低单车传感器搭载的数量和性能来实现单车集成成本的降低，而基于 RSU 的路端数据通过类似广播的方式让所有在道路行驶的车辆共享，实现资源集中和高效处理。

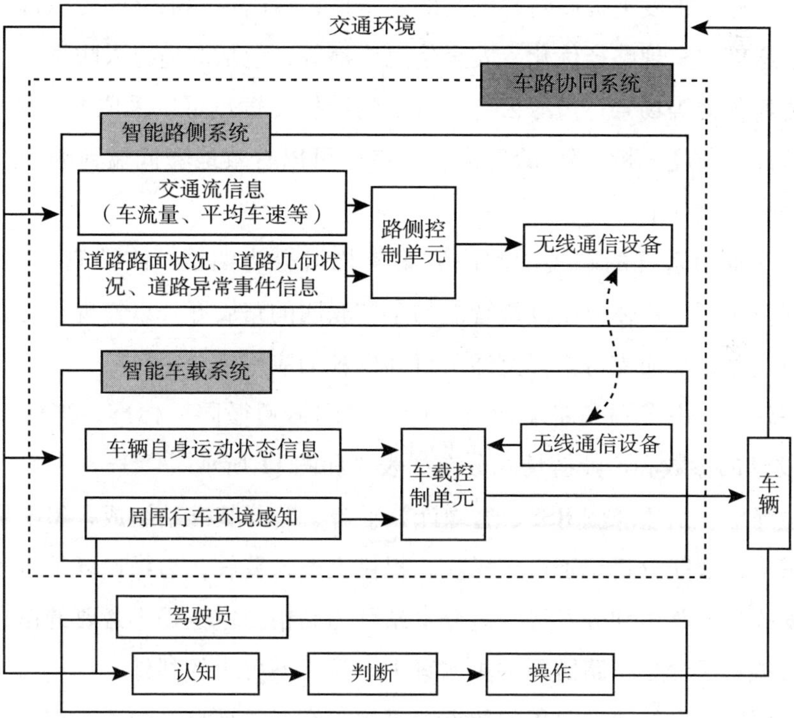

图 10　车路协同系统组成示意

（2）车路协同降低自动驾驶计算平台算力负荷

自动驾驶计算平台是智能网联汽车的大脑，各路传感器获取的数据都要在这里融合、决策并输出决策和控制信号。算力是评价计算平台性能的重要指标，也直接关系到造价成本的核心参数。单车智能方案中，要增强环境感知能力，往往需要通过增加传感器性能和数量来实现，这意味着实时处理信息量的增大，由于自动驾驶对于数据传输延时性极为敏感，对计算平台的算力也提出更高的要求。基于此背景，多接入边缘计算成为比较实用的网络结构，可以部分缓解计算平台的压力。

（3）5G 的应用将拓宽数据通道，降低通信时延

基于 5G 高速数据传输的特征，可以实现海量传感器信息的传输。从功能角度，车端可以利用多元异构的传感器获取更加丰富的车辆周边环境动态信息，在一定程度上提高自动驾驶的安全性；道路传感器之间可以进行实时的信息通信，实现路径优化、安全信息广播等，包括周边行人防预警、盲区车辆碰撞预警等场景；边缘云与区域云的数据传输也可以采取 5G 的无线方案。从性能角度分析，5G 的高速传输特征可以有效地降低端到端的通信时延，提高安全性能。

V2X 通信系统的端到端解决方案架构可分为四层：终端侧、边缘层、云端和应用侧，整体方案围绕智能的车和聪明的路展开，以实现车与路的信息及时交互，从而支持指挥交通及自动驾驶的应用场景。

终端层：由车端和路端构成，两端之间需遵循同一标准，当前车载端 OBU 硬件的参数和产业链情况分布如表 3 和图 11 所示。

边缘层：由边缘侧 RSS、边缘计算平台、差分基准站组成，RSS 是路侧融合感知，智能分析识别行车风险，提供交通预警等，边缘计算平台车路协同数据收集、路由和分发等，差分基站则为高精度定位提供必要的信息。

云端：平台是车路协同解决方案中云端必不可少的部件。

应用层：车路协同收集的数据即可用于交通领域自身的智能交通，也可用于车辆的自动驾驶，统一可应用于第三方交通服务。

表 3　典型 V2X OBU 硬件产品

产品类型	厂商	型号	参数水平
华为 LTE-V2X 车载终端	华为	DA2300	支持亚米级高精度定位 支持全向覆盖、高增益、小型化等特点
车载终端、路测终端	大唐高鸿	DTVL3100	车载终端接口：支持 USB、以太网、CAN、WIFI 等接口特点，主要用于规模验证和车载后装，提供 V2X 功能预警 路测终端接口：支持高速以太网口、交直流或 PoE 供电方式，即插即用，支持数据到后台服务器的无线回传，便于数据采集和后期操作维护

图 11　车联网产业链主要供应商

车联网落地需要各环节的产业机构共同推进，由于涉及产业链长、细分度高，现阶段急需强有力的供应商给出成套的解决方案。

其中，移远通信是全球物联网模组企业，从事物联网领域无线通信模组及其解决方案的设计、生产、研发与销售服务；广和通是物联网通信解决方案和无线通信模组提供商；日海智能是通信连接设备企业；Telit 无线通信模组制造商；U-Blox 是提供不同 LPWA 解决方案的通信模组的厂商；Gemalto 是通信模组厂商和数字安全领域的企业；鸿泉物联是商用车车联网终端设备企业；万集科技是智能交通行业、ETC 行业企业。商用车主动安全产业还是处于爆发期，产业链各节点都在寻找创新技术、成本和可靠性的平衡点，商用车更是要兼顾到维护费、油耗、舒适性、安全性、可靠性，国内供应商在这方面投入会不断加大，最终形成有中国特色的商用车主动安全及自动驾驶产业集群。

B.9

商用车智能网联发展研究

摘　要：随着技术的快速发展，全球汽车的头部企业已率先开展智能网联汽车的战略布局，一些汽车强国也针对智能网联汽车产业制定了相关发展政策。整体来看，我国商用车智能网联产业起步较晚，相关基础研究和关键技术较为薄弱，智能网联商用车的相关标准、法规及测试评价体系尚不完善，场景库平台建设相对滞后。未来，我国应增强商用车智能化、网联化关键技术支撑，深入研究商用车自动驾驶应用场景。

关键词：商用车　智能网联　自动驾驶　应用场景

一　商用车智能网联化发展现状及趋势

（一）商用智能网联汽车发展现状

1. 智能网联汽车进化与发展

2015年国务院发布《中国制造2025》，提出2020年掌握智能辅助驾驶总体及关键技术，初步建立智能网联汽车自主研发体系及生产配套体系，2025年掌握自动驾驶技术，建立较完善的智能网联汽车体系及产业群，基本完成汽车产业转型升级，这为智能网联汽车产业的发展定了基调。

智能网联汽车的使用场景包括城市道路智能驾驶和高速公路智能驾驶，能实现全要素的联网感知、人车路交互行为认知、大数据驱动的群体决策以及人车路协同控制。

智能网联汽车自动驾驶功能的实现依赖于环境感知传感器、自动驾驶计算平台、网联通信设施、人机交互系统等，其中围绕环境感知、融合与决策、人机共驾、高精度地图与定位系统、控制与执行等方面形成了当前智能网联汽车的主流技术方案，推动了我国自动驾驶技术的高速发展，已实现L1 级和 L2 级自动驾驶的规模化量产，L3 级自动驾驶进入产业化前期，限定场景下的自动驾驶功能已成为当下热点。

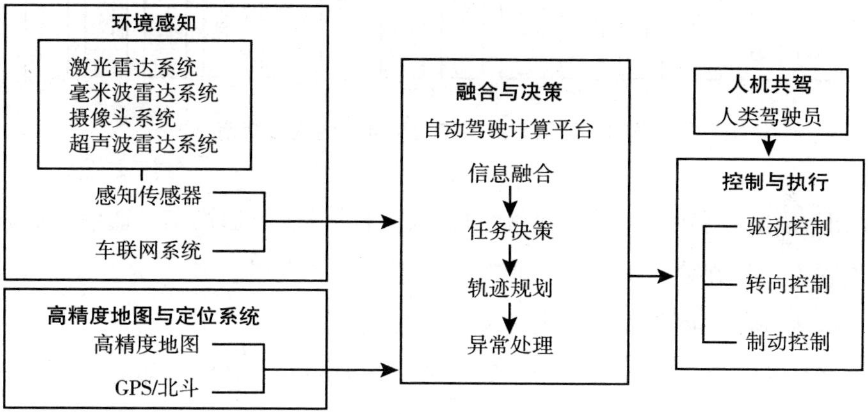

图 1　智能网联汽车技术方案

智能网联汽车应用与商业化落地处于探索阶段。商用智能网联汽车的应用主要分为公共交通道路应用与封闭场地应用。在运营成本层面上，车辆集成费用较高，规模化运营初期投资大，而封闭场地应用存在较大市场空间，工程用途车辆、固定路线公交车、特定区域出租车、特种工作车辆等均逐渐投入使用。

智能网联汽车法规和标准逐步完善。《国家车联网产业标准体系建设指南》等文件发布，对智能网联汽车的标准进行了顶层设计，为后续标准细化指明了前进方向。

2. 智能网联化是汽车发展的必要趋势

国家层面，随着 5G 的普及，为了推动智能网联汽车的发展，近几年各

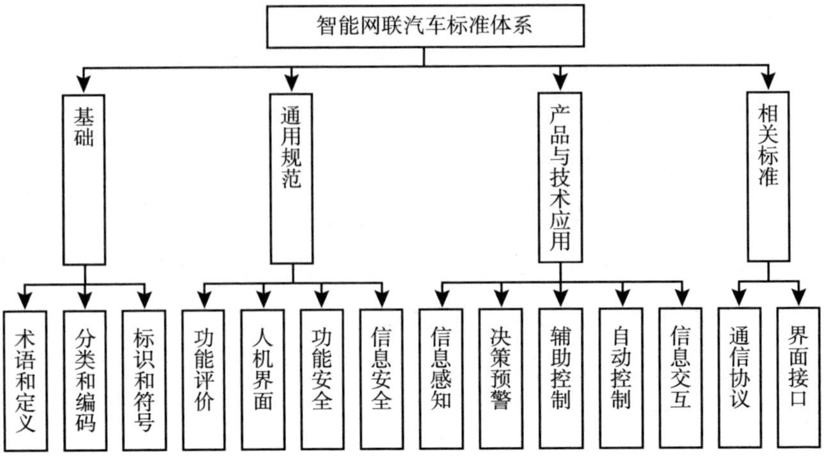

图 2　国家车联网产业标准体系建设指南

级政府，相继制定了一系列政策法规和标准体系，打通汽车、通信、交通等各关联方，旨在建立一个统一有效的体系，协同发展。

国内环境层面，随着扩大内需以及各项促进消费政策持续发力，中国汽车市场快速回暖，商用车产销持续增长。与此同时，随着新能源、智能化等技术向商用车领域的快速渗透，中国商用车市场也迎来了新的发展机遇。同时，汽车“新四化”的发展趋势也给中国商用车产业带来了新的变化。商用车企业在节能减排、新能源、智能网联、轻量化等关键核心技术上寻找突破。

发展规划层面，《智能网联汽车技术路线图 2.0》制定了面向 2035 年的智能网联汽车发展规划。汽车智能网联化演进具有渐进性，智能化、网联化将成为新一代汽车必须具备的能力。到 2035 年智能网联汽车技术和产业体系全面建成，产业生态建立健全，整车智能化水平显著提升，智能网联汽车大规模应用。

应用安全层面，由智能驾驶应用形成的智能运输能很好地解决人工成本逐年增长的难题。同时，智能驾驶重卡具有自适应巡航、自动紧急制动、自动车道防偏离等性能，可实现高安全性、高效率运输，使用智能编队、智能预见巡航等功能可带来 TCO 低成本运营，这将是未来大趋势。

（二）商用车智能网联汽车国内外政策发展趋势

1. 国内外汽车标准法规加速完善

（1）国内现行标准

表 1　国内现行技术标准

序号	标准	车型	实施时间	涉及主动安全配置
1	JT/T 1094－2016《营运客车技术条件》	车长大于 9m 的营运客车	2017/4/1	应装备符合 JT/T 883 的车道偏离预警系统 LDWS；应装备符合 GB/T 33577 的前向碰撞预警系统 FVCWS
2	JT/T 1178.1－2018《营运货车技术条件第 1 部分：载货汽车》	总质量大于 18000kg 且最高车速大于 90km/h 的载货汽车	2020/5/1	应装备符合 JT/T 883 的车道偏离预警系统 LDWS；应装备符合 GB/T 33577 的前向碰撞预警系统 FVCWS
3	JT/T 1178.2－2019《营运货车技术条件第 2 部分：牵引车辆与挂车》	牵引车辆	2020/5/1	应装备符合 JT/T 883 的车道偏离预警系统 LDWS；应装备符合 GB/T 33577 的前向碰撞预警系统 FVCWS
		最高车速大于或等于 90km/h 的牵引车辆	2021/5/1	应装备符合 JT/1242 的自动紧急制动系统 AEBS
4	GB 7258－2017《机动车安全运行技术条件》	车长大于 11m 的公路客车和旅游客车	2021/1/1	应装备符合标准规定的自动紧急制动系统 AEBS
			2022/1/1	应装备符合标准规定的车道保持辅助系统 LKAS
5	JT/T 1285－2020《危险货车道路运输安全技术条件》	总质量大于或等于 12000kg 的危险货物运输货车	2020/4/1	应装备符合 JT/T 1242 的自动紧急制动系统 AEBS；应装备符合 GB/T 的前向碰撞预警系统 FVCWS；应装备符合 JT/T 883 的车道偏离预警系统 LDWS

GB 7258－2017《机动车安全运行技术条件》中只要求配置 AEBS 的相关功能，未对功能符合的标准进行规定，但 GB/T 38186－2019 已经正式发布，企业在配置 AEBS 功能时也应结合考虑 GB/T 38186－2019 规定的 AEBS 功能要求，同时 GB/T《商用车辆车道保持辅助系统性能要求及试验方法》即将实施，在后续研发过程中，应将标准中的各项功能要求作为技术指导。

目前 M 类、N 类、O 类车辆均已实施相关标准规定的车辆主动安全系统的性能要求及试验方法，主要涉及 AEBS、FVCWS、LDWS，对应的实施标准如表 2 所示。ADAS 供应商在以上提及的系统技术方面较为成熟，有利于企业配置相关功能后实现产品落地，满足客户运输适用需求，而其余主动安全系统的相关标准正在制定中，未来几年车辆安全技术条件将不断修订以满足主动安全功能发展需求。

表 2　现行技术标准中涉及的安全标准

序号	标准号	标准	状态
1	JT/T 883－2014	营运车辆行驶危险预警系统技术要求和试验方法	已发布
2	JT/T 1242－2019	营运车辆自动紧急制动系统性能要求和测试规程	已发布
3	JT/T 1358－2020	客车车道保持辅助系统性能要求和试验方法	已发布
4	GB/T 26773	智能运输系统 车道偏离报警系统 性能要求与检测方法	已发布
5	GB/T 33577	智能运输系统 车辆前向碰撞预警系统 性能要求及测试规程	已发布
6	GB/T 38186	商用车辆自动紧急制动系统（AEBS）性能要求及试验方法	已发布
7	GB/T	商用车辆车道保持辅助系统性能要求及试验方法	批准待发布

目前各大主机厂均按规定安装了相关 ADAS 系统，国内重大事故发生率也随之有所下降。ADAS 系统的强制安装在一定程度上增加了企业产品落地成本，但国内对 ADAS 系统的接受度普遍偏高，较好的 ADAS 系统性能将有利于企业开拓商用车市场。

（2）国外现行标准

欧洲、美国、日本等国家均致力于制修订主动安全标准，助力车辆市场发展，以欧盟汽车标准法规体系（ECE）和国际标准化组织（ISO）制定的标准为代表，引领 ADAS 标准体系建设。

表 3　国外现行标准

类型	标准号	标准名称
ISO	ISO 17387:2008	Intelligent Transport Systems: Lane Change Decision Aid Systems (LCAS)-Performance Requirements and Test Procedures
	ISO 11270:2014	Intelligent Transport Systems-Lane Keeping Assistance Systems (LKAS): Performance Requirements and Test Procedures
	ISO 17361:2017	Intelligent Transport Systems: lane Departure Warning Systems-performance Requirements and Test Procedures
	ISO 16787:2017	Intelligent Transport Systems: Assisted Parking Systems-performance Requirements and Test Procedures
	ISO 15622:2018	Intelligent Transport Systems: Adaptive Cruise Control Systems-performance Requirements and Test Procedures
	ISO 20900:2019	Intelligent Transport System: Partially Automated Parking System (PAPS)-Functional Operational Requirements and Test Procedures
	ISO 21202:2020	Intelligent Transport System: Partially Automated Lane Change System-functional Operational Requirements and Test Procedures
ECE	ECE A129:R130	Uniform Provisions Concerning the Approval of Motor Vehicles with Regard to the Lane Departure Warning System(LDWS)
	ECE A130:R131	Uniform Provisions Concerning the Approval of Motor Vehicles with Regard to the Advanced Emergency Braking Systems(AEBS)
	(EU)2019/2144	Regulation(EU)2019/2144 of the European Parliament and of the Council of 27 November 2019

（EU）2019/2144 是欧盟汽车产品市场准入认证和管理的技术法规中针对汽车安全的框架性技术法规，提出了大批智能驾驶辅助装置和系统总体要求、各个先进汽车安全项目的具体法规，如性能要求、试验规程、产品一致性等需制定具体的单项技术法规，预计在 2022 年、2024 年、2026 年三个节点陆续在欧盟实行强制要求，目前已有 3 项单项与 ADAS 相关的法规初稿出

台，（EU）2019/2144 涵盖的 ADAS 系统及已制定的单项技术法规的安全性系统如表 4 所示。

表 4　（EU）2019/2144 相关先进技术装置及技术法规系统

涵盖的 ADAS 系统	已制定的单项技术法规的安全性系统
自动紧急制动系统	车辆智能速度辅助系统
行人和自行车碰撞预警系统	紧急车道保持系统
紧急车道保持系统	驾驶员疲劳和注意力报警系统
盲区监测系统	
智能车速辅助系统	
驾驶员疲劳和注意力报警系统	
驾驶员存在检测系统	
车辆列队跟驰系统	

（3）推荐性标准

表 5　推荐性标准

序号	标准号	标准名称	状态
1	GB/T 37471－2019	智能运输系统　换道决策辅助系统　性能要求与检测方法	已发布
2	GB/T 39263－2020	道路车辆先进驾驶辅助系统(ADAS)术语及定义	2020 年 6 月 1 日实施
3	GB/T 39265－2020	道路车辆盲区监测(BSD)系统性能要求及试验方法	2020 年 6 月 1 日实施

汽标委发布的 GB/T 39263－2020 规定与先进驾驶辅助系统相关的术语及定义，列出了 36 项功能，包括 21 项信息辅助类和 15 项控制辅助类，涵盖当下已进入汽车市场和待研发的驾驶辅助系统的定义，有利于推动 ADAS 标准统一化。除此之外，车辆盲区监测系统已在汽车市场大为普及，为驾驶员提供预警信息避免发生碰撞，是有效降低事故发生率的主动安全系统。

（4）预研标准

表 6 预研标准

序号	标准	状态
1	JT/T 营运车辆全景环视系统技术要求和试验方法	征求意见
2	GB/T 智能泊车辅助系统性能要求及试验方法	征求意见
3	GB/T 驾驶员注意力监测系统性能要求及试验方法	征求意见
4	GB/T 汽车全景影像监测系统性能要求及试验方法	起草中
5	GB/T 智能限速系统技术要求与试验方法	起草中
6	智能网联汽车组合驾驶辅助系统技术要求及试验方法第 1 部分:单车道行驶控制	提交立项
7	智能网联汽车组合驾驶辅助系统技术要求及试验方法第 2 部分:多车道行驶控制	提交立项
8	商用车车辆紧急辅助系统技术要求及试验方法	提交立项
9	商用车紧急转向辅助系统性能要求及试验方法	成立项目组

《智能泊车辅助系统性能要求及试验方法》适用于 M1 类车辆，将停车位划分为由边界车辆围成的 1 类 IPA 停车位和由停车位边界线围成的 2 类 IPA 停车位两类。根据揉库次数要求、可控区域要求、停车位搜索模式要求、泊车辅助模式要求以及试验通过要求等判定系统功能是否达标。

《驾驶员注意力监测系统性能要求及试验方法》通过规定检测特定动作，如抽烟、接打电话等的系统检出率及漏报率等内容，判定驾驶员注意力监测系统的功能是否符合要求。

《营运车辆全景环视系统技术要求和试验方法》填补了当下的标准空缺，对于商用车全景环视系统的测试至关重要，商用车安全性需求有望推动该标准强制实施。

2. 国内外政策出台助力智能网联汽车发展

随着技术的快速发展，各国相继推出政策助推智能汽车产业发展。

（1）国内政策

国内智能网联汽车行业逐步走向成熟，即将迎来规模化商用。根据工信部等发布的《智能汽车创新发展战略》，到 2025 年中国标准智能汽车的技术创新、产业生态、基础设施、法规监管和网络安全体系将基本形成，并实现有条件自动驾驶的智能汽车达到规模化生产，实现高度自动驾驶的智能汽车在特定环境下市场化应用。

表 7　国内政策

序号	相关政策	政策内容
1	《中国制造 2025》	到 2025 年建立自动驾驶对应的上下游配套及产业集群，建立较为完善的自动驾驶研发体系，攻关自动驾驶的各种关键技术，基本实现我国汽车行业的转型发展
2	《“十四五”汽车产业发展规划》	指出要占领智能网联汽车制高点。建设标准和建立平台，巩固自身优势。未来一定会把这个门槛建立起来的，生产出既适合中国市场也适合未来代表中国的技术走向全球化的产品，这是制高点
3	《国家车联网产业发展标准体系建设指南（智能网联汽车）》	到 2020 年，初步建立智能驾驶辅助及 L0 ~ L2 级的智能网联汽车标准体系，制定 30 项以上重点标准，包括预警、辅助驾驶、信息交互、功能安全及人机界面等技术要求和试验方法。到 2025 年，形成高级别自动驾驶的标准体系，制定 100 项以上智能网联汽车标准，包括智能控制、协同决策以及典型场景下自动驾驶的关键技术和测试评价方法
4	《智能汽车创新发展战略》	到 2025 年，基本形成中国智能网联汽车技术创新、法规标准、信息安全和产品监督等体系，有条件的自动驾驶汽车能够规模化生产，高度自动驾驶的汽车能够在特定场景下市场化应用。建成一定规模的智慧城市和智慧交通等智能化基础设施，实现 LTE-V2X 等车载通信网络区域覆盖，5G-V2X 网络在部分区域应用。同时，重点研发测试评价方法，积极开展智能网联示范区建设
5	《关于开展 2020 年网络安全技术应用试点示范工作的通知》	明确现在的重点方向包括 5G 网络安全、工业互联网安全、车联网安全、区块链安全等。加快新型基础网络设施部署，构建新一代网络安全技术的典型应用场景，提出网络安全实践及解决方案，提升网络安全产业发展水平，推动网络安全行业快速健康发展
6	《交通强国建设纲要》	推进智能网联汽车关键技术研发，形成完备产业链。交通设施呈网络式覆盖，布局完善立体互联，交通装备先进适用，运输服务更便捷高效，交通安全完善可靠，交通生态绿色环保，交通科技人才专业精良，交通网络开放合作。到 2035 年，基本建成交通强国，到 2050 年，全面建成交通强国

（2）国外政策

随着传统汽车行业的转型，越来越多的国家开始关注智能汽车行业并积极布局。全球各国不断推出各种针对智能汽车的政策和规划，推动本国的智能汽车产业的发展，其中以美国、德国等发达国家为代表，积极布局，发展良好。

表 8 国外政策

国家	相关政策	政策内容
美国	《联邦自动驾驶汽车政策》(AV 1.0)	介绍了美国政府对于自动驾驶系统在研发过程中所关注的技术性能期望、联邦与州政府的管理角色、现行的监管模式等，并对未来的监管手段做了一定的畅想，最后针对自动驾驶汽车厂商在设计自动驾驶系统的过程中所应该注意的关键点提出了相关要求
	《自动驾驶系统 2.0：安全愿景》	主要内容为自愿性认证指导，突出了将 AV 1.0 中的 15 项安全规范简化为车辆自动驾驶汽车网络安全、人机界面、耐撞性、消费者的教育和培训，以及碰撞后自动驾驶系统的行为等 12 项主要的安全要素，提出相关的自愿性安全自我评估方法
	《准备迎接未来交通：自动驾驶汽车 3.0》	DOT 的地面运输运营管理局首次发布的关于车辆自动化的政策声明。政策整合了制造商、技术研发企业、基础设施运营商、汽车运营商、公交运营商以及各州政府的反馈意见，提出了新的多模式安全引导方法，明确了政策和政府角色，简述了自动驾驶汽车技术的发展路线
	《确保美国自动驾驶领先地位：自动驾驶汽车 4.0》	一是统一标准协同发展：建立从联邦到各州，从政府机构、委员会到相关企业、非营利组织等的技术规范与标准，促进不同组织机构通力合作，并实现相关信息共享。二是统一并简化监管体系：研究简化的监管方式，消除监管障碍，为企业在自动驾驶方面的创新铺平道路。三是提高政策的透明度与一致性：为提升自动驾驶汽车在美国的接受程度，美国政府决定采取透明化的政策方式，用于提升美国公众对自动驾驶汽车的信任度
	《自动驾驶法案》	美国首部旨在确保自动驾驶汽车的安全创新、研发、测试及部署的专门法案(草案稿)。明确联邦政府在确保自动驾驶汽车安全方面的职责，推动自动驾驶汽车的测试和部署
	《美国通过革命性技术提高安全运输的愿景法案》	旨在确保在自动驾驶产业中汽车的安全创新、研发、测试及部署的专门法案。明确联邦政府在确保自动驾驶汽车安全方面的职责，推动自动驾驶汽车的测试和部署
英国	《通往无人驾驶之路：自动驾驶汽车测试实践准则》	鼓励和推动自动驾驶新技术在道路交通中的应用，确保高度/完全自动驾驶汽车在公共道路上的测试工作及其在未来市场应用中的安全和规范

续表

国家	相关政策	政策内容
英国	《联网和自动驾驶汽车网络安全关键原则》	提出8项联网和自动驾驶汽车网络安全相关的关键原则，用来指导汽车行业中的设计师、工程师、供应商、企业高级管理人员等从各自的角度确保自动驾驶汽车的网络安全
	《自动与电动汽车法案》	对自动驾驶汽车发生事故后保险理赔和事故责任给出详细的规定。根据法案规定，车辆在自动驾驶状态下发生事故后，根据车辆是否投保，分别由保险公司和车主对事故造成的损失承担赔偿责任。同时，法案还规定了保险人和车主的责任减免条款和追偿制度
日本	《关于自动驾驶系统的公共道路测试指南》	明确了驾驶人应当坐在驾驶位上，测试车辆和驾驶人均应符合并遵守现行法律法规，同时明确了测试机构和测试驾驶人资质、测试车辆安全技术要求等
	《远程自动驾驶系统道路测试许可处理基准》	鉴于《日内瓦道路交通国际公约》和日本《道路交通法》规定了“汽车需要有驾驶人驾驶”，而未来全自动驾驶汽车“既无驾驶人又无须掌控方向盘”，日本警察厅为推动远程遥控自动驾驶系统实用化技术的研发，颁布了此基准，将远程监控员定位为远程遥控、承担现行道路交通法规上规定义务和责任的驾驶人
	《自动驾驶相关制度整备大纲》	为了逐步完善相关政策制度，推动自动驾驶技术进一步发展，主要从保障综合安全、完善交通规则、明确责任关系三个方面出发，明确了今后政府及相关机构所需研究制定的立法和监管方向
	《自动驾驶汽车安全技术指南》	针对搭载L3、L4级自动驾驶系统的乘用车、卡车及公交车，规定了此类汽车所需满足的安全条件
	《道路交通法》修正案	此次发布的修正案主要在原《道路交通法》的基础上，针对自动驾驶汽车特点，提出了与之相应的修订意见，确保L3级的自动驾驶汽车上路行驶，但L4级及以上的自动驾驶汽车上路行驶还需进一步完善法律条文
	《道路运输车辆法》修正案	为实现自动驾驶的应用规定了安全标准，涵盖自动运行装置、自动驾驶汽车程序更新升级许可制度、汽车检查电子化、扩大车辆的检查和整修范围
	《自动驾驶的公共道路测试使用许可标准》	日本警察厅在《关于自动驾驶系统的公共道路测试指南》的基础上修订并发布了《自动驾驶的公共道路测试使用许可标准》。该标准将道路测试车辆细分为两类，包括自动驾驶系统控制的车辆和远程遥控操作的车辆
德国	《道路交通法修订案》	将自动驾驶相关概念及规定引入已于1909年6月1日生效的《道路交通法》中，规定在特定时间和条件且有驾驶人监督的情况下，高度或全自动化驾驶系统可接管驾驶人对车辆的控制权

续表

国家	相关政策	政策内容
德国	《自动驾驶技术伦理道德标准》	由多名科学家与法律专家组成的专家组制定道德准则供汽车行业在研发自动驾驶系统时使用,明确自动驾驶汽车针对事故场景决策的优先级,并要求这些规则适用于自动驾驶系统
韩国	《自动驾驶安全标准》	针对自动驾驶汽车的部分功能提出有条件自动驾驶车(L3 级)安全标准
欧盟	《通往自动化出行之路:欧盟未来出行战略》	对网联和自动驾驶车辆提出全面的欧盟方案,并确定了用于开发和部署的关键技术、服务基础架构的支持措施。确保欧盟法律和政策框架准备就绪,以支持网联和自动驾驶车辆的安全部署
	《自动驾驶汽车认证豁免程序指南》	重点关注 L3 和 L4 级自动驾驶汽车,实现协调欧盟成员国之间简化涉及自动驾驶汽车的新车型相互认可流程,确保公平竞争
	《整车型式认证框架法规》	对车辆安全技术要求对应的类型、适用技术法规、适用车型等做出了清晰的定义。除车型必须满足的一般安全技术要求、胎压监测系统要求、先进车辆技术要求外,对于乘用车、轻型商用车、大巴、卡车、新能源汽车、自动驾驶汽车等车型需要额外满足的安全要求也做出了详细的规定
荷兰	《例外运输豁免法令》	规定了广泛的豁免申请范围,授权国家车辆管理局制定具体要求,相关公司申请道路测试豁免,经过国家车辆管理局审批后,允许自动驾驶汽车在公共道路上测试
	《自动驾驶汽车实验法案》	规定了严格的自动驾驶汽车公共道路测试豁免审批流程,允许相关企业在特定路段和条件下远程对自动驾驶汽车开展公共道路测试
瑞典	《自动驾驶公共道路测试规范》	对自动驾驶汽车实验法案行许可制;现行交通事故赔偿条款仍然适用于自动驾驶情况;测试单位需确保测试数据采集、保存符合国际相关法规,并且保护个人隐私信息

(三)商用车智能网联汽车发展目标

1. 商用智能网联汽车市场应用目标

在 2020 世界智能网联汽车大会上,《智能网联汽车技术路线图 2.0》提出,到 2025 年,部分自动驾驶 PA 和有条件自动驾驶 CA 的智能网联汽车市场份额超过 50%,高级自动驾驶 HA 在特定场景下商业化应用。到 2030 年,部分自动驾驶和有条件自动驾驶智能网联汽车市场份额超过70%，高级自动驾驶市场份额达到20%，基于蜂窝通信的C-V2X通信技术的终端实现普及，并在高速公路广泛应用，在部分城市道路规模化应用。到2035年，各类高度自动驾驶的智能网联汽车基本普及，广泛运行于中国广大地区。

商用车车联网白皮书指出，2018～2025年，中国商用车车联网市场预计将保持28%的年均复合增速，2025年市场规模达806亿元，前装市场占比37%，后装市场占比63%，同时车联网渗透率有望从2018年的32%提升到2025年的62%。

2. 商用智能网联汽车发展里程碑

智能网联货运车辆发展里程碑：2025年左右，高速场景DA、PA级自动驾驶技术规模化应用，CA级自动驾驶货运车辆开始进入市场，限定场景HA级自动驾驶实现商业化应用、高速公路队列行驶实现规模商业应用，典型应用场景覆盖全国主要城市的城市道路，2035年以后，FA级智能网联货运车辆开始应用。

智能网联客运车辆发展里程碑：到2025年左右，限定场景公交车CA级自动驾驶技术商业化应用，限定场景接驳车HA级自动驾驶技术商业化应用。到2030年左右，HA级自动驾驶接驳车规模化应用，限定场景HA级自动驾驶公交车商业化应用，HA级自动驾驶城市道路公交车开始进入市场。2035年后，实现城市道路公交车HA级自动驾驶技术规模化应用、高速公路客运车HA级自动驾驶商业化应用，并随技术发展逐步实现全路况条件下的自动驾驶。

（四）商用车智能网联汽车产业发展趋势

1. 技术迭代更新步伐加快

通信5G技术有高速率、大容量和低延时的优点，推动了车联网的变革性发展，赋予了智能网联汽车强大的感知交互能力。基于移动蜂窝通信的C-V2X技术涉及芯片、通信、终端、运营服务的各个产业链，在5G技术的推动下，C-V2X发展前景较大，各大电信运营商、互联网巨头，以华为、中兴、高通为代表的通信厂商等，都早已在车联网领域布局。5G 技术的大力发展，解决了自动驾驶的通信问题，是智能网联高效感知、快速决策及精确控制的先决条件。

OTA 远程升级技术，通过移动通信的接口实现对软件的远程管理，实现系统的在线更新升级。随着智能化、网联化的发展，到 2022 年，路上跑着的大约 2.03 亿辆车将可能通过无线方式进行软件更新。OTA 在导入全新功能和提升用户体验的同时，也是保障汽车安全的最佳手段，其可解决低成本软件故障、软件风险应急响应、安全漏洞修复等潜在问题。

随着汽车网联化、数据化的发展，也暴露了汽车信息安全问题，汽车的信息安全是保障智能网联汽车行业健康发展的基石。国家发展改革委、中央网信办等 11 个部门联合发布《智能汽车创新发展战略》，就专门提出“开放合作，安全可控统筹利用国内外创新要素和市场资源，构建智能汽车开放合作新格局”。国内外车企都在积极布局汽车安全体系，汽车信息安全防护墙的建设大多是由车企和互联网公司合作；同时我国正在不断完善智能网联汽车信息网络安全法律法规，推出智能网联汽车信息网络安全相关政策，抓紧建立智能网联汽车信息网络安全的协调机制。

2. 产业协同创新格局初显

作为产业链衔接的重要环节，车辆制造商应当在整体政策的引导下，积极与标准及行业组织、包括自动驾驶领域在内的关联技术企业进行主动合作来发展车路协同，推动行业标准建立，实现动态数据的共享。

在智能网联汽车核心零部件技术领域，环境感知层的激光雷达、摄像头和毫米波雷达等传感器，以及智能决策层的高性能算力平台、控制执行层的线控智能执行器都有极大的发展前景，亟待降低成本或提高精度，这是中国零部件企业的发展机遇。

智能网联汽车面临一系列技术落地有关的问题亟待解决，如标准法规及配套基础设施建设，还有待进一步的突破。发改委等多部门印发《加快培育新型消费实施方案》，推动智慧城市和智慧交通建设，形成智慧出行平台，实现区域内智慧化运行管理，加快布局中国智慧交通网络。政策支持、专项支持、示范园区建设支持和标准体系建设是工信部及相关部委在推进智能网联汽车产业发展中所做的主要工作。

为支撑汽车产业变革，建设一支高素质的人才队伍是核心任务。推动智能网联汽车相关专业发展和整个汽车专业的重构。从专业课程设计开始就考虑到职业院校与本科院校的专业层级、难度以及学习内容的对接，引导专业升级和课程对接。

3. 传统企业加速数字化转型

智能网联汽车产业为多方共建的生态体系，参与者包括传统车企、互联网公司、ICT 企业、Tier1 供应商和政府，整车厂作为最终的整合方，需把软硬件、功能级生态服务商等各方角色集中，完成从整车制造到长期出行服务的交付。随着数据数字技术影响力的提升，管理和保障消费者数据的能力已经成为车企面临的巨大挑战，而数字化能打破汽车企业固有的价值链，实现高效率、低成本运营，驱动着多数传统车企加入数字化转型队伍。

众多传统车企与零部件供应商巨头加速转型，聚焦车辆智能化发展。丰田重组 TRI-AD，推出出行服务平台 MSRF，打造云服务平台，以及全新的 TNGA 架构、数字化产品。宝马建立数字化团队，通过数据展现汽车全流程生产链；大众建立了创新实验室，搜集用户需求，以前所未有的创新理念搭建 AI 平台输出解决方案；比亚迪建立数据中心，监控新能源汽车的续航里程、电池容量、数据可视化。

国内汽车制造商面临日益加剧的竞争、客户需求及动态成本的不断变化，逐渐意识到数字化转型是独特的催化剂。

4. 新型商业模式浮现

随着智能网联汽车技术与产业的发展，除了传统的整车厂和零部件供应商，也衍生出了与互联网科技相关的自动驾驶解决方案供应商、功能和管理平台服务商以及相关的智能网联测试评价机构等，行业协作深度交融，与之相关的商业模式正在不断更新。

目前智能网联汽车已率先在半封闭道路场景应用，如封闭园区、码头、矿山、港口等场景，同时智能网联汽车技术也在部分高速公路和城区开放道路场景应用，是商业模式增添车队限定场景运营的重要一环。

我国大规模的汽车需求市场、完备的制造业产业体系、优秀的互联网科技公司，有利于智能网联新技术快速大规模的应用和叠加优化，国家和相关企业普遍重视智能网联汽车产业发展，同时我国基础设施建设技术能力突出，有利于智能网联汽车落地，进一步推动新型商业模式在中国的发展。

二 商用车智能网联发展路径研究

（一）商用智能网联汽车技术发展

1. 智能网联技术革命引领汽车领域创新发展

全球汽车的头部企业已率先开展智能网联汽车的战略布局，一些汽车强国也针对智能网联汽车产业制定了相关发展政策。我国汽车产业体系完善，行业基础夯实，关键技术不断取得突破，产品质量逐年提升；同时我国日益完善的基础设施，如路网通信、5G 和北斗卫星导航等，为智能网联汽车的发展奠定了坚实的基础。随着我国新型城镇化的建设、智慧城市的发展，智能网联汽车的市场前景广阔。

针对智能网联商用车的发展，国家层面已经推动了相关技术的导向规划。

（1）突破关键基础技术。开展推动无线通信技术、环境感知技术、智能互联技术、先进驾驶辅助技术、信息融合技术、信息安全技术、人机界面技术等前瞻技术研发。重点突破高精度地图技术和交通云计算和存储技术、交通大数据处理与分析技术、网联融合技术、车载网联技术、车载电子电气技术等多领域交叉技术。

（2）完善测试评价方法。建立智能网联商用车测试评价体系，搭建商用车场景数据采集和数据处理平台，构建商用车测试场景库。重点研发虚拟仿真测试，软件在环、硬件在环、驾驶员在环测试，封闭道路和开放道路测试，以及多层级测试评价系统。推动车企、供应商、智能网联技术服务公司以及第三方检测机构测试评价能力建设，推动商用车智能网联技术开发。

（3）开展智能网联示范区建设。开展智能网联示范区内汽车测试评价及示范应用，采集智能网联汽车在不同工况、不同场景下的数据，验证智能网联车辆在不同环境下感知准确率、地图定位精度、决策的合理性、控制系统的响应和控制精度、系统冗余能力、V2X 系统协同性等。推动有条件的地方开展城市级智能网联汽车大规模、综合性应用试点，支持优势地区创建国家车联网先导区。

（4）增强行业核心竞争力。推进高精度传感器、高算力平台、车规级芯片、智能座舱和智能车载软件等产品的研究与产业化，建设智能网联商用车软硬件产业集群，加快智能网联汽车行业一体化发展，培育有国际竞争力的智能网联汽车品牌。

（5）培育新型市场主体。跨行业整合智能网联行业资源，推动产业协同创新，组建产业联盟和工作组。鼓励车企、零部件供应商和互联网公司深度融合，共享智能汽车产品、智能汽车关键技术和自动驾驶解决方案等优势资源；鼓励网络通信企业成为智能网联行业的数据服务和网络供应商；鼓励交通基础设施机构成为交通场景数据服务和智慧城市解决方案的供应商。

（6）创新产业发展形态。积极推动智能交通设施建设、智慧城市系统发展、高精度地图建设、人—车—路—云一体化建设。培育智能网联汽车车联网、信息安全和智能出行等新行业。加强智能网联商用车场景大数据应用，为商用车智能出行、金融保险和数据增值等方面提供服务，探索新型商业模式。

（7）推动新技术转化应用。推动产学研协同创新，联合攻关智能网联商用车关键技术，加快高精度地图、高精度感知系统在智能网联商用车相关领域的应用。促进车辆先进底盘控制、车载电子电气架构、高性能芯片、高精度传感器、车载网络、功能安全和预期功能安全的发展和技术成果转化。加强商用车自动驾驶系统和云控平台的研究应用。

2. 智能网联技术仍待突破

整体来看，我国商用车智能网联产业起步较晚，相关基础研究和关键技术较为薄弱，特别是整车电子电气架构、传感器和控制器等方面仍处于起步阶段。智能网联商用车的相关标准、法规发展较慢，测试评价体系尚不完善，场景库平台建设相对滞后。城市智能交通设施较少，智慧城市智能化发展水平相比发达国家城市仍有差距。商用车道路队列、港口和物流转运场景下的布局不够完善，缺乏长远统一的发展规划。

在推进智能网联商用车产业发展的过程中，仍然需要解决以下关键问题。

（1）在车辆传感、决策、控制和执行方面的汽车电子电气件、域控制器和运算平台、车载软硬件平台、智能座舱、高精度感知部件、车载通信、先进能源动力控制管理平台等方面，关键技术的研发和产品化能力仍需进一步提升。

（2）智能网联商用车制造及配套体系仍需完善，智能化、规范化、体系化的智能网联商用车平台架构的开发能力有待加强，有关智能网联商用车智能制造的上下游配套产业有待完善，专用商用车的研发仍需大量投入。

（3）传统汽车的设计制造与智能网联云计算、车载通信的融合与协同还需加强，推动商用车智能座舱的智能化、网联化、信息化，提升商用车的驾乘体验，提升人机交互界面的智能化，促进人—车—路—云交互，从而进一步提升商用车高效、安全、智能和环保等性能。

（4）促进政产学研深度融合，推动智能网联商用车政策发展、测试评价体系研究、关键技术攻关。加强与交通路网和智慧城市的联系，在智能交通、云端管理和控制平台、数据库建设、智能网联示范区等方面有待统一标准，提升能力。

（二）商用智能网联汽车关键技术分析

智能网联汽车是以车辆为主要载体，融合现代通信和网络技术，使车辆与外部环境进行信息交互，实现协同控制、安全有效的智能行驶。其中智能网联商用车的主要关键技术有感知技术、决策控制技术、网络通信技术。

1. 感知技术是智能网联汽车的双眼

感知系统主要包括环境感知、定位感知和驾驶员感知，车辆通过感知系统获取自身信息和周围环境信息，是车辆决策执行的先决条件。

环境感知系统所用的传感器主要包括摄像头、超声波雷达、毫米波雷达和激光雷达。

定位感知主要是车辆依赖于定位系统，获取自身当前的位置以及周围的路况信息，为智能驾驶下一步决策提供参考信息。高精度地图为车辆定位的重要信息来源，通常采用的高精度定位方法包括美国 GPS、俄罗斯 GLONASS、欧洲伽利略和中国北斗，目前国内几大图商都在重点建设面向自动驾驶的高精度地图，基于北斗的高精度定位系统也正在中国开展应用，将为中国自动驾驶车辆提供精度高、范围广的定位方案。位置精度越高，智能网联商用车行驶就越高效、安全、可靠。以全球定位导航系统 GPS 加惯性导航 IMU 的多传感器融合技术越来越受到市场重视，还有 GPS + 高精度地图 + 摄像头识别算法等相关技术方案，但是其定位精度、复杂度与经济性之间难以平衡，有关车辆自身定位感知技术仍需进一步研究。

驾驶员感知系统通过监测驾驶员的生理信号、操作行为以及面部表情来进行。驾驶员感知系统对于监测算法方面，要求系统能够准确地对驾驶员眼部、面部、头部等表情动作进行精确识别；在预警方面，系统应训练学习大量场景数据，能够在合适的时机对驾驶员发送预警反馈；在设备硬件方面，系统应配备高品质红外摄像头，保证系统能够在夜间、逆光等复杂光照条件下对驾驶员进行监测；在管控平台方面，系统应实时对数据进行采集和存储，用作事后监管、事故分析、追责等，并可形成大数据库提供给系统模型训练。

2. 决策控制是智能网联汽车的核心

智能网联汽车的决策控制系统根据感知信息做出决策判断，规划合适的驾驶任务，制定相应的控制策略，以替代驾驶员做出驾驶决策。中国的交通路况非常复杂，驾驶过程中面临的场景多种多样，并且不同驾驶员面对不同驾驶情况所做出的驾驶决策也不尽相同，因此决策控制系统的算法优化需要非常完善、高效的人工智能模型和大量交通场景下的有效数据，这对交通数据的采集和算法运行的平台提出了很高的要求。

智能驾驶决策控制系统包括环境预测、行为决策、驾驶规划等功能。环境预测模块对感知系统的信息进行预测处理，将预测结果传递给后续决策规划模块，主要用于危险预警、宏观驾驶任务规划。外部环境预测是根据摄像头、雷达和车载网络等传感器获取的交通信号、路况、其他车辆及行人的位置速度状态信息，结合物理规律和已有的数据经验对外部环境进行预测；自车预测是结合高精度地图和自身的位置，预测出下一时刻自车在地图所处的位置状态；驾驶员预测是根据车内的驾驶员监测系统感知驾驶员精神状态，对驾驶员是否可以接管驾驶任务做出预测判断。行为决策是根据上层环境预测的信息，决定自动驾驶汽车的行驶策略，如控制优先级划分，全局和局部轨迹规划，输出宏观的决策指令供后续的驾驶规划去具体的执行。由于需要考虑多种不同类型的信息，行为决策难以使用单一的数学模型求解，需要在保证安全的前提下尽可能地适应当前场景，进行舒适、智能、高效的决策，常用的决策方法包括有状态机、决策树、深度学习等。驾驶规划包括路径规划和动作规划，路径规划是依据当前所处地图位置的信息，对较长时间内车辆行驶路径的规划，即从出发地前往目的地之间的路线选择；动作规划是根据周围环境和驾驶员状态，做出短期甚至瞬态的驾驶规划，如自动制动、转弯、超车等。

决策控制系统需要建立完善的模型和评价指标，对车辆在各个场景下的交通数据进行分析、建模，建立评价指标，规划出最适合当前车辆最安全、舒适、高效以及节能的驾驶方案，一个完善的决策控制策略需要非常综合的模型以及主客观评价体系。此外，交通数据的采集和场景库的建立是决策控制的基础，模型根据数据库进行机器学习训练（深度学习和强化学习）等实现对各种复杂工况的决策，并能进行在线的学习优化。目前尚未建立系统的综合性能评价方法，对于功能安全和预期功能安全的相关研究也较少，各大高校科研机构以及智能驾驶企业正对此进行研究。

决策控制系统离不开先进线控底盘的发展、车辆横向和纵向控制，需要结合驱动、制动、转向、悬架的底盘一体化控制，考虑底层执行器的响应时间、执行精度、功能安全等。并且，决策控制系统在进行驾驶动作规划时，仍需考虑传统汽车设计所需考虑的问题，如车辆操纵稳定性、制动稳定性、车辆平顺性等。国内目前对线控转向、线控制动及线控悬架均有一定的研究，但是相比博世、大陆、德尔福等国外公司，在产品稳定性、控制精度和市场规模方面仍有一定差距。

决策控制系统对硬件平台要求较高，机器学习算法需要较多的计算资源，高性能芯片对多路高码率图像以及各种辅助信息实时的处理运算能力决定了车辆智能网联的性能。与普通消费类电子芯片相比，车载芯片对可靠性要求高，不仅对不良率和工作环境温度要求高，而且在设计周期和供货保障期上也较长。目前国际主流车载芯片厂商包括 NXP、海思等，正在进行芯片关键技术的研究。

3. 网络通信技术是智能网联汽车的信息媒介

车载网络通信系统是车辆上装载的通信系统，与网络上的其他终端共享信息，协同驾驶员控制，实现车外、车体、驾驶员之间的信息流动。根据通信方式的不同，车载网络通信可分为车内网、车际网和车云网。车联网按照约定的通信协议标准，在车与车、车与路、车与人等之间进行无线通信和信息交互，以实现智能化交通管理、智能化动态服务和智能化车辆控制。

车内网主要是依靠总线拓扑结构连接车辆的各个控制域，让各个域之间可以分享相关信息，保证车辆自身的安全和可靠性，车内网主要有 CAN 总线、LIN 总线和 FlexRay。车际网是基于专用短程通信（DSRC）技术和 IEEE802. 11 系列无线局域网协议组建的动态网络通信，即在中短距离内，可实现车车/车路协同，具有延时短、可靠性高等优点，但是在长距离范围内可靠性会降低。车云网是车载终端通过 4G/5G 等无线通信技术与互联网进行连接，通过车载计算机系统、无线通信技术、卫星导航装置和互联网信息技术为驾驶员提供车辆安全、导航定位、新闻资讯、交通信息等综合信息服务功能。现阶段的车联网是通过手机云端网络可远程的控制车内灯光、空调和座椅等，随着通信技术和自动驾驶技术的发展，将所有的汽车和交通信号联入网络，云端进行整体控制和交通规划，完善城市智能交通系统，依靠城市交通大数据形成一种新型的城市交通模式，达到车与云、车与人、车与车之间的多维度协同互动。

车联网云技术平台是对于数据信息采集、编码、传输、存储、应用、安全等操作的一种系统的技术方案，国外车联网云平台发展较早，如宝马公司联合 Connexis、WirelessCar 共同搭建的车联网平台架构和技术标准协议，提供了更具灵活和扩展性的车联网平台。我国目前车联网平台仍处于摸索阶段，各平台之间缺乏统一的标准协议，难以互通，信息安全管理也存在问题，交通部目前已推出的车联网云控平台，主要针对营运车辆，并实现了营运车辆大规模的接入。车辆可通过云端平台获取当前以及未来的交通信息，随时对车辆路径、自身车速和挡位进行调整，提高燃油经济性和驾驶效率。

智能车网联化应用的基础是低时延、高可靠性的通信网络。它的推广将是物联网应用数量最大方向之一，因为车联网涉及人的生命财产安全和公共安全，其所关联的数据通信安全尤为重要。智能网联信息安全包括车辆本身的应用系统安全与密钥安全、路侧单元安全、云平台安全、网络传输安全、链接设备安全等。

汽车电子化使得车辆信息安全难以保证，大量的车辆电子部件使得车载网络愈发复杂，一个智能网联车辆将拥有 150 个 ECU 以及 1 亿多行代码，在与车联网交互的无线接口会使其更容易受到攻击。网络上的黑客利用系统漏洞，入侵汽车的车载系统，干扰驾驶员控制汽车的能力，从入侵一辆汽车到入侵一个区域内的交通流信息，将对整个交通系统造成巨大的危险，也会对车企、供应商的信息系统造成破坏，同时，消费者的个人信息也会被窃取利用。

汽车信息系统安全已成为汽车行业的一个重要发展领域。目前，国际上已经有 ISO 26262 等汽车功能安全的标准，美国也发布了 SAE J3061/IEEE1609. 2 等系列标准，欧洲 EVITA 研究项目也提供了相关汽车信息安全指南，中国在 2015 年推出的《中国制造 2025》中提出智能制造标准体系和信息安全保障体系，首次将汽车安全纳入国家重大发展战略。中国智能网联汽车信息安全需结合自身情况，对车载网络和系统进行安全评级，确保安全的接口、安全的网关、安全的网络和安全的处理，并建立数据存储安全、传输安全、应用安全三维度的数据安全体系，建立包括云端平台安全、管控安全、终端安全在内的“云—管—端”数据安全技术框架，将防护进行统一协同，形成整体的防护面。同时，要求车企、供应商、智能网联服务公司和车联网运营商履行网络安全保护义务，采取技术措施保障网络安全和信息安全，维护网络数据的完整性、保密性和可用性。智能网联汽车法规的制定也应综合考虑我国智能化、网联化发展趋势，在遵从信息安全通用标准的基础上，保证车辆安全、可靠、稳定运行，从整车、系统、关键零部件和接口等方面进行风险评估，提出中国智能网联信息安全技术标准。

三 商用车自动驾驶应用场景研究

我国商用车高级别自动驾驶已从封闭测试逐渐走向公众视野，在出行服务、干线物流、末端物流等方面场景先行，以实现商业化落地模式。根据应用场景地理维度，从人少到人多、从低速到高速、从车流少到车流多，将场景分为5个级别，分别适用于商用车智慧园区、智慧物流以及智慧城市应用场景，从当前场景应用发展情况推测，L3级高速公路有条件自动驾驶、限定区域L4级自动驾驶和无人末端配送将于2025年前落地。

表9 驾驶场景分级

级别	场景
Geo1	无人、低速、车流少的场景，如停车场、矿山等
Geo2	无人、高速、车流少/少人、低速、车流少的场景，如公司园区或长途高速公路
Geo3	少人、低速、车流大/无人、高速、车流大的场景，如城市简单道路或近郊的高速公路等
Geo4	少人、高速、车流大/人多、低速、车流大的场景，如城市高架路或市中心道路
Geo5	人多、杂乱的交通环境，如城乡接合部的道路

（一）商用车智慧物流应用

1. 物流领域的自动驾驶需求

物流领域对自动驾驶需求的主要驱动力来自物流业对运输安全和降本增效要求的持续提升。安全是物流运输企业运营的重要前提，只有保证安全才能保障物流运输的效益。而降本增效是物流行业永恒的追求，也是物流企业持续盈利的源泉，只有持续的降本增效，才能保持物流企业的竞争力。

物流运输行业是高危行业，司机的劳动强度较大，安全事故频发。L3级高速公路有条件自动驾驶相较于传统车辆的货物运输，能减轻司机的劳动强度，减少疲劳驾驶，降低交通事故率，提高物流运输的安全性。限定区域L4级别的自动驾驶，能替代人工开展全天候作业，降本增效效果显著。

2. 干线物流应用场景及应用现状

（1）应用场景介绍

干线物流应用场景指的是高速公路干线物流运输，如快递、快运、零担货物运输等。我国长途货运的运输效率不高、有效里程偏少、货车司机不足。交通运输部数据显示，我国单货车年运输量在2500～3000吨，实载率仅为六成，较发达国家低15%～20%；截至2019年5月，我国货车司机1800万名，已经连续五年呈下降趋势，总体缺口率为16.5%，部分地区达到20%以上。

我国人口老龄化加快，劳动力人口占比逐年下降，运输行业危险程度高、司机劳动强度大，致使就业率下降。调查显示，中国司机成本占运营物流运营成本的30%～40%，从而使高速公路干线物流运输，因司机短缺、运营成本高、运营效率低而引起的疲劳驾驶、超载运输安全事故时有发生，给物流企业和社会带来巨大损失。

干线物流自动驾驶常采用L3级高速公路自动驾驶，降低驾驶员的依赖程度，以多种速度及加减速策略提高燃料使用效率，以编队技术，减少风阻，进一步降低燃油消耗，并能利用车队管理平台，优化驾驶任务、行驶线路，提升运输效率，通过多样化形式大幅降低人力成本，减少能耗，提高运输效率，能有效提升安全性，避免疲劳驾驶、超载等人为因素导致的安全事故。

（2）干线物流自动驾驶应用现状

美国部分地区已允许自动驾驶商业运营，干线物流自动驾驶已进入商业试运营阶段，多采用甩挂运输模式，以提高货车利用率及货物周转率，并有多家企业开展了货运服务，如 Embark、Waymo、图森（美国）、智加科技等。

由于国内法规、市场、成本的多方限制，我国高速物流自动驾驶还未完全实现商业化。未来干线物流的商业化落地依赖自动驾驶供应商与物流公司的有力推动，目前，自动驾驶科创公司，如赢彻科技、希迪智驾、主线科技、智加科技正在积极寻求干线物流领域自动驾驶商业化落地的先机，物流企业如 G7、满帮集团、普洛斯、UPS 等也在采取投资与合作方式，积极推进干线物流自动驾驶的发展。

自动驾驶干线物流是人工智能、大数据、云计算等新一代数字技术运用到传统产业的一大尝试，拥有较大的市场空间，在满足物流安全、车辆的降本增效等需求条件下，促使物流企业寻找更加优越的物流方案，但行业中遗留的历史问题如甩挂运输困难等仍在给未来自动驾驶提出了挑战，需相关部门与企业共进退，在企业转型升级需求的推动下，建立绿色、环保、经济的货运体系。

3. 末端物流应用场景及应用现状

（1）应用场景介绍

末端配送自动驾驶是指城市内固定区域“最后一公里”物流配送解决方案，呈现高频次、小批量、空间分散、时间分散的特征。无人配送车行驶速度低、场景复杂度低、单车成本较低，一方面能减少对配送人员的需求，解决配送人员流动性大、用工难问题，应对未来劳动力短缺的挑战；另一方面无人配送车替代配送摩托车、三轮车等，有利于交通环境的治理，消除道路和社区安全隐患，同时，也能通过网联功能提高配送效率。无人配送有望率先实现规模化应用。

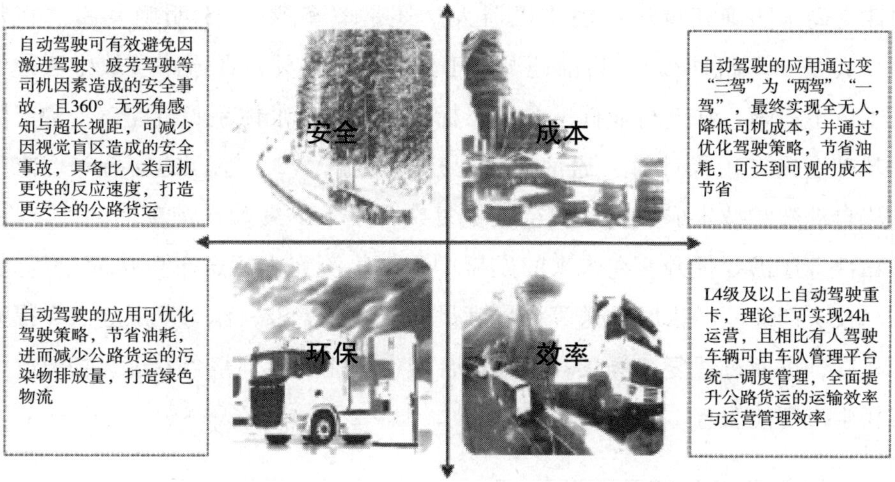

图 3　自动驾驶技术在干线物流场景中的应用价值

（2）末端物流应用现状

无人配送市场规模巨大，众多国家看好该市场前景，美国无人配送已在多地实现商用，而日本和欧洲尚处在示范测试阶段。我国围绕场景布局的产业格局在加速形成，初创公司和互联网巨头纷纷部署。其中，以美团、阿里、京东、苏宁为代表的互联网公司作为末端配送的品牌运营商，以自研或合作研发的方式推出自动驾驶末端配送车辆，并已开始小批量生产。以白犀牛、智行者、新石器、一清创新、智梭科技为代表的多家科技公司也针对末端配送场景推出了自动驾驶解决方案，使末端物流自动驾驶场景应用逐步形成产业链，且因无人配送车的三大核心零部件（激光雷达、线控底盘和计算平台）逐渐国产化，成本的快速下降推动量产提上日程，2021～2022 年无人配送车开始规模化落地。

4. 现存挑战与发展瓶颈

干线物流自动驾驶技术成熟度有待在更复杂的环境下进行验证，列队驾驶的可行性还需要进一步技术验证。高速道路自动驾驶测试尚缺乏合理的测试标准，亟待完善。

末端物流自动驾驶的无人配送车辆方面，当前存在诸多问题待解决，如法律上尚未明确其身份：是“机器人”还是“车辆”，不明确其属“机动车”还是“非机动车”，目前还游离于交通监管之外；在道路事故中法律责任主体不清晰，缺乏行业标准和国家标准约束，标准体系亟待完善；缺乏配套基础设施（边缘计算、通信设施、充电设施、V2X 等）的支持等。末端物流自动驾驶技术成熟度还有待在更复杂环境下继续验证，车辆的稳定性、可靠性等还需要提升。在未来的发展中末端物流无人配送车可从简单场景，如高校、产业园、夜间配送等场景满足部分快递需求，作为发展起点，提升可靠度，进而进军复杂场景，最终结合城市智能设施，整合零售、物流等形成新生态智能服务。

（二）商用车智慧园区应用

1. 封闭园区的自动驾驶需求

封闭园区应用场景为在封闭区域内固定线路的低速运输场景，包括矿山、港口、机场和厂区等。

封闭园区内采用自动驾驶技术可行性更高。自动驾驶车辆在封闭园区内的行驶速度慢，降低了从信息采集到决策控制的整个处理流程的时间要求和算力要求，封闭园区内部路况单一，整体上降低了自动驾驶系统的实现难度。

封闭园区物流通过自动驾驶技术，可以降低人员开支、油耗和部件损耗。一是替代驾驶员，节省人工成本、后勤成本；二是通过精准操作，系统采用最优的驾驶策略，可有效提升驾驶效率，节省燃油费用；三是采用最优的、高度一致的驾驶策略，可有效降低轮胎等易损、易耗部件的损耗。

2. 智慧矿山应用场景及应用现状

（1）应用场景介绍

智慧矿山应用场景指的是相对封闭矿区内的自动驾驶运输。根据国家能源网数据，2018 年底我国安全生产许可证等证照齐全的生产煤矿 3373 处，产能 35.3 亿吨/年；砂石年产量约 200 亿吨，占世界总量的 50%。我国露天矿土石方运输市场规模约 2400 亿元，砂石骨料市场规模约 3000 亿元，加上其他种类矿场、矿区物流市场规模超过6000亿元。2020年3月，国家发改委、能源局等联合发布《关于加快煤矿智能化发展的指导意见》，推动形成全面感知、实时互联、分析决策、自主学习、动态预测、协同控制的智能系统，实现煤矿开拓、采掘（剥）、运输、通风、洗选、安全保障、经营管理等过程的智能化运行。

矿区运输方面的弱势明显，对无人化需求强烈：①场景高危，安全事故频发。②成本高昂，经济效益不高。③劳动力紧缺，高强度作业。

（2）智慧矿山应用现状

自动驾驶矿用卡车多通过对后装改造实现自动驾驶。改装后，内部安装速度、加速度、轮速、横摆角速度等传感器，外部安装摄像头、激光雷达、定位系统。

美国、日本、瑞典等国家相关企业率先开展应用示范，以传统工程设备制造商为主，目前有超过100辆自动驾驶自卸车在澳大利亚、北美和南美洲运行。国内主流厂家也在积极研发相关车型。矿业公司与自动驾驶解决方案公司等多方联合，在露天矿山首先开展示范运营，传统卡车制造商北方股份、徐工集团、东风商用车等也在研发相关车型。

中国矿用无人驾驶商业化模式逐步落地。融资和人才等方面的快速进展使得中国矿用无人驾驶进入快速发展阶段，然而，系统要安全高效运输，还得回归到本质技术，5G网络环境+无人驾驶技术+露天采矿工艺+土方剥离工程施工将成为模式落地的决定因素。

3. 智慧港口应用场景及应用现状

（1）应用场景介绍

智慧港口应用场景指的是港口内集装箱装卸、堆存和转载运输的场景。我国港口物流市场持续增长。2019年11月，交通运输部、国家发改委等发布《关于建设世界一流港口的指导意见》，要求加快建设5G、北斗、物联网等信息基础设施，推动港区内部集装箱货车和特殊场景集疏运通道集装箱货车自动驾驶示范，深化港区联动，到2025年，部分沿海集装箱枢纽港初步形成全面感知、泛在互联、港车协同的智能化系统。

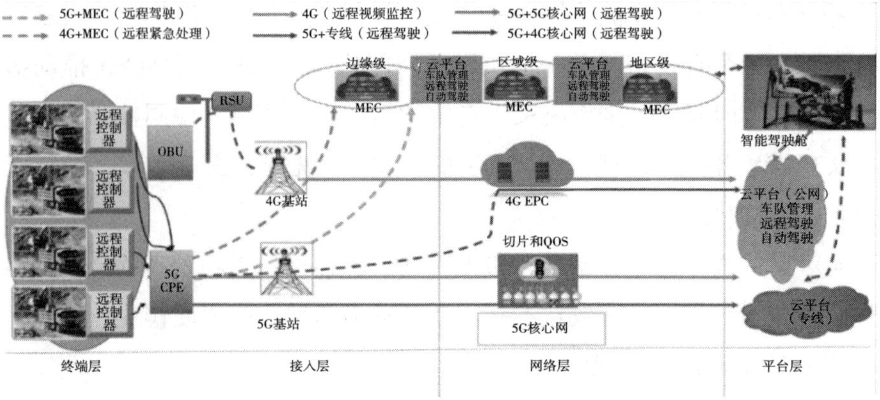

图 4　矿用无人驾驶模式

当前港口内运输难点多，主要为以下几点。

①天气环境恶劣叠加劳动强度大，长时间、高强度工作给作业人员带来安全隐患。

②港口人工记录箱号工作准确率低、效率低、人力成本高。

③港口驾驶员要求高、收入低、人员缺口大。

通过以上分析可知港口运输对自动驾驶需求大，且港口的交通标识简易、车辆干扰度低、静态干扰物少、多为低速行驶，因此 L4 级自动驾驶技术在港口场景应用难度较小，更易实现商业化应用。

（2）智慧港口应用现状

物联网、大数据、智能装备等新技术的迅猛发展，为我国各大港口向智能化方向转型提供了重要的技术支撑。数字化、网络化、智能化的融合发展，对智慧港口建设提出了越来越高的要求。智慧港口的建设是增强港口综合竞争力的重要手段，也已成为我国未来智能交通系统的主要组成部分。

在国内企业中，西井科技联合振华重工在深圳盐田、泰国、瑞典等提供无人运输服务，主线科技、图森未来、畅行智能、一汽解放、东风商用车等在天津港、上海洋山港、宁波港、厦门港开展了无人运输服务。

在港口场景中，当前 L4 级自动驾驶技术主要用于实现水平运输自动化作业，主要应用形式包括自动驾驶集卡和自动驾驶跨运车。自动驾驶跨运车能够同时实现垂直和水平运输，但由于可堆箱数有限，不适用于堆垛层较高的国内港口。国内港口更多采用自动驾驶集卡搭配自动化轨道吊完成自动化水平运输及垂直运输，并通过车队管理系统融入港口作业系统，与港口对接，实现后台统一调度、规划路线、车辆远程监控、智能化管理等功能。

图5 港口无人驾驶

我国通过智慧港口示范工程实施，有效促进了我国港口的智慧化发展。港口在智慧化建设方面大胆创新，通过推动新一代信息技术与传统港航业务深度融合，促进港口相关领域流程再造、管理创新和业务协同，降本增效成果显著。

4. 智慧机场应用场景及应用现状

（1）应用场景介绍

智慧机场应用场景指的是机场禁区内的无人化行李运输、货物运输场景。我国的民用机场数量、机场运输业务量呈上涨趋势。2020年，民航局发布了《中国民航四型机场建设行动纲要（2020—2035年）》，提出要建设智慧机场，推动转型升级，推进载运工具、设施设备智能化。在智能运行监控、少人机坪、机坪自主驾驶、自助智能服务设备、智能化行李系统、智能仓储等领域取得突破。

传统机场面临的“两高一低”问题亟待解决，即成本高、风险高、效率低，而机场自动驾驶物流解决方案能够实现行李货物无人化运输，达到更高效、更经济、更安全的目的。

（2）智慧机场应用现状

英国、德国、挪威等国家积极开展自动驾驶机场场景的示范运营，有自动驾驶行李搬运车和自动驾驶扫雪车等，我国的自动驾驶技术在机场场景的应用基本与国外同步，甚至特定场景的商业应用更为超前，驭势科技与国内多家机场正展开合作，曾在广州白云机场、海口美兰机场、北京大兴机场等多个机场开展自动驾驶接驳试运营。

图6　机场无人驾驶场景

机场运输行李、货物的无人物流车在对安全有着至高要求的机场飞行禁区内运作，其应用可规避大量因人为失误带来的事故风险。无人物流车配备高清摄像头、激光雷达、差分全球定位系统等多种传感器，通过人工智能和深度学习算法处理摄像头及激光雷达的原始数据，识别移动固体或静态障碍物，并根据传感器的感知结果，做出相应的决策和规划，为出行带来安全保障，即使在恶劣天气下，基于传感器的防雨雾设计，可保证感知结果的正确性，仍能保持物流环节顺畅。

机场自动驾驶技术从根本上革新机场物流的运作方式，帮助机场从“劳动密集型”的传统物流转型升级为“智慧物流”，从而提升机场物流效率。目前国内外多家机场正在推进合作，计划批量部署无人驾驶物流车在机场场景应用。

5. 智慧厂区工业物流应用场景及应用现状

（1）应用场景介绍

智慧厂区工业物流应用场景指的是厂区内的原材料、零部件、成品等的运输场景。我国工业发展水平不断提升，2020 年全国规模以上工业增加值比上年增长 2.8%，高技术制造业和装备制造业增加值分别比上年增长 7.1%和 6.6%，220 多种工业产品产量居世界第一位，制造业增加值预计连续 11 年居世界第一位。经过多年的努力，我国已建成最为完整的产业体系，是全世界唯一拥有联合国产业分类中全部工业门类的国家。

品类多、小批量、高频次的需求特点造成了低效率、高成本的问题，厂区无人驾驶运输可以嵌入整个生产制造智能化系统，提升效率、降低成本。

（2）智慧厂区工业物流应用现状

智慧工厂是在工程、生产制造、供应链三个维度实现实时的数据支持，实时下达指令指导这些活动。智能装备技术在我国有较广泛的应用，几乎覆盖整个物流运作流程，包括智能存储、智能配送、智能分拣、智能包装、智能装卸搬运。

当前，在智慧工厂运行的自动驾驶卡车能在各仓库内按固定路线行驶，实现仓库与仓库之间的自动对接，便于仓库间货物运输。除此之外，它还可接受人为的作业指令调度，在厂区的工作范围内按运输路线运作，并最终形成一种运输网。人可以通过远程监控，监控车辆的实时状态及周边环境，在车辆出入仓库、装卸货过程中进行安全检查和确认。

6. 现存挑战与发展瓶颈

矿区自动驾驶应用仍需固定商业模式并予以推广。目前国内的矿业市场比较分散，在一个矿区成功实施的商业模式，能否扩展到另一个矿区的供应体系中存在困难。矿区自动驾驶运输场景的实现，除了技术支撑外还需要能

图 7　厂区无人驾驶模式

够将商业模式进行复制和拓展，只有规模做大，才能降低成本。

机场自动驾驶应用需通过制定行业标准和调整设备准入目录予以推动。国内机场的运营安全要求极为严苛，因此对于自动驾驶物流车辆除需要民航局审批进入机场设备准入目录外，还需要较长的验证测试周期，这对于自动驾驶技术公司而言挑战极大。同时机场物流场景需要 24 小时常态化的无人化运营，应对室内外、人机混合等各种复杂场景和雨雪、台风等恶劣气候环境。

港口自动驾驶应用需提升作业精度，适应港口精细化作业要求。避免港口封闭区域内线路变化、金属信号干扰定位、盐雾天气影响等。

厂区自动驾驶应用需面向不同厂区扩大产品适应面，紧跟生产供应节奏，使车辆需求标准化。工业产品种类繁多，生产供应节奏各不相同，定制化场景和车辆需求较大，推动车辆需要标准化的同时需要扩大商业模式适用范围才能有效降低成本。

（三）商用车智慧城市应用

智慧城市建设离不开智慧交通，智慧交通是智慧城市建设的重要组成部分。商用车具有生产资料的运输功能，更加注重使用效率和成本节约，同时商用车体积庞大，驾驶难度高，对于驾驶安全的需求更为急迫，商用车的智能化、网联化发展有望先行。

1. 城市交通的自动驾驶需求

城市化发展带给人们不同的消费偏好和出行模式的变化，进一步增加对城市流动性的需求。因此自动驾驶的引入可以带来更好的解决方案，城市交通的自动驾驶可以有更好的发展空间，有效解决交通拥堵、停车场稀缺等问题。随着城市化进程以及城市圈建设推进，城市出行需求和物流需求逐年增加，城市环保要求日趋严苛，交通安全法规持续升级，促进城市交通加速向低碳、智能网联方向发展。

2. 城市客运应用场景及应用现状

（1）应用场景介绍

无人公交场景是指循环行驶在城市内固定线路，有/或者无固定班次时间。公交行业目前面临客运量减少、驾驶员招聘难、人工成本高的痛点，自动驾驶公交车能有效解决驾驶员招聘难、传统公交车运行人力成本高等问题。

（2）城市客运场景应用现状

路端设备的建设和成本预期可控。无人公交行驶路线是经过规划的，可知悉相应的建设成本。但是，目前我国自动驾驶公交产品较少、产业链长、售价较高、商业回报低，难以在自动驾驶公交整个生命周期内收回成本。从商业模式角度看，目前自动驾驶技术在公交场景的成熟商业模式还未显现，还在进一步尝试和探索过程中。

无人公交的主要特点也集中在多重安全保障上。无人公交更加能够保持足够的理性，不容易受到疲劳、愤怒等多种负面情绪影响，可以保证更高的安全性。车路协同技术的发展，为无人公交获取了较多信息，推动无人公交发展，如远处的交通流、标识牌、恶劣天气以及异常车辆等信息，便于车辆提前决策，提高自动驾驶的安全性。

在智慧城市、智慧交通的催生下，基于5G网络和车路协同信号控制及

图8　城市客运无人驾驶场景

优化算法，可以帮助无人公交提前获取红绿灯等交通信号，智能控制行驶速度，减少红绿灯等待时间，同时规定的路线使行车时间更加优化。多方面的便利将会引导更多人选择无人公交，实现多人出行，减少私家车出行数量，从而实现绿色、环保出行。

3. 城市环卫应用场景及应用现状

（1）应用场景介绍

无人环卫场景是指自动驾驶环卫车在城市道路、广场等进行清扫保洁、消杀及垃圾分类清运等工作。该场景行驶速度低，行驶路线相对固定，对舒适度无要求，人机交互较为简单。

随着城镇化率提升以及市场化改革深入，我国道路清扫保洁面积不断增加，市政环卫车辆数量持续增长。环卫行业用人较多，人工成本高，随着人们对生活品质要求的提高，有从事环卫工作意愿的中青年劳动力数量日益减少。

同时，环卫工作内容繁重，作业环境恶劣，无论天气如何恶劣，环卫工作都要从事长时间的户外工作。环卫工作是典型的简单重复性劳动，技术上完全可以依靠机器和技术来完成，而无人驾驶技术在环卫业务上的应用正是解决这些痛点的最佳方案。

环卫企业正在精简运营，市政环卫正在向机械化、信息化、智能化方向发展。无人环卫车辆的应用，能缓解劳动力短缺压力，提高环卫作业效率，降低环卫企业人工成本，从而提高环卫企业运营收益。

（2）无人环卫应用现状

目前各国针对无人环卫运营的管理和测试整体处于试点起步阶段。我国自动驾驶环卫车的购置成本较高，对于环卫企业来说，一次性投入较大，但从使用成本来说，自动驾驶环卫车的清扫能力环卫工人有一定优势。目前，我国无人环卫依然处在示范阶段。

当前落地的无人环卫车辆运行模式主要有两种：开放路段采用大体积无人环卫车辆，产业园区等半封闭或封闭道路采用小体积无人环卫车辆。基于现阶段的技术水平发展状况，小体积无人环卫车辆在商业化应用上更具优势。

无人环卫车辆是集多种人工智能技术于一体的智能化、网联化车辆，是商用车领域全工况、精细化、高效率的网络平台式智能环卫车辆，既能用于广场、公园、街区、产业园区等场景的户外作业，也能用于商场、机场、各类场馆和展馆的室内地面清扫保洁。

图 9　无人驾驶环卫车

4. 城建运输应用场景及应用现状

（1）应用场景介绍

城建运输自动驾驶场景是指城市区域内工程类渣土车、搅拌车等自动驾驶应用。分两种场景，一种是相对封闭的区域的城市建设自动驾驶运输作业场景，另一种是城市开放道路下城市建设自动驾驶运输作业场景。两种在技术发展程度、基础设施要求等有较大的差别。封闭场景下的人员和障碍物较为确定可控，难点在于具体业务对接能力，技术发展的重点是对车队的管理、路径和任务规划等计算决策能力，发展核心是整体车辆的智能调度系统。开放道路主要关注在复杂场景下的动态判断能力，技术要求能力更强。

图 10　无人驾驶城市运输

（2）城建运输自动驾驶应用现状

城建运输过程中，对司机的日常管理工作稍不注意，车辆随时处于危险之中，从而导致司机意外死亡等事件时有发生，这已成为企业及社会不能承受之痛。因此，政府及企业都在大力推动城建运输自动驾驶的发展。

但目前我国城建运输自动驾驶还不具备商业化应用的条件，封闭区域自动驾驶作业场景已基本具备商业化的条件，但是仍处在进一步技术研发和场景应用测试阶段。城市开放道路城建运输自动驾驶，受限于技术难度高、基础设施不完善等，离商业化的道路还较远。

与此同时，城建运输场地比较封闭，但在数十辆、上百辆车同时跑的情况下，驾驶环境也并不简单，且部分建设场地路况崎岖不平，颠簸情况特别严重，进一步增加了城建运输自动驾驶的技术难度。

5. 现存挑战与发展瓶颈

无人公交自动驾驶应用的技术及产业链成熟度远未满足商业化的需求。公交安全属于公共安全，对安全技术可靠性要求极高。现有方案的技术和产业链的不成熟使无人公交成本尚未降低至商用水平，自动驾驶公交车使用成本较高，还存在一定的安全隐患。相关法规和智能网联等基础设施还远未完善，难以支撑自动驾驶公交商业化运营。

无人环卫自动驾驶车辆的交通事故责任划分与道路交通行驶规范尚未明确。自动驾驶环卫车的产品生产、管理、安全与道路测试标准等缺乏相应标准，开放道路的清扫作业具有一定难点，技术成熟度有待进一步验证，还不具备真正上路的条件。

城建运输自动驾驶应用的商业化运营需要降低自动驾驶车辆成本和相关基础设施的支撑。城市开放道路，交通状况异常复杂，目前自动驾驶技术应对开放道路复杂路况的能力不足，还需要较长时间的技术发展和测试验证支撑，开放道路下的城建运输自动驾驶产业化落地还有较长的路要走。

B.10 商用车国六评估及相关配套体系研究

摘　要：　目前主要商用车企业已完成国六产品认证，具备销售条件，并借助此契机将企业的重心从“清理国五库存”转为“把握国六新机会”。本报告综合介绍了商用车国六排放标准实施的准备情况、实施效果，重点阐述了商用车国六排放标准实施的影响，并就远程排放终端和油品、尿素等国六配套体系进行了分析。

关键词：　国六排放　商用车　排放标准

一　商用车国六实施的准备情况

目前，主要商用车企业已完成国六产品认证，具备销售条件，并借助此契机将企业的重心从“清理国五库存”转为“把握国六新机会”。

（1）一汽解放目前已完成所有国六发动机及整车的认证并具备销售条件，柴油发动机排量覆盖2～13L，功率覆盖110～600Ps；天然气发动机排量覆盖11～13L，功率覆盖350～570Ps。伴随着国六技术的不断进步，在发动机及后处理多个技术点出现不同的技术方案，导致国六发动机技术路线组合增加，主要表现为：NOx 控制方式包括 SCR-only 及 EGR + SCR，DPF 再生方式包括 HC 喷射系统及发动机喷油器（无 HC 喷射系统）等，热管理技术含进气节流阀及排气管理阀等技术措施。

（2）中国重汽已完成所有国六发动机的认证并具备销售条件。其 MC

系列国六机型覆盖200～600马力，均已完成开发和公告认证，具备销售条件；5L/7L平台中型发动机采用EGR+SCR排放技术路线，排放一致性和工况适应性更好；11/13平台重型发动机完成了EGR+SCR和Hi-SCR双排放技术路线开发，主推高鲁棒性的Hi-SCR机型（见图1）。

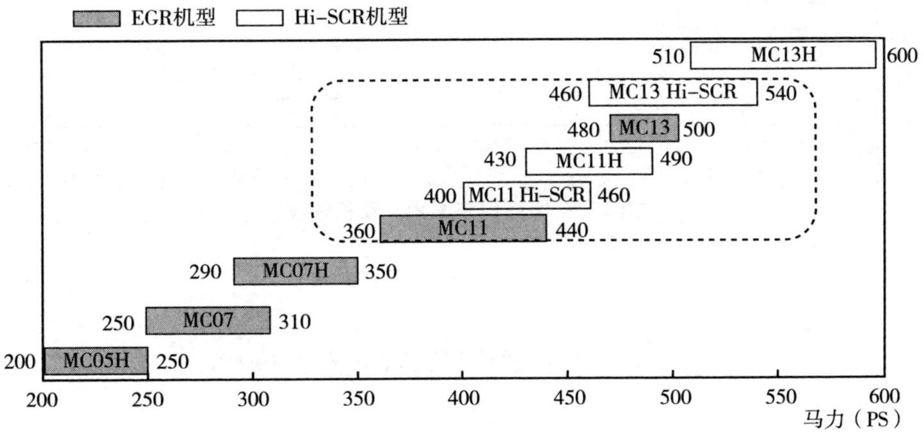

图1　中国重汽国六发动机情况

（3）东风商用车也已完成所有国六发动机的认证，全部具备销售条件。东风商用车龙擎DDi全系发动机已实现国六B阶段排放，产品线涵盖重型、中重型柴油机和重型天然气发动机，马力覆盖范围180～580Ps，均完成开发和公告信息，具备销售条件。全系统一选配欧六成熟的BOSCH及VOLVO后处理系统，采用国六EGR+DOC+DPF+SCR+ASC技术路线，保证排放一致性和可靠性（见图2）。

（4）福田汽车整车公告2651个（342批次），其中国六公告1309个，占比49.4%。所有国六发动机及整车均已完成认证并具备销售条件，柴油发动机采用DOC+SCR+ASC+DPF技术路线，排量覆盖2～12L，功率覆盖70～294kW；汽油发动机采用EGR+DOC+SCR+ASC+DPF技术路线，排量覆盖1.3～2.4L，功率覆盖67～175kW。

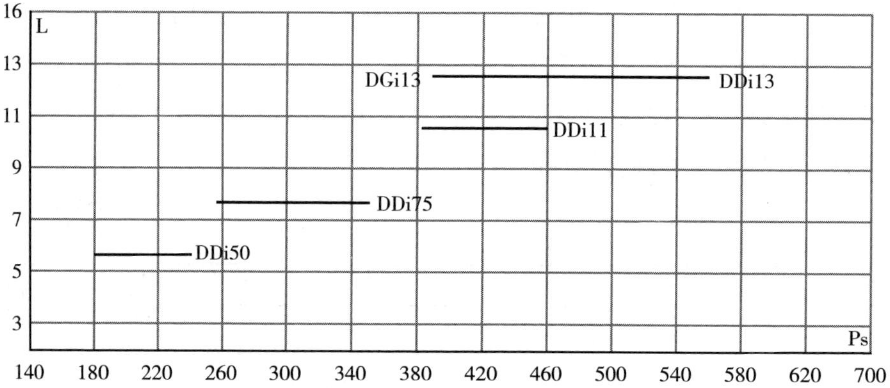

图2　东风商用车国六发动机情况

二　商用车国六实施的效果评估

（一）排放污染物减少

商用车国六排放较上一阶段要求提升了30%。国六产品后处理路线采用CRS + EGR + DOC + DPF + SCR和CRS + DOC + DPF + HI-SCR两种方式，在国五基础上进行升级，氮氧化物（NOx）减少77%，颗粒物（PM）减少67%，并增加了粒子（PN）数量。

（二）燃油和尿素品质提升

油品质量已经成为制约我国柴油机污染物减排的重要因素。

尽管我国不断加严燃油含硫量的要求，如我国柴油车国六标准和非道路国五标准要求燃油含硫量低于10ppm。然而，实际市场中的硫含量超标依然严重，如一些黑加油站点、私人加油站等。在柴油车，非道路移动机械，使用含硫量高的燃料燃烧产生的酸性SO_2/SO_3会导致发动机金属部件的腐蚀和磨损，且会造成后处理催化剂化学中毒，从而使污染物排放量更大。品质较差的车用尿素由于含有较高含量的毒性物种，如磷酸盐、金属离子等，同样会造成后处理催化剂化学中毒现象，从而使催化剂失活。纯度不高的尿素溶液会造成后处理 SCR 反应缺少还原剂而造成 NOx 排放升高。一些地方城市的存在尿素质量不达标，且车主会存在少加或不加尿素的现象，造成柴油车机的 NOx 排放居高不下。因此尿素的品质控制也是柴油机尾气 NOx 控制的难点。

用户必须高度重视燃油品质，地炼油不再适合国六燃油车型，进而促进正规油品的消耗，整个供应链趋向良性发展，淘汰部分落后地下炼化组织。劣质尿素容易堵塞大包，维修成本高、时间长。

（三）助推发动机及后处理新技术的发展

1. 自主开发先进电控燃油喷射系统

开发超高压条件下流动和喷射变异、流动损失抑制和高压实现、提高喷油稳定性和精度及供油效率和流量系数等技术；重点突破无静态泄漏技术、高性能电磁阀材料、耐高温高压高强度喷油嘴偶件材料技术、高性能表面涂层技术；电子限压阀、大流量计量阀、高速高动态响应新型电磁阀、控制阀和执行器小型化技术等核心关键零部件制造技术；多次喷射“近零”间隔控制技术等先进系统集成与智能化控制技术；突破燃油系统质量控制与可靠性技术、高压共轨系统检验与测试技术、高压共轨系统集成技术等产品生产和可靠性技术。

2. 自主研发高效低成本高寿命的后处理系统

结合新材料和新工艺技术的发展，重点突破高性能载体、高效催化剂和快速气体均匀混合技术，形成高可靠性催化器系统总成的开发；推动整机和后处理企业的技术匹配，强化多领域跨学科的产学研合作，强化尾气控制技术基础研究与创新，发展高精度控制系统产品与技术，形成载体、催化剂、封装、消声、控制、匹配方面的自主核心技术与工艺。

（四）形成全生命周期评价体系

针对我国柴油车污染物减排对社会、经济和环境的效益评价。开展柴油车主要清洁化技术路线生命周期评价研究，面向典型燃料、柴油机体、机内净化技术以及典型后处理技术路线及集成，基于生命周期评价方法，评估典型清洁化技术路线的污染减排与系统性的资源环境表现。研究边界覆盖生产制造、燃料生产与使用以及技术实施所需材料设备生产的全过程。

三　远程排放终端的评估和问题

（一）加强监管层面立法，利用大数据分析，实现健康安全运营

国六 b 阶段重型车要求上传车辆数据，涵盖发动机基本的性能、排放、里程、经纬度等重要数据。目前远程监控还只是对数据平台、数据格式、数据项、数据安全、数据存储等提出基本要求，随着远程模型的完善，相关标准必定会陆续出台，利用远程监控管理重型车将成为下一步监管的重心。

（1）单车排放监控。利用远程监控进行单车排放管理将成为今后主要的监控方式，与传统的年检相比，远程监控具有实时监控、快速传输、准确定位等优点。由此可以预见今后的监管方式必将会出现大的变化。

（2）车型监控。利用远程数据，将非常方便地实现车型、车企的分类管理和比较，远程监控实施后，所有车企、车型的排放数据将是完全透明的，监管部门会准确清晰地了解到各个车企、车型的排放水平。

（3）市场应用监控。随着远程数据模型的完善，利用远程数据可以实现车辆篡改监管，利用 CVN 码有效地实现软件防篡改和部分硬件防篡改，利用大数据模型识别离群数据，达到识别篡改目的。

（4）远程大数据监控。利用远程大数据模型，也能对市场油液品进行分析监管，另外还能对车辆超载等问题进行实时监控。利用远程监控，可以比较精确地实现碳排放计算。

（5）移动源监控。移动源监测管控是保证 NOx 排放控制技术有效实施的必要条件。然而，我国柴油机的监测管控机制仍不完善。从油品/尿素质量管控到实际应用车机超载、超限等超强度使用，缺少全覆盖、完善的监控监管平台体系。

（二）远程监控技术发展是关键，实现多技术融合监管

完善远程数据模型技术，利用远程数据可实现 NOx 排放监控、碳排放监控、OBD 监控、DPF 监控、防篡改监控等，但相关模型均需要不断完善，远程数据清单也会逐步填充加入新的数据要求；提升数据准确性技术，为了保证数据准确性，提升平台、终端、数据传输、型式核准等多个环节技术，确保远程数据的准确性，远程数据必须能够准确地反映车辆实际数据；提升数据存储和安全技术，随着配备远程功能的车辆保有量增加，远程数据的存储、数据安全等方面将面临很大的挑战。

作为法规测试方法的台架和 PEMS 测试技术具有数据翔实、准确性高和重复性好等特点，但测试规程复杂、技术难度大、测量时间长、检测成本高，短期内难以实现大样本检测。车况的个体差异更大、实际运行工况更为多样，加剧了车型视同难度，导致排放检查需要覆盖更大样本量乃至全车队，监管应主要依靠遥感、跟车、OBD 远程在线监控等大样本测量技术，但是数据的准确性、稳定性、完整性和可靠性等较差，还需辅之以多种测量技术的同步对比测试，形成大样本实际道路排放测试技术和法规排放测试技术（台架、PEMS）的对比，从而优化多源测试数据融合，建立数据质控方法体系，形成基于上述多种在线监管测试技术并行的检测监管体系，强化实际道路在用车监管。因此，建议未来排放监管建立基于多源感知数据融合的规范化、标准化的排放评估方法，开展远程大数据分析，打通数据壁垒促进多种先进排放感知系统和监管技术的综合应用，形成“天地车人”一体化监控体系，实现柴油车全生命周期监管。

（三）实现在用车辆的在线监控

对柴油车安装在线监控装置，并通过数据无缝传输、云计算、大数据等手段将污染物排放、后处理装置运行情况等数据汇总至在线监控平台。平台通过对车载终端采集的数据，结合排放数据模型进行计算分析，从而实现超标排放车辆的识别及定位、排放总量评估、排放造假识别、NOx 传感器造

假识别、车辆后处理系统的运行情况和燃料消耗情况评估、非正规加油站识别、不喷尿素情况识别、发动机数据篡改识别、限行车辆监控等，对车辆进行全方位的监控。通过在线监控平台，监管部门可实现随时随地使用监管、定位、证据采集、处罚等功能，大幅降低监管和执法成本。终端用户可知晓实时排放状况，发现问题可就近维护、解决，确保排放达标，避免受到处罚。超标车辆的改造可以根据超标污染物情况，选择采用 DOC + CDPF 技术路线降低 PM 排放，或采用 DOC + CDPF + SCR 技术路线实现 PM 和 NOx 双降。政府部门可以对减排改造的车辆给予一定的财政补贴，对于高排放、不适合改造和拒不改造的车辆进行限行或强制报废。

四　油品、尿素等国六配套体系分析

降低油机污染排放的控制技术主要分为油品技术、机内净化技术和机外排气后处理技术三类。油品技术主要是通过提升燃油、润滑油品质，或采用替代燃料如生物燃料等，提升柴油机的燃烧性能，进而降低排放水平。2017年上半年，京津冀地区对重型货运车油箱抽检合格率不到9%。经过打击非法加油，2018年上半年合格率达到50%～60%，但仍有约一半不合格，再提升的难度较大。而不添加尿素国五、国六车比添加尿素车辆的氮氧化物排放量增加数倍。

由于国六的台架排放限值为0.4g/kWh，PEMS道路工况限值控制在0.69g/kWh以下且存在窗口通过率要求，从而对SCR转化效率要求普遍控制在95%（国五80%）以上，尿素/燃油消耗比较国六系统增幅普遍高达60%～80%。另外，市场供应尿素的一致性存在一定偏差以及铜基催化单元硫中毒现象的存在，导致尿素消耗比量级上仍存在增高的风险，并且尿素结晶的风险也进一步加剧。对于年里程相对较长的牵引物流用户而言，综合使用成本的增加也会导致购车成本回收周期增长。目前，国内品牌尿素厂家多是超大规模生产厂加工、分装再销往全国，这样虽然能够有效降低人工成本，部分降低原料成本，但是高昂的成品运输成本和外包装成本都制约了品牌的发展。

油品和尿素保障技术可以通过提升燃油和尿素的品质，降低其化学和物理毒性物质含量而实现。尽管我国国六排放标准对商用车的油品和维护的反应剂做了一定的规定，但是因国六车辆分布范围广泛而杂乱，监管难度高，造成大量车辆所用油品质量不合格、硫含量超标等。劣质的润滑油中同样存在大量的硫、磷等毒性物质，而产生的硫、磷等毒性物质会使后处理催化剂严重失活，灰分的覆盖会引发后处理装置堵塞，进而显著降低污染物的减排效果。因此，加强市场监管、取缔黑加油站、提升燃油和润滑油等油品品质对于移动机械的污染物控制具有重要意义。

尽管目前我国国六标准对柴油的含硫量进行了严格限制，但调研结果发现，目前仍存在大量的黑加油站点，存在硫含量超标几十倍甚至几百倍的现象，造成柴油车 NOx 排放大幅超标。因此，柴油清洁性的提升和监管是柴油车 NOx 减排的重要前提。同时发现全国车用尿素实际的消费量仍低于理论需求量，致使很多 NOx 没有缺少尿素的添加而直接排出。

此外，也可以通过采取替代燃料如生物柴油、天然气、醇类燃料等降低污染物的排放。使用替代燃料可以有效降低 PM 排放，但会增加柴油机的 PN 和 NOx 排放，同时也会包含一定的替代燃料的特征污染物，因此同样需要开发针对替代燃料的后处理技术方案。建议未来加强监管柴油品质，全面供应国六标准车用柴油，禁止销售普通柴油。提升油品清洁性，健全燃油、清净增效剂和车用尿素管理制度，严厉打击生产、销售、储存、使用不合格油品和车用尿素行为。加强监督市场尿素品质（包括浓度和杂质）。关注尿素理论需求量，建立车用尿素质量及消耗量分析模型，确保柴油车 SCR 催化转化器正常运行。

五　国六排放标准实施的影响

国六排放标准实施后，国六产品核心零部件的产品质量、后处理系统维护成本和尿素喷射比例提升等因素会给 OEM 厂商和用户带来诸多影响。

（一）发动机核心部件资源无法保证

鉴于当前汽车行业核心零部件主要依赖进口的现状，尤其是发动机的核心零部件 ECU 和喷油泵基本完全依赖博世公司。国六排放标准实施后，各发动机生产企业对 ECU 和喷油泵的需求量必然会急剧上升。叠加疫情影响，核心零部件存在缺货风险，国内发动机厂商将面临“无机”可供的窘况。

发动机控制系统以电子控制单元（ECU）为控制核心，以空气流量和发动机转速为控制基础，以喷油器、怠速空气调整器等为控制对象，保证获得与发动机各种工况相匹配的最佳混合气成分和点火时刻。要实现国产柴油车国六后处理系统全系统匹配应用，需要与发动机的控制系统（ECU）联接并通信。目前，柴油发动机的 ECU 技术主要被国外公司所垄断，不开放发动机 ECU 的通信逻辑和联接端口。这一现状阻碍了国产柴油车后处理技术的应用，不利于我国柴油车后处理市场的发展。

电控高压共轨技术能够对喷油量和喷油正时进行精准控制，从而优化燃烧，在保证优良的燃油经济性的同时，控制 NOx 和 PM 值较小，以满足排放法规要求。因此，电控柴油高压共轨系统相当于柴油发动机的“心脏”和“大脑”，其品质的好坏，直接影响发动机的使用。中国是全球柴油发动机的主要市场和生产国家，而在国内的电控柴油机高压共轨系统市场中，德国、美国和日本等企业占据了绝大份额。与国外先进公司的产品相比，国产高压共轨系统在性能、功能、质量及一致性上还存在一定的差距，成本优势也不明显。国外成熟产品最高工作压力均已经达到 2500bar，甚至有产品可达到 2700bar；而国内成熟产品的工作压力为 1600 ~ 1800bar，2000bar 及以上产品还处于开发阶段。

（二）后处理系统存在卡脖子现象

催化剂资源无法保证。现阶段后处理系统中的催化剂基本完全采用 BASF、庄信、优美科等国际供应商的产品，国六标准实施后，国六产品的大批量装车可能会导致后处理系统催化剂供应不足。

尿素泵、尿素喷嘴资源无法保证。现阶段国内 OEM 厂商的 SCR 喷射系统中尿素泵、尿素喷嘴基本上都采用博世产品，而国内供应商的相关产品技术方案尚未成熟，国六标准实施后，国六产品的大批量装车可能会导致后处理系统产能不足。

上述问题轻则引起产品成本上涨，重则影响 OEM 厂商的生产和交付，导致市场被欧洲竞品蚕食。

（三）购车和使用及维修成本增加

柴油车从国五排放升级到国六排放，国六增加了 PM（碳烟颗粒）、PN（颗粒数量）两项指标，同时提高了国五中的 HC、CO、NO_X、NMHC 的排放标准，提高了催化器贵金属含量。除了发动机本身需要进行大量的技术升级达到国六的技术门槛外，后处理系统需要在原有的 SCR 选择性催化还原技术的基础上增加了 DOC 柴油氧化催化器、DPF 颗粒捕捉器和 ASC 氨过滤器等，同步提升了国六车辆售价，预计比国五车辆每辆售价增加 2 万 ~3 万元，用户购车成本增加明显。

由于国六后处理催化剂比国五催化剂对硫更敏感，国六车型对油品要求极高，一般要求含硫量最高不超过 10ppm，如采用不满足国六标准的高硫柴油会导致后处理系统硫中毒失效；劣质柴油还会引起高压油泵、喷油器等高压共轨系统零部件的损坏导致 DPF 堵塞，后处理堵塞后维护成本高昂，更换成本更是高达数万元。

（四）新能源车型快速发展

国六排放实施，叠加 2030 年实现碳达峰、2060 年实现碳中和目标，新能源车型和清洁能源车型市场都将进一步发展，未来新能源领域和清洁能源领域势必会快速发展，我国新能源汽车企业迎来重大发展机遇。

在日趋严格的排放法规影响下，新能源城市专用车未来会逐步取代成本日益增高的传统能源车型。基于新能源购车补贴、节油效果明显等优势，未来城市配送车辆和中短途物流车辆会逐步转向新能源车型。并且，在排放法规压力之下，整车生产企业未来必定将清洁能源和新能源车型的研发作为重中之重，未来新能源车型将实现快速发展。

考虑到行驶里程、充电便利性、运营成本等要素，纯电动轻卡、混动重卡、氢燃料重卡是发展方向，短途运输/环卫作业等柴油车电动化技术较为成熟，部分整车厂在相关细分市场（如典型港口市场等）实现批量销售，长途运输仍以混动和燃料电池车型为主。

六　国六排放标准实施导致市场变化

国六实施将导致国三、国四、国五等排放标准的车辆二手车保值率明显下跌。同时非国六排放标准车辆，尤其是国三、国四车辆将面临限行甚至强制报废的巨大压力。同时，重卡柴油国六发动机的使用、维修方法与国五大不同，特别是后处理系统存在故障率偏高、维修难的问题。国六柴油车辆对于燃油、尿素的品质要求更高，同时油耗、尿素消耗也有不同程度的增加。因此，国六排放标准不仅对整车生产厂家技术和产品可靠性、成熟度有着严格要求，对于用户日常使用的柴油、尿素的品质要求也更高。同时国六排放标准的实施，加快了国五柴油新车的贬值速度，厂家为避免国五车辆形成库存，对国五车辆进行低价清理库存的操作。加之用户普遍对国六产品的恐慌情绪，部分有置换或新购置需求的用户提前购买了国五车辆，严重透支了下半年市场的部分需求，可能会导致排放切换后的一段时间内重卡市场持续低迷。预计 2021 年上半年国五重卡市场的增速将远大于国六重卡市场。

同时国六天然气车辆整个后处理系统比国六柴油车要简单不少。国六燃气发动机在市面上已经广泛使用，无论是维修保养还是配套都已经十分成熟。国六柴油车、燃气车虽然在购置成本上会比国六柴油车高很多，但在后期运营上，LNG 则有明显优势。如果气价相对稳定，燃气车每公里消耗燃料成本相对柴油车有明显优势，同时，燃气车不需要使用尿素，这也在一定程度上降低了用户的使用成本。虽然国六天然气车辆由稀薄燃烧变为当量燃烧之后，气耗较国五阶段有了一定增加，但是整体来看，运营成本仍将低于柴油车辆，在天然气资源相对丰富的地区，对于一些相对固定、沿途加气站密集、有足够年行驶里程的用户来说，天然气车辆有着明显的优势。在这些地区，预计重卡市场中燃气车占比将持续提升。

国六车辆排放指标严苛，对发动机的技术要求非常高，使得国六发动机的开发成本极为高昂。算上后续的标定、样车匹配、公告认证等费用，实力较弱的小型企业在国六开发和配套方面将举步维艰，同样，高昂的成本使得整车企业在选择关键零部件时更为慎重，偏向于战略合作开发。国六时代，整车企业或内部配套企业，或与有实力的独立发动机公司合作，这一趋势将更加明显。在此背景下，发动机资源将再次引起重卡行业的洗牌，重卡行业集中度将持续提高。

重卡后市场业务将迎来蓬勃发展，专业机构或具有资质的维修厂对专业维修人员及商用车驾驶员的“国六培训”业务量将大幅度增加，该行业的效益也将明显提升。

众所周知，国六标准是全球最严格的排放标准之一，对汽车发动机和相关零部件、尾气处理技术及油品等要求更高。目前国五重卡后处理技术以SCR为主，轻卡部分采用DPF。但在国六背景下，SCR已无法满足要求，行业预测国六实施的处理技术将会向EGR、DOC、DPF、SCR（汽车稳定控制系统）倾斜，届时DPF将被重卡、轻卡大规模使用。国六柴油重卡市场占比不断攀升，围绕后处理市场的相关维修、养护业务等市场规模也将不断上升。国六商用车对高品质的油品、尿素需求量大，作为国六车柴油尾气处理必须添加技术达标的专业车用尿素液，如何生产纯度高、技术达标的合规专业尿素会成为商用车后市场发展的一大契机。国六不仅是对商用车发动机升级的考验，更是对商用车使用环节的考验，这其中油品和尿素对保障排放效果至关重要。如油品的纯净度，要求低硫、低灰、低磷含量；尿素的活性和如何减少结晶，都变得至关重要。

从整体的重卡发展趋势来看，重卡在环保切换结束以后，还将向着高配化、标载化的方向发展。市场竞争更加激烈，车队化趋势明显，随着物流行业的迅速发展，重卡用户结构比例将发生变化，车队客户崛起；物流行业整合趋势明显，物流公司在购车群体中的占比继续提升，更加注重运营效率，车辆利用率提高，这将在高附加值的冷链运输中体现得更为明显。用户更加追求高出勤率、高可靠性。同时对于运营效率的看重，使得大马力车型更受青睐；大马力发动机具有低速大扭矩的特点，其扭力范围更宽，发动机的经济转速区也更宽，能够带来更佳的节油效果。AMT 变速箱能够在一定程度上避免司机的拖档行为，柴油可以燃烧得更加充分，从一定程度上避免了后处理中毒，换挡更加精准，降低了重卡车辆的故障率。

B.11
载货车车辆安全升级趋势研究

摘　要：　“十三五”期间，国家机动车安全主管相关部门虽然在车辆安全生产、准入、一致性监管等方面出台了一系列政策，在引导机动车安全技术水平升级上取得了显著成效，但是仍然存在一些问题。在发生的安全事故中，多涉及货车超载、非法改装、危险品运输营运违规等。为此，本报告基于我国载货车车辆安全管理现状，分析了载货车车辆安全管理中存在的问题及其原因，提出了完善车辆安全标准法规体系、强化车辆设计和安全生产、加强机动车车辆安全监管等载货车车辆安全升级相关政策建议。

关键词：　载货车　道路安全　安全管理　安全升级

一　载货车车辆安全管理现状

（一）道路交通安全基本情况概述

改革开放40多年来，尤其是加入WTO后，在市场和政策双重作用下，中国汽车产业迎来快速发展期。2009年，在全球金融危机的大背景下，中国汽车市场销量跃居全球第一，随后几年持续攀升，到2017年，销量达到的约2888万辆的高点。直到2019年，汽车产销分别完成约2572.1万辆和2576.9万辆，同比分别下降约7.5%和8.2%。2020年，汽车产销分别完成约2522.5万辆和2531.1万辆，同比分别下降2.0%和1.8%，但是尽管如此，我国汽车产销量继续蝉联全球第一。据公安部统计，2020年，全国机动车保有量达3.72亿辆，其中汽车保有量达2.81亿辆。2001~2020年汽车销量及其增长率如图1所示。

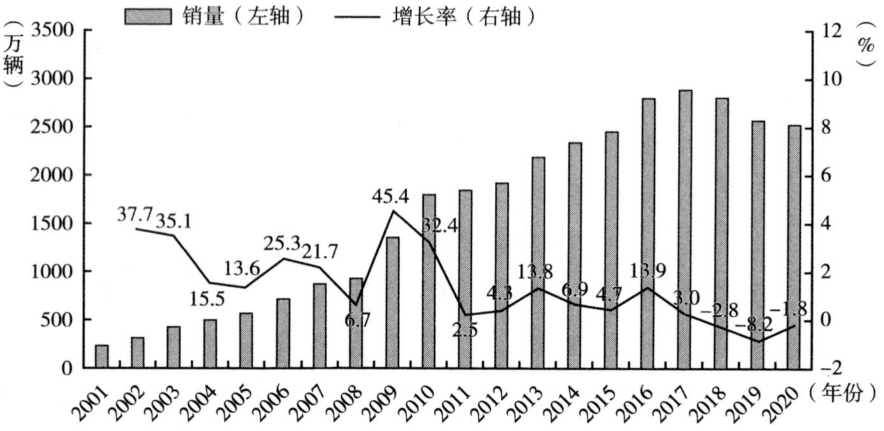

图 1　2001～2020 年我国汽车销量及其增长率

汽车保有量的持续增长，也带来了道路交通事故数量居高不下。2010～2019 年根据国家统计局数据，我国平均每年发生交通事故 21 万起以上、造成 6 万多人死亡、近 23 万人受伤、直接经济损失接近 11.5 亿元，汽车是造成交通事故的最主要交通工具，占机动车交通事故的 68.4%。总体上说，道路交通安全形势不容乐观，汽车作为道路交通三要素中的一环至关重要。

表 1　2010～2019 年我国交通事故总体情况

项目	2010 年	2011 年	2012 年	2013 年	2014 年	2015 年	2016 年	2017 年	2018 年	2019 年	平均
交通事故发生数总计(起)	219521	210812	204196	198394	196812	187781	212846	203049	244937	247646	212599
汽车交通事故发生数(起)	148367	145338	142995	138113	136386	129155	145820	139412	166906	159335	145183
占比(%)	67.6	68.9	70.0	69.6	69.3	68.8	68.5	68.7	68.1	64.3	68.4
交通事故死亡人数总计(人)	65225	62387	59997	58539	58523	58022	63093	63772	63194	62763	61552
交通事故受伤人数总计(人)	254075	237421	224327	213724	211882	199880	226430	209654	258532	256101	229203
交通事故直接财产损失总计(万元)	92634	107873	117490	103897	107543	103692	120760	121311	138456	134618	114827

资料来源：国家统计局。

（二）汽车安全管理体系现状

目前，对汽车产业的管理是典型的法律、法规、标准三层综合管理体系。法律为上位法，是法规和标准制定的基本依据。法规是法律在国家行政管理上的体现，由国务院（行政法规）及其行政管理部门（部门规章）、各地方人民政府（地方法规）根据各自职能予以发布和实施。标准是产业领域需要统一的技术要求，通常也称技术标准，由国务院标准化行政主管部门统一管理全国标准化工作。

1. 主要管理部门职能及管理依据

汽车安全管理主管部门涉及工业和信息化部、国家市场监督管理总局、公安部和交通运输部等，各主管部门依据《中华人民共和国道路交通安全法》《中华人民共和国公路法》《中华人民共和国产品质量法》《中华人民共和国行政许可法》等上位法出台，配套安全、环保和节能等行政法规来开展行政管理。国务院根据宪法和法律，规定各部委的职责，统一领导各部和各委员会的工作。

2. 载货车安全管理标准制定及出台情况

“十三五”期间，各车辆主管部门完善升级了车辆安全技术标准。其中，工信部、公安部等部委组织修订 GB 7258－2017，全面提升机动车安全运行要求：交通部则出台了营运车辆安全标准，并推广了车辆安全辅助驾驶技术的应用。截至 2021 年 4 月 30 日，载货车产品安全准入（包括公告、CCC、达标车型）涉及检验项目共计 108 项，注册登记、年检等相关标准 9 项。

二　载货车车辆安全管理问题分析

“十三五”期间，国家机动车安全主管相关部门在车辆安全生产、准入、一致性监管等方面出台了一系列政策措施，在引导机动车安全技术水平升级上取得了显著成效，但是仍然存在一些问题。在发生的安全事故中，多涉及货车超载、非法改装、危险品运输营运违规等。

（一）轻型载货车蓝牌轻卡超载问题

2019 年 5 月 21 日，央视《焦点访谈》曝光了蓝牌轻卡“大吨小标”“空车超载，轻卡不轻”“十吨王”等问题，引起了全社会的广泛关注。轻型载货车超载现象一直普遍存在，造成了很大的安全隐患。

蓝牌轻卡之所以乱象频出且屡禁难止，根源不在于车企和用户，而是由各地的路权政策与市场需求之间的矛盾引发的一系列问题。

1. 各地进城法规要求和市场需求的矛盾

（1）各地方对载货汽车限行规定不统一、不科学

部分城市按载货汽车的总质量（微型、轻型、中型和重型）进行管理；部分城市按载货汽车的额定载质量进行管理，并且不同城市要求不一致，有 8 吨、7 吨、5 吨、4.5 吨、2 吨、1.5 吨、1.25 吨、1 吨、0.75 吨、0.5 吨以下等（见表 2）。

表 2　中国主要城市载货汽车进城管理

管理分类	受限情况	城市/区域
按载货汽车总质量	微型、轻型、中型和重型逐级加严	深圳、南京、武汉、济南、南昌等
按载货汽车载质量	0.5 吨以上受限	河北保定，云南红河、文山、昭通，四川西昌，福建泉州、福州等
	0.75 吨以上受限	浙江宁波、福建大多城区，黑龙江佳木斯，云南玉溪，黑龙江哈尔滨，甘肃兰州，宁夏银川等
	1 吨以上受限	湖北荆州，江苏海安，安徽合肥、六安，云南昆明，重庆等
	1.25 吨以上受限	浙江义乌、广东佛山等
	1.5 吨以上受限	广东广州、江苏淮安、浙江金华、山东胶州等
	2 吨以上受限	长春
	5 吨以上受限	上海
	8 吨以上受限	北京、上海

进城法规制定不科学，上述地方法规的乱象主要原因有：一是部分地方政府交通管理部门对本地的交通和车辆通行政策的规划、制定不够科学合

理，二是执法手段不足。各地方基本是为了执法方便，通过牌照（蓝牌和黄牌—总质量4.5T）、车辆类型（见表3）等易于辨识的特征，进行简单粗暴的“红线”管理。

表3　轻型车辆分类

车辆类型	总质量	载质量
皮卡	2T~3.5T	<0.75T
微卡	≤1.8T	<0.75T
小VAN(微面改装)	2.2T~2.3T	<0.75T
轻卡	1.8T~3.5T	0.75T~1T
中VAN(窄体轻客改装)	2.4T~3.5T	0.75T~1.5T
轻卡	3.5T~4.5T	1T~2T
大VAN(宽体轻客改装)	3.5T~4.5T	1.25T~2T

（2）载货汽车进城吨位限值太低，与城市物流需求相悖

城市物流需求以百姓日常生活物品为主，涉及衣、食、住、行等各方面。以运输食品（水、瓜果蔬菜、粮油米面等鲜活农产品）为例分析，货物的平均密度为0.8吨/立方米。

载货车以蓝牌车（轻、微型）可进城的4.5T标载厢式运输车为例分析，载质量利用系数按平均0.68（公告范围0.6~1.16）计算的额定载质量为1.8吨，只能拉2.3m^3左右的货物。4.5T厢式运输车的货箱容积通常在13.5~20m^3（最大可到4.1m×2.2m×2.2m）。不超载且满载情况下，货箱空间的利用率只有11%~17%。

载货车以0.75吨的载质量为例分析，载质量利用系数按0.5计算，载货车最大的总质量也才到2.25T，能够自由进城拉货的基本只有皮卡（货箱容积0.9~1.4m^3，基本不从事物流运输）和微卡（货箱容积7~10m^3，货箱空间利用率9%~13%）。

如此低的货箱空间利用率，在车辆装载能力能够保证的情况下，在运输成本和利益驱使下，势必带来超载。如果不超载，则运输效率极低（增加运送次数，大幅增加车辆与驾驶人员，加重交通拥堵，增加排放，大大增加

社会成本），浪费社会资源。

以7.5T厢式运输车（且车长6米以内，考虑车辆在城市通行的机动性）可进城为例分析，载质量利用系数按平均1.25（公告范围1～1.58）计算，额定载质量为4.2吨，可拉5.2m^3左右的货物。6米车长的货箱容积基本相当，7.5T厢式运输车通常为20m^3（4.1m×2.2m×2.2m）。不超载且满载情况下，货箱空间的利用率为26%。

以12T厢式运输车（且车长6米以内，考虑车辆在城市通行的机动性）可进城为例分析，载质量利用系数按平均1.47（公告内为0.7～2.07）计算，额定载质量为7.1吨，可拉8.9m^3左右的货物。6米车长的货箱容积基本相当，12T厢式运输车通常为22m^3（4.1m×2.3m×2.3m）。不超载且满载情况下，货箱空间的利用率可达41%。

上述计算分析数据如表4所示。

表4　货箱空间利用率模拟计算表

总质量（kg）	平均载质量利用系数	公告内载质量利用系数范围	额定载质量（kg）	货物平均密度（kg/m^3）	载货量（m^3）	货箱尺寸（6m车长计算）	货箱容积（m^3）	货箱空间利用率（%）
4495	0.68	0.6～1.16	1819.40	800	2.27	4.1m×2.2m×2.2m	19.84	11.46
7495	1.25	1～1.58	4163.89	800	5.20	4.1m×2.2m×2.2m	19.84	26.23
11995	1.47	0.7～2.07	7138.72	800	8.92	4.1m×2.3m×2.3m	21.69	41.14

2. 企业生产与市场监管问题

（1）标准实施应用问题

交通运输部2013年第23号公告发布的GB/T 29912－2013《城市物流配送汽车选型技术要求》未得到有效应用，同时也未能及时修订，不满足现阶段城市物流车的发展水平和城市物流发展需求。

（2）生产一致性管理问题

根据公安部统计，2019年度轻型载货汽车在注册登记环节存在生产一致性问题。生产企业和政府部门在生产一致性管理方面均存在问题，具体如下：

①企业管理

同一载货汽车底盘生产企业有多家受托改装企业，因为上装设计规范执行不严格或管理不到位，货厢种类繁多，货厢重量存在差异等，造成生产一致性问题频现。

“十吨王”产品的存在反映了企业存在合格证管理不严格、产品套牌等生产一致性管理不到位的问题。

②政府管理

针对生产一致性，政府主管部门主要通过通报、约谈、抽查等方式进行监管，对严重违规问题暂停或撤销相关产品公告，处罚力度相对较小，违法成本较低，不利于形成良好的市场竞争环境和促进汽车产业健康发展。

3. 市场监管问题

注册登记环节监管不到位，存在大量“黄牛”利用“值班车厢”等手段骗领检验合格报告、套牌销售车辆等行为，导致不合规车辆正常上牌、通过年检，给车辆交通安全管理带来隐患。

（二）中重型载货汽车非法改装及超载问题

中重型货运车辆作为公路中长途运输的“主角”，在促进商品流通、搞活市场经济、提升运输能力等方面发挥着极为重要的作用。然而，市场中的中重型货车超载超限、非法改装等问题却一直存在。

根据 GA 802－2019《道路交通管理 机动车类型》，非法改装车是指未经国家有关部门批准，改变了已认证或者已登记的结构、构造或者特征的机动车，或者使用了查封、抵押、盗抢骗机动车的发动机（驱动电机）、方向机（转向器）、变速器、前后桥、车架（车身）等五大总成之一组装的机动车。非法改装货运车辆，会破坏车辆本身的结构和性能，影响车辆的安全性能，给车辆行驶带来安全隐患。改装后的车虽然增加了载重能力，但其制动系统性能会下降，甚至失效。超载极其严重的车辆还会发生爆胎、钢板弹簧折断、半轴断裂等险情。

1. 生产一致性管理问题

生产企业和政府部门在生产一致性管理方面均存在问题，具体如下：

（1）企业管理

同一载货汽车底盘生产企业有多家受托改装企业，因为上装设计规范执行不严格或管理不到位，货厢种类繁多，货厢重量存在差异等，造成生产一致性问题频现。

“百吨王”产品的存在反映企业存在生产一致性管理不到位的问题。

（2）政府管理

针对生产一致性，政府主管部门主要通过通报、约谈、抽查等方式进行监管，对严重违规问题暂停或撤销相关产品公告，处罚力度相对较小，违法成本较低，不利于形成良好的市场竞争环境和促进汽车产业的健康发展。

2. 市场监管问题

部分货运场站和货车司机，为多拉货物、降低物流成本，对在用车进行非法改装，在完成车辆注册登记后私自改变车辆的尺寸、外形、功能和结构等。比如，自卸车增加货厢高度、长度和宽度，加强货箱结构强度，更改轮胎规格，增加钢板弹簧数量等；搅拌车更换罐体等。甚至还有的货车改变车辆主要总成部件，更换与原车型不一致的发动机、变速器、车桥或车架，擅自更换车身。

注册登记和年检环节监管不到位，存在大量“黄牛”利用“值班车厢”等手段骗领检验合格报告、套牌销售车辆等行为，导致不合规车辆正常上牌、通过年检，给车辆交通安全管理带来隐患。

部分地区存在针对超载车辆不严格卸载，交完罚款即可放行的问题。这类问题成为监管的难题和屡禁不止的一种现象。

（三）危险品运输车重大事故频发问题

我国是危险化学品、爆炸物品、放射性物品等危险物品的生产和使用大国，也是危险货物道路运输大国。近年来，我国危险货物道路运输行业管理不断规范、发展形势持续向好，但危险货物道路运输事故依然时有发生。据统计，2019 年国内危化品火灾爆炸事故 718 起，共造成 239 人死亡，2020 年 6 月 13 日发生在浙江温岭的槽罐车爆炸事故更为严重，共造成 20 人死亡、172 人受伤，由此造成的经济损失更是不可估量。由此暴露出危险货物道路运输管理中还存在一些漏洞和问题。

危险品运输车营运违法主要是市场监管问题（非法改装）。造成危险品运输车事故的主要原因：一方面，危险品运输行业经营混乱、危险品运输从业人员专业程度不高、危险品运输车维护不到位导致事故率高，危险品运输中包装不符合规范等增大了安全隐患；另一方面，行业管理部门监管不到位，危险品运输实时信息难以获取，行业缺乏信息管理平台，相关法律法规处罚力度较小。以温岭事故为例，据央视新闻报道，造成“浙江温岭槽罐车爆炸事故”的危险品运输车经营企业（瑞安市瑞阳危险品运输有限公司）曾因未按规定实施安全生产管理制度、未按规定上传道路运输车辆动态信息、未按规定的周期和频次进行车辆综合性能检测和技术等级评定等原因被行政处罚 11 次，共计罚款金额仅 1.1 万元。

综上所述，因为危险品运输市场管理不规范和市场监管不到位等导致了危险品货物运输车重大交通事故频发。

（四）低平板半挂车（大件运输车）超载问题

目前，市场上存在大量的低平板半挂车，未用于运输大件物品，而实际是违规用于超载运输普通货物。尤其是市场上存量的 40 万辆左右的 17.5 米低平板半挂在用车，很少用于运输大件，基本用于超载运输普通货物，并且套牌现象普遍，据统计，40 万辆的在用车中有 30 万辆左右为套牌车。另外，工信部产品公告管理要求低平板专用半挂车前平台必须比后平台窄，因此市场上还存在非法改装加宽前平台仍用于散货运输的违规行为，严重扰乱货运管理市场。

根据 GB 1589－2016《汽车、挂车及汽车列车外廓尺寸、轴荷及质量限值》，低平板专用半挂车只可运输不可拆解大型物体。而低平板半挂车由于其整车及货箱较长、装载量大（见表5），运输能力较强，物流企业违规采用此类车型运输普通货物。

表5 主要车型载货量对比

车型	整车长度（m）	整车宽度（m）	整车高度（m）	货箱长度（m）	货箱高度（m）	货箱宽度（m）	轴数（轴）	装载后高度（m）	装载量（m^3）
普通厢式半挂车	—	—	—	13.60	2.49	2.90	3	—	100.4
普通平板半挂车	13.00	2.55	1.55	—	—	—	3	4	81.2
13.75米低平板半挂车	13.75	3.00	1.15	—	—	—	3	4	117.6
17.5米低平板半挂车	17.5	3.00	1.15	—	—	—	3	4	149.6

针对上述低平板半挂车违规问题，市场监管不到位，部分地区存在针对超载车辆不严格卸载，交完罚款即可放行的问题，违法成本较低，导致低平板半挂车违法运输普通货物成为一种屡禁不止的现象。

三 载货车车辆安全升级发展的对策

（一）完善车辆安全标准法规体系

1. 解决安全准入和监管职能重复的问题

深化汽车行业放管服改革，放宽事前准入管理，加严事中事后监管。研究制定《中华人民共和国车辆法》，覆盖汽车产业全生命周期全过程（规划、研发、采购、生产、质量、认证、营销、市场监管等方面），指定汽车产业唯一主管部门，明确职能职责，整合并统一汽车准入、生产一致性等方面的管理制度。简化产品准入项目和认证流程，减少检验检测项目重叠，缩短产品准入周期，提高汽车产品市场投入效率，降低行业的运行成本，推行新车新办法、老车老办法的法制化管理原则等。优化机动车产品准入，依法整合汽车产品公告、强制性产品认证、环保型式核准目录、道路运输车辆达标车型等，实现一次送检、全面检测、结果互认。

2. 建立完善车辆安全标准体系

（1）推进车辆安全标准体系规范和统一

由公安部牵头，联合交通部、工信部推动 GB 7258 标准的修订和完善工作，引导车辆安全技术进步，以满足营运市场的安全要求，废除其他类似标准。由工信部牵头，联合公安部、交通部、市场监管总局推动载货汽车分类标准统一，由市场监管总局负责，加强国家标准的管理，推动各相关部门在制定标准时广泛听取各方意见，深入调查论证，保证标准的科学性、规范性、适用性、时效性、完整性。

（2）推动实施汽车安全国家强制性标准管理

由市场监管总局牵头梳理，将纳入强制实施的汽车安全相关的国家推荐性标准、行业推荐性标准、地方推荐性标准等整合为强制性国家标准，建立国家强制性标准管理体系。

3. 完善新能源汽车安全标准

目前，我国已经初步建立了一整套较为完整的电动汽车标准化体系，构建了以基础通用、电动车辆整车、关键系统和零部件、接口及设施为主要内容的完整体系，标准的实施和制定将进一步促进电动汽车行业向着高安全性、高质量化、高效率化的方向发展。因此，新能源汽车车辆安全监管标准应覆盖产品认证、运行安全、突发事件管理、维护保养、回收报废等环节，进行全生命周期管理。当前在纯电动汽车领域标准法规较为完善，但仍然需要进一步优化。

目前新能源汽车标准大部分为推荐性国标，需尽快将已经实施的推标转成强标，规范新能源汽车标准体系，强力推进 GB 18384 - 2020、GB 38032 - 2020和 GB 38031 - 2020 三项强制性国家标准的实施。行业企业应担负安全主体责任，严格执行相关技术标准，强化安全测试验证，严把产品出厂质量关，加快建立健全安全保障体系，不断提升新能源汽车安全水平。一方面，针对电动汽车电池安全，充分地分析各种失效模式以及故障，实现在设计阶段更好规避电池起火，建立失效模式和故障分级标准，完善电动汽车安全标准。另一方面，针对新能源汽车监管，研究探索新能源车辆事故前预警、事故应急处理和救援、调查取证方法、责任认定、司法效力等问题，尽快建立新能源汽车电子数据采集执法技术标准。

4.研究智能网联车辆上路测试规范及要求

研究智能网联汽车的上路测试规范要求，在保障安全的基础上，允许车企在真实道路场景进行测试验证。只有通过真实环境下的道路测试才能完成车辆的安全验证，才可推动智能网联汽车行业发展，保障自动驾驶道路测试的安全性。同时，建立测试运行安全管理应急预案等，以充分保障开放道路测试的安全性。

完善智能网联汽车安全管理类标准，包括智能网联汽车运行安全要求、运行安全测试要求等。完善智能网联汽车运行管理标准，包括交通秩序管理、交通事故处理和实时运行管理等。完善智能网联汽车交通事故责任判定复盘测试标准。完善智能网联汽车执法部门有效识别标准，建设自动驾驶汽车运行监控平台，确保有效在线管控。

5.研究车辆安全事故应急处理及救援标准

完善车辆事故标准体系构建，按照车辆安全事故技术逻辑结构、产品物理结构的构建方法，综合不同的功能要求、产品和技术类型、各子系统之间的信息流，搭建事故应急处理及救援标准，加强车载紧急呼叫系统的推广与应用，要求营运车辆配置应急救援手册、安装应急救援安全配置、搭载应急救援物品，实现从事故发生、事故地点到乘员身份及伤情确认并规范其求援方式，提升安全事故应急处理的及时性。

（二）强化车辆设计和安全生产

1.强化车辆安全设计符合标准要求

（1）提高企业安全管理能力

制定落实企业安全生产主体责任若干规定，强化企业法定代表人、实际控制人的第一责任人法定责任；加强安全考核，落实全员安全生产责任制。2021年底前，各重点行业领域企业通过自身培养和市场化机制全部建立安全生产技术和管理团队。

（2）建立完善安全风险防控和隐患排查治理体系

推动企业定期开展安全风险评估和危害辨识，针对高危工艺、设备、物品、场所和岗位等，加强动态分级管理，落实风险防控措施，实现可防可控，2021年底前，各类企业建立完善的安全风险防控体系。规范分级分类排查治理标准，明确“查什么、怎么查”“做什么、怎么做”；2021年底前建立企业“一张网”信息化管理系统，做到自查自改自报，实现动态分析、全过程记录和评价，防止漏管失控。

督促企业加大安全投入，用足用好企业安全生产费用提取使用、支持安全技术设备设施改造等有关财税政策，重点用于风险防控和隐患排查治理，推进各重点行业领域机械化、信息化、智能化建设。通过实施安责险，加快建立保险机构和专业技术服务机构等广泛参与的安全生产社会化服务体系。

（3）大力开展安全生产标准化建设

分行业领域明确3年建设任务，突出企业安全生产工作的日常化、显性化，建立自我约束持续改进的内生机制，实现安全生产现场管理、操作行为、设备设施和作业环境的规范化。

（4）加强企业安全管理制度建设

完善和落实企业安全生产诚信、承诺公告、举报奖励和教育培训等制度，建立健全企业风险管控和隐患排查治理情况，向负有安全生产监督管理职责的部门和企业职代会“双报告”制度，自觉接受监督。

2. 加强车辆生产一致性监管，建立违规车型处理制度

车辆生产企业是保证生产一致性的责任主体，要严格按照有关文件的要求，加强车辆生产一致性管理。建立“三联”一致性制度（底盘一致性、上装一致性、整车一致性），确保生产一致性保证体系在产品设计、采购、生产、销售及售后服务等环节的有效运行。

车辆生产一致性主管部门应加强生产一致性检查。落实国务院“双随

机、一公开”事中事后监管体系，严格按照法律法规履行监管责任，规范监管行为，推进事中事后监管法治化、制度化、规范化，发挥市场调节作用，提高生产企业产品一致性水平；修订相关法律法规，落实缺陷汽车产品召回制度，加大处罚力度，确保车辆设计满足相关标准要求；制定年度生产一致性检查计划，对检查发现生产车辆与产品准入时技术状态不一致的，采取暂停合格证上传、强制召回等处罚；推进信用体系建设，综合运用信用中国、信用交通、安全生产失信联合惩戒“黑名单”等载体，加快建立和完善道路运输领域安全生产守信激励和失信惩戒机制。

（三）加强机动车车辆安全监管

1. 严格加强车辆注册管理，规范车辆核查

（1）严格执法。公安部依托国家“互联网＋监管”系统进一步增强对违规车辆产品的信息通报力度；工信部对违规企业及产品依法进行惩处，对情节轻微、负面影响较小的苗头性问题，在坚持依法行政的同时，主要采取约谈、警告、责令改正等措施，及时予以纠正。对情节和后果严重的，要依法责令召回、撤销相关产品公告和生产资质；涉及犯罪的要及时移送司法机关处理，将相关企业或人员列入信用“黑名单”；对失信主体在行业准入、项目审批、获得信贷、发票领用、出口退税、出入境、高消费等方面依法予以限制，提高严重违法者的违规成本。

（2）严肃和规范车辆注册登记核查，推进全国统一执法尺度。各地公安机关交通管理部门要严肃执法，全面推进监管执法公开、执法全过程记录，建立统一的执法信息公示平台，促进监管执法部门和工作人员履职尽责、廉洁自律、公平公正执法。对忠于职守、履职尽责的，要给予表扬和鼓励；对未履行、不当履行或违法履行监管职责的，严肃追责问责；涉嫌犯罪的，移送有关机关依法处理。此外，政府应建立对新能源汽车性能参数的抽检工作。

2. 规范机动车年检标准及流程

（1）进一步明确车辆检验流程并公开公示，解决各地执法标准不一的问题。机动车年检的规范，不只是标准的规范，更需要执行过程的规范。

首先，需要严格检验机构从业人员条件。检验机构要依法具备独立的法人资格，检验机构及其检验人员承担检验法律责任。其次，规范机动车检验工作程序。机动车所有人申请机动车安全技术检验，需提交申请表、机动车行驶证、机动车交强险凭证。同时，检验机构不得擅自增加或减少检验项目，不得篡改或伪造检测数据。最后，明确新能源在用车年检标准及流程，探索打通基于个人信用管理和新能源汽车大数据的采信规则，给予在用车快速年检/免年检的优先方法。

（2）加强对公安交管执法人员机动车年检标准的宣贯，加强对标准的统一理解，强化老车型老标准、新车型新标准的检测思维。研究更安全更准确更便捷的检验手段、及时更新检验标准和流程，同时建议将车辆维修保养数据联网，把核验车辆维修保养数据作为判断车辆安全性能的支撑。

（3）在汽车的常规年检中增设智能网联相关项目的检测，建立符合法规要求的检测流程。对车辆搭载的智能装备如传感器、车联网系统、ADAS系统进行检测，对智能网联装备的性能衰减及失效情况进行检查和评估，确保上路安全；组织相关检测机构研发与当前市场发展相适用的智能网联汽车检测设备，搭建完整可靠的检测线。

3. 研究营运车辆（载货汽车、大型客车）高速限速管理制度，加强司机“疲劳驾驶”监管制度

（1）进一步研究制定符合载货车高效率运输的道路通行限速政策。车辆限速由危险品车辆扩大至所有车辆，通过合理限速，一方面降低了车辆安全管理风险，另一方面也能够提升车辆燃油经济性。对总质量在12吨以上的载货汽车和大型客车进行车辆限速管理，相关监管需要依靠先进科技来实现，依靠当前5G通信和智能网联汽车技术，可以实现车辆状态的实时监控，并智能提醒驾驶员减速和停靠服务区休息，同时也能够将相关数据及时上传国家系统记录；在驾驶员无视提醒的情况下，自动记录相关情况并向交管部门警示，及时处置；甚至可以向周围车辆发送警示信息，远离危险车辆。

（2）研究制定驾驶员疲劳驾驶预防管理政策，制定出台驾驶员驾驶时间和休息时间的法律规定。结合我国载货车驾驶员驾驶时间的现状，制定

出台我国载货车驾驶员疲劳驾驶预防管理政策，完善时间规定、监控手段等相关法规制度，推进车辆动态监控技术升级，同时加强驾驶员的培训与宣传教育。

（3）强化客货运驾驶人的安全管理，提高大中型客货车驾驶人培训考试要求，严格客货运驾驶人准入条件，采取有效措施切实防止驾驶员疲劳驾驶，加强司机“疲劳驾驶”监管制度。通过卫星定位装置、车载终端、监控平台等信息手段，加强对客运车辆运行全过程的动态监控，发现和制止车辆各类违法违章行为。

（4）进一步提高“两客一危一货”、“营转非”大客车、校车等重点车辆检验率、报废率、违法处理率以及重点车辆驾驶人审验率、换证率、学习率，努力实现重点车辆和驾驶人“带病上路”问题明显减少。加快《驾驶员注意力监测系统性能要求及试验方法》标准的制定进程，加强疲劳驾驶安全教育，出台相应的疲劳驾驶管理制度。

4. 建立治超信息监管系统，严格落实治超措施，消除车辆“大吨小标”，建立载货汽车进城管理规范

严格落实国务院安委会《全国安全生产专项整治三年行动计划》的任务要求。

（1）建设治超信息系统并全国联网。各省级交通运输主管部门、公路管理机构要建立全省统一的公路超限运输管理信息系统，在矿山、钢铁、水泥、砂石“四类企业”和港口、铁路货场、大型物流园区、大宗物品集散地“四类场站”安装出口称重设施并联网运行，防止超限超载车辆出站出场；落实高速公路收费站入口称重和违法超限超载禁入，加快推进公路超载超限检测站信息系统联网工作，实现公路超限管理信息系统、计重收费系统与大件运输审批系统的数据交换共享；积极协调公安交警部门，加快实现公路治超信息系统与公安交通车辆信息管理系统的联网数据交换共享。

（2）治超大数据分析和应用。路政、运政、交警等部门信息资源交互、共享、整合，形成统一的基础资源数据库，利用大数据技术支撑治超执法。

（3）提升运输行业从业人员素质。加快构建道路运输职业资格制度，

健全职业标准、职业资格考试、注册管理、继续教育、从业管理、国际互认制度等职业资格制度体系，全面实施道路运输企业主要负责人和安全生产管理人员考核管理制度；加强货运驾驶人培训考试监管，督促机动车驾培机构和教练员严格执行教学大纲，落实培训内容和培训学时要求。

（4）推动运输企业规范经营。加强企业注册登记管理，做好道路货运企业注册登记和许可审批的衔接，严格履行“双告知”职责，建立部门间货运企业营业执照和道路货运经营许可办理情况定期通报反馈机制。

（5）严查超限超载违法。深入推进治超联合执法常态化、制度化，加强超限超载车辆及处罚信息共享，切实落实“一超四罚”措施，深化“百吨王”专项整治，公安部牵头推进《中华人民共和国道路交通安全法》修订，对违法货车及驾驶人、货运企业和源头装载企业加大处罚力度，将严重违法失信超限超载的，纳入失信当事人名单进行联合惩戒。

（6）严查货车非法改装。全面排查货车、专用车生产企业、车辆维修企业和车辆非法改装站点，加大对货车非法改装企业的打击力度。

（7）统一载货汽车进城管理规范。由交通运输部联合公安部研究制定统一的载货汽车进城管理规范（如进城限制设定为整车长度6米以内、总质量12吨以内或不设限制等），全国各地不得制定单独的载货汽车进城规定。

5. 建立交通事故场景数据体系

（1）建设跨部门、跨行业的交通事故场景数据体系，将人、车、碰撞事故分析、碰撞后处理、事故救援等纳入数据系统，并统一数据填报、交换格式，实现统一的数据交换接口及其调用方法，推进跨部门、跨行业、跨地区的信息资源共享共用。加强交通事故大数据的分析研判应用，实现对信息的分析处理和挖掘研判，满足有关部门的道路交通安全分析需求。

（2）建立有效可行的车辆事故处理救援管理体系，并基于此逐步提升调查取证及责任认定能力。切实做到，事故发生前，可有效预防；事故发生时，可及时有效救援，保证人民群众的生命财产安全；事故发生后，可对相关方责任进行客观的认定，让事故后期的进一步处理解决有依据、有支撑。

参考文献

中国汽车工业协会：《中国汽车工业产销快讯》，2021。

中国汽车技术研究中心、中国汽车工业协会：《中国汽车工业年鉴》，2018。

FOURIN、中国汽车工业协会：《世界汽车统计年鉴》，2020。

欧洲汽车工业协会，“ACEA_ Pocket_ Guide_ 2020 - 2021”，2020。

王小兰：《近5年中国汽车轻量化进展探》，《汽车文摘》2021年2月1日。

张丽敏：《新能源汽车产业进入市场主导时代》，《宁波经济》（财经视点）2020年11月10日。

祁晓玲：《新能源汽车未来15年规划出炉》，《中国工业报》2020年11月14日。

陈鹏：《新征程的开局之年》，《汽车制造业》2020年11月25日。

高驰：《中国汽车产业加速向新能源、智能化转型升级》，《汽车与配件》2021年1月15日。

胡汉杰：《外资商用车车企抢滩登陆　一汽解放有实力迎接挑战》，《中国经营报》2021年1月4日。

李永钧：《解读2021年汽车行业新政》，《上海企业》2021年2月9日。

黎冲森：《2020年10大盘点之汽车产业政策》，《汽车纵横》2021年2月7日。

黄睿、宋雨童：《2020年我国专用汽车市场回顾及2021年市场预测》，《专用汽车》2021年2月15日。

陈韬：《浅析“十四五”我国专用汽车行业技术发展趋势》，《专用汽车》2021年3月15日。

朱晶：《全球汽车半导体产业现状及我国该产业发展的建议》，《中国集成电路》2021年3月5日。

权威报告·一手数据·特色资源

皮书数据库

ANNUAL REPORT(YEARBOOK) DATABASE

分析解读当下中国发展变迁的高端智库平台

所获荣誉

- 2019年，入围国家新闻出版署数字出版精品遴选推荐计划项目
- 2016年，入选“‘十三五’国家重点电子出版物出版规划骨干工程”
- 2015年，荣获“搜索中国正能量 点赞2015”“创新中国科技创新奖”
- 2013年，荣获“中国出版政府奖·网络出版物奖”提名奖
- 连续多年荣获中国数字出版博览会“数字出版·优秀品牌”奖

成为会员

通过网址www.pishu.com.cn访问皮书数据库网站或下载皮书数据库APP，进行手机号码验证或邮箱验证即可成为皮书数据库会员。

会员福利

- 已注册用户购书后可免费获赠100元皮书数据库充值卡。刮开充值卡涂层获取充值密码，登录并进入“会员中心”—“在线充值”—“充值卡充值”，充值成功即可购买和查看数据库内容。
- 会员福利最终解释权归社会科学文献出版社所有。

数据库服务热线：400-008-6695
数据库服务QQ：2475522410
数据库服务邮箱：database@ssap.cn
图书销售热线：010-59367070/7028
图书服务QQ：1265056568
图书服务邮箱：duzhe@ssap.cn

社会科学文献出版社 SOCIAL SCIENCES ACADEMIC PRESS (CHINA) 皮书系列
卡号：247561761269
密码：

S 基本子库
UB DATABASE

中国社会发展数据库（下设 12 个子库）

整合国内外中国社会发展研究成果，汇聚独家统计数据、深度分析报告，涉及社会、人口、政治、教育、法律等 12 个领域，为了解中国社会发展动态、跟踪社会核心热点、分析社会发展趋势提供一站式资源搜索和数据服务。

中国经济发展数据库（下设 12 个子库）

围绕国内外中国经济发展主题研究报告、学术资讯、基础数据等资料构建，内容涵盖宏观经济、农业经济、工业经济、产业经济等 12 个重点经济领域，为实时掌控经济运行态势、把握经济发展规律、洞察经济形势、进行经济决策提供参考和依据。

中国行业发展数据库（下设 17 个子库）

以中国国民经济行业分类为依据，覆盖金融业、旅游、医疗卫生、交通运输、能源矿产等 100 多个行业，跟踪分析国民经济相关行业市场运行状况和政策导向，汇集行业发展前沿资讯，为投资、从业及各种经济决策提供理论基础和实践指导。

中国区域发展数据库（下设 6 个子库）

对中国特定区域内的经济、社会、文化等领域现状与发展情况进行深度分析和预测，研究层级至县及县以下行政区，涉及省份、区域经济体、城市、农村等不同维度，为地方经济社会宏观态势研究、发展经验研究、案例分析提供数据服务。

中国文化传媒数据库（下设 18 个子库）

汇聚文化传媒领域专家观点、热点资讯，梳理国内外中国文化发展相关学术研究成果、一手统计数据，涵盖文化产业、新闻传播、电影娱乐、文学艺术、群众文化等 18 个重点研究领域。为文化传媒研究提供相关数据、研究报告和综合分析服务。

世界经济与国际关系数据库（下设 6 个子库）

立足“皮书系列”世界经济、国际关系相关学术资源，整合世界经济、国际政治、世界文化与科技、全球性问题、国际组织与国际法、区域研究 6 大领域研究成果，为世界经济与国际关系研究提供全方位数据分析，为决策和形势研判提供参考。

法律声明